六盘山文库

第九辑

固原历史文化研究

安正发／主编
王兴文　黑志燕／副主编

上海古籍出版社

图书在版编目(CIP)数据

固原历史文化研究. 第九辑 / 安正发主编；王兴文，黑志燕副主编. —上海：上海古籍出版社，2022.11
（六盘山文库）
ISBN 978-7-5732-0530-8

Ⅰ.①固… Ⅱ.①安… ②王… ③黑… Ⅲ.①文化史—固原—文集 Ⅳ.①K294.33-53

中国版本图书馆CIP数据核字（2022）第207650号

六盘山文库

固原历史文化研究（第九辑）

安正发　主编

王兴文　黑志燕　副主编

上海古籍出版社出版发行

（上海市闵行区号景路159弄1-5号A座5F　邮政编码201101）
(1) 网址：www.guji.com.cn
(2) E-mail：guji1@guji.com.cn
(3) 易文网网址：www.ewen.co

常熟市文化印刷有限公司印刷

开本700×1000　1/16　印张22.5　插页4　字数288,000
2022年11月第1版　2022年11月第1次印刷
ISBN 978-7-5732-0530-8
G·741　定价：98.00元
如有质量问题，请与承印公司联系

组并成立了6个研究(工程)中心,固原历史文化研究中……学院提出的打好三张牌(特色牌、地方牌、教改牌)中的科……表。2016年,固原历史文化研究人文社科重点研究基地获……科技创新平台立项建设。

……区级人文社科重点研究基地建设,挖掘固原历史文化资源,产……影响的科研成果,固原历史文化研究中心设立了"固原历史文化……,由校内外学者参与申报,专家评审,最终以丛书的形式推出。宁……院所在地固原位于六盘山地区,学校被誉为"六盘山下人才基地,……区教师摇篮",因此,丛书以《六盘山文库》冠名。研究成果内容涉及……史地理、丝绸之路、地方戏曲研究、人物、民俗文化等,是固原历史地……化研究的阶段性成果。《六盘山文库》的面世,将对传承固原历史文……宣传固原历史地理文化、加快推进文化建设产生影响。同时,对于深化研究固原历史地理文化,把历史地理文化资源优势转化为推进高质量发展优势;对于挖掘区域历史地理文化,增进人们对固原历史地理文化的了解,满足人民文化需求和增强人民精神力量,尤其是提升固原文化的影响力,将会产生积极的作用。

以文化强国为目标,不断推进传统文化创造性转化、创新性发展,是时代赋予我们的新使命。正是从这个意义上,《六盘山文库》承载着文化建设的使命,肩负着文化创新的重任。为地方社会经济发展和文化建设尽一份绵薄之力,是我们的初心所在。

《六盘山文库》编委会

2020年12月

宁夏哲学社会科学规划项目(批准号:21NXBZW01)成果

《六盘山文库》编委会

主　任　罗　丰

副主任　刘衍青　薛正昌　安正发

委　员（以姓氏笔画为序）

马建军　王兴文　王得盛　方建春　冯　巢　刘旭东

佘贵孝　武淑莲　虎维尧　赵晓红　郝福生　黑志燕

总　序

固原历史悠久，文化积淀丰厚。早在三万年前的旧石器时代，就留下了古人类活动的足迹；新石器时代，六盘山东西的清水河流域都有人类繁衍生息。彭阳商周墓葬群的出土，印证了《诗经·六月》《出车》里描写的西周重大历史事件在固原的发生。固原古代遗迹，叙说着固原的军事建制与特殊的军事地理位置。战国时期，固原纳入秦国版图，乌氏县、朝那县的设立，见证了固原融入大统一国家的行政体系；汉代高平县的设立，安定郡的设置，奠定了固原之后的行政建制，萧关及其相关的汉唐诗歌，丝绸之路在固原的中西文化遗存，再现了这个特殊地域上的历史文化积淀，为固原经济社会文化发展提供了诸多有价值的参考与借鉴。

宁夏师范学院建校至今，已走过了四十多年的风雨岁月。学院老一代的学者，一直十分关注固原历史地理文化，他们筚路蓝缕，在传承学术精神的同时，创新地方历史文化研究，留下了诸多研究成果，为固原历史文化研究奠定了坚实的基础。地方高校服务于地方经济社会文化发展，是其职责所在。为推进固原历史地理文化研究，2011年底，宁夏师范学院申报设立专门的地方历史文化研究机构，经自治区编办批准，宁夏师范学院固原历史文化研究中心正式挂牌成立，成为实体研究机构之一，并配备了专职研究人员。宁夏师范学院的固原历史地理文化研究从此走上了更为专业和深入的道路。2014年，为进一步夯实科研基础，凝练学术队伍，宁夏师范学院进行

目　录

总序 / 1

政治历史

明代宁夏食盐、茶马贸易、俺答封贡论述　　薛正昌 / 3
王琼与宁夏　　郭勤华 / 17
隋唐时期的文化自信与中华民族多元一体新格局　　冯　敏 / 32
清代宁夏进士时空分布述论　　林光钊 / 47
明代宁夏军镇设置及移民　　张　哲　马　艳 / 63
宁夏黄河水运历史文化的研究与开发　　曹智国 / 76

非遗研究

漫说古代的年终之祭与岁首之庆
　　——以年、岁、冬至、蜡、腊等为例　　张存良 / 91
乡村振兴战略下甘肃省非物质文化遗产的保护和发展　　王慧娟 / 109
宁夏莲花山地区民俗与历史文化初探　　高传峰　张紫薇 / 120
简论张跃政编著宁夏民间文学"珍宝"丛书　　李　华 / 132

漆棺画研究

固原北魏漆棺孝子画像的文化特征及成因
　　——兼论北魏时期孝文化的传播　　陈彦平 / 147

宁夏北魏透雕铜饰图像来源及功能探究　　刘苗苗　王　艳 / 162
宁夏彭阳出土人鱼砖雕形象的四重证据法阐释　　苏　磊 / 193

文学与语言
豫旺诗笺　　杨占武 / 211
固原行政村地名与地域文化研究　　马军丽 / 225
地方性知识的再阐释
　　——论石舒清小说集《九案》　　陈惠芹 / 242
清末陕西巡抚张祥河及其在陕甘的诗歌创作　　牛多莲 / 256

文献研究
《阮邻自订年谱》文献价值考论　　徐远超 / 283
孙勷年谱　　吴笑笑 / 295
沈元沧年谱　　贾淳博 / 314

附录：榆林调研材料
赴陕西榆林探寻中华历史遗迹　　曾　欢 / 337
探寻华夏历史遗迹，传承中华传统文化
　　——陕西榆林市考察学习见闻　　胡得义 / 349

征稿启事 / 354

政治历史

ZHENGZHILISHI

明代宁夏食盐、茶马贸易、俺答封贡论述

薛正昌[1]

摘　要：明代永乐以后，北方沿边九大军镇相续设立，屯驻兵力进一步增强，宁夏、固原二镇成为九边重镇。宁夏镇实行卫所制，固原镇军事建制与地方政权建制府州县并举，食盐管理、茶马贸易、俺答封贡就是在这个大背景下实施的。一是设立盐池提举司与固原盐引批验所，控制重要经济商贸渠道，获取收益或用作军饷，或换取军马，或支持农业与水利灌溉。二是茶马贸易，政府全面控制绢、马、茶之交易，也是获取马匹的途径。三是俺答封贡，开展边境互市，沿边三大互市为中卫、平房、清水营，长城边墙上的暗门，也是蒙汉交易的通道；赤木关也有过互市的经历。边境互市一度没有了烽烟，减少了大量驻军，维护了边境和平，多民族通过互市交往交流交融，呈现出"胡汉一家"的边塞繁盛景象。

关键词：明代　宁夏固原二镇　茶马贸易　俺答封贡　三地互市

明朝永乐以后，由于北方形势的变化，北部防御的紧迫性日渐凸显。朱元璋时期设置的沿边卫所内迁，北疆防御内缩至长城一线。成化以后，

---

[1] 作者简介：薛正昌（1956—　），男，宁夏固原人，研究员，宁夏社会科学院原历史研究所所长，《宁夏社会科学》主编。

草原蒙古兵锋不断南下,给明朝边境防御带来很大威胁。明朝北部沿边九大军镇相继设立,屯驻的兵力也进一步增加。洪武九年(1376)宁夏设卫后,再没有恢复宁夏府的建制,镇、卫、所军事建制直到明朝终结,这是明代西北边境防御的军事生态环境。宁夏镇、固原镇,为明代北方九边之重镇。宁夏北部实行卫所制,屯田御边;宁夏南部固原军事建制与地方州县并举。驻节固原的陕西三边总督,统辖西北沿边军队,其政治、军事方面的地位显得尤为重要。"宁夏介在河曲,三隅逼虏境,烽火四时不绝。"[1]这是明代宁夏的军事背景与防御态势。食盐管理、茶马贸易、俺答封贡三个问题,就是在这个长时间军事背景下实施的。同时,也涉及地方经济和文化发展。

一、盐课提举司与盐引批验所

盐业资源,历代统治都非常重视。宁夏境内的池盐,地域上靠近周边游牧民族,一些争战与军事冲突都与池盐相关联。食盐,明代属国家专卖,各地管理机构包括6个都转运盐使司和8个盐课提举司。每个都转运盐使司控制着一个主要产盐区,每个盐课提举司控制着一个略小的产盐区。朝廷直接任命盐务管理机构的官员,定期派遣巡盐御史视察各个产盐区。食盐的专卖收入主要用于边防,以解决粮食和马匹短缺的问题。明朝政府采取的"开中法",就是通过以货易货的方式为边境换取粮食。具体做法:商人获准以白银直接向政府购买盐引,他们不必运粮到边境;政府再购买军队所需的粮食和其他军需品。食盐专卖,在宁夏是与军事密切相关的另一种商业运营的表现形式。

洪武十年(1377)九月,改设灵州盐课司为正八品,设大使、副使各一人。[2]

---

[1] 焦竑.玉堂丛话[M].北京:中华书局,2007:63.
[2] 明实录[M].上海:上海书店出版社,2015:2428.

嘉靖时期,灵州盐课司、巡检司就设在惠安堡城内,①管控着宁夏境内的食盐。惠安堡城,处在东西南北交通要道上。由长安通往灵州,再折西去河西走廊的道路。明代陕边驿道,于灵州西南240里盐池驿(惠安堡)即分路西去鸣沙,实为便捷。这样,首先,回避了环州、灵州间水草缺乏、人烟稀少的地区;其次,应理州(中卫)以西,穿越腾格里沙漠南端向西即进入河西走廊。万历时期,为加强对食盐的管控,朝廷再次修筑"惠安堡大城",添设西门及各角铺台,城周长436丈8尺,城墙高3丈7尺,城门三层,门洞门台砖石包砌。② 为有效管理食盐营销,宁夏镇境内设有一个盐引批验所——萌城盐引批验所,弘治以后"为权力所夺",奏改移至庆阳北关。另一个是固原镇盐引批验所,在固原城设有东南西北中5个盐厂。按规定,从盐区运出的盐必须在相应的盐引批验所卸下并接受盐引批验所的查验,包括数量。通过盐引批验所检查程序,"在批验所征收余盐银0.65两"③,政府通过盐引批验所这个环节,获取盐引税收。

陕西三边总督秦纮主政时,看重食盐对地方经济的发展。固原镇城盐引批验所是政府掌控的重要经济商贸渠道,"盐商云瀚,盐场山积,固原荒凉之地,变为繁华"④,盐商带动地方经济发展。直到万历后期,固原知州张之任仍亦兼任"管盐大使"⑤,直接干预固原州盐引批验所的事宜。

灵州大小盐池,尤其在长城以外的盐池,明朝政府与蒙古诸部都紧盯不放。由于"虏警频仍",一旦失手于蒙古人之手,就"坐失岁课"。因此,盐池境内长城的修筑,不仅仅关乎军事,"岁课"的失去也是大事。"(边)墙城则

---

① 〔嘉靖〕宁夏新志[M].银川:宁夏人民出版社,1982:200.
② 黄嘉善.抚夏奏议[M]//朔方文库:第68册.北京:国家图书馆出版社,2018:184.
③ 黄仁宇.十六世纪明代中国之财政与税收[M].北京:生活·读书·新知三联书店,2012:278.
④ 杨一清.为议增盐池中马则例疏[M]//明经世文编.上海:上海书店出版社,2019:1069.
⑤ 黄嘉善.抚夏奏议[M]//朔方文库:第68册.北京:国家图书馆出版社,2018:223.

捞采以时,商贩无阻,课额充足,军用益饶。"①工科给事中陆粲的上言,得到了皇帝认可,除命时任陕西三边总督的王宪经略食盐外,还专遣著名文化人、佥都御史王廷相往宁夏共同谋划。

  盐是政府严格控制的商品。食盐生产者是灶户,终身保留灶籍。精壮男子为一个灶丁,规定每年上缴食盐3 200斤,每400斤盐付给工本米1石。② 生产的食盐,由商人通过所谓"开中法"以盐引的形式运出。引,是一种重量单位,标准一引为400斤,但中间有过变化。官盐必须有"引",印制盐引的金属引版由南京户部职掌,各个环节上的管理是非常科学而严密的。成化四年(1468),固原满俊暴动平定后,马文升曾上疏朝廷,"宁夏大、小盐池有自然之利,何不开中十万引,塞上便之"③。马文升上疏得到了朝廷的准允,食盐之利"塞上便之",可见灵州盐引与宁夏军事与经济有着直接关系。

  灵州盐课与军事防御的关系,主要体现在以下几个方面:

  一是用作军饷。灵州盐课提举司所辖产盐区,1578年的盐课银收入白银36.135两,作为军费"对拨给三个相邻的军卫"④。这三个相邻的军卫,主要是在宁夏镇的卫所。成化中期,宁夏大小盐池已开中十万引,允许在安边、定边、花马池、兴武营并环县等处"上纳","盐入即支",允许西安、凤翔、临巩等地方"发卖"⑤,主要是在沿边。直到万历时期,仍规定小盐池每年额

---

① 方孔炤.全边略记[M]//明代蒙古汉籍史料汇编:第3辑.呼和浩特:内蒙古大学出版社,2006:157.
② 黄仁宇.十六世纪明代中国之财政与税收[M].北京:生活·读书·新知三联书店,2012:255.
③ 方孔炤.全边略记[M]//明代蒙古汉籍史料汇编:第3册.呼和浩特:内蒙古大学出版社,2006:150.
④ 黄仁宇.十六世纪明代中国之财政与税收[M].北京:生活·读书·新知三联书店,2012:279.
⑤ 徐日久.五边典则[M]//明代蒙古汉籍史料汇编:第5辑,内蒙古大学出版社,2009:424.

盐 264 840 石,大盐池每年额盐 290 856 石,"务要捞晒如数,以充边饷"①,以充三边(宁夏、延绥、甘州)军饷。

二是换取军马。固原诸卫凡丁壮者为军士"备操",幼弱者"养马"。军马紧张时以灵州盐引募人纳马一匹,"给盐百引,亦可资良骑而恤贫伍矣"②。

三是支持农业与水利灌溉。明代宁夏平原贺兰山下有一条古渠,"首尾三百余里,渠两岸高峻,中广二十余丈……请发卒疏凿成河"③。这应该是西夏时期开挖的渠道。修浚这条古渠的目的,是农业与军事防御并举。在沿渠要害处"设堡掣军,以遏贼冲",大干渠也成了防御的屏障。修筑费用,除了向朝廷请拨外,借灵州盐课司六年的盐课。④

四是食用盐供应。宁夏产盐历来行销宁夏、甘肃陇东地区、陕西北部和关中地区,甚至远销秦岭以南的汉中地区,⑤包括陇西三府。⑥

食盐的经济利益驱动与周边各民族生活之必须,使花马池食盐同样成为蒙古诸部所觊觎的地方。蒙古诸部每南下大掠,或者短期住牧于著名的盐湖—锅底湖一带,一旦居高望见商贩牛车行走,必拆边墙而驰入剽掠。每当此时,商人都不敢支盐运走,往往盐池积课。⑦ 食盐,是支撑宁夏镇、固原镇地方经济的重要组成部分。

明初,田赋几乎全部征收本色实物,实行两税法。夏税、秋粮分别以麦、

---

① 黄嘉善.抚夏奏议[M]//朔方文库:第68册.北京:国家图书馆出版社,2018:119.
② 方孔炤.全边略记[M]//明代蒙古汉籍史料汇编:第3册.呼和浩特:内蒙古大学出版社,2006:152.
③ 方孔炤.全边略记[M]//明代蒙古汉籍史料汇编:第3辑.呼和浩特:内蒙古大学出版社,2006:216.
④ 方孔炤.全边略记[M]//明代蒙古汉籍史料汇编:第3册.呼和浩特:内蒙古大学出版社,2006:216.
⑤ 李耀成主编.陕西省志[M].西安:陕西人民出版社,1993:162.
⑥ 沈德符.万历野获编:中册[M].北京:中华书局,2012:365.
⑦ 王琼.北虏事迹[M]//明代蒙古汉籍史料汇编:第1辑.呼和浩特:内蒙古大学出版社,2006:135.

米为主,其他如农桑、丝绢、麻布、棉花绒、枣子等税目繁多,达数十种,全部以实物作为计量单位。明代后期白银货币化,成为征收税赋的计量单位。① 宁夏镇驻军、屯田、防御的相关货币,应该是以折色银的形式出现的。固原镇白银货币化程度可能更高。白银货币化是明朝财政制度的历史性改变,也是与世界商贸对接的趋势。

二、茶马贸易

茶马贸易即茶马互换的一种贸易形式,是中国历史上具有一种特殊形式的贸易,它固定了茶与马的互换。而且以官方控制和直接经营下的茶马互换作为主要形式,商人经营的茶马互换和走私茶马的互换为补充形式。② 茶马贸易的茶主要来自四川,部分来自陕西汉中,茶马贸易地主要在西北地区。西北地区茶马贸易历史悠久,以宋代为例,茶马贸易在西北地区已成常态。宋真宗咸平元年(998)十一月,宋朝置估司马,在镇戎(今固原)、原州、庆州、环州等地以布帛、茶等物换取马匹,岁得5 000匹。③

明代西北周边各少数民族的马牛、毛皮等土特产,是明朝政府和内地老百姓所必需的产品,内地的茶叶、粮食、丝织品和铁器等,又为周边各少数民族所必需,这就有了西北沿边的茶马贸易,而且是互惠互利的交易。明朝戍边军队需要大量的马匹来装备骑兵,但马匹始终成为制约的根本原因。明朝在西北边境地区通过设立牧马机构、边境贸易等措施,尤其是在长城沿线多处设有"贡市",以尽可能提供边境卫所军马供应。建文帝四年(1402)十一月,宁夏镇总兵官何福上奏朝廷:"边警不时,而堪战之马少,无以应猝。遽命河南都司于属卫选千五百匹给之",希望从别处调拨马匹。同时,加强

---

① 万明.传统国家近代转型的开端:张居正改革新论[J].文史哲,2015(1).
② 施由明.论茶马贸易与古蜀道的历史文化[M]//陇蜀青泥古道与丝绸之路茶马贸易研究.成都:四川大学出版社,2018:97.
③ 李焘.续资治通鉴长编[M].北京:中华书局,1997:266.

宁夏沿边马市贸易,面向西域交易的马市被政府指定在宁夏交易,而且交易的多是大宗,交易的马匹用于装备沿边战骑。

洮州、岷州、西宁各设茶马司,招番易马。弘治六年(1493),为交易马匹之开始。此后,按年分配给西北各军镇。弘治七年即给宁夏镇,"以后各照年份递领儿扇马"。杨一清(1454—1530)总督陕西三边时提出,自弘治十八年(1505)始,洮河茶马"专给延(绥)、宁(夏)二镇,轮年递领,岁额二千匹。如有剩余,发苑牧养,听给固原"①。宁夏镇地处防御一线,马匹配置始终优先,同时固原镇军马畜牧苑监马匹也不断得到补充。

明代政府全面控制绢、马、茶的交易,不许私人染指。茶的专卖是直接向西北边境游牧民族销售,不准私人越境售茶,目的是为军队换取马匹。茶马贸易早期,最大的困难是运输。茶叶绝大部分产于四川、汉中地区,贸易却在陕西北地区,宁夏是重要的贸易地之一。贸易的过程,官方与民间交替进行。14世纪40年代,蒙古也先部对明朝西北边境地区的不断骚扰和侵占,搅乱了明王朝对茶马贸易的常规管控。成化时皇帝朱见深派遣茶使巡察边境,以禁止非法贸易,②政府试图对茶马贸易绝对控制,但民间贸易仍无法限制。官方茶马贸易真正恢复,与长时间督理陕西马政的杨一清有关。杨一清曾任陕西按察使兼督学,做过督理马政的副督御史、陕西巡抚和固原陕西三边总督,在宁夏前后十余年时间,对西北边地军事防御与茶马贸易不但十分了解,而且有精深研究。在杨一清看来,茶马贸易是"以摘山之利,而易充厩之良",而且有"以是羁縻之,贤于数万甲兵,此制西番以控北虏之上策"③。茶马贸易深层尚有御边政治意义。茶马贸易失利,主要是因为"金

---

① 陕西省榆林市地方志办公室整理.延绥镇志[M].上海:上海古籍出版社,2011:204.
② [美]牟复礼[英]崔瑞德编.剑桥中国明代史(下卷)[M].北京:中国社会科学出版社,2007:230.
③ 杨一清集[M].北京:中华书局,2001:74.

牌制废,私贩盛行"。杨一清提出"据复金牌之制,专巡禁之官,严私贩之禁三事"①,得到了朝廷的同意。实际上,民间贸易是无法彻底限制的。在西北边境时有冲突的背景下,16世纪晚期的茶马贸易还是得到了发展。17世纪早期,茶马贸易的衰退,给陕西地方经济带来了影响。

茶马之外,盐马也是获取战马的途径。宁夏在获取盐马的同时,"后池为宁夏所借"②,直接由宁夏镇来负责以盐易马。

三、俺答封贡

元朝灭亡后,退入蒙古草原的瓦剌、东部蒙古统治集团鞑靼相继复兴,不断地侵扰明朝北部地区,双方发生过不少战争与冲突。早在成化时期,蒙古也先、瓦剌部不断犯边进入宁夏、固原。弘治十五年(1502)秋设置固原镇,蒙古火师部寇掠清水营、灵武监,南下固原、平凉,十六年寇掠花马池,连年不断进入宁夏。为了获取必需的生活用品,和平时期的蒙古军事部落要求在明朝北部边境开放互市,通常为"通贡"与"互市"两种形式。贡市,既是政治关系,也是经济关系。互市,又称之为"马市"。宁夏境内自西向东分别设有中卫、平虏卫(今平罗县)、清水营、花马池(今盐池县)等处互市,有些史料记载还有红山堡(今灵武市临河镇境内)。依红山堡地理位置及城池修筑看,这里应该设有"互市"。宁夏境内自西而东设置的关市,体现着多重职能。

(一)俺答封贡

蒙古与明朝政府之间经常发生对立冲突,经济因素是一个重要原因。蒙古人不断地寻求和保有水源、牧地,包括得到交易方面的庇护。达延汗被拥立为汗王后,逐渐统一蒙古诸部。正德初年完成了鞑靼东西两翼的统一,

---

① 杨一清集[M].北京:中华书局,2001:76.
② 陕西省榆林市地方志办公室整理.延绥镇志[M].上海:上海古籍出版社,2011:205.

结束了自天顺以来50余年的纷争与混战局面,他希望与明廷达成互信协议。正德十二年(1517),达延汗去世后,右翼势力强大,俺答汗(1507—1582)"据河套,雄黠喜兵,为诸部长"①。相对平静的环境发展着农牧经济,包括人口的增长,俺答汗自己拥有马匹40万,橐驼牛羊以百万计。②蒙古畜牧经济的发展和人口增加,使得对中原农产品需求量不断增大,对中原经济的依赖更为迫切。这是俺答封贡的背景。

永乐朝,明成祖给鞑靼、瓦剌各封建主赐封王号,确立了双方的朝贡关系,约定一年一次,蒙古诸部封王者获得了丰厚的利益。明英宗以后,明朝国力衰落,但朝贡的人数规模越来越大,由过去"不过五十人"增加到"三千余人",赏赐成为朝廷的巨大压力和经济负担。蒙古诸部无止境的欲望,逐渐转化成了矛盾和冲突。延答汗以"赏赐浸薄"为由而放弃朝贡,转而采取大规模的武力掠夺。弘治十一年(1498),抢掠宁夏、延绥等地。十三年(1500)秋,十万铁骑入宁夏花马池、盐池,散掠固原、宁夏境,"三辅震动,戕杀残酷"③。虽然,蒙古上层和老百姓也迫切需要正常的经济交流,掠夺并非是补充经济不足的唯一途径。

嘉靖二十年(1541),俺答汗遣使请求通朝市,由于蒙古数十年间的南下侵掠造成的影响,致使俺答数次请求通市的愿望都受到明朝廷的质疑。俺答汗仍多次遣使反复表达求贡诚意,他的真诚态度和实际行动,使朝廷的有识之士看到了形势转变的可能,宣大总督翁万达上疏朝廷:所遣俺答使臣"虽已被杀,犹屡请不已……意在利吾赏赐耳。使处之当而不拂其情,虏众虽狂,或可抚定"④。遗憾的是朝廷未采纳其合理建议。俺答汗屡屡求贡不

---

① 张廷玉等.明史[M].北京:中华书局,1987:8478.
② 瞿九思.万历武功录[M]//明代蒙古汉籍史料汇编:第4辑.呼和浩特:内蒙古大学出版社,2007:37.
③ 张廷玉等.明史[M].北京:中华书局,1987:8478.
④ 明实录[M].上海:上海书店出版社,2015:5863.

成,于嘉靖二十九年(1550)八月,率大军南掠大同,兵临京师城下。次年,朝廷遂在大同、宣府、延绥、宁夏等处开马市,准许一年两次。马市之开,边境遂相安无兵事。隆庆四年(1570),漠南蒙古土默特部首领阿勒坦汗(俺答汗)嫡孙把汗那吉因家庭纠纷率阿力哥等10余人越长城投奔明朝,以此事为契机,明蒙双方经过谈判,实现了明蒙关系史上具有划时代意义的隆庆和议与俺答封贡。瞿九思《万历武功录·俺答列传》里写到和议与封贡的"八事":议锡封号官职、定贡额、议贡期贡道、议立互市、议抚赏等。隆庆五年(1571)三月,明穆宗正式下诏封俺答汗为顺义王,名其所居地曰归化城,赐之诏曰:"朕惟天地以好生为德。自古圣帝明王,代天理物,莫不上体天心,下从民欲,包含遍覆,视华夷为一家,恒欲其并生并育于内也……各安生业,同乐太平。"[1]同时,俺答汗的兄弟子侄孙等65人及各部落大小首领也封授了从都督到千百户不同品级的官职,皇帝要求:"尔等既得内附,宜允笃恭顺,坚守臣节,庶得仗天朝之威灵,沐天朝之恩泽,传之万代,福利无穷,岂不美哉!"[2]俺达汗"率众款塞,稽首称臣,奉贡阙下,数月之间三陲晏然,一尘不扰,边民释戈而荷锄,关城息烽而安枕"[3]。俺答汗封贡,双方重开互市,使持续一百多年的边患问题得到了解决,维护了边境和平。

(二)边境互市

庆隆五年(1571)四月,俺答遣使奉表称臣,明朝封俺答为顺义王,"每岁贡马互市"[4],蒙古六部"皆统于顺义王"。边境相对安静,沿边贸易有新的起色,北部沿边设有马市11处,宁夏有3处:清水营、中卫、平虏卫。[5] 此

---

[1] 瞿九思.万历武功录[M]//明代蒙古汉籍史料汇编.呼和浩特:内蒙古大学出版社,2007:89-90.
[2] 瞿九思.万历武功录[M]//明代蒙古汉籍史料汇编.呼和浩特:内蒙古大学出版社,2007:91.
[3] 明实录[M].上海:上海书店出版社,2015:11444.
[4] 明会典[M]//明代蒙古汉籍史料汇编:第2辑.呼和浩特:内蒙古大学出版社,2006:212.
[5] 明会典[M]//明代蒙古汉籍史料汇编:第2辑.呼和浩特:内蒙古大学出版社,2006:214.

外应该还有红山堡。互市的形式,"岁以为常,市各二日,每月又有小市"①。从俺答统属看,各部与明朝互市地点有分工。在宁夏境内,吉能(俺答叔父)部互市地点在红山墩(红山堡)。吉能被朝廷封为"都督同知",其部下49人授指挥、千百户等不同层级的官阶。蒙古切尽、着力二部互市地点在清水营。②

俺答实力雄厚,控弦之众10万余,马匹40万,橐驼牛羊百万。③ 中卫、平虏、清水营、红山堡,是沿边茶马贸易的重要市场,通过茶马贸易获取的马匹,主要分配在宁夏、固原、延绥和甘肃4个军镇。实际上,边地贸易除茶马外,蒙古方面还有杂畜、皮毛等,以此换取明朝的金、银、彩缯、段布、皮物、铁锅等物。明代北部边境互市,政府防范机宜非常谨慎,钢铁、硝黄及违禁器物严禁,不许入市。明朝边境互市"所易马至数十万匹",但明代食盐专控与"禁茶",阻碍了对外贸易的发展,仅靠边地有限的市场交易,与当时社会多元化与经济多元化的形势不相吻合,实际上是一种制约。互市交易的另一面,为边境和平、中原与边地交流都起过重要作用。"三边无扬尘桴鼓之警,地方得乘时修守之益,节省粮储,保全民命,诚边防无穷之利益矣!"④

万历初年,宁夏中卫互市已成为重要的边贸互市地。当时,明朝政府明确规定,每个互市地点都对应不同地域的蒙古人群,"在宁夏者赴宁夏互市,不许一概混来。"如河西松山宾兔一支,就在中卫互市,各自相安,边境无虞。边境互市有大市与小市之分,中卫属大市,牛羊、皮毛、布匹、粮食(米、麦、豆)等皆在交易之中,每年三月、八月为互市时间,特殊时互市次数不受这两

---

① 王圻.四夷考[M]//明代蒙古汉籍史料汇编:第2辑.呼和浩特:内蒙古大学出版社,2006:233.
② 叶向高.续文献通考[M]//明代蒙古汉籍史料汇编:第2辑.呼和浩特:内蒙古大学出版社,2006:524.
③ 焦竑.通贡传[M]//明代蒙古汉籍史料汇编:第2辑.呼和浩特:内蒙古大学出版社,2006:433.
④ 毅庵总督陕西奏议[M].北京:国家图书馆出版社,2017:461.

个时段限制。互市过程绝不允许投机商人以次充好,以低价充高价,"不可以贱作贵,哄瞒夷虏",要有"向化之心"①,要以诚心、平等相待。

宁夏镇每年互市交易的马匹、货物价值,包括宴请"酋夷"及犒赏等费用,折算成白银达一万四五千两。② 这里面包括平虏、清水营两个互市点。中卫互市地点在北长城边上,城墙、高台及交易场所保存完好。清水营互市,每年大致在六月下旬至七月中旬。互市对象为住牧河套的切尽、黄台吉等部。宾兔台吉、着力兔台吉、打正台吉等部主要在中卫、平虏互市。宾兔住牧松山,赴清水营互市路途遥远,基本在中卫互市。河套黄台吉家族,有时也赴中卫互市。万历四年(1576),宁夏中卫、清水营两地互市,官方渠道与蒙古人交易的实物,马2 202匹,牛33头,羊5只。商人与民间渠道交易,马1 522匹,牛7 653头,羊13 947只,驴7条。官方与民间共同形成交易渠道,马牛驴羊25 369匹头只。③ 大量的马匹,是明朝政府装备骑兵部队所急需。边境互市不仅替代了军事冲突,换来了边境地区的平静空间,而且提供了各自所需。

万历三十一年(1603),蒙古黄台吉部赴边互市。因其距离宁夏镇沿边远近不同,快慢不一,这次互市始于万历三十一年,结束于次年。互市地在宁夏镇清水营、中卫、平虏三地,互市马匹3 074匹,交易银28 129两余。商民贸易,马驼牛羊807匹头只,交易税银36两5钱余。赏宴招待蒙古部落大小首领酒肉、赏赐货物、交易市税等银10 167两余。④ 互市具有双重意味,通过互市换取沿边平稳与安定。

长城边上的暗门,也是汉蒙交易的通道。在中卫,长城绕县城北面延

---

① 毅庵总督陕西奏议[M].北京:国家图书馆出版社,2017:552.
② 毅庵总督陕西奏议[M].北京:国家图书馆出版社,2017:546.
③ 毅庵总督陕西奏议[M].北京:国家图书馆出版社,2017:668.
④ 黄嘉善.抚夏奏议[M]//朔方文库:第68册.北京:国家图书馆出版社,2018:236-237.

伸,在长达482里的长城线上,布有29处边口。① 咸井儿口有暗门,是长城边口中的重要通道。在这个地方不仅是长城,还有特殊设施,一是驻军的城堡,二是瞭望的墩台,三是提供贸易的城堡。当地人直呼为"贸易城",或"买卖城",是明代宁夏三大互市之一的中卫互市点。这三处城堡遗址保存相对完好,它们的布局是相互关联的。驻军的城堡修筑在长城以内,城堡的一面墙利用了长城,北面的城墙上还筑有马面,增强了防御能力。贸易城在长城之外,是在长城南面的一个独立的大城堡。与长城、驻军城堡、贸易城相连的高高的墩台,实际上是瞭望墩,修筑在长城之外,其中的一面墙也利用了长城的墙体。登上墩台,长城内外清晰可鉴。墩台上的面积约200平方米,当时应该还有阁楼之类的建筑。将驻军城堡、贸易城堡与墩台融在一起,有点像榆林的镇北台,防御、瞭望、互市等多重功能皆在其中。《〔万历〕朔方新志·总镇图说》里有一幅《西路图》,以图的形式描绘了环中卫的长城及其不规则的走向。城内靠近贸易城的一座城,名为"控夷堡"城堡,紧挨着长城外侧是一处较大的城堡,还有楼阁建筑。"西路图"印证了"贸易城"的遗址。

明朝与蒙古互市贸易开展后,数十年边境安宁,贸易各取所需,交易货物丰富。明代人焦竑(1540—1620),在他的《通贡传》里作过描述:

> 中国以段布皮物市易虏马,虏亦利汉财物,交易不绝,诚所谓贸迁有无,胡越一家。故东西延袤五千余里无烽火警,行人不持弓矢,近疆水陆屯田悉垦治如内地,墩台哨望之卒以渐撤去,所省粮饷岁不下数十万石。督抚诸臣及时而城边险,饬器械,练兵马,倡勇敢。所易马至数十万匹,命官设牧统养待用。②

---

① 〔道光〕续修中卫县志[M].银川:宁夏人民出版社,1990:120.
② 焦竑.通贡传[M]//明代蒙古汉籍史料汇编:第2辑.呼和浩特:内蒙古大学出版社,2006:441.

除以上四个互市的平台外,赤木关口(贺兰山赤木关口)也曾有过互市的经历。俺答汗曾到贺兰山赤木关,"请市马,然一市不再市矣。我乃犒从者,费凡九千四百有五两"。黄台吉长子扯力克见有利可图,亦提出派人前来"借道宁夏……诚橐空,请易马至三千匹"①。类似于这些记载,实际上也是互市的形式之一,发挥了互市的作用。

互市和分封,使得边境没有了烽烟,没有了大量的驻军,省去了边境数十万石军粮输送,边地屯垦耕种安然如同内地。少数民族与内地汉族和睦相处,民族间相通过互市交往交流交融。在古人眼里,已是"胡越一家"的边塞景象。

---

① 瞿九思.万历武功录[M]//明代蒙古汉辑史料汇编:第4辑.呼和浩特:内蒙古大学出版社,2007:127.

王琼与宁夏

郭勤华①

摘　要：励精图治是王朝国家治盛的必然路径。王琼出任三边总制时的西北边防实践在促成明中叶宁夏及其地区边备建设加强的同时,较好地解决了长期困扰明朝政权的西北少数民族侵扰,其奏疏及诗作反映了明代中期边塞宁夏社会思想层面的正面流变。厘清王琼在宁夏的边备实践,探求其总制三边的政治历史背景、边备实践及其影响,是把握明中叶宁夏边备建设思想影响的切入点。王琼在宁夏创新攻守结合,择良才,挑沟堑,通互市等措施,蕴涵着中国传统文化的思想精髓,秉承了国家安危民族兴衰的民族精神。

关键词：王琼　宁夏边备

王琼(1459—1532),山西太原人,明代重臣。成化二十年(1484)考取进士。翌年,官授工部主事。正德八年(1513),出任户部尚书,之后任兵部尚书、吏部尚书,官至少师兼太子太师。历仕成化、弘治、正德、嘉靖四朝,以其处事敏锐、审事果决、担当作为,广为后世传颂。尤其在嘉靖七年(1528),

---

① 作者简介：郭勤华(1967—　),女,宁夏海原人,宁夏社会科学院副编审,主要从事地方历史文化研究。

以都察院右都御史身份总制陕西三边军务时,综合历代王朝经略边疆的政治军事策略,守正创新,整饬武备,和戎抚夷,为国家边防建设和构建民族团结稳定做出了重要贡献,对明中期的政局形势及其后来明朝的军政改革影响深远,成为明代中期促进社会经济发展的重要历史人物。《明史》高度评价王琼:"其督三边也,人以比杨一清云。"[①]

学界关于王琼及其西北经略的研究,早在民国二十一年(1932),张友椿在《王恭襄公年谱》一书中介绍了王琼家族及其重要经历,包括王琼上书朝廷的奏章,为后来学者研究王琼提供了珍贵的资料。20世纪80年代,学界开始研究王琼及其军事思想,张正明的《明代重臣王琼》,肯定王琼在民事、军事、边事上的功绩,对稳定明朝统治有着重大意义。王爱明《明代理财家——王琼》,认为在明中叶封建制度渐趋衰落,资本主义开始萌芽时期,王琼身体力行,励精图治,其忠君为民的精神值得学习借鉴。文章《王琼〈双溪杂记〉的版本及其文献价值》,黄阿明为研究明代前中期的典章制度、人物史籍提供了重要的文献参考。近年来,胡玉冰、付明易《试析明朝王琼撰〈北虏事迹〉版本源流及其研究价值》一文,对王琼总制三边军务时所作的《北虏事迹》进行详细的梳理和评价,为研究明代西北地区各民族互动交流提供了丰富的史料。王仁芳、张瑞芳《王琼佚文与其宁夏修边得失》客观评述了嘉靖年间王琼在宁夏整饬军务、修筑边墙、吟咏唱和的阶段性文化遗存,为研究王琼在西北地区的阶段性历史贡献,促进各民族交往交流交融提供了新素材。本文探讨王琼在宁夏的历史贡献,对于重新理解认识历史时期宁夏在西北边防建设中的重要地位,推进各民族交往交流交融促进中华民族复兴具有重要的学术价值和现实意义。

---

① 侯颖.明代陕西"三边总制"制度研究[M].兰州:甘肃文化出版社,2014:174.

一、王琼在宁夏的历史背景

纵观历史,中原王朝所遇到的边患主要来自北部及西北部,故"汉梗于北狄,隋不能服东夷,唐患在西戎,宋患常在西北"①。明朝也不例外。因此,明朝始终没有放松对西北边防的控制。明太祖朱元璋认为:"惟西北胡戎,世为中国患,不可不谨备之耳。"②鉴于此,明太祖"即法汉武创河西四郡绝羌、胡之意义,建重镇与甘肃,北拒蒙古,南捍诸番,俾不得相合"③。

明朝初期,称臣纳贡是明王朝对外关系的措施之一。明朝为了获得中原短缺的畜牧产品,实现周边少数民族臣服于明王朝的目的,与西北少数民族的交往交流中采取称臣纳贡的方式实现王朝国家的统治。而对于西北少数民族而言,事关生死存亡,"盖谓西番仰命中国,惟通贡贸易也,若绝不通贡,则彼也,欲茶不得,发肿病死矣,欲麝香不得,蛇虫为毒,麦禾无收矣。是故闭关绝贡,所以扼西番之咽喉,而制其死命也"④。早在洪武十三年(1380),西北哈密等地与明朝建立通贡关系,但始终未改变明廷"厚往薄彼"的不等价交换原则,限制贡期和入贡人数的政策,少数民族的互市需求受到极大限制。

明中期,明廷在东起鸭绿江、西至嘉峪关之边防沿线修长城,驻重兵,并以辽东、宣府、大同、榆林(延绥)、宁夏、甘肃、蓟州、太原(在偏关)、固原九个要镇为单位建立军事防御机构,形成与蒙古势力防御作战的重要战线。后来随着北部防御的收缩,明王朝致力于固守长城,致使西北军事防御系统基本废弛,原来羁縻卫所管辖的各部,为争夺与中原贸易往来资源,相互倾轧。蒙古各势力在几番争雄中不断崛起,他们"出套则寇宣、大、三关,以震

---

① 宋濂.元史[M].北京:中华书局,1976:1345.
② 明太祖实录[M].北京:中华书局,1958:1277-1278.
③ 张廷玉.明史[M].北京:中华书局,1996:8549.
④ 明经世文编[M].北京:中华书局,1962:1921.

畿辅;入套则寇延、宁、甘、固,以扰关中"①,致使河套周围的山西、大同、延绥、宁夏诸边、边患不觉,岁无宁日。② 蒙古入住河套,吐鲁番侵扰河西导致明朝西北政治局势的重大变化。早在杨一清任陕西三边总制时,他就建议:"慎封疆土要害。设险自固。以逸待劳下。"③王琼出任三边总制时,也向朝廷建议:"边防之道,莫善于守,莫不善于战。"力主在陕西三边"悉为深沟高垒以守之"④。因此,驻守宁夏的几位明代重臣大修边墙,开挖堑壕,防御蒙古人南下。据《九边考》记载,成化八年(1472),延绥巡抚余子俊修筑榆林东、中、西边墙1 150里。成化十年(1474),宁夏巡抚徐延章主持修筑沿黄河河套贺兰山一线至固原镇北河东边墙387里。弘治十五年(1502),三边总制秦纮奏修筑西起红寺堡徐斌水到靖远花儿岔边墙600多里。正德元年(1506),三边总制杨一清加筑东边墙高厚各两丈,并修缮驻兵住房900间,深挖边墙外河道各两丈。嘉靖九年(1530),三边总制王琼根据自然地理挑沟挖堑内边墙靖远花儿岔到饶阳界的同时,又改造花儿岔到兰州枣儿沟34里。从而形成从黄河东岸横城堡到定边营南山口的沟堑210里、边墙18里的防御设施。之后,多位继任三边总制采取同样的方式修筑铁柱泉、梁家泉等有水源的城堡,进一步加强了宁夏边墙防御体系。

同时,明王朝为了预防西北少数民族进攻中原,设置卫所,实行羁縻政策,互通互市,以控制西北边防。

尽管如此,也没有彻底阻断蒙古军队南下劫掠的行径,他们时常拆墙而入,侵扰中原西北沿边的河西、平凉、固原等地。自明嘉靖三年(1524)至嘉靖三十八年(1559),明廷虽经过"六征西海"占领西海,降服了穿越河西走

---

① 张廷玉.明史[M].北京:中华书局,1962:5387.
② 张显清、林金树主编.明代政治史(上)[M].桂林:广西师范大学出版社,2003:894.
③ 杨一清.与内阁吏兵诸先生第四书[M]//陈子龙等辑.明经世文编[M].北京:中华书局,1962:1122.
④ 王琼.王琼集[M].太原:山西古籍出版社,1991:79.

廊的蒙古残部,却造成西北地区地缘政治复杂,北部边防形势严峻。随后明廷拒绝蒙古人纳贡称臣,蒙古军队对西北沿边更是滋扰不断,尤其是蒙古骑兵从宁夏花马池边墙进入,势如破竹。长期滋扰造成西北边疆屯田无法正常经营,边防粮饷供给紧张,依靠内运,路途遥远,耗资巨大。基于传统和现实的种种原因,王琼坚持按照传统的边防措施,加强战略防守,实施屯田,以战止战。

二、王琼在宁夏的边防策略及实践

第一,战略上坚持战和并用,抚攻适当的边防策略。

边防是维护国家主权、领土完整的安全屏障,战争是国之大事,这是中国历代先哲边防实践的共识。孔子认为,斋戒是否虔诚,表明人对神灵的态度,战争和疾病直接关系到人的身家性命,对于这三件事情一定要谨慎对待。荀子认为用兵攻战的根本在于"壹民",其军事思想的核心是"仁义"。因此,儒家一贯主张以"礼"治国,在战争中要以仁义之师神武正义,为民请命,才能达到惠民安民的目的。道家也反对战争,主张以"道"治国,不以武力逞强天下。兵家也主张战争要谨慎用兵。孙子认为战争是国之大事,双方发生战争时,最好的策略的不战而屈人之兵,谨慎发动战争并非穷兵黩武,也不是不战。

明廷与西北各民族的战争是中原王朝与各少数民族之间进行的一场民族战争。王琼认为:"边防之道,莫善于守,莫不善于战。"[①]与蒙古的战争既要设险防守,目的不是杀戮,而是保境安民。王琼出任陕西三边总制期间,坚持战略上的"战守"策略,战术上的"慎战"方针,坚持"攻守全胜"策略,实现以守为攻、以战止战的战略构想。王琼对待战争的态度是:"战和并用,以

---

① 杨经.〔嘉靖万历〕固原州志[M].银川:宁夏人民出版社,1985:143.

战求和。"①对待北方各少数民族应该坚持恩威并施,最终目的是边地和平稳定,边民互通往来。面对蒙古铁骑数次进犯宁夏,王琼从守边军事实力、兵力布局、后勤保障等方面进行深入调查研究,对蒙古铁骑无故滋扰的劫掠行为,剿抚并举。嘉靖八年(1529)秋,蒙古军队进犯宁夏灵州等地,王琼集结精锐部队奋力还击,一举击退蒙古数万铁骑,斩杀70余人,火烧敌军供给基地,迫使敌军望而却步,不敢进犯。据《〔嘉靖〕固原州志》记载:"八年,套虏犯边,六月,统兵三万出花马池御之,斩首六十三级。蒙降敕奖励,赏银五十两,纻丝四表里裹。又贼二万,东由把都河堡入境,发兵御之,出境。又贼二千由兴武营入寇灵州,发兵击之,退走。"②王琼因此官升太子太保。王琼边备策略虽然受时代的限制,但其主张民族友好往来,和平相处,互通有无的作为,使其总制三边数年里,宁夏乃至西北出现"边境益靖"的良好局面。

第二,战术上采取层层防守,随时迎战的守战措施。

《易》曰:"王公设险以守其国。"又曰:"重门击柝,以待暴客。"③有明一代,西北边疆少数民族始终困扰王朝国家的政权,尤其在正德、嘉靖年间,连续内侵,严重影响了西北边地的人民生活。王琼出任三边总制时基于明朝九边重镇的布防和蒙古所处地形特点,考辨古今,查勘险要,采取重门御暴挑沟挖堑的措施对宁夏军事要冲花马池及其延绥、定边营等等一系列御敌策略,较好地解决了宁夏花马池一带蒙古铁骑频繁侵扰的问题。王琼考察了宁夏边地的军事防务后,认为朝廷虽然多年来沿边墙堡寨屯田驻兵,倚重固原卫新增西安、平房、镇戎三个千户所,派军驻守,因为没有顾及防御设施险要的重要性,致使明军实际能够控制的范围日趋缩小,而军费开支日渐增多,也是蒙古铁骑屡屡侵扰的原因。因此,他认

---

① 杨经.〔嘉靖万历〕固原州志[M].银川:宁夏人民出版社,1985:114.
② 杨经.〔嘉靖万历〕固原州志[M].银川:宁夏人民出版社,1985:30.
③ 《嘉峪关志》编纂委员会编.嘉峪关志[M].兰州:甘肃人民出版社,2011:114.

为要真正阻挡蒙古铁骑南下,维护边地安宁,就要树立"天子守在四夷"的思想。就宁夏边地防务而言,应该借助地理环境在蒙古军容易突破的花马池沿线东西300里,在原边墙的基础上深沟高垒,堑山湮谷,从而达到"重门击柝,以待暴客"的目的。正是基于这种思想理念,在嘉靖七年(1528)至嘉靖十年(1531)间,王琼总制三边,历时四年,总结多年来明军与蒙古铁骑交锋的经验,采取以战止战、以战求和的军事策略,坚持守正创新,阻止蒙古军队南下西入,减轻了长期以来明朝政府来自西北边防的军事压力,开拓了明中期西北边备视野的新路径,为后世宁夏边备建设奠定了基础。

第三,理论联系实际,坚持因地制宜的防御路径。

一是调查研究,设险拒守。王琼总制三边,针对蒙古势力的嚣张跋扈和多次从宁夏花马池一带南下侵扰,实地考察,先后奏报朝廷多次,阐明宁夏周边军事布防现状,提出采取设险拒守的战术,给予蒙古铁骑狠狠打击,以改变西北边防"征输调发,财殚力屈"的局面。同时阐明自己结合实际整饬边防的具体做法。王琼上奏朝廷时详细阐述了西北边防不同区域的地理地貌特征,分析蒙古军队之所以时常突破花马池边墙皆因宁夏定边营至横城堡一带都是荒漠平原,没有山谷沟壑的阻挡,平漫沙漠,无山谷之险,而陕西榆林至宁夏定边营700余里"中间冈阜相连,有险可据,犹易为守"[①]。并提出如何征调军队防守的建议。首先调集容易防守的各城堡人马至宁夏,加强防御。他调集勇敢善战的将官驻屯在定边营和宁夏花马池等要害之地,总兵常驻固原,并派重兵驻守。对驻守将士严格训练,补充供给。王琼如此调兵遣将,从军事布局、士兵训练和整饬粮饷等方面着手,目的是乘蒙古铁骑大举进攻的机会,形成三军合围之势伏击敌军。这样既能阻止敌军深入,

---

① 陈子龙.明经世文编[M].北京:中华书局,1962:1001.

又能树立军威,使蒙古军队不敢轻易拆墙进犯。嘉靖八年(1529),蒙古军队数万骑兵先后驻扎在花马池边墙外杨柳堡、石臼墩等地,试图拆墙劫掠,因为宁夏防备充足,蒙古骑兵始终没有得逞,宁夏边防得到巩固加强。

二是挑沟挖堑,北拒鞑靼。王琼梳理了有明一代,蒙古劲敌南下劫掠的主要是原因是边墙不能如期修葺,经年累月风蚀雨腐使其失去原有的险固。王琼总制三边时,力主修葺改造宁夏周边边墙,用以防止北部蒙古军队南下深入,命张大用、齐之鸾等人在各自管控的区域根据地理方位因地制宜,挑沟挖堑42里地。同时对宁夏境内边墙进行大规模改造,先后利用防秋的士兵改造了兴武营东边墙48里;征调征西将军周尚文统领的将士和其他工程人员一万两千多人,在短期内改造安定堡东边墙17里,红石崖东至盐场堡47里。此次工程共组织动用驻陕游兵、延绥防秋兵累计500人,历时半年,改造宁夏东边墙累计近100里。其工程规划挑挖沟堑均两丈深,沿山高垒均一丈,对容易塌方的沙土边墙高出其他边墙一丈。为保险起见,在清水河、兴武营和安定一带设营堡。花马池营东成为宁夏边墙的防守喉襟,并题"长城关"字样。经过挑挖沟堑,建成东起定边营、西到贺兰山长达244里的沟堑,垒筑边墙18里,称其为"防胡大堑"。依崖铲削从黄河大坝到西北贺兰山嘴墩84里,形成南北斩崖防御体系,断绝蒙古骑兵从黄河西进入宁夏的道路。又从环县西北响石沟到靖远花儿岔,铲崖砌垒636里,从而实现了王琼设险守边、节省劳资的双重效果。

三是沿边摆列,抚拒适当。王琼研判宁夏及其周边军事布防,采取各驻军联合防御作战的"摆边"战术,"沿边摆列,振扬军威"。王琼认为造成蒙古铁骑长驱直入的主要原因是明军缺乏统一调派,驻军之间布局松散,不能相互配合,往往形成"人各自拥,势分力弱,不相为用"[1]的局面。因此,王琼

---

[1] 陈子龙.明经世文编[M].北京:中华书局,1962:1001.

坚持"战守并用",严明军纪。要求边备将士"各整搠军马,多方哨探,遇有声息,互相传报,不拘远近,相机应援。不许指以禀受节制为由故意逗留躲避致误军机……既不可早调坐费粮草,亦不可后时失误事机,违者照依律例从重治罪"①。并在固原、靖远、环县、兰州构建成东西长 1 200 多里地的边防线,派参将与镇守都督同时驻守,相互配合。王琼经过实地调查,了解到蒙古军队平时四散畜牧,若举兵南下,必须事前做好充分准备的生活习性和战备状态。又摸清楚蒙古军队进犯前必须在有水源的地方安营扎寨,以保证马匹饮水和军队补给的实际情况,对花马池边墙周边的泉眼进行封锁并派以重兵把守。王琼总结自弘治十四年以来,花马池之所以成为蒙古军南下的要冲,原因是此地能够补给军需。因此,他对定边营墙外东柳门等井进行细致统计,对花马池派重兵把守。同时,在自定边营至横城堡东西 300 多里沿途布防军队,加强边防。为彻底阻绝蒙古铁骑侵扰,王琼借用火器、神枪、大炮、弓箭等武器的功效,身先士卒,亲率将士从花马池一路追击,迫使蒙古骑兵退居 200 余里。王琼发现蒙古军队撤离,也不予围追堵截。因此当明军班师回营时,沿路百姓称:"凶荒二岁矣,今秋颇成熟,赖公摆边,得收入盖藏矣。"②可见,这种沿边摆列,抚拒得当的防范措施,实现了对蒙古军的震慑,使周遭百姓安居乐业的双重效果。

四是重用人才,保障边用。王琼认为宁夏是边塞重镇,一旦遇到敌人进犯,驻守官兵众多,会出现粮草缺乏的困境。他一方面上奏朝廷,支付军饷,运输军粮,另一方面推荐人才,保障地方社会经济发展。王琼在奏疏中对宁夏边备粮草支用进行了详细陈述,认为统军用兵首先要有充足的军饷。王琼经过对宁夏各驻军卫所的调查,发现军饷仅供月余,一旦蒙古军队侵扰边地,需要调兵遣将,必然会导致粮饷供给的缺乏,从而贻误战机。为此,他请

---

① 陈子龙.明经世文编[M].北京:中华书局,1962:1003.
② 王琼.王琼集[M].太原:山西古籍出版社,1991:79.

求朝廷经过户部按期支付军饷并差官运输储备军粮,在防御蒙古军队南下问题上,建议朝廷从长计议。为保障朝廷对地方税收的征收,王琼考察宁夏境内屯兵,精准核查发现庆阳灵州盐课司沿途对接管理等方面存在问题。王琼在协调各盐课司管理、以备劲敌的同时,上疏朝廷启用年轻有为的新人管理地方税收。针对原来庆阳兵备副使兼管的宁夏大小两个盐池距离较远、管理不便的问题,王琼推荐并升任年富力强的宁夏管粮佥事齐之鸾兼管小盐池,延绥西路管粮佥事张大用兼管大盐池,使宁夏盐利收益呈现"每引旧例纳银二钱五分,卧引银一钱,共三钱五分。照依时估定,立斗头于附近。花马池、定边营等仓上纳本色米豆,以前年分,该支商盐照旧换支,各不相妨。如此,虏患既除,边用亦足"①的新局面。以上措施的实施,既加强宁夏边防驻地官兵间相互呼应,协同联防,又保证地方税收稳定征收,解决了长期以来宁夏及其周边在边备事务和盐课管理中积累的各种矛盾,促进了宁夏及周边各民族之间的交往交流交融,为明代中后期宁夏社会经济文化的全面发展发挥了重要作用。

三、王琼的边备实践思想

第一,华夷一体,怀仁爱民的儒家思想。

华夷一体是中华民族优秀文化传统特有的思想情怀,是儒家思想关于民族发展交流的美好愿景。明初,开国之君明太祖吸取元代解决民族问题的经验教训,高度重视王朝国家与少数民族之间的关系,在处理民族关系上坚持"威德兼施",主张"抚之自安"。《洪武御制全书·宝训》:"凡制胡虏,当顺其性。胡人所居,习于苦寒。今迁之内地,必驱而南,去寒凉而即炎热,失其本性,反易为乱。若不顺而抚之,使其归就边地,择水草孳牧,彼得遂其

---

① 杨经.〔嘉靖〕固原州志[M].银川:宁夏人民出版社,1985:123.

生,自然安矣。"①王琼总制三边时,虽然在军事上果断处置,以威服敌,其最终目的是希望边地稳定,民族和谐,商贸繁荣,体现了他怀仁爱民的儒家思想。他主张守城、慎战的怀柔政策和朱元璋治理西北边疆地区的策略一脉相承,使宁夏及其周边乃至西北地区在较长时间内没有大规模的破坏性战事,从根本上改变了宁夏边防建设基础差、人员少、粮饷匮缺的局面,推动了宁夏及其周边农业及商业贸易的发展,使宁夏边防建设更加巩固。

明代中期,面临北方蒙古铁骑的滋扰和践踏,社会安定是当时上自朝廷、下至黎民百姓的共同愿望,反映的是一种普遍的社会心理。王琼深知战争是国之大事。战争的军事目的是保存自己,消灭敌人。有的战争是完全彻底消灭敌人,而有的战争是民族之间的纷争。明王朝与蒙古军队的战争属于后者,"国土之于夷狄,固不可过抚以纳侮,亦不可深拒以穷兵。唯顺则抚,故赏斯恩焉;唯逆则拒,故威斯恩焉"(康海《贺少傅兵部尚书晋溪王公平土番序》)。王琼在解决以往因"闭关绝贡"引发吐鲁番侵略哈密,进攻肃州、甘州的西北边疆危机上,深刻认识到战争给各民族人民生命财产带来无可估量的伤害,给整个社会发展造成无法弥补的经济损失,从人本思想出发审视发生在中原王朝与边地少数民族之间的战争,无疑给各族人民带来最为深重的灾难。因此,王琼坚持"因民之所利而利之"的民本思想,上疏朝廷:"臣愿皇上远法舜禹,敷德格苗,近守祖宗怀柔远人成法,以罢兵息民便。"力劝朝廷放弃前嫌,能够与民兼爱、交相利的"兼爱"思想,与其友善为邻,恩威并施,和睦为上的正统思想,奉行"抚拒适当"以仁爱的态度,要求臣服,则尊重其诉求;即使侵扰,也主张安抚,征讨次之,正是传统的"兼爱"和"非攻"思想。王琼总制三边时,出现"西陲无事",吐鲁番"经岁无烽警"的和平稳定环境,从而赢得少数民族人民的热烈拥戴,出现河西百姓"欲久

---

① 张德信、毛佩琦主编.洪武御制全书[M].合肥:黄山书社,1995:597.

留琼兹土"佳话。

王琼出任三边总制后,面对蒙古劲敌在宁夏境内花马池一带的多次侵扰,以驻守固原、宁夏等蒙古劲敌长期侵扰的边防区域为目的,而绝无纵兵远征,亡人家国、灭人政权之义。他身居高龄,亲赴前线,指挥作战,从"非攻"而非"非战"的"慎战",从"守城"到"筑城",王琼坚持以"守"为"攻"、以战求和的积极防御策略。对于蒙古铁骑的多次劫掠和蹂躏,王琼只使其远遁,并没有一路追击赶尽杀绝。王琼怀仁爱民的思想,避免战争,维护边地和平,把仁人之心融入其战守战略、"慎战"战略和以战求和的作战目标之中,使西北地区各民族过上安居生活。这种怀仁爱民的儒家思想正如《司马法·仁本第一》所说:"攻其国爱其民,攻之可也;以战止战,虽战可也。故仁见亲,义见说。"王琼承袭历代"丰财练兵保境"的基本方略,也是其儒家思想在宁夏边防实践中的具体表现。

第二,"华夷一体"的富国强兵思想。

洪武初,明王朝坚持"大一统"的富国强兵思想,实施固本安边,"寓兵于农"的措施,以减轻民众负担,巩固边防。对于西北边防建设,王琼坚持民族和平相处的思想,与明初固本安边思想相一致。关于王琼西北边防建设的守与攻的思想,《子部·兵家类存目》通过其嘉靖年间总督三边军务,吸取历代边防实践经验教训,在宁夏花马池、环县、兰州等根据地理环境改造修葺边墙千余里等事迹,做了详细梳理。王琼作为一代文成,对如何对待战争攻守,罢兵息民,避免战争,维护边地和平的美好愿景,还体现在其诗作当中。《宁夏阅边》:

> 仗钺褰帷入夏州,塞垣风景豁双眸。田开沃野千渠润,屯列平原万井稠。西北蜿蜒崇岭峤,东南缥渺大河流。深沟划断通胡路,不用穷兵瀚海头。

诗词后两句明确指出用深沟高垒的目的是阻断游牧民族的侵扰,并不是穷兵黩武,向塞外发动战争。

王琼以兵部尚书兼右都御史出任陕西三边总制之际,基于宁夏边防形势及明军与蒙古铁骑之间战斗力差异,认为蒙古军队之所以把宁夏花马池一带作为南下的突破口,原因在于明朝对宁夏边备的重要性认识不足,存在边备建设长期修葺改善不足,兵力布局分散,防守薄弱的情况。因此,他上疏朝廷建议对宁夏境内防务设施在原有基础上进行修葺改造,并提出按照不同地区的地理特征和军队防备因地制宜进行改造,探索实践经略边疆的政治策略、研判宁夏防御设施、大力整饬武备,保障地方税制管理,维护和谐稳定的区域环境,加强对宁夏边备进行建设,设军事管辖机构,筑城修堡以制敌,主张攻守结合,设险防御,推行诸多边防御敌策略,从而改变宁夏花马池及其周边对蒙古骑兵的有效防范和阻击,实现宁夏花马池及其周边地区的和平安宁。这对宁夏明代中后期乃至后世西北边备建设产生了影响深远,尤其是基于蒙古势力的涣散经营、进攻强势,明军布防虚弱、供给困难以及双方战斗力对比等方面的科学分析,主张攻守结合、防御为主的策略,维护和平的思想等,融政治、军事、经济等多重因素为一体的综合治边措施,为后世西北边防思想提供了借鉴。

第三,励精图治,体恤民众的民本思想。

励精图治是王朝国家维持统治的重要路径。王琼作为一代名臣,始终坚持维护统一、反对分裂的政治立场,采取攻守结合的防御战略,择良才以治边备,挑沟挖堑以强防御,通互市以利商贸的军事策略,蕴涵中国传统文化的思想精髓,更重要的是将国家忧患升华为国民意识,表现出真挚的爱国情怀和为国效命的使命担当。

王琼为传统的家国情怀树立了典型。明代中期,北方蒙古势力的滋扰,始终威胁着明王朝统治,加深了明朝的社会危机,统治阶级中的有识之士,深感因循苟且终不能延续维系王朝国家统治;励精图治、体恤民众才能振奋人心士气,产生巨大的精神能量。王琼从户部右侍郎至督陕西三边军务,深得朝廷器重、后世褒评,体现出其励精图治,体恤民众的中华民族精神,名留青史。《明史》评价王琼"为郎时悉录故牍条例,尽得其敛散缩状。及为尚书,益明习国计","和于谦、张居正并成为明代三重臣","数受阴赉,累加至少师兼太子太师,子锦衣世千户。及营建乾清宫,又荫锦衣世千户,宠遇冠诸尚书","以兵部尚书兼右都御使代王宪督陕西三边军务","赠太师,谥恭襄"①。嘉靖七年(1528),"王琼仍然精力充沛,调度有方,为安定边防驰骋于西北疆场三年有余,受到后世历史学家的褒扬。在西部边疆督理军务期间,王琼主张和吐鲁番通商互市,保持和谐的关系,但对于不断入侵明朝边境的蒙古和西藏则主张给予严厉的打击。在1531年王琼奉诏回京时,西北边境和平安定,当地百姓对他依依不舍"②。

王琼一身正气,临危不惧,为民请命的民本思想,在其总制三边时得到发扬光大。王琼在宁夏主张"天下一家",崇尚稳定、和平,体恤民众的思想不仅贯穿于其经略西北的边防实践,也体现在其兴怀赋诗当中。如王琼基于边防粮草运输困难的思考,体现在其《阅视征西将军周尚文墙堑》诗文中:"高垒深沟意若何,东西形胜接山河。胡儿夜半移营遁,农夫秋成击壤歌。限隔华夷滇地险,守防扼塞仗人和。受降尚记三城在,元帅勋名共不磨。"再如《偕寇中丞登固原鼓楼次韵》写道:"秦汉农父供输困,河朔单于堠火通。"《过预望城》写道:"转输人困频增戍,寇掠胡轻散漫兵。"这些诗作,本质上体现了王琼体恤民众的民本思想。他说"若是天下兼相爱,国与国不相攻,家与家不相乱,盗贼无有,君臣父子皆能孝慈",希冀人人用"兼爱"来消弭战争,用"非攻"代替战争冲突。王琼在宁夏边防建设虽年已古稀,其

---

① 张廷玉等.明史[M].北京:中华书局,1974:5031-5233.
② [美]富路特、房兆楹原主编,李小林、冯金朋主编.明代名人传[M].北京:北京时代华文书局,2015:1882.

励精图治、体恤人民的民本思想始终没有改变。

结语

"以古为鉴,可知兴替"历史的意义总是具有当代性、现实性。王琼在宁夏历时虽短,但其加强边防建设的思想承袭中华优秀传统文化的儒家思想,在军事战略上有前瞻性、在处理民族关系上体现了包容性,在当代历史发展中无疑有现实指导性。王琼整饬军务、以备慑敌、挑沟挖堑、攻守结合的防御策略,安邦固本、以战求和、维护和平、举贤任能的思想,展现的是历史发展的逻辑规律,体现了中华民族优秀思想,富有强大的历史动力,其思想的共时之力和延后效应。在中国之和平崛起,西方世界倍感焦虑、多方围堵、联手制华的严峻国际环境的当下,我们始终不忘忧患、爱我中华、固本培元,维护和平有着重要的现实意义。

隋唐时期的文化自信与中华民族多元一体新格局[①]

冯 敏[②]

摘 要：隋唐时期是中古时期最具文化自信的历史阶段。两个王朝大部分时候都实行开放的民族和文化政策，统治者少有"华夷之限"，对边疆民族和那些高目深鼻的外来民族，如粟特人等，并没有严重的民族歧视和压迫，而能不拘一格、量才录用。粟特人多才多艺，文化水平较高，且具有极强的文化适应能力。久居内地的入华粟特人对强大的中华民族及其先进文明心生向往，并积极学习和模仿。隋唐时期内迁民族的汉化过程和胡汉融合不是在政治和文化高压形势下产生的，特别是在"安史之乱"之前，更多的是胡族自发自愿以高度发达的隋唐文明与儒家思想为指引展开的文化适应与调整。包括粟特人在内的内迁诸族，如鲜卑、突厥等，因与汉地文化的靠近，较快地走上了华化和逐渐融入中华民族大家庭的道路。他们因仰慕汉文化而感染华风，逐渐开始着汉服、讲汉语，习文儒、诵诗书，其中一部分精英人士有着极高的中华文化修养，他们熟悉尊卑等级秩序，讲诚信、懂礼仪、明进退、行忠孝等，被文明先进的儒家思想与文化所深深折服，自觉学习儒

[①] 基金项目：宁夏哲学社科规划项目：隋唐时期中华民族多元一体新格局与文化自信（21NXBZS02）。
[②] 作者简介：冯敏（1982— ），女，宁夏固原人，历史学博士，宁夏师范学院政治与历史学院教师，编审，主要从事丝路文化与隋唐五代史研究。

家思想及顺应汉地人伦道德,锤炼和提高自身的汉文化修养,因此成为较早也较快融入汉地的一部分人群。而广大胡族平民和一般外来商人阶层的融入则略微滞后,这与其不能直接接触汉文化的精华与核心有一定关系,甚至"安史之乱"后其汉化进程一度遭遇挫折。但是总体上隋唐时期大部分胡族融入中华民族是不争的史实,这一时期中华民族多元一体格局的新发展非常突出和重要,它是中华民族共同体形成发展史上的关键历史阶段。

关键词: 隋唐时期　文化自信　中华民族多元一体民族格局

隋唐时期,疆域不断开拓,国力日趋强盛,出现了史家艳羡的治世与盛世,当时的中原王朝不仅成为中华各族人民引以为傲的礼仪之邦,也是东亚乃至世界各地与中原建立联系的诸多民族热切向往的国际帝国。隋唐时期随着"大一统"王朝的进一步发展,中华民族的凝聚力也空前加强,[①]从而促进了中华民族多元一体民族格局的继续发展。

一、汉族文化的包容性极强

"文化,是民族凝聚力形成和发展的重要基础。"[②]文化具有民族性特质,它是特定民族生活方式的全面体现,包括在一定地域基础上,由于历史传统的影响,从而形成的特定观念价值、信仰和思维方式等内容。[③] 中华文化的主体汉文化,是植根于古代华夏农耕经济基础上的复合型文化。汉文化并非只是汉族的文化,而是海纳百川、有容乃大的开放文化体系,它并不盲目排外,也不妄自尊大,而是能兼容并蓄,吸收各种周边及外来文化,并以

---

① 陈载舸、陈剑安、殷丽萍主编.中华民族凝聚力学概论[M].广州:广东人民出版社,2013:10.
② 陈载舸、陈剑安、殷丽萍主编.中华民族凝聚力学概论[M].广州:广东人民出版社,2013:34.
③ [美]萨缪尔·亨廷顿著,周琪等译.文明的冲突与世界秩序的重建[M].北京:新华出版社,2004:20.

其强大的凝聚力促进多元文化共同发展,推动着中华境内华夏族群与少数民族的融合及中华民族的形成。①

众所周知,汉文化的形成和发展经历了非常漫长的过程,却能绵延不绝、一脉相承,与其自身强大的改造和吸收新鲜血液的能力密切相关。隋唐时期是其发展的关键历史阶段,汉文化进一步丰富和推陈出新。究其原因,一方面是汉文化在统合南北文化的基础上,蓬勃发展,吸收了大量南方和周边及异域民族文化,从而更加绚丽多彩;另一方面由于吸纳了大量异质文化,汉文化本身的融合性进一步增强。② 汉文化是基于农耕生产与农业文化的物质、精神与制度成果的总和,并形成了擅长交融的文化传统和特性。它在长期的历史发展中因中原的富庶与强势而不断向外传播,并特别擅长汲取外来文化。从而使汉文化能够在源源不断地向外传播的同时,又持续不断地汲取优秀的少数民族文化,从而居于中华文化的主导地位,成为汉族主要的共同特征之一。它是维系汉族不断发展壮大的精神纽带。

隋唐时期汉文化进一步发展,在与异域及边疆民族的交流与交往中获得了更多的认可与支持,由于中西文化交流的深度和广度的进一步拓展,扩大了中华汉文化的世界影响,以其文质儒雅傲立于世界民族文化之林。各民族对隋唐文化的极其推崇,他们积极寻求发展朝贡贸易,与唐建立各种经济、文化等外交联系,并给予大唐盛世以最大的肯定和支持,唐人因此油然而生出一种强烈的文化自信与自豪感,其地位越来越重要,以至于它在当时几乎是所有文明的中心。③

民族迁徙与流动促进了汉文化的传播。隋唐时期的气候温暖湿润,有相对更好的自然地理环境和发展农业生产的优越条件。农业生产工具

---

① 萧君和主编.中华民族族体论[M].北京:民族出版社,1999:279.
② 叶茜.中华民族的文化与性格[M].北京:民族出版社,2006:112.
③ 萧君和主编.中华民族族体论[M].北京:民族出版社,1999:246.

的改进、生产力的进一步解放,大运河的开凿及水利灌溉事业的持续迅速发展,极大地推动了南北之间的文化和物资交流,经济生产部门的分工更加专业和细致,使得这一时期汉地的农业生产率大大提高,手工业的发展也促进了诸如丝织业等各种加工制造业的快速发展。事实上,随着隋唐帝国的经济发展,统治阶层和社会精英人士对生活和物质条件的追求也越来越高。这一时期汉族的经济文化要比边疆民族更先进,而由于民族迁徙流动的加强,[①]不同民族之间围绕物资的交流进一步密切了文化上的联系。而中原汉地的汉文化本来是包容性极强的,它的形成和发展离不开各种其他民族与族群文化的交流和融入,因而使汉文化保持了强大的吸收和消化异域文化的能力,从而能绵延数千载而历久弥新。隋唐时期比起以往任何一个历史时期来讲,由于开放性和帝国统治者具有鲜卑血统的缘故,更能不拘一格、大胆开拓,在文化建设上更有魄力,敢于、勇于将周边民族的服饰、习俗、传统与文化艺术等广泛吸纳进汉文化之中,使汉文化更具有一种草原民族的豪迈与雄壮,并由于加入了这些新元素,一扫魏晋以来汉族门阀士族萎靡虚弱之颓势,等于重启了中原文化蓬勃发展的新生命。

二、隋唐时期多元一体新格局是由多民族共同构建的

隋唐时期王朝的大一统,促进了中华民族多元一体的新发展,加强了不同民族与文化之间的融合。这一时期,周边民族力量也比较强大,特别是突厥等游牧政权盛极一时。所以当时的华、夷关系主要是中央王朝与北方及西部的突厥、回纥、吐蕃等边疆政权的冲突与联系。后来,唐与突厥经过几番较量,终于赢得胜利,十余万突厥投降民众被唐太宗君臣迁入并安置北

---

① 刘鸿武等.中国少数民族文化简史[M].昆明:云南人民出版社,1996:26.

地,利用汉文化之魅力同化和教化他们,虽然期间经历反复和波折,但是最终这些留居大唐境内的突厥人融入了中原王朝。

1. 隋唐王朝的世界帝国特质

隋唐时期的雄厚的经济实力和国际影响力空前提升,万国来朝,异域珍宝、供奉、贡品等纷纷涌入朝廷,各地的使节、商旅、僧人竞相前来,跨境贸易与经济文化交流等空前繁盛。异域风情与异域文化充斥首都长安等地,长安、洛阳等地区胡风遍地,胡人云集。因此,学界普遍认为隋唐王朝具有鲜明的"世界帝国性格"特质,即具有中华民族多元一体的文化性格与文化精神。[1]

唐朝皇帝李世民不仅是中国的最高统治者,更是北方诸族可汗之君长,被各族首领尊为至尊的"天可汗",成为中华各族之共同君主,透露出多元一体观念。隋唐两朝胡汉不分,国法、禁卫等不限胡汉,这与隋唐王朝重视民族团结及其充分、高度的文化自信密不可分。特别是唐朝的强盛为其赢得了显著的世界影响,当时很多国家和地区都与唐朝建立了友好关系。章怀太子墓出土壁画《客使图》中,描绘有来自欧洲、中亚、东南亚等各地来华使节的图像,[2]在中亚撒马尔罕,粟特地区的大使厅壁画上也绘有唐高宗猎豹与武则天泛舟的大型绘画场景;在高宗与武后合葬的乾陵,至今仍矗立着头部有残缺的六十宾王像,它们是高宗武后时期大唐荣耀的见证;西域与草原及世界各地陆续出土的唐代出产的各种精美文物、书籍等印证了隋唐文化的传播范围之广。还有当时日本、朝鲜、高丽等国派来学习中原文化的留学生、留学僧、使节等,那些来了长安却再也不愿离开的各种肤色、人种的外国人等,都可以证实当时的唐朝名副其实拥有强大的吸引

---

[1] 张碧波、庄鸿雁.华夷变奏——关于中华多元一体运动规律的探索[M].哈尔滨:黑龙江人民出版社,2009:183.
[2] 汪高鑫、张荣强、胡秋银.交融——魏晋南北朝隋唐时期的中华民族精神[M].广州:广东人民出版社,2015:118.

力和显著的国际影响。①

2. 高度的文化自信

吕思勉先生在《中华民族源流史》中指出："民族的自信力,是不可以没有的。"隋唐时期国人有着异乎寻常的民族文化自信。生活于隋唐时期中原内地及边塞的人们积极主动将各种文化融入汉文化之中,这一时期也是西北陆路"丝绸之路"高度发展与民族交流深度发展的历史阶段,深度的文化交流导致民族融合进程的加速,民族融合又促进了文化交流,这种互动促成了中华民族的凝聚并奠定了中华民族多元一体民族格局的新特点。

中华民族的文化自信在隋唐时期高度发达,基于生在"因知海上神仙窟,只似人间富贵家"的富庶时代,"长安大道连狭斜,青牛白马七香车",进入内地的外来人无不赞叹称奇,文人士大夫甚至平民阶层无不由此生出万丈豪情,歌颂大唐盛世的诗词被广泛传播,妇孺皆知。这是中华文化的一个高峰,统治者注重"文化立国",隋唐皇室中大部分都有极高的儒家汉文化修养,乐舞技艺、琴棋书画杰出者比比皆是,如唐玄宗②与杨贵妃的旷世恋情被千古传颂,他们二人都是杰出的音乐家和舞蹈家。唐宗室李思训、李昭道父子的青绿山水画,画艺超绝,金碧辉煌,以其特有的皇家富贵气象,光耀画史。

3. 中华民族强大的民族凝聚力

中华民族历经战乱、劫难,却能一直绵延相承,并日益强大,源自其内在无与伦比的凝聚力。③ 隋唐时期,这种吸收其他民族文化、壮大自身力量的

---

① [美]巴菲尔德著,袁剑译.危险的边疆:游牧帝国与中国[M].南京:江苏人民出版社,2011:2.
② 唐玄宗精通汉文化,曾为儒释道经典《孝经》《道德经》和《金刚经》亲自作注。他擅长音律,是羯鼓大师,还亲自调教教坊艺人,甚至排演宫廷马舞,著名的舞马衔杯纹银壶上刻画有舞马的精彩瞬间。他还与杨贵妃排演《霓裳羽衣曲》,而杨贵妃也是三大胡舞——胡旋舞的高手,唐诗云:"中有太真外禄山,二人最道能胡旋。"
③ 陈载舸、陈剑安、殷丽萍主编.中华民族凝聚力学概论[M].广州:广东人民出版社,2013:1.

进程进一步加快。如唐与吐蕃通过和亲、会盟、战争等,建立了空前紧密的联系,唐高宗时继续维持双方的友好往来。长庆元年(821),唐朝与吐蕃会盟,建立了被称颂为"社稷如一"的"长庆会盟碑"。唐朝是第一个与远在青藏高原的吐蕃王朝建立亲密联系的中原王朝,这种持续性的积极开拓为后来青藏高原成为中国一个重要区域奠定了坚实基础。

隋唐时期中华民族的凝聚力空前壮大,中华民族生存空间扩展,对外交流和对内区域联系加强,"大一统"强势帝国的巩固与张扬、封建社会上升时期带来的社会大发展、大繁荣、民族交流融合带来的多元一体局面的进一步巩固等,为中国封建社会中华民族凝聚力的增强提供了基础性保障。[1] 事实上,隋唐时期的"大一统"是一种多层次开放的观念体系,其中蕴含了"华夷一统观"的思想。[2] 它用一种博大的格局,把夷狄当作与汉族一样的"人"对待,并尽量将中华境内的各族群平等对待,流露出民族团结与平等的新气度。

隋唐时期中华文化具有超强的传播力。它向四面八方的区域和族群的辐射伴随着经济、军事与文化交流展开。这一时期民族之间的文化融合是多向进行的,在与少数民族的联系与交往中,汉族汲取了很多营养和有益成分。这种交流与学习是双向互动的过程,互相受益,共同进步并成长,在彼此的交流融合中,逐渐形成了彼此学习、交流渗透的多元文化格局,民族之间的凝聚力进一步增强。[3]

三、隋唐时期中华民族多元一体新格局的特征与表现

隋唐时期是中华民族多元一体新格局发展史上的关键历史阶段。尽管

---

[1] 陈载舸、陈剑安、殷丽萍主编.中华民族凝聚力学概论[M].广州:广东人民出版社,2013:12.
[2] 严庆、平维彬."大一统"与中华民族共同体意识的形成[J].西南民族大学学报,2018(5).
[3] 陈载舸、陈剑安、殷丽萍主编.中华民族凝聚力学概论[M].广州:广东人民出版社,2013:12.

这个过程是缓慢和渐变的,且相对来说并不是一个十分表面化的过程。而是由表及里,潜移默化深入内核的持久过程。通过归纳分析,抽丝剥茧,这一时期中华民族多元一体新格局的具体表现和特征可总结为4个方面:

首先,文化交流的高度繁荣。隋唐时期"华夷一家"在很大程度上由一种社会理想成为社会现实。唐太宗曾公开讲:"我今为天下主,无问中国及四夷,皆养活之。"在隋唐国力强盛和经济繁荣的前提下,在这种不限华夷、包容开放的统治观念及民族政策的指引下,四夷边民纷纷归附,万国来朝。朝贡贸易轰轰烈烈地发展起来,著名的世界商贩——中亚粟特人的来华数量激增,且在华活动范围进一步扩大,他们越来越成为北方游牧政权与中原政权之间贸易、外交的中介力量,不仅在双方的经济贸易活动中,而且通过施加日益重要的影响,逐渐在突厥与隋唐王朝的交往,在回纥与大唐的交往中都扮演了举足轻重的角色。[1] 他们是当时汉化程度较高、接受也较快的一批外来人口。长期以来,汉族形成了团结一致的民族精神,中央集权、"大一统"观念深入人心,这对于粟特民族也产生了较强的向心力与吸引力。他们积极主动自愿地开始融入中华民族,这是一种以文化势力为前驱,政治势力为后盾结果。政治顺着文化的方向进行,是自然的、感化的文化融合,而非刻意的、压迫的文化与民族融合。[2]

其次,以中华民族为种族。虽然汉文化无疑是隋唐时期的主流,但不得不承认汉族在这一时期也有过部分胡化的趋势,其方向比较多元,诸如鲜卑化[3]、突厥化[4]等,此处暂且称之为胡化。不过,其主体汉文化还是继续发展,并越来越开放和包容,胡化与汉化并行的态势在此期进一步明朗。随着

---

[1] 陈载舸、陈剑安、殷丽萍主编.中华民族凝聚力学概论[M].广州:广东人民出版社,2013:37.
[2] 吕思勉.中华民族源流史[M].北京:九州出版社,2009:34.
[3] 唐朝皇族的父系出自武川镇鲜卑化汉族军人,前几代皇室母系也有鲜卑血统。
[4] 如唐太宗前太子李承乾曾被寄予厚望,但他颇喜爱突厥风俗,在宫中遵循突厥食宿习俗,崇尚突厥文化,是突厥化程度极高的皇室成员。

隋唐王朝大一统大业的确立,在文化上确立了汉文化及儒家思想的主导地位,促进了中华多元一体的发展,加强了民族与文化之整合。隋炀帝西行至河西走廊大宴西域各国君长,举行国际交易博览会,向西域各国展示了中原的经济实力与物华天宝,并派重臣裴矩坐镇河西走廊,积极招揽外商,推动了中西交流的发展。唐朝与西域及中亚、西亚等地的联系更加紧密,甚至一度实现了对中亚等地的控制,其强大的军事实力与政治威慑力对那些弱小民族形成了有力的庇护,这也是当时西域及中亚民族形成中原王朝认同的政治和军事因素。正如葛兆光先生指出的:"汉、唐恰恰是种种混融的时代。唐代首都长安好多人就是'胡种'。"①但是这些人很多自愿地融入汉族血统,在大量发现这些异域民族墓志材料中,很多人刻意淡化其西域族源与异族血统,而纷纷改换姓氏,将其祖先追尊为华夏先民或圣人、名人之后,混淆视听,从血统属性上淡化民族印迹,以获得汉地文化认同。

最后,胡汉融合的新高度。唐朝在太宗统治期间经过持续努力,打败了强敌东突厥,实现了对大漠的统一。唐高宗在位时期,继续用兵西域,占领西突厥故地,对辽阔西域、中亚等地实现了有效管辖,唐朝的势力范围一度越过葱岭。这一系列重大举措,大大拓展了隋唐帝国的管辖空间和影响范围,胡汉诸族的文化融合得以在更广大的空间进行。隋唐中央王朝成为胡汉融合的主导力量和领导核心。隋唐时期汉族文化有了很大发展,汉文化也积极吸收和借鉴了大量异域文化的精华,更加丰富多彩。② 富庶繁荣、领先世界的隋唐盛世是在胡汉杂居,多元文化碰撞交流的基础上形成和发展起来的,也是在汉族文化进一步开拓创新,吸收新鲜文化元素的基础上达到了一个很高的发展水平,尤其是在"安史之乱"之前,隋唐王朝正处于积极发展、大力开拓的上升期,东西南北的边疆民族、遥远异域的外来族群及其

---

① 葛兆光.殊方未远——古代中国的疆域、民族与认同[M].北京:中华书局,2016:8.
② 葛兆光.殊方未远——古代中国的疆域、民族与认同[M].北京:中华书局,2016:17.

文化持续输入,面貌、传统迥异的各种文化之间激烈碰撞,也是基于中央集权的强大和社会经济稳定,国势强盛及历代统治者的积极经营,才实现了情况复杂的各民族之间相对深刻的文化大融合。胡人进入内地,或分属各地,或侨置单立,大多都已编入户籍,在政府的统一领导下生产和生活,年深日久,逐渐融入汉族之中,成为中华民族大家庭中的一员。

四、隋唐时期多元一体格局的新发展

隋唐时期经过积极开拓,在前代"凿空"西域的基础上,国人的眼界越来越开阔,其关于天下秩序的理论认识更加清晰,这一时期是古代中国人天下观的"成熟发展时期"。[①]"天下"的内涵和外延都有很大的拓展和延伸,在华夷秩序的构建上也有新突破,统治者不以血统、种族为限,而能透过胡汉外貌、习俗等外部差异,探究其内在的文化属性。但凡认可隋唐王朝的统治,心向中华文化,忠诚拥护的胡人、外国人,都可以按照其身份、地位、才华、技艺等,在隋唐王朝,特别是唐代前期获得相应的官职和待遇。而一般的商人和平民阶层也可以在隋唐境内做生意或发展定居农业等,甚至获得编户齐民的中华身份。

唐代在对自我繁盛文化高度自信的基础上,能支持和鼓励异域族群进入中原内地发展国际、区域、民族之间的商品贸易及其他活动。在战争、贸易、外交等交融影响下,形成了在辽阔地域内众多民族林立的社会现实,如突厥、回纥、昭武九姓等,这种特殊的农耕、草原游牧与漠北民族混杂交融的局面是隋唐时期民族格局的新变化,对中原王朝统治的巩固和社会的安定是巨大的挑战。但是以唐太宗君臣为代表的统治阶层对此有非常理智而清晰的认识,正如魏徵曾指出的:"竭诚则胡越为一体,傲物则骨肉为行路。"

---

① 胡静."大一统"思想与中华民族共同体意识的形成[J].青海民族大学学报,2021(2).

他们认为"华夷一体",并坦诚相待,给予少数民族及外来族群充分的尊重和信任,以达到促进交流、人伦教化和民族融合的目标,制定了当时历史和社会条件下适合民族发展规律的边疆政策。如设置羁縻府州,任用少数民族首领管理本民族事务;并没有用政治强制手段和军事化逼迫其加入中原地方行政管理体系,而是根据不同民族的特点和差异,实行民族自治、因俗而异的灵活统治方式。这不仅有利于维持边疆的稳定,并能因地制宜地促进边地的团结与发展,也有利于边疆民族自觉自愿地以强盛的隋唐文化为标杆,因仰慕华夏,自觉学习和践行华夏汉文化及中原内地的制度及礼仪等,从而加强和巩固了边疆地区的向心力和凝聚力。因而唐代成为中华民族形成、发展史上至关重要的时代。

隋唐时期中华民族"多元一体"的新发展。隋唐时期北方和异域民族大规模的迁徙流动频繁,为不同民族之间的互相了解和学习提供了良好的契机。但其主体和凝聚核心无疑是中华文化,强盛自信的汉族文化与团结一致的民族精神对其他迁入民族产生了强烈而持久的吸引力。中华民族作为"多元一体"的复合民族,其实是以强大的经济实力和综合国力及国际影响力为前提和基础的。唐代中期以后藩镇林立、中央集权衰弱,经济大幅下滑,军事影响更是大大缩水,社会矛盾激化,所以胡族离心,落井下石乘机要挟者层出不穷。所以为什么在隋唐时期的前半段是一个中华民族多元一体高速发展,而"安史之乱"后那种明朗昂扬的民族交流与融合有了重大变化,胡汉融合的方式更加隐晦,因为这时候社会上充斥着对胡人的仇视,特别是与"安、史"有瓜葛的胡族,他们在中原内地的生存面临严重危机,所以必须改头换面,隐匿出身急速汉化方能存活下来,也因此更加速了其汉化的历史进程。当然也有一部分人选择逃离中原内地,远赴边疆,尤其是投奔东北地区河朔三镇,这些人走上的是另一种不同的发展道路,他们在五代时期卷土重来,更掀起波澜激荡中原,他们的汉化进程相对缓慢而曲折。

所以对于隋唐时期我国多元民族一体化的发展也要有所区分,具体对待,但是比起前代,这一时期的速度明显加快,①效果也确实更显著,这在某种程度上也与对外交流的迅速发展有一定关系。这一时期西北地区沿"丝绸之路"展开的民族贸易,搭建了不同民族之间文化往来交流的桥梁。西域和中亚等地胡族、商旅、僧侣大量来到隋唐境内,随之带来的是充满异域色彩迥然不同于中原内地的文化、艺术、思想、信仰、价值等,他们的服饰、生活方式,甚至服饰穿戴、音乐舞蹈、食物和饮料等,都对隋唐境内的人们形成了一种吸引。这是内地的人们对司空见惯的生活的一种应激反应和对新事物、新文化的好奇,它并不涉及制度与根本文化传统,所以一度引起"洛阳家家学胡乐"。朝廷也积极引进异族音乐,将康国、安国、龟兹、疏勒、高昌、天竺、高丽等地的音乐,列入国家的十部乐之中。② 正是因为隋唐时期中华民族在文化上的高度自信,他们用一种开阔的胸怀,在坚定本民族文化根本的同时,不拒绝新鲜事物,也不排斥对自身文化的丰富和进步。他们懂得欣赏相异文化之"美","美人之美",而不自我贬低追求明丽爽朗的生活,且毫不扭捏作态,虚情掩饰,如李白咏叹"胡姬貌如花",一代诗仙面对胡人文化态度大方、洒脱恣意,代表了很大一部分士大夫的心态。所以他们能坦然地与异族人群杂居错处,共同合作,相互促进。而那些异域人群因此更生出许多亲近,他们积极靠近汉人,甚或娶妻生子,入籍为民,丰富了汉族的血统与文化。

一方面,隋唐帝国的文化自信和宽容接纳,境内高目深鼻多须的中亚粟特人非常活跃且数量庞大,并逐渐成为中华民族的成员之一。此外还有大量外族人群踊跃加入,极大地丰富了中华大家庭的组成。另一方面,中华民

---

① 乌恩.草原民族对中华民族多元一体格局形成的历史贡献[J].内蒙古社会科学,2013(6).
② 汪高鑫、张荣强、胡秋银.交融——魏晋南北朝隋唐时期的中华民族精神[M].广州:广东人民出版社,2015:124.

族格局中的"一体化"特质鲜明。"多元"是讲人群的来源、血缘、地域上的进一步丰富和开拓,但是"多元"绝非杂糅、碎片和拼凑的杂烩的"多元",而是有一个凝聚的核心——以汉族为主体的以儒家思想为中心的民族精神和文化上的凝聚与整合。也就是不同民族在互相学习借鉴的基础上,经过文化上的重新塑造、革新与变化,方式上略有不同,或积极主动,或被迫融入,时间上有先后之分,程度上有深浅之别,但总体上都是认同中华民族这个主体的,这就是"一体"。众所周知,民族融合一直在进行,但是隋唐时期的民族融合不同于历史上任何一个时期,这其中遥远地异域民族自发自愿、积极主动地向中原汉族先进文化的靠拢更多,所涉族群地域范围之广、汉化速度之快、程度之深,都是史无前例的。同时汉族也仰慕少数民族的特殊风情,积极学习借鉴,双方的学习和融合是明朗、积极、健康的,绝非强力压迫之下的民族融合所能比拟。

五、隋唐时期汉地胡人生产与生活方式的改变

传统上,学界比较认同的是中华民族格局中的"多元一体",但是也应该重视少数民族和游牧民族等隋唐时期比较活跃且内迁频繁的族群在这一时期民族构成中的重要地位。正如有学者提出的中华民族"一体多支"说,[1]因为这一时期的汉族中融合了很多非汉族群,它承认和重视这些民族和文化的多样性。[2] 隋唐统治阶层的高明之处在于,不论这些内迁和新进入民族的血统、族源与传统文化面貌如何,一旦踏上隋唐的土地,受到中原内地发达繁盛的文化的影响,其行止和礼仪上的中华教化就开始了。这些民族内迁之后安居下来,由游牧而转入农耕,生产方式发生了根本性的变

---

[1] 傅永聚."多元一体"与"一体多支"——从中华民族构成看民族团结[J].石河子大学学报,2010(5).
[2] 牛锐."大一统"理念中的政治与文化逻辑[N].中国民族报,2006-11-24(6).

化。生活方式的改变与生产方式的改变是同时完成的,而生活方式的改变、习俗的改变,对于个体的人来说,是更为深刻的变化。[1]

这一时期的胡汉大融合是在中央王朝的领导下有组织地进行的。如对于已征服地区投降群众的安置,唐朝采取"分其种落,散居州县,教之耕织,以化胡虏为农民"的方针,将内附内迁的胡人采用侨置州县的方式进行安置。用中华民族的生活方式和行动思维,智慧地去影响、教化和改变内迁部众,特别是让他们定居下来,学习蚕桑和农耕技艺,改变其原有的生计与生活方式,由此他们必然会学习大唐民众的生活智慧、情感态度价值观等,这是唐朝处理民族关系上的一种创新,它对于与汉人相差极大的胡人部落的融入安定和经济发展、文明进步自然是有益的,但这种做法也似乎留下了不小的隐患。[2] 公元755年爆发的"安史之乱"暴露了异域族群意欲取而代之的野心,铺天盖地的胡人反叛浪潮席卷而来,严重打击了唐朝的统治,大唐也因此由盛而衰。安史乱军所过之处,烧杀抢掠,生灵涂炭,造成汉族人民大量牺牲,无疑是汉文化发展历程中的一场劫难,这是胡汉民族融合进程中的一次曲折。

结语

在梳理和分析隋唐时期的胡汉高度交流与融合的历史事实的基础上,可以看出隋唐时期在整个中古时期是我国历史上非常关键的民族融合,并推动中华民族多元一体新格局发展的重要历史时期。对这一过程的全面剖析有很大难度,但它有助于我们对隋唐时期"多元一体、一体多支"民族格局新发展的深刻理解。它不是简单的军事行政的联合,而是语言文化、意识

---

[1] 叶茜.中华民族的文化与性格[M].北京:民族出版社,2006:101.
[2] 叶茜.中华民族的文化与性格[M].北京:民族出版社,2006:110.

形态、信仰传统等多方面,多层次形成的内在凝结的整体。① 但是也不宜过分强调和夸大隋唐时期的"华夷一体",事实上这也绝不是一种华夷之间完全平等的框架,毕竟不同的民族和族群之间在历史、语言、传统、文化发展程度、信仰和价值观上也不是完全在同一水平线上的。事实上他们之间的内在秩序应是一种所谓的"中华民族三重差序格局"。②

---

① 蔡美彪."中华民族"商释[J].中国文化,2018(1).
② 张小军."中华民族共同体"的差序格局及其文化实践[J].广西民族大学学报,2020(1).

清代宁夏进士时空分布述论[①]

林光钊[②]

摘　要：清代宁夏进士共有43人,其各科中式数量随时间的发展总体呈现出一个"M"形的状态。顺治开科至乾隆朝,宁夏进士数量逐渐增多,出现第一个峰值;至道光朝,宁夏进士数量呈现出回落状态;随后,宁夏进士数量再一次增多,并且在同治年间达到鼎盛;自同治朝后,宁夏再无士子高中进士。呈现出这样的特点是多方面因素造成的,其中清政府支持开展科举取士的政策,清代宁夏境内的人口变化,各科的取士人数等,都产生了一定的影响,值得重视。与此同时,清代宁夏地区的进士在空间上呈现出北多南少,集中分布在宁夏县和灵州两地的特点,这是经济、自然、家族等多方面因素合力的结果。

关键词：清代宁夏　进士　总数　时空分布

清代考取进士的士子名录历来多有记载,可供量化分析。通过对进士的时空分布情况分析,可了解各地区的政治、经济状况。迄今,学术界对清代宁夏地区进士的探讨虽较为充分,但尚未达成确切共识,清代宁夏地区进

[①] 基金项目：2017年度国家重大社科项目"《朔方文库》编纂"(17ZDA268);2020年宁夏哲学社会科学规划年度项目"明清宁夏文进士著述研究"(20NXBTQ01)。
[②] 作者简介：林光钊(1995—　),男,福建三明人,福建师范大学文学院博士研究生,主要从事元明清文学与文献研究。

士时空分布情况还需进一步探讨。

一、清代宁夏进士时间分布研究

科举出身成为入仕的主要途径,明代明文规定"中外文臣皆由科举而进,非科举者毋得与官"。在 1300 年间,进士出身者构成了官员队伍主体,是士阶层中文化素养最高的部分,政治的演进与之密切相关,而进士的时间分布情况,则从侧面反映出该地区文化、经济情况。目前学界对清代宁夏进士的时间分布情况的探讨尚不充分,有鉴于此,本节将对清代宁夏进士时间分布特征及成因做一探讨。

(一)清代宁夏进士时间分布特征

清朝自清世祖开科以来,至光绪三十一年(1905),共开科 112 次,宁夏共高中进士共 43 名。由于清代各朝开科数不同,若单以每朝进士数量来分析各朝的科举情况,失之偏颇,故笔者以清代各朝"平均每科考中人数"为基准,分析清代各朝的科举情况。

表 1　清代各朝宁夏进士中式情况表

时　期	进士数	开科数	平均每科考中人数
顺　治	1	8	0.125
康　熙	5	21	0.238
雍　正	3	5	0.6
乾　隆	20	27	0.741
嘉　庆	4	12	0.333
道　光	2	15	0.133
咸　丰	3	5	0.6
同　治	5	6	0.833
光　绪	0	13	0

为了更直观地体现各朝进士的考中数量的数据变化,笔者将清代各朝宁夏进士平均每科考中人数以折线图的形式展现出来。

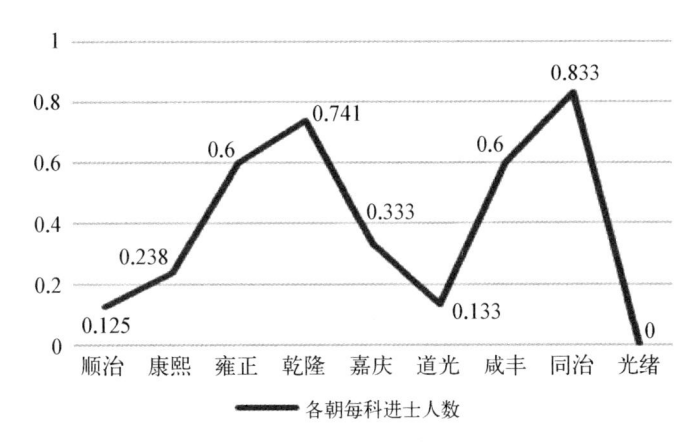

图 1 清代各朝宁夏进士平均每科考中人数折线图

清代宁夏进士各科分布情况不一,有 86 科无一人中进士,30 科考中一位进士,5 科考中两位进士,1 科考中 3 位进士,三甲分布情况为:一甲人数 0 人,二甲进士 6 人,三甲进士 37 人。

表 2 清代各朝宁夏进士各科及三甲情况分布简表

类　　别	数　量	备　　注
无进士考中科数	86	
考中一位进士科数	30	
考中两位进士科数	5	乾隆朝 4 科,同治朝 1 科
考中三位进士科数	1	同治朝 1 科
一甲人数	0	
二甲人数	6	乾隆朝 4 人,嘉庆朝 1 人,同治朝 1 人
三甲人数	37	

基于上述数据,可以得出清代宁夏进士人数的一些时间分布特点:

1. 进士每科考中数量发展呈现"M"形

清代宁夏进士数量发展总体呈现出一个"M"形的状态,自顺治朝至乾隆朝,宁夏科举属于逐渐发展状态,并在乾隆期间达到一个顶峰时期,但随后至道光朝,宁夏科举呈现出回落状态,低谷时期的道光每科考中进士人数仅0.133人,仅高于顺治时期和光绪时期。随后,宁夏科举又再一次发展,咸丰时期达到了每科考中进士人数为0.6人,已经逼近乾隆时期的数值,同治年间,每科考中进士人数达到了0.833人,超过了乾隆时期的数值,并且此时期还第一次,也是唯一一次出现同科考中三位进士的盛况,是宁夏科举的又一次高峰。但可惜的是,自同治朝后,宁夏再无士子高中进士。

2. 乾隆朝科举兴盛,同治朝科举中兴

科举进士数量的多少一定程度上也反映出当地的科举发展情况。以朝代为阶段观清代宁夏科举情况,乾隆一朝是宁夏科举最为兴盛的一个时段。从数量上看,乾隆时期,宁夏共高中进士20名,位列第一。从平均每科考中人数看,乾隆朝为0.741人,这个数据位于第二,低于同治时期的数据。但从基数来看,乾隆一朝开科数是27,而同治一朝仅开科6次,故乾隆一朝的数据更具有统计意义。此外,从乾隆朝有四次为同科双进士,二甲进士共有6名,占清代宁夏二甲进士比例的2/3,从数量和质量上看,乾隆一朝的宁夏科举较其他朝代兴盛。同治一朝宁夏的科举事业再度发展,甚至在某些方面超过了乾隆一朝,如同科考中三位进士,平均每科考中进士人数为0.833人,这都说明同治朝宁夏科举处于"中兴"时期。

3. 总体较为落后

清代共取进士26 849人,[①]而清代宁夏进士共43人,占比约为0.16%,

---

① 按:具体有多少人高中进士,各家学者由于统计的方式不同,得出的结果也不大一致,综合前人研究成果,笔者认为毛晓阳、金甦做出的考证较为令人信服,具体详见《清代文进士总数考订》,载于《清史研究》2005年第4期,第62—77页。

这样的进士数量说明宁夏地区的科举实力就全国而言还是较为落后的。就进士甲次而言,清代宁夏进士无一人中一甲,二甲进士仅有 6 人,占比约 13.95%,三甲进士共有 37 人,占比约 86.05%。而且,清代宁夏约 2/3 的科次未有士子考中,无论从数量、质量,还是科次中试率上,宁夏的科举事业就全国而言是较为落后的。

(二) 清代宁夏进士时间分布特征成因

清代宁夏进士的时间分布情况正面反映了此时宁夏的科举发展情况——大体呈"M"形分布,波峰为乾隆时期和同治时期,呈现出这样的特点是多方面因素造成的,笔者认为有以下几点值得我们重视:

第一,清政府支持开展科举取士,并对教育落后地区有所扶持,这是清代宁夏科举发展的基本条件,也是宁夏科举前期逐渐发展的主要原因。

早在入关之前,皇太极就已经逐步实行文治策略,他一改努尔哈赤对士人、儒生的杀戮政策,转而重视对士人的培养:"自古国家,文武并用,以武功勘祸乱,以文教佐太平。朕今欲振兴文治,于生员中考取其文艺明通者优奖之,以昭作人之典。诸贝勒府以下及满汉蒙古家所有生员,俱令考试。于九月初一日,命诸臣公同考校,各家主毋得阻挠。有考中者,仍以别丁偿之。"[1]皇太极执政注意文武并用,开始选拔人才,实行文治,让八旗贵族奴役下的汉族生员进行考试,以备选用。

顺治元年(1644)十月,顺治的即位诏就把科举事宜列入其中,科举成为清王朝的既定国策。即位诏规定:"一、会试定于辰、戌、丑、未年,各直省乡试定于子、午、卯、酉年。凡举人不系行止黜革者仍准会试,各处府州县儒学食廪生员仍准给廪,增附生员仍准在学肄业,俱照例优免。一、武举会试定于辰、戌、丑、未年,各直省武乡试定于子、午、卯、酉年,俱照旧例。一、京卫

---

[1] 太宗文皇帝实录[M].北京:中华书局,1985:73.

武学官生遇子、午、卯、酉乡试年仍准开科,一体会试。"①顺治二年(1645)四月丁卯,顺治帝颁恩诏与陕西等处(此时宁夏府地区隶属陕西),准许该地的乡试、会试照常进行:"该省生员乡试,举人会试,俱照直隶及各省事例,一体遵行。各学廪增附生员,仍旧肄业,俱照例优免。其有被闯贼威逼,曾受伪职者,尽行赦宥。生员归学,举人准赴京会试。"②此外,还规定了官学名额:"该省各府、州、县、卫廪生,准照恩例,每学贡二名。"③雍正二年(1724)还进一步规定了童生名额:"增陕西省各学取进文武童生额数。文童:……及宁夏卫俱照府学额各取进二十名。"④雍正六年(1728),宁夏地区新设一县(即宝丰县),时任川陕总督的岳钟琪曾上奏相关事宜,其中就涉及县学事宜:"招徕人民虽有四千余户,读书士子尚属有限,请学校教官暂停设立。"⑤但雍正帝并未采纳,并对此条特别批复到:"建立学校一条,据奏招徕人民已有四千余户,朕思其中亦多读书之人。若必俟人文蔚起,始行考取,恐远方士子,目前阻其读书上进之阶。应将两县(即新渠、宝丰两县)中现在读书愿就考试者,许其附入邻近州县内考试,酌量加额收录入学。俟两县人文渐盛,建学设官之日,仍行拨入本学,庶为妥协。"⑥乾隆二年(1737),准时任川陕总督兼甘肃巡抚刘于义的疏请,添设新渠、宝丰两县训导,并按中县之例给予童生名额和贡生名额。⑦ 为了更好进行统治,清政府沿袭前制,另编字号以确保某些地区和户籍有士子中举。顺治十四年(1657)三月,定宁夏等卫儒学每科乡试另编字号,额中2名,⑧此措施极大保障了宁夏士

---

① 世祖章皇帝实录[M].北京:中华书局,1985:95-96.
② 吴忠礼.清实录宁夏资料辑录(上)[M].银川:宁夏人民出版社,1986:5.
③ 吴忠礼.清实录宁夏资料辑录(上)[M].银川:宁夏人民出版社,1986:6.
④ 吴忠礼.清实录宁夏资料辑录(上)[M].银川:宁夏人民出版社,1986:108.
⑤ 吴忠礼.清实录宁夏资料辑录(上)[M].银川:宁夏人民出版社,1986:117.
⑥ 吴忠礼.清实录宁夏资料辑录(上)[M].银川:宁夏人民出版社,1986:117-118.
⑦ 吴忠礼.清实录宁夏资料辑录(上)[M].银川:宁夏人民出版社,1986:147.
⑧ 吴忠礼.清实录宁夏资料辑录(上)[M].银川:宁夏人民出版社,1986:23.

子的科举权益,缓和了其与教育发达地区的矛盾。① 除此之外,为了保障各省举人可以顺利到京参加会试,清政府还适当按里程给予路费补助,一二十两至数两不等。② 另外,由于幅员广阔,交通不便,清政府对陕甘边远辖地,允许对科举考试的预备阶段实行岁、科连考的特殊政策:"直省学政考试,除陕甘地方辽阔,其边远府分例,准岁、科连考外,余俱俟岁考周遍,始行科考。"③清政府的这些措施极大保障了科举制度的实行,也有利于宁夏士子考中进士。

科举制度是清王朝收拢民心、争取士民归附的重要举措,奠定了清政权确立和巩固的社会基础。清朝以异族入主中国,特别需要利用圣人之言的经典,利用统制思想与仕途的科举制,利用热衷科举与利禄的知识分子,而达到其统治的目的,④清政府的这些措施,也在客观上促进宁夏科举事业的发展。

第二,人口因素是制约科举发展的重要原因。

顺治初年,清朝发布了招垦令,准各地百姓开垦无主的荒田,宁夏地区境内有黄河经过,农业耕作条件较好,加之因为战乱,荒田较多,吸引了许多人到此开荒垦田。此外,宁夏平原亦是农田水利建设的重要地区,康熙、雍正期间,先后建有灌溉农田11万亩的大清渠和灌田20余万亩的惠农渠,近代意义上的宁夏平原水利网络已经形成。⑤ 水利网络的建设更让宁夏农业蓬勃发展,耕地逐渐增多,人口自然也逐渐上升,至乾隆时期,宁夏府人口已逾百万,如此大的人口基数,自然有利于宁夏进士的产生。

耕地的增多和水利设施的完善使宁夏人口逐渐上升,但宁夏地区爆发的战乱则导致人口下降。清初,朝廷设立陕西三边总督,驻节固原,设立宁

---

① 商衍鎏.清代科举考试述录[M].天津:百花文艺出版社,2004:105.
② 商衍鎏.清代科举考试述录[M].天津:百花文艺出版社,2004:127.
③ 素尔讷.学政全书[M].上海图书馆藏清嘉庆十七年刻本.
④ 王亚南.中国官僚政治研究[M].北京:中国社会科学出版社,1981:109.
⑤ 薛正昌.黄河文明的绿洲——宁夏历史文化地理[M].银川:宁夏人民出版社,2007:144.

夏巡抚。宁夏总兵,镇守宁夏,体现的仍是战争状态下的军事体制。这一时期,宁夏境内的反清浪潮十分强烈,南部固原地区有以武大定为首的军队抗击清军,中部蠡山(今宁夏同心东北)有以王一林为领导的反清队伍,北部地区有蒙古鄂尔多斯部以贺兰山为据点的武装力量。此外还有林林总总的武装反清斗争,据《清实录》记载,顺治三年四月杨成名、白友大兵变,①顺治六年三月,花马池军民相继作乱。② 清政府逐步消灭这些武装力量,并任命王辅臣为陕西提督,驻防西北,但后来王辅臣接受吴三桂的邀请,共同反清,出兵占领了宁夏地区。所幸清政府对此事及时处理,调遣赵良栋负责平息兵变事宜,使得宁夏境内获得平稳局面。自此,宁夏已逐渐从北部边境转为腹地,如康熙对准噶尔的战争,其还曾亲临宁夏,指挥前线战争,此时的宁夏已经成为大后方,成为前线的补给地。此时的宁夏地区已由战乱频繁的边境地区转变为较为安稳的内陆地区,这样的环境变化使得宁夏人口得以平稳增长。

宁夏境内自康熙朝承平百年后,社会矛盾问题逐渐展露,最终导致了长达十多年之久的回民起义,③造成西北地区人口的大幅度减少。美国学者何炳棣对此造成的人口损失做出一个估算:"尽管由于近代甘肃的方志较少,难于对人口的减少作大致的估计,但一种以大量文件和奏折为基础的左宗棠传记将甘肃的死亡记录定位数百万。"④该数据虽未具指宁夏人口,但也能看出宁夏人口损失极大。《〔乾隆〕宁夏府志》和《〔民国〕朔方道志》的《贡赋志》对宁夏府地区的人口做了详细记录,通过两书数据的对比,可以大致看出同治兵燹对宁夏人口造成的破坏:

---

① 吴忠礼.清实录宁夏资料辑录(上)[M].银川:宁夏人民出版社,1986:6.
② 吴忠礼.清实录宁夏资料辑录(上)[M].银川:宁夏人民出版社,1986:14.
③ 杨永福.再论晚清云南、甘肃回民起义的社会历史背景[J].宁夏大学学报(人文社会科学版),2005(4).
④ [美]何炳棣.1368—1953年中国人口研究[M].上海:上海古籍出版社,1989:246.

表 3　乾隆—民国宁夏府户口表

县　名	人口数(乾隆)	人口数(民国)
宁　夏	三十万三百五十一	六万八千七百八十五
宁　朔	三十二万二千二百四十四	五万二千三百六十一
平　罗	十五万八千三百六十	六万四千九百九十四
灵　州	二十八万四千七百七十六	三万八千一百七十三
中　卫	二十八万六千七百九十四	八万八千三百一十一

从上表可以看出,民国时期的宁夏府地区人口数量锐减,《〔民国〕朔方道志》卷九《贡赋志下》对此有如下叙述:"又按:清初,宁夏户口最为繁盛,道、咸以降,迭遭兵燹。同治之变,十室九空。宣统三年,又值匪乱,民之死亡一数万计。户口凋零,职是之故。膺斯土者,惩前毖后,消患未萌,子遗黎明,庶有豸乎。"①人口是一个地区发展的根本,乾隆时期为宁夏府人口鼎盛时期,此时亦为宁夏地区科举最为兴盛之时,这也使得清政府取消对宁夏地区乡试每科额中两名的优待。② 人口是一地区发展的重要基础,人口的急剧减少会导致该地区的发展停滞,同治年间"十室九空"的局面自然导致宁夏地区士子减少,从事举业的人口也会大量减少,科举水平自然下降。光绪初,经陕甘总督左宗棠奏请,陕甘分闱,甘肃乡试额照小省之例为 40 名,这样政策有利于宁夏的科举发展,但光绪年间宁夏地区却无一人中进士,人口的大量减少所造成的影响不言而喻。

第三,各科的取士人数不同是造成进士数量多寡的直接原因。

清代进士开科 112 科,每朝开科次数不一致,每科的进士名额也不一致,故每朝、每科平均考中进士人数也会有所差异。各科的取士人数的波动

---

① 马福祥、陈必淮、马鸿宾修,王之臣纂,胡玉冰校注.[民国]朔方道志[M]:上海.上海古籍出版社,2018:216.
② 吴忠礼.清实录宁夏资料辑录(上)[M].银川:宁夏人民出版社,1986:283-284.

变化,自然会造成各朝进士人数的变动。

以毛晓阳、金甦在《清代文进士总数考订》考证的进士人数为准(进士人数 26 849 人),结合清代共开科 112 次,清代各朝平均每科进士人数为:

顺治朝 383.13 人,康熙朝 194.67 人,乾隆朝 199.41 人,嘉庆朝 235.00 人,道光朝 217.93 人,咸丰朝 209.20 人,同治朝 264.67 人,光绪朝 314.62 人,平均每朝进士人数为 239.72 人。为了客观展示此数据,笔者制作了清代各朝平均每科进士人数折线图,如下:

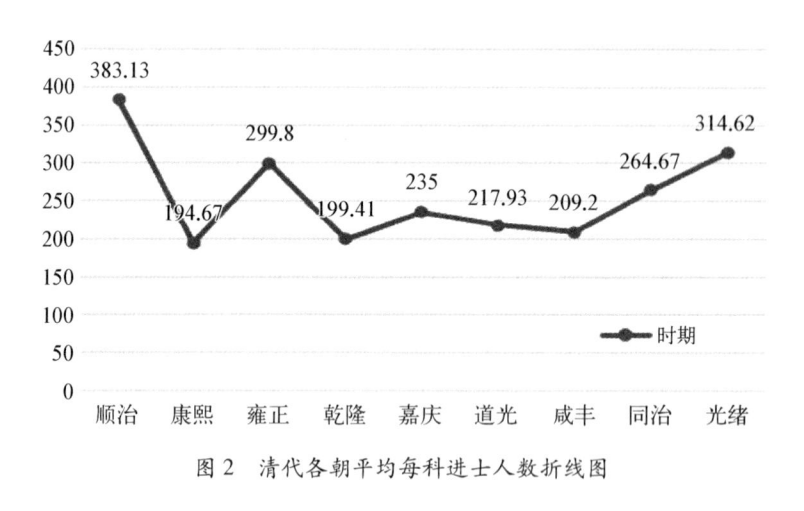

图 2　清代各朝平均每科进士人数折线图

从该折线图可以看出,乾隆年间每科进士录取人数最少。实际上,乾隆朝前五科的会试中额均在 300 名以上,但至乾隆中朝,社会平稳发展,大量的举人、进士在铨选上出现了困境,许多进士、举人在考中后,还需要经历一段时间的等待才会被授予官职,《钦定科场条例》载:"因查〔乡试〕每科中额一千二百九十名,统十年而计,加以恩科,则多至五千余人,而十年中所铨选者不及五百人,除各科会试中式外,其曾经拣选候选者尚余数千,经久愈多,遂成壅滞。"[1]乾隆帝认为人才壅滞是由于乡、会试中额太多,故对进士中式之数量进行下降调整,如乾隆五十八年(1790)癸丑科,进士人数只有 81 人,

---

[1] 钦定科场条例[M].台北:文海出版社,1989:3921.

为清代历科录取人数最低。这一做法,加剧了应考士子与会试中额的矛盾。嘉庆、道光、咸丰的进士名额虽较乾隆年间有所上升,但依然处于平均值以下,故此三朝的平均每科进士数量也不多。同治年间宁夏虽历经战乱,人数骤降,但每科的取士人数却呈上升态势,超过了平均值,故此时的宁夏进士反而出现增长状态,甚至在每科考中进士人数的数据上达到历朝最高。

综上,清代宁夏进士的时间分布与多种因素相关。清朝统治者利用科举制维护统治,大力推行科举教育。为了缓和科举水平高低地区之间的差异与矛盾,清政府在政策上往科举水平低的地区倾斜,并制定了一些保障政策以确保这些地区有举人产生,这样的政策使得清前期宁夏科举水平呈上升状态。至乾隆时期,整个社会呈现出一个繁荣景象,此时宁夏科举水平也上升到一个峰值,但此时整个清代官员数量呈现出一个壅滞现象,故清统治者有意识地减少进士名额,此时宁夏各科进士数量便呈现出回落现象。至同治朝,进士名额大量增加,故宁夏的各科进士数量又呈现出上升状态。人口因素也贯穿影响着宁夏进士的时间分布,前期人口的增加有助于科举事业的发展,后期人口的大幅减少直接导致宁夏科举事业的凋零。培养人才需要一定的时间,所以人口因素对科举事业的影响有一个滞后性,光绪朝无一位宁夏士子高中进士,同治时期的战乱导致士子的大量减少应为重要原因。当然,除此这些因素需要注意外,书院的建立与发展,经济的增长与衰落,习武之风的盛行等,都是影响清代宁夏进士分布的因素,在此不一一展开,待后续补充。

二、清代宁夏进士空间分布研究

宁夏地区进士的地理分布迄今研究成果较少,所得出的结论也值得进一步进行补充和考证。进士作为古代的精英知识分子,其空间分布状况可反映这个政区内部发展的差异,对清代宁夏进士的空间分布进行探析,有助于从侧面深入认识清代宁夏地区各区域的历史发展状况,可为宁夏各地区的文化发展战略提供一个参考数据。

（一）清代宁夏进士空间分布特征

据前文所考,笔者将清代宁夏地区各朝各州县的进士人数做一个统计简表（新渠、宝丰、宁灵厅等建置时间较短的县不计入其中）,兹列表如下:

表4　清代宁夏地区各朝各州县的进士人数简表

时　期	宁夏县①	宁朔县	平罗县	灵州	中卫县	固原州	隆德县	总计
顺　治	0	1	0	0	0	0	0	1
康　熙	2	0	1	2	0	0	0	5
雍　正	1	0	0	1	0	1	0	3
乾　隆	8	2	0	5	5	0	0	20
嘉　庆	1	0	1	2	0	0	0	4
道　光	0	1	0	0	1	0	0	2
咸　丰	1	0	0	2	0	0	0	3
同　治	0	0	3	0	1	1	0	5
光　绪	0	0	0	0	0	0	0	0
总　计	13	4	5	12	7	2	0	43
所占比例	30.23%	9.30%	11.63%	27.91%	16.28%	4.65%	0	100%

清代宁夏各地区进士数量不同,最多的为宁夏县,该县共有13名进士,占比30.23%,数量排名第二的为灵州,有进士12名,占比27.91%。其余州县进士数的名次及占比依次是:中卫县,7名,占比16.28%;平罗县,5名,占比11.63%;宁朔县,4名,占比9.30%;固原州,2名,占比4.65%。

为更直观看出各地区所占进士比例,笔者将清代宁夏各地区所占进士

---

① 按:清代宁夏地区的行政区划发生变革,以州县代替卫所,原属宁夏后卫地区基本由宁夏县管辖,故栗尔璋、解震泰两位宁夏后卫进士,笔者将之划属为宁夏县进士。

数量绘制成饼状图(隆德地区无一人中式,不计入其中),兹如下:

综合两幅图表可以看出,清代宁夏进士空间分布呈现以下两个特征:

1. 南北分布不平衡

总体来说,清代宁夏地区进士分布极为不平衡,南部的固原州仅有2名进士,隆德县更是无一名进士,95.35%的进士都分布在宁夏北部地区。

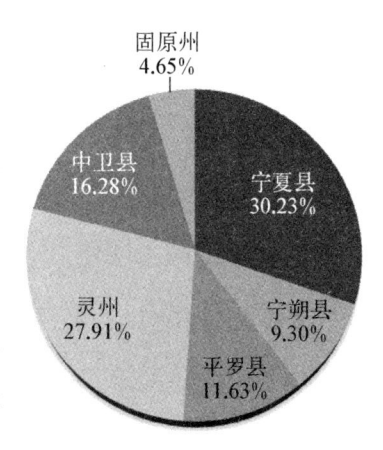

图3 清代宁夏各地区所占进士数量图

2. 集中在宁夏县和灵州两地

这种集中性表现在少数地区拥有进士的绝大部分,宁夏县和灵州两地进士总数为25人,占清代宁夏进士总数的53.14%,清代宁夏进士一半以上都出自这两地。

(二) 清代宁夏进士空间分布特征及成因

清代宁夏地区的进士呈现出北多南少的情况,这正与宁夏地区的经济、教育情况相吻合。南部的固原地区为山区,耕地面积少,水利设施也不如北部地区,生存环境较为恶劣,且此地久为军事重地,民风尚武,文教事业发达程度亦不如北部地区,故进士数量远逊于北部地区。

宁夏县为附郭县,为宁夏府治所在之地,灵州为直隶州,两地的经济、文化较为发达,进士数量自是较多。但宁朔县亦为宁夏府附郭县,进士数量却远少于灵州,其中原因值得进一步探索。

影响一个地区的进士数量主要有政治、经济、文化三个因素,前文已述及清政府相关科举政策,并未具体对宁夏某一州县有政策倾斜。下文将重点分析经济、文化两个因素,对两县地理位置、人口赋税、书院数量、家族教育背景等情况进行横向对比,期以探究影响清代宁夏进士空间分布的重要原因。

宁朔县,治在府城内。东至宁夏县张政堡沟桥里五里,西至贺兰山外边界七十里,南至宁夏县王元桥界一十八里。又自宁夏县属叶升堡兴离庙起,至中卫县属分守岭交界六十里。东南至青铜峡河岸十里,北至平罗县李刚堡界四十里。① 灵州,治在府东南九十里。东至榆林府定边县界二百八十里,西至宁夏县三十里,南至李旺堡、平凉府固原州界二百八十里,北至横城边墙七十里,东南至甜水堡、庆阳府环县界二百九十里,西南至广武营、中卫县界一百二十里,东北至兴武营一百四十里,西北至河西寨、宁夏县界七十里。② 总体来说,两地皆处于宁夏平原内,境内都有黄河流过,水利条件良好,是西北地区较为宜居的地方。

人口、赋税情况可以反映地区的经济情况,一般来说,经济的发达程度与科举事业的发达程度呈正比关系。据前文《清代宁夏地区各朝各州县的进士人数简表》所示,宁朔县、灵州两地的进士数量至乾隆朝已有较大差距,故对比两地乾隆朝时期的人口、赋税情况基本可以说明问题。笔者据《〔乾隆〕宁夏府志》卷七《田赋》制如下表格:

表5　乾隆年间宁朔县、灵州人口赋税表

类　别	宁朔县	灵　州
人口(户)	34 200	45 885
人口(口)	322 244	284 776
耕地③	4 232 顷 73 亩	2 300 顷 45 亩
征粮④	37 945 石	18 221 石
征银⑤	2 692 两	1 816 两

---

① 张金城等.〔乾隆〕宁夏府志[M].北京:中国社会科学出版社,2015:47.
② 张金城等.〔乾隆〕宁夏府志[M].北京:中国社会科学出版社,2015:48.
③ 单位仅止于亩,更小的单位不予收录。
④ 单位仅止于石,更小的单位不予收录。
⑤ 单位仅止于两,更小的单位不予收录。

由上表可见,两地在具体人口上,宁朔县人口较多,灵州人口较少,约相差四万人;在耕地上,宁朔县耕地数量近灵州的两倍;征粮上,宁朔亦近灵州地区的两倍;征银上,宁朔县地区依旧多于灵州。从这些人口、赋税的对比来看,宁朔县的经济要优于灵州。

书院是培养士子的重要场所,其数量多寡亦会对进士数量造成影响。据《〔乾隆〕宁夏府志》记载,宁夏县、宁朔县自明至乾隆年间共有书院3座,但并未说明具体坐落于宁夏县或宁朔县。至乾隆朝,灵州则有钟灵书院、奎文书院两座书院,其中钟灵书院于乾隆五十一年(1786)废弃,奎文书院于乾隆五十二年(1787)创修。宁朔县、灵州两地距离较近这一因素不可忽略,两地有志于学者皆可赴这些书院求学,故实际上两地书院的多寡并未有对两地进士数量造成较大影响。

良好的家族教育背景也有利于士子考中进士。由于记载的资料有限,目前未见宁朔县四位进士其家族中有拥有功名之人。灵州进士家族情况资料记载较多,兹简举如下:谢王宠、谢升二位进士为父子关系,谢升因其父封荫举人;王晟,其祖王寅,字宾阳,拔贡生。《〔嘉庆〕灵州志迹》有传,称其:"工诗、古文,教授于家。游其门者,多以文学著称。"[1]父王可久,嘉庆壬申(1812)举人;张煦,其父张松年,字寿山,道光辛卯(1831)举人,曾任狄道州训导,亦有实学。

综上,影响清代宁夏地区进士分布最主要的原因是经济因素和文化因素中的家族因素。南部固原地区、隆德县进士数量不多,主要在于该地区经济较差,可见经济因素对科举事业之影响。通过北部地区的宁朔县与灵州两地的比较,可以发现家族的教育背景亦是影响进士数量的重要原因。一个家族中,如果有较多的人获得功名,那么这个家族中也更容易出现进士,

---

[1] 杨芳灿等.〔嘉庆〕灵州志迹[M].北京:中国社会科学出版社,2015:111.

灵州虽在人口、经济上皆不如宁朔县,但所出的进士数量却超之,可见家族教育的重要性。

小结

清代宁夏地区进士分布差异十分明显。时间上,其各科中式数量随时间的发展总体呈现出一个"M"形的状态,顺治开科至乾隆朝,宁夏进士数量逐渐增多,出现第一个峰值;至道光朝,宁夏进士数量呈现出回落状态;随后,宁夏进士数量再一次增多,并且在同治年间达到鼎盛;自同治朝后,宁夏再无士子高中进士。呈现出这样的特点是多方面因素造成的,其中清政府支持开展科举取士的政策,清代宁夏境内的人口变化,各科的取士人数等,都产生了一定的影响。清代宁夏地区进士在空间上呈现出北多南少,集中分布在宁夏县和灵州两地的特点,这是经济、自然、家族等多方面因素合力的结果,其中经济因素及家族教育对进士数量的多寡更具影响。

明代宁夏军镇设置及移民

张 哲 马 艳[①]

摘 要：明代宁夏作为对抗残元势力的前沿重镇,其军事建制体现出边塞特点。除了加强军事力量的控制,明朝廷为了减少运送粮草的耗费而组织的各类大规模移民,不仅使宁夏农业生产迅速恢复,也推动了宁夏经济社会的发展。

关键词：明代 宁夏 移民

一、明代宁夏战略地位与明朝廷边疆政策的影响

宁夏位于西北内陆,是明朝抗击蒙古势力的第一线。明朝建立后,蒙古势力退回到草原地区,但仍然保持着足以威胁明朝边防的庞大势力。宁夏地处蒙古势力南下扰掠的必经之路,始终是明朝军事对抗的军事重地。明朝对宁夏初期的放弃,以及随后的建设,都离不开防范和抵抗侵扰的军事意图,体现出强烈的边塞特点。

[①] 作者简介：张哲(1977—),男,宁夏贺兰人,宁夏社会科学院地方志办公室编辑,民族学博士,主要从事地方历史文化研究；马艳(1976—),宁夏银川人,宁夏社会主义学院教师,主要从事统一战线理论与政策研究。

卫所制度,是明代独属的军事制度。顾诚曾在文章中指出:"相当数量的卫所在自己管辖的地面上择地另筑城堡。这种城称为'卫城''所城'或'堡'。"①周小棣则认为:"卫所军城是以卫、所指挥中枢为中心而修筑的以军事功能为主要功能(部分卫所军城还兼理民政)的一种城市类型,因而也可以称之为军城。"②毛佩琪在《中国明代军事史》中指出:卫所于自己独立的辖区内择地筑城,这些城即称为"卫城""所城",独立管理其所辖地区。③ 按明制,一卫军士5 600人,一所1 100人。另外在军士之外尚有军余、余丁及其家属。在明代边镇军事设置中,宁夏独占九边之二,可见宁夏地区在明代的战略地位。关于宁夏各镇人马数量,根据《大明会典》卷一百三十《镇戍五》的规定:"宁夏镇……原额马步官军七万一千六百九十三员名。见额二万七千九百三十四员名。原额马二万二千百八十二匹。见额万四千六百五十七匹;固原镇……原额官军十二万六千九百一十九员名。见额九万四百十二员名。原额马骡牛万二千二百五十匹头只。见额三万三千八百四十二匹头只。"④有明一代,宁夏编撰的志书和其他各类笔记、典籍对于宁夏各镇人口数量都有详细的记载。但是遗憾的是流传至今的明代宁夏史籍已经寥寥可数,不足以反映问题的全貌。明初宁夏经济社会的发展远远低于明朝其他属地,战乱频仍,人口稀少,无法完成一般的行政规划设置。明王朝除了在宁夏进行大量的军事建设,利用军事力量"固边圈"外,还实行大规模移民,以期达到"俾为自治而用夏变夷……奉征调……抵掌疆场"⑤的统治目的。

---

① 顾诚.隐匿的疆土卫所制度与明帝国[M].北京:光明日报出版社,2012:14.
② 周小棣等.负山阻海地险而要——明长城防御体系之辽东镇卫所军城市[M].南京:东南大学出版社,2013:11.
③ 毛佩琪.中国明代军事史[M].北京:军事科学出版社,1994:60.
④ 李东阳等编纂,申时行等重修.大明会典[M].扬州:广陵书社,2007.
⑤ 张廷玉等.明史[M].北京:中华书局,1978:233.

二、宁夏移民流动

巩固边疆是明代宁夏移民的目的,同时也借以解决当地庞大驻军的粮饷供应问题。除此以外,还有施行马政、仕宦流寓以及躲避灾害等原因使一些内地汉族迁入宁夏南部,但其规模和数量仍相对较少。

(一) 宁夏屯卫体系的设置与军事移民

按照明代行政划分,今宁夏属陕西布政使司管辖。明洪武十三年(1380),因为粮食转运耗费巨大,朱元璋曾下令让陕西诸卫三分之二的军士屯田自给。在此政令下,陕西布政使司辖地内除在陕西境内的12卫1所外,其余今宁夏、甘肃、青海境内25卫5所的将士及家属就地屯垦,总计大约44万人。

时宁夏南部地域仅有镇原、隆德二县,且属甘肃平凉府管辖,其他地区均为军事设置。按史籍所载,宁夏北部的宁夏卫、宁夏左屯卫、宁夏右屯卫和宁夏前卫的设立,时间大致都在洪武十三年以后,似乎与朱元璋的军屯令有直接的关系。宁夏中卫建于永乐元年(1403)。按规制,宁夏5卫共计2.8万人,加上军属共计8万人左右。

由于宁夏特殊的军事地位,决定了宁夏移民的主体是军事移民。曾总制大同及延绥甘宁军务的王越说:"夏,即古朔方地。元置行省,国初弃其地徙其民于陕西。洪武九年(1376),立宁夏等五卫。"[①]但宁夏卫所的设立是陕西布政使司辖地内最为复杂的,多次撤销、复设和变更卫所名称。据《明史·地理志》,洪武三年(1370)进宁夏北部设宁夏府,随即又于两年后撤销,等同于放弃了宁夏北部,但又逐渐以卫所的设立恢复了统治。按照《明史·地理志》的记载:宁夏卫建于洪武二十六年(1393),两年后撤销,永乐元年复置;宁夏前卫设立于洪武十七年(1384);宁夏左、右屯卫设立于洪武二十五年(1392),何时废置无载,复置于建文四年(1402);宁夏中卫设置于

---

① 陈子龙.明经世文编[M].北京:中华书局,1969:103.

永乐元年(1403);宁夏后卫设置于成化十五年(1479)。同时又在宁夏后卫下设置花马池千户所,于正德六年(1511)升置卫。

《明史·地理志》中,并没有关于明洪武九年设立宁夏军卫的记载,与王越奏疏所言相左。而且据《明史·地理志》,洪武二十六年以前的宁夏北部地区没有军卫驻扎。但在宁夏现存地方志《〔嘉靖〕宁夏新志》和《〔万历〕朔方新志》中,均有洪武九年在宁夏设立卫所的记载,究竟哪种说法属实,尚需进一步用资料考证。

《明史·兵志》、《明史·地理志》、《明太祖实录》、《大明会典》卷一百三十《镇戍五》中关于宁夏卫所的记载互相矛盾,难以印证,在王越的奏疏中提到过明确的数字,也找不到可以印证的资料。"宁夏之兵,至二万三千,而骑兵精勇者,仅六千人。"①这个数字,按照明代卫所兵制,也仅够4卫而已。弘治十一年(1498),"协守宁夏副总兵都指挥使张安奏:宁夏等四卫原额旗军二万四千名,今逸其半,战守乏人,请募敢勇以实行伍"②,也大致与王越的说法想合,似可作为互证的材料。宁夏的军人2.3万人,军属合计6万~7万人。但在《大明会典》卷一百二十九中,宁夏的驻军人数要远超以上数字,宁夏、固原两镇永乐年间共计19.861 2万人,万历年间为11.834 6万人。③ 造成这种差异的原因,一方面是宁夏战争频仍,驻军人数属于军事机密;另一方面,似乎与各方面的统计方式不同有关。《〔弘治〕宁夏新志》卷一中宁夏有41 474户7 400人;在卷八中记有"民户一千三百三十一,口万一百四"④。在卷八中,还详细记录了宁夏各卫人数:宁夏后卫,3 180户6 890人;宁夏中卫,6 280户11 080人。推算其他几卫的户数,不足4万之数。《〔弘治〕宁夏新志》卷一所载的户数似乎为宁夏军籍和民籍的总和。

---

① 王越.屯御疏[M]//陈子龙.明经世文编[M].北京:中华书局,1969.
② 明孝宗实录(卷136)[M].北京:中华书局,2016:132.
③ 李东阳等编纂,申时行等重修.大明会典[M].扬州:广陵书社,2007.
④ 胡汝砺著,范宗兴点校.〔弘治〕宁夏新志[M].银川:宁夏人民出版社,2010:51.

由此可以推算出当时驻军是宁夏人口的主体,也可以从明代宁夏军事设置大体推断出宁夏当时的人口分布状况。《〔嘉靖〕宁夏新志》《〔弘治〕宁夏新志》都记载镇城人口是全镇总人口数的60%以上。镇城以外,人口大体集中于卫所和堡寨,人口相对集中。

为减少大规模运送带来的人力物力的损耗,明代边疆驻军通常屯守结合,以驻军为屯丁进行屯田,尽量使边军粮食达到自给。《明史》卷七十七《食货志一》中记载:"更定屯守之数。临边险要,守多于屯。地僻处及输粮艰者,屯多于守,屯兵百名委百户,三百名委千户,五百名以上指挥提督之。屯设红牌,列则例于上。年六十与残疾及幼者,耕以自食,不限于例。屯军以公事妨农务者,免征子粒,且禁卫所差拨。于时,东自辽左,北抵宣、大,西至甘肃,南尽滇、蜀,极于交址,中原则大河南北,在在兴屯矣。"[1]兼具巩固边防与解决驻军粮草问题的"屯田"无疑是一种最为理想的方式之一。明代在边地建立的卫所军制除屯守结合外,屯兵世代继承,父死子继,驻地固定,成为事实上的边地移民。

除了普通士兵移民宁夏外,还有一些中上级军官也是如此。《海城县志》中记载了两块墓碑及其相关碑刻文字分别为"镇国将军吴公墓在红古堡西二里,万历二十七年分守宁夏、灵州等处地方,左参将孝孙吴宗尧立……奉国将军吴公系参将吴宗尧曾孙,未列名"[2]。可见,吴氏一门数代戍边,在今宁夏海原已经定居。

(二) 马政的实行与宁夏移民

今宁夏固原地区在明代时是重要的战马蓄养地之一。朝廷在这里设置了专门的机构,"苑马寺……在州城东北隅。……所属在固原者三苑开城

---

[1] 张廷玉等.明史[M].北京:中华书局,1978:22.
[2] 明武宗实录[M].北京:中华书局,2016:56.

苑、广宁苑、黑水苑"①。另外,固原地区还有甘州群牧千户所和肃王、楚王、韩王等藩王牧马地,如在固原有牧马地,从宁夏南部各处马政基础设施的维护与建设可知这里的重要性。明代马政所属未军事化管理,固原地区马场的维护需要的牧丁数量也是一个非常庞大的数字,且大部分为各地调派固原。各类牧丁也是当时汉族移民的重要组成部分之一。以下一则史料可以作为佐证:在明中后期,马政废弛,牧丁大量逃亡。明正统初年,甘肃苑马寺被裁撤,至弘治之时,固原仍有与马政有关的牧丁数为728名,可见马政兴盛之时人数之众。

(三)民屯与宁夏汉族移民

移民就是宽乡,是明初为解决民生的重要策略,"其制,移民就宽乡,或招募或罪徙者为民屯,皆领之有司"②。这一政策也被用于宁夏,移民的方式大体如下几种:移民、募民、徙罪。秦纮就向奏请在固原实行民屯:"纮见固原迤北延袤千里,闲田数十万顷……募人屯种,每顷岁赋米五石,可得五十万石。"③《〔嘉靖〕固原州志》则记载有指挥使刘端屯田的相关史迹:"公仍赋其屯粮,物其方土,虑尚艰食,定其租税,三年后乃作。"④历代王朝巩固边防的重要方式之一就是"移民实边"。明时,固原为中原王朝抵御蒙古的边地,在此地移民实边是其重要措施之一。自明初移民实边以来,宁夏左近陕西、山西移民迁入固原者众多,以至于《〔民国〕固原县志》称:"明孝宗弘治十四年,开闻固原卫,移民实边。乡老遗传当时山西、陕西富户大姓,移来者许多……"⑤,"固原土著老户,寥落无几"⑥。著名的洪洞大移民在固原

---

① 刘敏宽纂,牛达生、牛春生校勘.〔万历〕固原州志[M].银川:宁夏人民出版社,1985:190.
② 张廷玉等.明史[M].北京:中华书局,1978:30.
③ 张廷玉等.明史[M].北京:中华书局,1978:178.
④ 刘敏宽纂,牛达生、牛春生校勘.〔万历〕固原州志[M].银川:宁夏人民出版社,1985:243.
⑤ 叶超等纂修,邵敏、韩超校注.〔民国〕固原县志[M].上海:上海古籍出版社,2018:45.
⑥ 叶超等纂修,邵敏、韩超校注.〔民国〕固原县志[M].上海:上海古籍出版社,2018:45.

地区散落各处,《隆德县志》记载有洪洞大槐树及河南移民"凡多1万多户,5万多人"①。

(四) 明政府盐政下的商屯与宁夏移民

明代食盐运销皆由官府控制,盐商需持有官府盐引才能运售食盐。为弥补屯粮之不足,官府诱导鼓励盐商在边地屯种,以粮食换取盐引。《明史·食货志》称之为商屯:"明初,募盐商于各边开中,谓之商屯……以边军屯田不足,招商输边粟而与之盐……募民垦田塞下,故边储不匮。"②盐商为成本考虑,开始招徕移民在边地屯田,以所获粮食换取"盐引"。交粮越多,可换取的盐引价值也越大,盐商屯田的规模也逐年扩大,被招募到边地屯种并定居成为当地农民的人也逐年增多。秦纮奏称:"设固原为州,开府辟城郭,增兵收盐利,惠商以实塞……自是,商贾云集,货物流行,人有贸易之利。"③

杨一清继任秦纮之任时,称"近年总制尚书秦纮要增盐利……许令将往西、凤、延安、汉中等府发卖,盐商云瀚,盐厂山积,固原荒凉之地,变为繁华"④。随即杨一清复请招商开中,《明史·食货志一》称"杨一清复请召商开中,又请仿古募民实塞下之意,招徕陇右、关西民以屯边"⑤。在这种持续稳定的政策鼓励下,宁夏因招商开中的移民数量维持着较大的数字,但缺乏史料记载,难以统计。

(五) 灾荒引起的流民

频繁的自然灾害是内地人口自主迁移到边地的重要原因之一,流民的移入数量也与灾害大小和受灾地远近有很大的关系。为了安抚流民,通常

---

① 隆德县志编纂委员会编.隆德县志[M].银川:宁夏人民出版社,1998:68.
② 张廷玉等.明史[M].北京:中华书局,1978:72.
③ 刘敏宽纂次,牛达生、牛春生校勘.[万历]固原州志[M].银川:宁夏人民出版社,1985:63.
④ 刘敏宽纂次,牛达生、牛春生校勘.[万历]固原州志[M].银川:宁夏人民出版社,1985:187.
⑤ 张廷玉等.明史[M].北京:中华书局,1978:33.

都就地分田屯种,落户编民。刘天和在管理甘肃屯政时就曾奏请"以肃州丁壮及山、陕流民于近边耕牧,且推行于诸边"①。根据《明史》列传八十八的记载,刘天和此次招抚流民,主要就安置在宁夏镇和固原镇,其所安置的这些"流民",既属"耕牧",当定居此地,即成为移民。

(六)仕宦任职

明代,官员到外地任职,除家丁、幕僚、随从外,其家族及亲属也可能会随其迁徙。在各类志书中记载,当时固原的各种知州、同知、将官、学正、儒学等多为山东、山西、四川、陕西、河南等外籍汉人,有些卒于固原,有些在固原任职终身,其亲属、子嗣也逐渐于固原定居,成为这一时期的汉族移民。

(七)宁夏撤府后无籍土著及归附移民

明初对于宁夏的行政管理经历了一些反复。洪武三年(1370)宁夏设府,两年后又撤销,王越曾言"国初弃其地,徙其民于陕西"②。由此看见,当时撤府后将当地百姓迁移到陕西各处。但在弘治十一年(1498)兵部的覆奏中又称:"请……于榆林、宁夏中卫等地方招募壮勇,宁夏、榆林各三千名"③。根据这条史料推测,当时宁夏北部地区撤府后,仍然有不少民户存在。《[弘治]宁夏新志》曾记述这些民户的来源:"十七年(洪武)以故城为河水崩陷……编集原遗土民及他郡工役民夫之忘归者……属守夏卫经历司。又以来王土夷四百有奇兼调宁夏前卫宋德等六百户共为之十百户,置守御千户所,直属陕西都司。"④这条史料不仅说明了当地在撤府后仍有不少人口滞留,而且还提到了归附土夷数量。这些人都被安置在当地,设立卫所管理。弘治十四年(1501)刘质等人奉命在宁夏、延绥等地招兵,且所募之

---

① 张廷玉等.明史[M].北京:中华书局,1978:157.
② 王越.屯御疏[M]//明经世文编(卷六九).北京:中华书局,1969.
③ 明孝宗实录(卷一三六)[M].北京:中华书局,2016:132.
④ 胡汝砺著,范宗兴点校.[弘治]宁夏新志[M].银川:宁夏人民出版社,2010:47.

兵不限汉、土、番、夷，"延绥得一万三百七十六人，宁夏得一万一千人"①。由此可以推测明中期宁夏北部归附人口、土民的人口数量十分可观。随后，内附人口大量增加，《明太祖实录》洪武四年（1871）七月条下记载："故元甘肃行省平章阿寒柏等官属兵民来降……其兵民留居宁夏。"②至明代永乐年间，内附的土达人数增多。根据《明太宗实录》的记载：永乐元年（1403）二月，"鞑官伯帖木儿等率家属自塔滩来归安置于宁夏"③。永乐七年（1409）六月，明成祖朱棣遣使赴宁夏，安抚赏赐内附的阿滩卜所部军民。④ 永乐七年（1409）七月，"各率所部来归，至宁夏，众三万，牛羊驼马十余万，朱棣派人予以赏赐"⑤。仅以上几条史料所载，归附的人口数量估计就已经有4万左右，都被安置在宁夏，其中一部分被集中安置于固原开城地区。内附人口的集中安置，成为日后行政管理的隐患，以至于导致了成化四年（1468）开城土达满四众达数万人起事。

明中期以后，随着卫所制逐渐腐坏败落，宁夏各类屯田也被破坏，大片土地荒芜，人口大量逃亡，宁夏北部人口急剧下降。根据《〔嘉靖〕宁夏新志》的记载，嘉靖时宁夏镇人口不及弘治年间的70%，民户仅26 304户，比之弘治年间的55 795户少了一半还多。从史籍记载看，逃亡人口大都逃往固原、甘凉地区。因此造成一个奇怪的现象：宁夏北部人口锐减，而同时宁夏南部人口却急剧增加，根据《〔万历〕固原州志》的记载，固原州在万历年间的人口数比嘉靖年间增加了几乎一倍。

明末，西北地区灾荒频仍，田地颗粒无收，百姓民不聊生。导致宁夏人口再次剧降，"户口仅存十之一二"。值得庆幸的是，当李自成农民军进入

---

① 明孝宗实录（卷一八七）[M].北京：中华书局，2016：201.
② 明太祖实录（卷六七）[M].北京：中华书局，2016：81.
③ 明太宗实录（卷一七）[M].北京：中华书局，2016：22.
④ 明太宗实录（卷九三）[M].北京：中华书局，2016：134.
⑤ 明太宗实录（卷九四）[M].北京：中华书局，2016：139.

宁夏时，守御宁夏和固原镇城的明军守将率众出降，因而没有出现因战祸导致的大规模伤亡，镇城内居民得以存活。

三、明代移民对宁夏南部的作用和影响

明代宁夏南部的移民大体可以分为明代政府有组织的强制性移民和因自然灾害、战乱等天灾人祸引起的自发移民。无论是明代政府的强制性移民，还是自发移民，都对宁夏固原地区经济社会产生了十分深远的影响。

（一）提高了宁夏地方行政级别

以宁夏南部为例。由于自明初就实行的屯田以及马政等强制性移民政策，依靠政策推行增加了当地的人口以及耕地面积，迅速恢复了各项生产。再加上固原重要的军事地位，固原的行政级别也逐渐提升。明成化四年（1468）置固原卫，但是固原卫的有效防御功能与作用并未达到明统治者所预期的效果，因而必须继续提高固原的军事级别，增加驻兵，以提升其在边疆的地位。固原不仅为明代九边重镇之一，随即又成为明代有名的"三边总制"辖下的重要一"边"。

"三边总制"一度驻守固原。固原由平凉府隶下的一个小县——开城县，逐渐演变为固原卫、固原镇、固原州，从军事上辖固原、延绥、宁夏、甘肃四镇，成为三边总督驻节的大镇。

（二）促进了与当地土著居民的经济、文化交流

明代，朝廷对移民和当地人实行统一的行政管理，从而促进了移民和当地土著居民的自然融合。在促进当地的农业生产的同时，从文化方面来看，迁入当地的移民中不乏知识分子和官吏等，他们把先进的文化知识带入了当时荒凉落后的宁夏，促进了当地文化的发展，丰富了当地人民的生活。当地人和移民在生活习惯方面逐渐适应和融合，形成了当地人现在的生活习惯。

在宁夏无论祖籍是外地人还是当地人,不论是回族还是汉族,其生活习惯基本相似。长期的共同地域生产生活,不仅促进了各民族的交往交融,而且逐渐形成了宁夏的地域文化。

(三) 促进了人口增长和经济繁荣

明代宁夏的移民虽然有政府强制性移民和自发移民两种,但绝大多数是由国家组织并强制实行的。正是由于明代政府强行把移民在短时间内从经济发达、人多地少的内地迁移到人少地广、经济落后的宁夏南部等地区,使当地人口迅速增加,改变了当地的人口构成。土地种植面积逐年扩大,农业生产得以迅速恢复,社会生活的方方面面也得以繁荣起来。

(四) 破坏了自然环境

明代,迁往宁夏的各类移民对于推动宁夏的经济社会发展有着不可磨灭的贡献,但是我们也不能否认外来移民对宁夏南部自然环境和生态环境的破坏作用。在元代,宁夏南部是蒙古贵族及其部落的牧地。明代,在固原大量开垦土地,建立屯田。由于移民人口增加,为了扩大耕地面积,对原有的生态环境有一定的破坏作用。明人庞尚鹏对九边重镇对自然环境的破坏深有感触,他认为:"……沿边诸臣以营缮之故,辄伐木取材,不思为边关万世虑。……几十里渗沟,俄顷为平地,虽有摆边将士,地里寥旷,岂搏击所能及乎!"[①]属于九边重镇之一的固原,其自然环境的破坏不会弱于其他地方。

(五) 明代移民与宁夏民族融合

如前文所述,明朝为加强对宁夏等边地的控制,通过屯田等方式迁徙大量的内地汉族到包括宁夏等边地。就宁夏这一时期汉族移民与少数民族的

---

① 庞尚鹏.酌陈备边末义乌·以广屯种疏[M]//明经世文编(卷六九).北京:中华书局,1969:322.

关系而言,一方面,明朝政府对当地少数民族采取了安抚政策,减少了移民与当地居民的矛盾,基本上能和睦相处;另一方面,由于长期与蒙古人的战争,导致当地驻扎的汉族军队对当地蒙古人的不信任与防范,当地个别行政与军事官员对当地蒙古人的压榨与歧视,也挑起了一些民族争端。安抚土著蒙古人,并利用其对付河套蒙古是明王朝在宁夏实行的一项长期政策。曾任三边总督的杨一清认为,固原是蒙古族与汉族混杂居住的地方,倘若发生变故,则会成为"腹心之害",因此不可不防。杨一清上奏明帝,"三边"中"固原最为要冲……万一事变不测,未免顾此失彼"①。为了安抚当地的蒙古人,明王朝将其纳入管理范畴之内。在隆德县,这些土著蒙古人被编入里甲之内。明政府对宁夏南部少数民族的安抚政策和有效的管理,使得当时汉族移民与少数民族关系比较和睦。

同时,由于河套蒙古人劫掠明边之时不分蒙汉,为了共同抵御河套蒙古人的劫掠,当地蒙古人也参加明军,被明王朝单独编制为"土军"或"土达军"。明政府将这些蒙古人"尽以为兵。马械咸自资,常冠军平凉九州县"。在"平凉卫指挥使所中后二所,百户赵隆、陈镇下土达军人一百四十余人"。明王朝鼓励这些蒙古人或"各安生业",或帮助明政府军杀"套虏",并按照其功绩给予职官与赏赐。但是,明代一些官吏对当地蒙古人进行剥削与压榨也导致了当地少数民族的反抗,影响了当地的民族关系。如明成化年间,因汉族官员的压迫,当地的土著蒙古人与回回怒而爆发了著名的"满四起义"。满四名俊,是元巴丹部的遗民,因不堪汉族官吏的压迫,据石城叛乱。这次起义长达数年之久,最后由于明将项忠收买叛徒阳虎力,致使起义失败。当地蒙古人与回回的起义遭到残酷镇压,以致被迫迁居内地。关于这次土著蒙古人叛乱的原因,正如时任陕西巡抚都御史马文升所言是由于"固

---

① 杨一清著,唐景绅、谢玉杰点校.杨一清集[M].北京:中华书局,2001:244.

原守将髻御失德"。当地居住的回回与蒙古人的命运是相同的,他们不仅被征发为兵,还要交粮纳税。许多回回还被用作侦察河套蒙古人的探子。普通的汉族移民与当地的蒙古人均属被剥削的对象,他们相互之间的关系是相对融洽的,在史书与方志中均未见有民族冲突的记载。

宁夏黄河水运历史文化的研究与开发

曹智国[①]

摘　要：黄河作为我国的"母亲河",在历史发展中具有独特的文化地位。宁夏黄河本身具有全域性、根源性、兼容性、融合性的地域特点,在宁夏交通运输中有着重要的地位,是宁夏水运文化的重要组成部分。然而目前在宁西黄河文化研究领域,针对宁夏黄河水运历史文化开发研究较少,至今尚未有成熟的研究成果。本次课题通过对宁夏区域层面的黄河水运文化展开研究,梳理宁夏黄河水运历史文化保护传承的发展现状,对宁夏黄河水运历史文化的内涵诠释、资源开发进行整理,研究宁夏黄河水运历史文化交流开发、传承载体等重点工作,目的在于努力建设宁夏黄河流域水运历史文化生态保护和高质量发展渠道,在历史文化的传承开发中保护好、发展好、继承好、弘扬好宁夏黄河文化。

关键词：宁夏黄河　黄河文化传承发展　水运历史　黄河水运

一、宁夏黄河地理概况

黄河全长 5 400 余公里,是中国的第二大河。因其属于多个文明的发源

[①] 作者简介：曹智国(1984—　),男,宁夏固原人,宁夏师范学院图书馆馆员,主要从事图书情报学研究。

地以及长久以来所具有的灌溉功能,也被称为"母亲河"。宁夏临近黄河发源地,黄河从西南自东北穿越宁夏区域,共计约 400 公里,途径河套平原的 12 个县市,连通中卫、石嘴山及内蒙古自治区等多个区域;在宁夏平原的流域面积达 4 万多平方公里,境内的平均径流量近 330 亿立方米,最大的落差点可达 200 米左右。①

地理区位上,宁夏黄河位于北纬 40 度以南,属于典型的北温带半湿润大陆性季风气候,夏季高温,雨水多发;冬季则气候寒冷干燥;春秋季节相对较短。宁夏黄河的气候因素决定了黄河宁夏段每年 3 月至 12 月的长达 8 个月的通航期,与其他河流段落相比,通航期相对较长,航运功能丰富。② 北魏太平真君七年(446),刁雍开拓了宁夏中卫市下河沿至内蒙古托克托县段落的黄河水运。此段航道自开创以来颇负盛名,以其独有的天然区位优势而被称为"天然航道",素有"立冬半月不行船"和"立冬流凌,小雪封河"之说。在交通不便的古代,打开了宁夏当地和境外的商业贸易,开辟了宁夏商业往来的黄金时期,对于宁夏经济发展、贸易往来、文化输出、外界沟通等具有重要的发展作用。

二、宁夏黄河水运历史

纵观宁夏黄河水运历史,大致可以分为早期开拓、繁盛时期、延伸过渡、衰落低迷四个阶段。

(一)早期开拓

宁夏黄河水运历史最早可追溯至夏禹时期。战国时期,青海省西宁市西南的积石山、山西省河津县和陕西省韩城市之间的龙门至陕西省潼关一带的黄河流域,被开发成为各州运送贡品的水运线路,构成了宁夏黄河水运

---

① 高菲.讲好"黄河故事"唱响宁夏声音[N].宁夏日报,2021-09-23(001).
② 刘建平、吴晓.绘就黄河明珠新画卷[N].白银日报,2021-09-15(004).

航道的雏形。至秦始皇统一六国之后,宁夏黄河流域被再度开发。公元前215年,蒙恬占领河南地一带,为了防范匈奴的侵犯,在今内蒙古和宁夏河套岸边修筑了浑怀障和神泉障,不断加固、修筑和开发,并将宁夏黄河作为兼具水运功能的天然屏障。秦汉时期宁夏黄河在起到军事防御作用的同时,成为秦汉运输物资的主要航道。汉武帝即位之后,宁夏黄河发展成为以军事物资运输功能为主、兼具商业贸易和客运交通功能的颇具代表性的水运航道。战国至秦汉时期,宁夏黄河水运交通得到了初步的发展。①

太平真君七年,刁雍奉太武帝之命调集粮食、牛车等军需物资,运往今内蒙古五原县西。为提高运输效率,避免劳民伤财,最大限度减少运输损耗,提高运输速度,刁雍提出开发黄河水运路线,着手在"牵屯山河水之次造船二百艘",筹划大规模水路运粮。召集大批工匠在进六盘山以北开伐木料,将清水河作为木料运输的主要航道,在黄河岸边集中造船。他不仅如期完成了军需运输的任务,并正式开辟了宁夏黄河水运的先例,将宁夏黄河发展成为一条正式的水运航道。北魏末年,宁夏黄河段水运已经延伸至山西北部一带。②

(二)繁盛时期

宁夏黄河水运发展的繁盛时期可总体概括为盛唐文明和宋夏延伸。

进入唐朝时期,宁夏黄河水运航道空前繁盛。大小渡口零星散落分布与黄河两岸,唐玄宗设立节度使分管河套西北及后套地区。至唐德宗贞元年间,今黄河准格尔旗十二连城至灵州一带,被开发成为军需航道。后期为了能够防御突厥侵扰,宁夏黄河上游建立河内舰队,并设立六城水运使,专门管辖从宁夏至内蒙古一带的黄河航运行业。

宋夏时期是宁夏黄河的水运功能延伸发展的最初阶段,标志着宁夏黄

---

① 王茜、马军.弘扬黄河文化 传承时代精神[N].华兴时报,2021-08-26(001).
② 杨学燕.黄河文化的文旅融合发展研究[J].民族艺林,2021(3).

河达到了鼎盛发展的平稳过渡时期。在这一阶段,宁夏黄河水运渡口行业空前繁荣,从目前可考的相关文献论述中,就有相关地图和大篇幅的史料记载顺化渡、吕渡、郭家渡等津要史实。后期,宁夏黄河成为西夏和辽国争夺的重点军事贸易战略地区。数次大战中,辽军两次进攻西夏均将水路作为主要军事进攻战略重地,动用水师作为主要战力。其中的军备战略物资运输等均以黄河水运作为主要运输方式,可见当时宁夏黄河水量之大和黄河之深,足以承载大型的货舟战船。①

(三) 延伸过渡

元明时期,宁夏黄河已经逐渐步入延伸过渡阶段。

元代由于疆域广布,水路驿道空前发达。在郭守敬任职期间,提议将宁夏黄河作为元朝的漕运航道。忽必烈采纳这一意见,并重新修筑和增加扩大宁夏黄河周边地区的水驿站数和规模,共修筑1 700余里。每个水驿配备税收240余人,设立航船60艘,且配备牛羊各10头、100只,并重新翻修扩大馆设规模,配置内部资源,分配耕地,确保其自给自足。修筑而成的宁夏黄河驿道逐步发展成为信息传输和物资运输的重要漕运通道,也成为军事情报的主要传导通路。

明代时期,因两朝纷争和战乱,宁夏黄河开发经历了一段衰落阻断时期。清朝统一之后,随着河套地区的平稳安定,宁夏黄河再次进入了鼎盛繁荣的二次发展阶段,并在这一阶段大大扩展了通航里程和贸易往来覆盖范围。康熙在平定蒙古叛乱时,曾居住在宁夏18天,将其作为调集粮草、平叛剿匪的大本营。② 宁夏黄河也逐步发展成为清朝时期平镇蒙古族落的军事物资运输航道。

---

① 李华.丝路文明与黄河文明的交往交流交融——以宁夏文化旅游业为视点[J].宁夏师范学院学报,2021(8).
② 郑彦卿.黄河宁夏段水运历史考察[J].西夏研究,2014(3).

（四）衰落时期

民国时期，即使在军阀混战的混乱局势下，宁夏黄河的水运依然在西北交通运输中发挥重要的作用，呈现兴盛发展的局面。其中以包头至宁夏最为发达。根据相关记载，每年共有600~800只次不同的航船经过乌海地区，运输物资包括煤炭、皮毛、药材、食盐、碱、粮食、瓷器等，平均每年可达十万多吨。新中国成立之后，宁夏黄河水运段在修建铁路时被作为大型器械设施的主要运输航道，在推动新中国经济发展、基建修建、贸易往来、西北沟通中发挥着其独有的作用。[1] 然而随着铁路等陆地交通运输的不断发展，加之以青铜峡大坝没有设计船闸，宁夏黄河水运的行业发展自此步入衰落阶段，许多渡口失去了其原本的意义，仅仅作为零星的航运贸易和暂时性的周转渡口。

三、宁夏黄河津渡设施

（一）代表性渡口

提及宁夏黄河的津渡设施，首当其冲的是宁夏黄河的代表性渡口。河道开阔、水势平缓是黄河宁夏段最为显著的地域特征。在天然的地理环境下，宁夏黄河沿岸密布着众多的黄河渡口和商埠码头。这一方面有利用于促进宁夏经济的繁荣，另一方面扩展了宁夏地区的交通方式，形成了便利的水运航道。宁夏黄河的代表性渡口，记录着宁夏黄河的航运发展，也承载着宁夏地区的历史文明。其中莫家楼、仁存、横城、石嘴子为宁夏四大渡口，颇负盛名。

1. 莫家楼渡口

莫家楼渡口位于宁夏黄河中卫市，在明清时期构成了南北往来的水陆

---

[1] 郑彦卿.黄河宁夏段水运历史考察[J].西夏研究,2014(3).

交通枢纽,随着商贸的发展而逐渐形成了一个中小规模的集镇,属于宁夏平原的第一渡口。在历史上,莫家楼渡口衔接银川、阿拉善草原、宁夏中南部至中原等周边地区的经济贸易,也是当时宁夏与中原地区重要的盐务运输航道。1950年,莫家楼渡口管理所正式成立;20世纪70年代,莫家楼渡口的航运客运量达到了黄河首位;1986年中,因宁黄河公路大桥建成通车,莫家楼渡口航运量骤减,在1997年被最终撤销。

2. 仁存渡口

仁存渡口是宁夏黄河水运航道的第二大渡口,位于今银川市永宁县李俊镇黄河口岸,最初诞生与北魏时期,是刁雍造船运输军备物资时的起航渡口。如今仁存渡口依然能够看到北魏时期的生活掠影,记录着北魏文明的历史文化。仁存渡口连接这宁夏银川到内蒙古五原一带,也是宁夏黄河水运渡口码头的开端。在抗日战争时期,仁存渡口是国民党军队联合抗战的主要输送口岸。1970年叶盛黄河大桥落成,仁存渡口被撤销,现已成为宁夏地区红色革命的展览标识之一。

3. 横城渡口

横城渡口位于银川东16公里以外黄河边缘的横城渡口,自魏晋南北朝以来便是连通西夏和中原的重要贸易军事港口,属于宁夏黄河水运的交通咽喉。在清朝时期,康熙帝前往内蒙古征伐时,曾经在横城停留,并从横城渡口通过水运前往蒙古境内。自近代宁夏成为西北贸易港口以来,横城渡口始终是宁夏最兴盛的港口之一。1960年,青铜峡大坝建成之后,由于在大坝设计时没有考虑增设船闸,横城渡口也渐渐失去了其水运贸易的作用,最终发展成为宁夏黄河水运的重要历史标志,记录着宁夏黄河水运的航运发展历史。

4. 石嘴山渡口

石嘴山渡口最初建于北魏,现今位于宁夏石嘴山惠农区的黄河沿岸,自古以来是连接内蒙和宁夏的重要黄河航运枢纽,且位于水陆交通的要道。石嘴山渡口属于四大渡口中最具有区位优势的渡口之一,由于其位于河套平原中心,属于蒙汉贸易、农牧交易、民间商贸的主要市场,也是明清时期宁夏和内蒙民族之间文化交流的中心区域,属于宁夏黄河渡口商贸最为繁华的地带,记录着宁夏和内蒙通商贸易和文化交流的历史文明。新中国成立后,石嘴山渡口收归国有,发展成为新中国经济建设的水运交通要道。1988年,石嘴山黄河大桥落成,石嘴山渡口完成了历史使命。

(二) 宁夏黄河航运的重要交通工具

宁夏黄河段地处平原地带,然而在极少数段口存在河道滩险、宽窄不易、水势湍急、冬季冰凌等险情,在每年的3月至12月之间,有8个月的时间属于宁夏黄河的航运贸易兴旺时间段。[1] 随着冰层的融化,黄河水平面上涨,河道变宽,水流逐渐趋向于平缓,适合发展水运交通。宁夏黄河从战国时期至20世纪70年代,始终被称为宁夏流域的重要航运交通要道,且衍生出帆船和浑脱两类主要航运交通工具。

从宁夏黄河水运交通运输的单程容量中来看,帆船属于宁夏黄河水运航运的主要交通工具。早在北魏时期,刁雍便已经通过帆船从灵州向沃野运输军需,将大型帆船作为宁夏黄河的主要航运工具。后来随着宁夏黄河水运航运规模的逐渐扩大,黄河帆船经历了从元世祖忽必烈至清朝光绪年间的数百年航运历史。不论是元朝下令修建河道水站,还是清朝乾隆年间的军需运输以及贸易需要,帆船始终作为主要的航运交通工具,其体积的增加也在一定程度上反映了当时贸易的繁荣兴盛。直至清朝光绪年间,小皮筏取代帆船成了当地皮毛生意的主要运输工具。而随着西方科技文明的传入,现代机动船舶也开始在宁夏试航,打开了宁夏黄河水运的新局面。

---

[1] 郑彦卿.黄河宁夏段水运历史考察[J].西夏研究,2014(3).

（三）宁夏黄河水运的文明衍生

宁夏黄河水运的不断发展,促使了宁夏黄河沿岸的文明延伸。目前可知的宁夏黄河两岸现存的不可移动文物可达约 4 000 处,而各级文物保护单位则更加数不胜数。在各个历史时期,相继衍生出诸如姚河塬西周遗址、照壁山铜矿等诸多古文明的矿物开采乃至航运聚居文化遗址,以及诸如家场城址、固原古城等古代城池遗迹。宁夏黄河航运的发达,促进了宁夏平原和各个地市之间的文明交流与沟通,催生了中卫高庙、董府等体现当地文明的历史文化遗迹;并留存有须弥山、石空寺等宗教石窟以及诸多墓葬遗址;长城、壁画等历史文明遗迹更是数不胜数,深刻诠释着宁夏黄河包容多元的沿岸航运文明。[1]

四、宁夏黄河水运历史文化开发传承

（一）政府推动文化开发

宁夏黄河水运历史文明作为一个体现宁夏当地传统文化以及民俗文化的文化遗产,其传承与发展很大程度上取决于政府有关部门对于宁夏当地文化遗产的保护的措施以及力度。为了保证宁夏黄河水运历史文明得到更为有效的传承和发展,政府部门可以在一定程度上加强对围绕宁夏黄河水运历史文明发展进程而衍生出来的非物质文化遗产的保护力度,同时采取一定的保护及发展措施。例如组织学者进行关于宁夏黄河水运历史文明相关的考察研究,开展有关于宁夏黄河水运历史文明的研究课题,并在此基础上成立传承研究宁夏黄河水运历史文明的人才培养机构,加强对于研究宁夏黄河水运历史文明的人才培养以及对外输出。[2] 同时政府可以更为关注各个区域的不同黄河文明的具体发展情况,针对不同区域的黄河文明发源

---
[1] 陈育宁.宁夏黄河文化的生成及内涵特征[N].鄂尔多斯日报,2021-08-12(007).
[2] 尚飞林.天下黄河富宁夏[J].词刊,2021(8).

地的文化开发和历史传承方式方法,回溯过往的经验进行创新改良。同时对各个区域的生态环境进行维护,在不破坏自然环境的基础上开发旅游资源,建设宁夏黄河水运历史文明特色村落,将宁夏黄河水运历史文明发展成区域特色旅游文化,以此来提高宁夏黄河水运历史文明的对外影响力,推动宁夏黄河水运历史文明的发展以及传承。①

(二) 创新水运历史文化开发方式

除去政府等外界机构的推动外,宁夏黄河水运历史文明本身也要进行相应的改革。不仅是在对下一代的传承方面要摒弃封建的思想,开拓一定的新思路,在形式上也要在不破坏原有传统文化的基础上进行相应的改革,在原有的风格上创造一种更为新颖的、符合现在民众审美的一种历史文明传承发展模式。不同区域的宁夏黄河水运历史文明更应该逐渐打开封闭的传统观念,在保持原有风格和文明发展的基础上融会贯通,不断完善现有的区域性历史文化内涵和不同阶段的艺术表现形式。同时可以发掘有关不同时期的宁夏黄河历史文明,将其通过以艺术展演、建立旅游度假基地等方式,在整合现有的文明开发形式的同时完善现有的历史文化展现方式,使宁夏黄河水运历史文明的传承开发在贴近民俗的同时更加能够具有系统化、规范化以及艺术化的特点,这也更有利于宁夏黄河水运历史文明在下一代中的传承发展以及延续,使宁夏黄河水运历史文明文化传承更加能够贴合现代人的审美,能够使宁夏黄河水运历史文明不因过于封建传统而被主流所遗忘。这也能够有利于宁夏黄河水运历史文明在现代民众间的宣传和传播,有利于现代民众更为深刻的体会和了解宁夏黄河水运历史文明特有的魅力。

---

① 张兴凯、李春光、乔桥、吴军涛、刘鑫、景何仿.黄河宁夏四排口河段截流后河道变形研究[EB/OL].人民黄河:1-5[2021-10-08].http://kns.cnki.net/kcns/detai1/41.1128.TV.20210726.1015.020.html.

（三）大数据创设虚拟文化平台

维克托·迈尔-舍恩伯格及肯尼斯·库克耶编写的《大数据时代》，指出大数据是一种将数据汇总处理的综合方式。IBM 曾经提出大数据的 5V 特点：Volume(大量)、Velocity(高速)、Variety(多样)、Value(低价值密度)、Veracity(真实性)。[①] 那么我们可以利用结合大数据本身所存在的独特的特点，将其与宁夏黄河水运历史文明相结合，作为一种将宁夏黄河水运文明直观化呈现的一种方式渠道。当今社会，能够真正具有市场发展潜力的，无非是能够走入主流视野，被社会价值观所认同的创新文化平台。我们可以利用大数据，广泛搜集众多宁夏黄河水运历史文明素材，通过大数据的平台筛选，提取其中蕴含的历史文明创新发展点，在结合原有的历史文化基础上，通过以大数据平台的再造重构，模拟宁夏黄河水运历史文明发展历程的投影重现，能够将时代发展的整体思维融入宁夏黄河水运历史文明的开发当中，以一种科技化的全新方式重新演绎宁夏黄河水运历史文化。

1. 打造虚拟文化空间，充实宁夏黄河水运历史文明感官体验

在大数据连通的时代背景下，目前国内文化开发出现了一个新的概念：虚拟文化空间。比如建德梅城镇七郎庙码头的虚拟文化空间、"云游博物馆"虚拟文化模拟场景等。国内对于虚拟文化空间的研究，可谓是日新月异，但更多是注重技术和硬件层面领域的结合，而并未对情感、心灵、精神和艺术等文化视角多加关注。对于黄河文明而言，空有技术失去了其情感艺术历史人文的虚拟化呈现，仅仅只是一个带有科技信息技术的"空壳"，如果在宁夏黄河水运文化开发中，仅仅只是注重信息化技术方面的创新，那么将会造成一种"人的缺失"和"情感的匮乏"，最终导致失去对历史文明的人文关怀。因此，在虚拟文化空间中，我们应当重视的是超真实的、黄河水运

---

① 张驰.数据资产价值分析模型与交易体系研究[D].北京交通大学,2018.

历史文明场景的还原,能够在宁夏黄河水运历史文明虚拟空间中,创造一种心灵互动的模式,展现一种来源于科技艺术的生命的意向。

2. 宁夏黄河水运虚拟文化空间的特点

所谓的宁夏黄河水运虚拟文化空间文化空间,并不是一个完全超脱于现实的纯粹的科技技术,而是一种基于现实重塑的虚拟现实技术,蕴含着来自宁夏黄河水运历史文化的实景体验意义,且能够体验虚实一体的宁夏黄河水运历史文明发展进程场所,也是一种"是一种人为创造出的脱离现实的拟像世界"。虚拟空间其来源于现实的特质,决定了其本身就是广阔现实的构成部分之一,在不违背水运历史文明常理的原则下,能够让游客体验一幕幕超真实的黄河水运文明发展历史,感受黄河文明的文化气息,能够使游客感知黄河文明文化审美和创新实力。结合水运历史文明发展进程的方式,提高社会大众对宁夏黄河水运文明的关注度在创新中实现水运文明的历史继承。

3. 宁夏黄河水运虚拟文化空间的创构

宁夏黄河水运虚拟文化空间的拟设主要包括了三个维度,分别是场景、主体和活动。其中场景的作用是通过拟像和超真实的场景塑构,真实还原宁夏黄河文明和水运历史文明发展历史的现实感以及真实感。主体则是联结黄河文明场景展现和黄河水运历史文明的关键,对主体的建设侧重于联结现代和传统、科技和文化、表意和写实三种跨空间的黄河文明展现形式。在宁夏黄河水运文明虚拟文化空间的建设中,将宁夏黄河作为文化符号,提炼其核心象征、历史符号、行为、愿景、艺术创作过程、活力和秩序将成为构成整个活动的依据。简单来说,就是通过宁夏黄河水运虚拟文化空间,能够将游客对宁夏黄河水运历史文明发展感知具象化呈现,形成一种流动和交融提供一种虚拟却又现实的场所。

宁夏黄河水运虚拟文化空间的创构,有一个标准是要实现游客对虚拟场景的真实体验,还原虚拟场合的真实模拟感官交互。在这里我们可以借鉴岳麓书院的文化空间创构。在岳麓书院的文化空间创构中,除了各种语言符号之外,将孔子雕塑、"赫熙台"、"讲堂"、"半学斋"等可感知的建筑符号,一一呈现于体验者的面前,唤醒的是体验者的真实文化感受。因此在宁夏黄河水运虚拟文化空间创构当中,我们需要结合民族语言、不同历史朝代的文化符号、北魏、西夏至明清的水运历史文明图腾,融合宁夏黄河中具有代表性的战争、贸易等水运场景、实物等,唤醒游客的情感归属,唤醒游客对宁夏黄河水运文明的全维度感知。

(四) 推动宁夏黄河水运历史文明数据流通,推进黄河文明跨领域交流

在上文我们曾经提到的是宁夏黄河水运历史文化空间的塑造方式以及创造意义。而如今在跨领域文化交流的社会理念之下,我们可以结合宁夏黄河水运文化空间,以该平台作为一种渠道,实现跨领域的黄河文明数据流通,为平台注入新的"活力"。对于宁夏黄河水运历史文明发展来说,"活力"表现在来源于新知识、新理论、新思维的流通和注入,"活力"也是永葆黄河文明生命力,唤醒黄河文明心灵互动,彰显黄河文明生命意向的一种核心载体。[1] 我们可以利用黄河文明虚拟平台,将其推广至平行行业不同专业,或者是不同行业各个领域,用这种与观感和感官相结合的方式,收集社会大众对宁夏黄河文明的不同理解,将数据进行汇总归纳,并将其作为充实黄河文明虚拟平台的一种重要方式,增进黄河文明虚拟平台的文化艺术活力,也能够激发和重新唤醒宁夏黄河文明的衍生动力。[2]

(五) 加强文博机构合作,创新文化传播方式

与宁夏博物馆之间建立联系,将宁夏黄河航运文化纳入"黄河流域博物馆联盟",并积极与当地的学术文化交流平台之间展开合作,通过参与社

---

[1] 薛正昌.黄河文明在宁夏[J].宁夏师范学院学报,2021(6).
[2] 杨程、李春光.宁夏黄河流域生态保护和高质量发展研究[J].中国水土保持,2021(5).

教育、文化开发、多元化展示等方式,向社会公众全方位的展现宁夏黄河航运文明的历史印记,发动社会公众和文化平台成为黄河航运文明的见证者与参与者;与央视"国家宝藏"栏目合作推出"黄河之水天上来"国宝音乐会,以文物为载体,以文艺为形式,讲述黄河故事。通过以融媒体的开发方式,向网友和群众传播弘扬宁夏黄河文明的水运文明历史,进一步拓展宁夏黄河水运文明的传播渠道。

非遗研究

FEIYIYANJIU

漫说古代的年终之祭与岁首之庆
——以年、岁、冬至、蜡、腊等为例[1]

张存良[2]

摘　要：中国传统历法以冬至为一年的开始，所谓"冬至一阳生"，朝野庆贺，相沿不替。三代不同礼，岁首在历法中的规定各有不同，至汉武帝"太初改历"而始定于以正月为岁首，于是元旦渐次成为政治及社会生活中的主要节庆。年是根据谷物的成熟周期而产生的概念，岁是依据岁星的运转次第而确定的历法概念，二者本来各有所指，后来渐趋同一。蜡、腊本来各有所指，祭祀名目繁多，因都在年终岁末举行，年与岁合一，蜡与腊也逐步趋同，在十月举行的蜡祭与在十二月举行的腊祭逐步统一到十二月举行，十二月遂有"腊月"之称。魏晋以迄唐宋，"贺大蜡"的习俗有甚于新年之庆，传世法帖及出土文献均有佐证。至于"春节"这一概念的出现，则是近代以来引入西洋历法之后的产物。"过春节"的习俗，远不及"贺冬至"及"庆大蜡"等悠久而绵长。

关键词：年　岁　冬至　蜡　腊　节庆

---

[1] 基金项目：四川省落下闳研究中心2019年度重点项目"落下闳与《太初历》研究"（项目编号：LXHYJA1901）。
[2] 作者简介：张存良（1969—　），男，甘肃会宁人，历史学博士，西华师范大学中华档案文献研究院研究员，主要从事出土文献及秦汉史研究。

中国是世界上农业文明最早的发祥地之一。农时与天象物候密切相关,因此从"观象授时"到"推步制历",自"殷周皆创业改制"到清末西方天文历法的传入,三千多年间,中国历法经过数十次改革,前后颁布历法逾百家,无疑是世界上天文历法最为发达的国家,由此形成了璀璨悠久的天文历法文化,时令节庆即是其中很重要的组成部分。本文主要立足于历史文献的考察,着重讨论从年、岁、蜡、腊等年终之祭到冬至、元旦等岁首之庆的演变及其内涵。

一、从"年"与"岁"词义的趋同看"节"与"庆"的聚合

大致从上古汉语开始,年与岁的词义已渐趋混同,后来几成同义词。《诗经·豳风·七月》"无衣无褐,何以卒岁",卒岁犹卒年。又《魏风·硕鼠》"三岁贯汝,莫我肯顾",三岁即三年。《论语·阳货》"日月逝矣,岁不我与",《战国策·齐策》"期年之后,虽欲言,无可进者",岁与年均指年岁与时光。《左传·哀公十六年》"国人望君,如望岁焉",《孟子·梁惠王上》"凶年免于死亡",岁与年均指收成。唐刘希夷《代悲白头翁》诗"年年岁岁花相似,岁岁年年人不同",年年即岁岁,只是为了体现语汇的丰富和诗韵之悠长,若是改作"年年花相似,岁岁人不同",诗义并无多大变化,只是较少韵味罢了。现代人常说"年年有馀""岁岁平安",年与岁所表达的词义也是近同的,几无差别。

然而从词源与字源的角度来考察,尤其是在天文历法的术语中,年与岁还是有严格区分的。"年"表示一年的收成,本字作"秊",通作"年"。《说文》"禾部":"秊,谷孰(熟)也。从禾千声。《春秋传》曰:大有秊。"许慎对"年"的字义训释是正确的,但字形分析却是错误的。年的形体演变如下表(表1),甲骨文及金文字形多从禾从人,会意,背负嘉禾,表示庄稼成熟,五谷丰收。《尚书·多士》"尔厥有干有年于兹洛",《诗经·周颂·丰年》"丰

年多黍多稌,亦有高廪,万亿及秭",《谷梁传·桓公三年》"五谷皆熟为有年也",又《宣公十六年》"五谷大熟为大有年",凡此诸"年",均表示禾麦成熟农业丰收。在"谷熟"这个意义上,"年"与"稔"同源,区别只是前者为会意字,后者乃形声字。《说文》"禾"部:"稔,谷熟也。从禾念声。"《左传·僖公二年》:"不可以五稔",注:"稔,熟也"。谨按:稔,今读 rěn,上古音与"年"声母相同,均为泥纽,韵部非常相近(年为真部,稔为侵部),故音义近同。"丰稔""稔年"均表示年成丰收,与"大有年"义同。

表1 "年"的形体演变

甲骨文	金 文	楚简帛	秦简牍	小篆	隶 书

庄稼一熟谓之一年。在我国北方大部分地区,禾谷一年一熟,循环往复,于是"年"就有了记时的概念,春种秋收,夏耘冬藏,谓之一年。因农业生产和物候节气等天文现象密切相关,于是随着时代的演进,年的记时意义愈益明显,而原初的"谷熟"之义却隐晦不彰了。

与"年"相对的是"岁"。《说文》"步"部:"岁,木星也。越历二十八宿,宣遍阴阳,十二月一次。从步戌声。《律历书》名五星为五步。"今按,许慎的这一释义是"岁"的后起义,远非本义。许慎对"岁"的字形分析,也是"望文生义",完全是不对的。岁的字形演变如下表:

表2 "岁"的形体演变

甲骨文	金 文

续表

传抄古文	楚简帛	秦简牍	小　篆	隶　书

从岁的字形演变可以看出，岁的本义是戉，即斧钺之本字。后来益之以上下二止（ ），表示度越之义。郭沫若认为：岁、戉本为一字。古人尊视岁星，以戉为之符征以表示其威灵，故岁星名岁。由岁星之岁孳乳为年岁字，其后岁、戉遂分化为二字。①

古人根据长期观测，认识到木星约十二年运行一周天，其轨迹与黄道相近，因将周天分为十二分，称之为十二次。木星每年行经一次，即以其所在星次来纪年，名为岁星。《尚书·尧典》："期三百有六旬有六日，以闰月定四时，成岁。"②这里的"岁"即不同于"年"，是天文历法概念上的"一年"。《周礼·春官》所载太史的职掌有"正岁年以序事，颂之于官府及都鄙"，郑玄《注》："中数曰岁，朔数曰年。中、朔大小不齐，正之以闰，若今时作历日矣。定四时，以次序授民时之事。《春秋传》曰：闰以正时，时以作事，事以厚生，生民之本于是乎在。"贾公彦《疏》曰："一年之内有二十四气：正月立春节，启蛰中，……皆节气在前，中气在后。节气一名朔气。朔气在晦，则后月闰；中气在朔，则前月闰。节气有入前月法，中气无入前月法。中气帀则为岁，朔气帀则为年。"③帀，同"匝"，从反之（ ），周也，顺逆往复循环周遍谓之帀。节气、中气的讨论见下文。

古代历法以干支纪年，"岁次某某"或"岁在某某"者，即表示这一年岁星所在位置，亦即本年度的纪年。王羲之《兰亭序》"永和九年，岁在癸丑"，

---

① 李玲璞主编.古文字诂林：第二册[M].上海：上海教育出版社，2000：271.
② 曾运乾.尚书正读[M].上海：华东师范大学出版社，2011：13.
③ 阮元校刻.十三经注疏[M].上海：上海古籍出版社，1997：817.

是年号纪年和岁星纪年的并用,即是古代纪年法之一种。

由此可见,年的本义是"谷熟",凡"年成""丰年""年景"等等,均与作物成熟有关,"年成"不能表述为"岁成","年景"也不能以"岁景"来替换。岁的本义是斧钺,后借为岁星之专名,由岁星而引申为年岁、岁月、岁时等义。"岁"字所具有的天文历法方面的语义一直保留在现代汉语双音节词之中,"岁首"不能说成是"年首","岁差"更不能表述为"年差","岁寒""岁除"也不能替换为"年寒""年除"。

《尔雅·释天》:"夏曰岁,商曰祀,周曰年,唐虞曰载。"宋代邢昺《疏》曰:"岁取岁星行一次,祀取四时一终,年取禾一熟,载取物终更始。"《尔雅》成书大致在秦汉之际,可见这时人们已经不能分辨年与岁的差别,而要附会出这样一个历时性的称名演变,与词义源起和字形分析是不相合的。

年终必祭,岁首须庆。"年终"与农作物的成熟有关,谷物一年一熟,来之不易,于是收获之后就要载庆载祝,以贺其成,并祝来年。庆祝的时间大致有一个比较固定的时段,大致从十月就开始了,一直到正月。而庆祝的形式内容也非常之多,有歌舞,有祀典,有祭荐,有祝祷,有拜谒,有朝贺。《四民月令·十月》"是月也,作脯、腊,以供腊祀",十一月"冬至之日,荐黍、羔。先荐玄冥于井,以及祖祢",十二月"荐稻、雁。前腊五日,杀猪;三日,杀羊。前腊二日,斋、馔、扫、涤,遂腊先祖五祀。其明日,是谓'小新岁',进酒降神"。[1]

但是"岁首"在西汉武帝太初改历(前104)之前是不固定的,它由主持制定历法和规定政治年度的朝廷来颁定。新朝肇建,往往要改正朔易服色,于是岁首不同,与之相应的月份与四季搭配也有所不同。商鞅说:"三代不同礼而王,五霸不同法而霸。故知(智)者作法,而愚者制焉;贤者更礼,而

---

[1] 崔寔撰,石声汉校注.四民月令校注[M].北京:中华书局,1965:67-74.

不肖者拘焉。"①夏正建寅,以正月为岁首;殷正建丑,以十二月为岁首;周正建子,以十一月为岁首。秦统一六国,"推五德终始之传,以为周得火德,秦代周德,从所不胜。方今水德之始,改年始,朝贺皆自十月朔。"②汉初草创,未暇礼乐,袭用秦制,仍以十月为岁首,而九月就是当年的最后一月,闰月固定在年末,所以太初之前的闰月皆为"后九月"。因为岁首变动不居,所以一年的月序与四季之搭配也随之变迁,这样就会出现物候与时序的违逆,也可能导致历史纪年的混乱。

由于建正不同,先秦古籍里的纪时历日制度并不统一。《春秋》《孟子》多用周历,《楚辞》《吕氏春秋》多用夏历。《诗经》中的纪时更其复杂,如《小雅·四月》用夏历,《豳风·七月》则夏历、周历并用。顾炎武《日知录·正月之吉》:"《诗·豳风·七月》一篇之中,凡言月者皆夏正,凡言日者皆周正。"③《左传·成公八年》记载:"二月无冰",此二月定是周历二月即夏历十二月,正是隆冬严寒之时,"无冰"明显反常;若是夏历二月,早已"东风解冻","无冰"实属正常,就勿需大书特书了。再如《庄公七年》:"秋,大水,无麦苗",这也是周历秋季,相当于夏历五六月,禾麦被大水冲淹,庄稼绝收;如果是夏历秋季(七至九月),麦子早已收割,无虑洪水。同样,《孟子·滕文公上》所说"江汉以濯之,秋阳以暴之",此秋阳必是夏历五六月的炎日,而非八九月的秋阳。汉初沿袭秦制,《史记》记载汉武帝元光五年(前130)十月灌夫族灭,十二月晦日魏其弃市于渭城,"其春,武安侯病,专呼服谢罪"④。这里不言"明春"而记"其春"者,就是因为《颛顼历》以十月为岁首,国家的政治年度和会计年度与自然年度不统一,春天不是年度的开始,而是

---

① 蒋礼鸿.商君书锥指[M].北京:中华书局,1986:4.
② 司马迁.史记[M].北京:中华书局,1959:237.
③ 顾炎武著,陈垣校注.日知录校注:第一册[M].合肥:安徽大学出版社,2007:252-253.
④ 司马迁.史记[M].北京:中华书局:1959:2854.

"冬去春来",四季在当年的顺序是：冬、春、夏、秋,始于冬,止于秋,春季在当年的十二月之后。

至太初创历,才确定采用夏正,以正月为岁首,此后二千多年间,除却王莽、魏明帝曾一度改用殷正,武则天与唐肃宗曾行用过周正之外,绝大多数均承用夏正,以正月为岁首。① 但是,正月的地位虽然被固定下来,年节的寓意益发鲜明重要,但仍然无法与冬至、立春等重要节气相提并论,以"年"为主的年终之祭和以"冬至"为节点的岁首之庆,在很长时期内仍然是一年中最为重要的时令与节庆。相反,以正月初一(即元旦)为春节的制度,是非常晚近的事,②并不是《太初历》所确定的。

二、冬至大如年与年终岁首的确定

岁星绕周天经行一次谓之一岁,是中国历法阴阳合历的平均年长,是反映寒暑变化的回归年。由月相圆缺周期而测定的是朔望月,由地球绕太阳运动而产生的是寒暑易节,③即四时,进而分化出八节,④再进一步细分为完整的二十四节气,⑤是中国历法确定月名月序和设置闰月的依据,与农事活动有着非常紧密的联系,在历书中有着固定的月份和日期范围,这是历法的基本内容,也是中国历法阴阳合历的显著特征所在。

西汉武帝时期由邓平、落下闳等人制定的《太初历》,将一个回归年分

---

① 另据宋陈元靓《岁时广记》引《贤己集》:"唐南诏以寅为正,四时大抵与中国同。又环王以二月为岁首。又西赵蛮以十二月为岁首,西戎东女国以十一月为岁首,西戎未禄国以五月为岁首。"见许逸民点校《岁时广记》卷七《元旦下·改岁首》,中华书局,2020 年,第 159 页。
② 辛亥革命之后,孙中山通令改历改元,引进格里历,元旦移位,由旧历正月初一改为新年第一天,旧历元旦则称之为旧年。1913 年袁世凯将传统的以立春为正月节(即春节)改为正月初一为春节,至今才百年有余。
③ 古人认为太阳绕地球旋转,天文学谓之太阳的视运动。
④ 八节即四立(立春、立夏、立秋、立冬)和分至(春分、秋分、夏至、冬至)。
⑤ 现在二十四节气的顺序是：立春、雨水、惊蛰、春分、清明、谷雨、立夏、小满、芒种、夏至、小暑、大暑、立秋、处暑、白露、秋分、寒露、霜降、立冬、小雪、大雪、冬至、小寒、大寒。

为二十四节气,每一节气均长 $15\frac{1010}{4617}$,即气策。《太初历》的月策为 $29\frac{43}{81}$,这样一年12个朔望月的时长与24个节气的时长(即一个回归年 $365\frac{385}{1539}$)之间有差馀,历法上就要以"置闰"的方法加以平衡。《太初历》规定闰周为"十九年七闰",这是经过长期观测和运算的最佳选择,是阴阳合历的最佳平衡法,反映出古人的天文与算学智慧。然而这个多出的"闰月"放在什么时段合适呢?《太初历》之前的历法将其安排在年末,如以正月为岁首(夏历),则闰年会出现两个十二月;如以十月为岁首(颛顼历),则闰年有两个九月。这样置闰的方法虽然规避了阴历、阳历时长不等的矛盾,但是与天象物候又不契合,二十四节气与月名月序的搭配是随意的,是变动不居的,发挥不了历法对于农业农时的指导作用。于是《太初历》的制定者将二十四节气又细分为中气与节气两类,规定从冬至起奇数次的节气称之为"气",如大寒、雨水、春分等,偶数次的节气称之为"节",如小寒、立春、惊蛰等,以"无中气之月置闰":正常月份必须要有与之对应的中气,假若该月没有中气,就要以前月为序置闰,此即"置十二中以定月位"①。这样就巧妙地解决了二十四节气与月名月序之间的对应关系,物候的变化与月序的推移呈现一种比较固定的搭配关系,我们以表列示如下:

表3 二十四节气与月序对照表

月序 月名	正月	二月	三月	四月	五月	六月	七月	八月	九月	十月	十一月	十二月
节气	立春	惊蛰	清明	立夏	芒种	小暑	立秋	白露	寒露	立冬	大雪	小寒
	正月节	二月节	三月节	四月节	五月节	六月节	七月节	八月节	九月节	十月节	十一月节	十二月节

---

① 司马彪撰、刘昭注补《后汉书志》第三《律历下》。见:范晔.后汉书[M].北京:中华书局,1965:3058.

续表

月序月名	正月	二月	三月	四月	五月	六月	七月	八月	九月	十月	十一月	十二月
中气	雨水 正月中	春分 二月中	谷雨 三月中	小满 四月中	夏至 五月中	大暑 六月中	处暑 七月中	秋分 八月中	霜降 九月中	小雪 十月中	冬至 十一月中	大寒 十二月中

冬至在历法中是一重要节点。这一天"阴极之至,阳气始生,日南至,日短之至,日影长至"①,故曰冬至。二十四节气中的中气不仅要从冬至起算,更为重要的是,冬至还是历元的起算点。以《太初历》为例,从冬至交节开始,经过 $365\frac{385}{1539}$ 日,太阳的视运动又回到交节点,谓之一岁或一年。如果冬至与十一月合朔同日,则经过 19 年(闰周),二者又会重逢;如果冬至与合朔既同日又同一时刻,则经过 1539 年(统法=19×81)又会出现相同的天文现象;如果冬至合朔不但同日同时,还同在甲子日,则经过 4617 年(元法=1539×3),冬至与合朔又会相逢于甲子日的夜半时刻,这是难得一遇的吉日良辰,是历元起算点的最佳选择。《太初历》将历元起算点定在太初元年前十一月甲子朔旦冬至夜半时分,就是因为这是一个绝佳的历元起算点。东汉以后行用的四分术,岁实朔策等法数均不同于《太初历》和《三统历》,但是仍以冬至为历元,历代承用不改。《后汉书·律历志》说:

> 日周于天,一寒一暑,四时备成,万物毕改,摄提迁次,青龙移辰,谓之岁。岁首至也,月首朔也。至、朔同日谓之章(章岁19),同在日首谓之蔀(蔀岁76),蔀终六旬谓之纪(纪法1520),岁、朔又复谓之元(元法4560)。是故日以实之,月以闰之,时以分之,岁

---

① 陈希龄《恪遵宪度抄本·二十四节气解》,此据:陈遵妫.中国天文学史:第三册[M].上海:上海人民出版社,1984:1379.

以周之,章以明之,蔀以部之,纪以记之,元以原之。然后虽有变化万殊,赢朒无方,莫不结系于此而禀正焉。①

从物候来看,冬至一阳生。这一天日影最长(极阴),物极则反,于是阳气始生。《月令七十二候集解》:"冬至十一月中,终藏之气,至此而极也……水泉动。水者,天一之阳所生。阳生而动,今一阳初生。"②《后汉书·律历志》:"斗之二十一度,去极至远也,日在焉而冬至,群物于是乎生。"③冬至预示着寒冬将尽,阳春始萌。是故,从制历的要求与历法的构成来看,冬至才是一年(岁)的开始,历法谓之天正月,而不是立春或元旦。"律首黄钟,历始冬至,月先建子,时平夜半"④,这是中国历法的一条重要原则,从二十四节气形成完善的战国中后期一直延续至今。

冬至不仅是一个节气,还是一个吉日,由此演变成一个重要节庆。至少从汉代开始,冬至就是一年中最为重要的节日之一,百官朝会,举行祀典,颁布新历。据《史记》记载,汉武帝于太初元年前十一月冬至日"祠上帝于明堂","天历始改,建于明堂,诸神受纪",是非常隆重的。《后汉书·律历志》曰:"天子常以日冬夏至御前殿,合八能之士,陈八音,听乐均,度晷景,候钟律,权土炭,效阴阳。"⑤同书《礼仪志》又曰:"冬至前后,君子安身静体,百官绝事,不听政,择吉辰而后听事。绝事之日,夜漏未尽五刻,京都百官皆衣绛,至立春。""绝事"就是结办事务,犹如后世的结案或决算。"不听政",就是不坐朝,如同放假,不处理政务。

---

① 司马彪撰,刘昭注补《后汉书志》第三《律历下》。见:范晔.后汉书[M].北京:中华书局,1965:3056.
② 吴澄.月令七十二候集解[M]//丛书集成新编:第43册.台北:新文丰出版公司,1985,315.
③ 司马彪撰,刘昭注补《后汉书志》第三《律历下》。见:范晔.后汉书[M].北京:中华书局,1965:3057.
④ 司马彪撰,刘昭注补《后汉书志》第三《律历下》。见:范晔.后汉书[M].北京:中华书局,1965:3057.
⑤ 司马彪撰,刘昭注补《后汉书志》第三《律历上》。见:范晔.后汉书[M].北京:中华书局,1965:3016.

魏晋以后,冬至还被称为"亚岁",女子要向舅姑(公婆)敬献鞋袜,寓意"阳生于下,日永于天。长履景福,至于亿年",故此,冬至也称为履长节,文献多有记载。魏曹植《冬至献袜履颂表》曰:

> 伏见旧仪:国家冬至,献履贡袜,所以迎福践长,先臣或为之颂。臣既玩其嘉藻,愿述朝庆。千载昌期,一阳嘉节。四方交泰,万汇昭苏。亚岁迎祥,履长纳庆。不胜感节,情系帷幄,拜表奉贺,并献纹履七量,袜若干副。①

冬至日要举行朝会,接受万国朝贺,其仪仅次于岁朝,故称"亚岁朝"。六朝人更有将冬至与岁首并称者,足见冬至的重要。颜之推《颜氏家训》谓:"南人冬至岁首,不诣丧家。若不修书,则过节束带以申慰。北人至岁之日,重行吊礼。"②"至岁之日"即冬至和岁首。颜代虽然说"礼无明文,则吾不取",但是仍可考知当时的风俗。

唐宋以降,冬至与"岁朝"并重,举国上下视冬至如同元正,朝野庆贺,官府放假。敦煌遗书S.6537《郑馀庆书仪》(图1)记载:"元正、冬至日,在已上二大节,准令休假七日,前三后四日……"冬至如同"过年"。宋人孟元老《东京梦华录》描述说:"十一月冬至,京师最重此节。虽至贫者,一年之间,积累假借,至此日更易新衣,备办饮食,享祀先祖。官放关扑,庆贺往来,一如年节。"③南宋末年的陈元靓也有引述:"冬至既号'亚岁',俗人遂以冬至前之夜为冬除,大率多仿岁除故事而差略焉。"④这种风俗至明代依然,明人田汝成记载吴越习俗曰:"冬至谓之'亚岁',官府、民间各相庆贺,一如元日之仪。吴中最盛,故有'肥冬瘦年'之说。舂粢糕以祀先祖,妇女献鞋袜于

---

① 李昉等.太平御览[M].石家庄:河北教育出版社,1994:244.
② 王利器.颜氏家训集解[M].北京:中华书局,1993:77.
③ 孟元老.东京梦华录[M].上海:古典文学出版社,1957:56.
④ 陈元靓.岁时广记[M].上海:上海古籍出版社,1993:697.

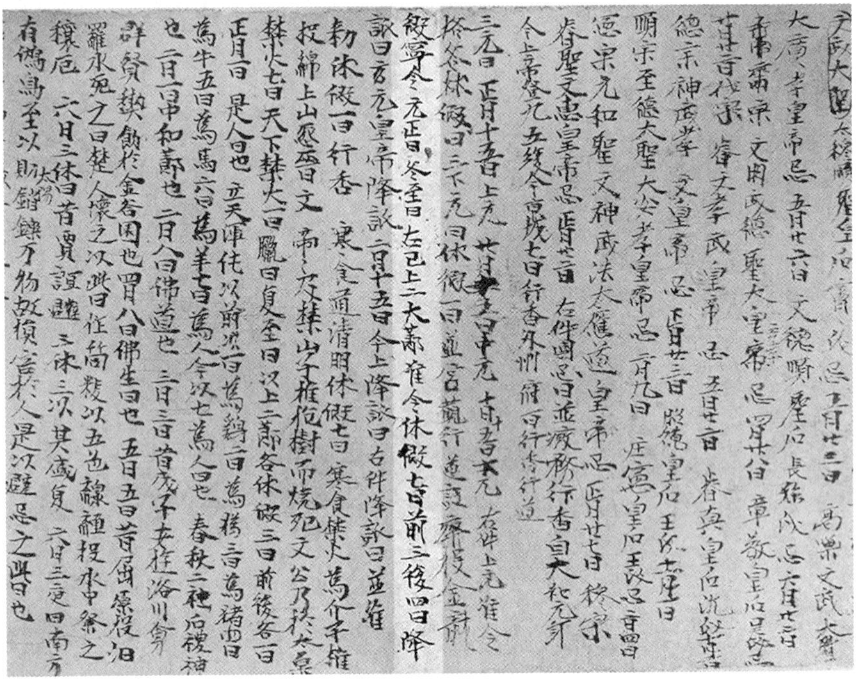

图 1　敦煌遗书 S.6537《郑馀庆书仪》

尊长,亦古人履长之义也。"①"履长之义"今人多已茫然不晓,但民间谚语至今乃有"冬至大如年"的说法,反映出人们冬至在历法及日常生活中的重要地位。

文人诗作中也屡见冬至的描写。晋潘尼《长至诗》:"浑仪赋四气,玉衡运招摇。灵晷修期夕,日南始今朝。"杜甫《小至》诗:"天时人事日相催,冬至阳生春又来。刺绣五纹添弱线,吹葭六管动浮灰。岸容待腊将舒柳,山意冲寒欲放梅。云物不殊乡国异,教儿且覆掌中杯。"唐人韩偓《冬至夜作》则写道:"中宵忽见动葭灰,料得南枝有早梅。田野便应枯草绿,九重先觉冻云开。阴冰莫向河源塞,阳气今从地底回。"诗人像报春鸟一样,虽身处"冻云""阴冰",然而从葭灰的律动中,已经预感到地母深处阳气的回流,畅想

---

① 田汝成.西湖游览志馀[M].杭州:浙江人民出版社,1980:321.

着春天的脚步。唐释皎然《冬至日陪裴端公使君清水堂集》:"亚岁崇佳宴,华轩照渌波。渚芳迎气早,山翠向晴多。推往知时训,书祥辨政和。从公惜日短,留赏夜如何。"宋苏轼《冬至日独游吉祥寺》:"井底微阳回未回,萧萧寒雨湿枯荄。何人更似苏夫子,不是花时肯独来。"宋朱淑真《冬至》:"黄钟应律好风催,阴伏阳升淑气回。葵影便移长至日,梅花先趁小寒开。八神表日占和岁,六管飞葭动细灰。已有岸旁迎腊柳,参差又欲领春来。"清钱谦益《冬至日感述示孙爱》:"乡人重亚岁,羔黍荐履长。妇女献履袜,儿孙备蒸尝。"虽寄托遣兴各不相同,然都是缘于冬至而发,可见冬至对人们日常生活的重要影响。

如上所述,汉武帝"太初改历"(前104)之前,历法上的岁首建正是不固定的,所谓三代不同礼,五霸不同法。至太初创历,才确定采用夏正,以正月为岁首,于是正月的地位渐次凸显,与之相关的节庆也日益增多,除了元旦,还有除夕、上元、人日等等,甚至原来名目繁多的年终之祭以及冬至节的"更易新衣,备办饮食,享祀先祖,庆贺往来"等等节庆内容,也慢慢地向以腊月、正月为主的春节转移聚合了。

三、从"蜡""腊"之祭到新春之庆

"蜡""腊"是与"年"紧密相联的祭祀活动,起源甚早,我们先从文字的形音义来考察:

蜡的本义是蝇胆(蛆),《说文》"肉部":"胆,蝇乳肉中也。"段《注》以为蜡、胆音义皆通,《周礼·秋官》有"蜡氏","掌除骴……若有死于道路者,则令埋而置楬焉,书其日月焉,县其衣服任器于有地之官,以待其人"①。《礼记》或作"蜡",或作"腊",皆为岁终祭名。《字林》作"䄍",《说文》无䄍字,《广雅·释天》:"䄍,索也。夏曰清祀,商曰嘉平,周曰大䄍,秦曰腊。"今按,蜡、䄍应是

---

① 郑玄注,贾公彦疏《周礼注疏》卷三十六。见:阮元校刻.十三经注疏:上册[M].上海:上海古籍出版社,1997: 884–885.

"昔"之分化字,昔、䏨、夕同源,天黑而夜暮将至谓之夕,年终而新岁将启谓之昔,二者之间在音义上有相通性。言蜡者,或取"昆虫勿作"之义;言䄍者,盖取《风俗通》"大祭以报功"之义。① 腊(臘)、猎(獵)古音全同,取义同源,就其逐禽取兽的过程而言谓之猎,就其田猎所得而祭谓之腊。狩猎通常在农事基本结束天气转寒的十月举行,《礼记·王制》:"无事而不田曰不敬,田不以礼曰暴天物。……獭祭鱼,然后虞人入泽梁。豺祭兽,然后田猎。鸠化为鹰,然后设罻罗。草木苓落,然后入山林。昆虫未蛰,不以火田"②,田就是狩猎,"以田猎所得禽祭"就是腊。③ 猎、腊后来词义分化,猎偏于狩猎义,而腊则偏于年终祭祀义。腊或作臈,应是臘的草写楷化。《说文》另有腊(xī)字,许慎以为是"昔"的籀文,专用于"脯腊"义,现在与"臘"的简化字合二为一。本来蜡、蠟也是不同形义的文字,简化以后也形音义归并,变成了一个字,使得蜡祭之蜡与蜂蜡(蠟)之蜡也音义莫辨,而且随着社会的发展和习俗的变迁,蜡祭已经退出历史舞台,现在的"蜡"似乎只剩下"蜂蜡"之义了。

蜡祭的内容很驳杂,包括农业生产生活的各个方面。《礼记·郊特牲》"天子大蜡八",郑玄《注》:"所祭有八神:先啬一,司啬二,农三,邮表畷四,猫虎五,坊六,水庸七,昆虫八。"《礼记》又云:"伊耆氏始为蜡。蜡也者,索也。岁十二月,合聚万物而索飨之也。"郑《注》:"飨者,祭其神也。万物有功加于民者,神使为之也,祭之以报焉。"④根据学者的研究,蜡祭所求索的万物百神,包括农业生产的方方面面。有农神,所谓"主先啬而祭司啬",先啬即神农氏,而司啬为后稷;有作物神,所谓"百种";有农官田畯,所谓"农";有田间亭舍道路诸神,所谓"邮表畷";有猫神虎神,猫捕鼠,虎猎野猪等等;有河渠堤坝诸神,所谓"坊与水庸";还有日月星辰等天神、土地神、先

---

① 应劭撰《风俗通》卷八《祀典》,汉魏丛书本。
② 郑玄注,王锷点校.礼记注[M].北京:中华书局,2021:163.
③ 郑玄注,王锷点校.礼记注[M].北京:中华书局,2021:236.
④ 郑玄注,王锷点校.礼记注[M].北京:中华书局,2021:341-342.

祖和各类小神,诸如"门闾""五祀",即国门、里门、宅门、室门、道路、房舍、灶、井等等。①

国君要主持祭祀,主祭设在都城南郊的"天宗"即天神庙,其他如宗庙、太社、山川岳渎诸庙,也要分头举行祭礼。大司乐指挥黄钟乐舞,前后重复六次,招求万物百神的降临。众神降临之后,国君头戴皮弁,身着白色礼服,在众神灵前进行祝祷:

土反其宅,水归其壑,

昆虫勿作,草木归其泽。

同时,乐官用土槌敲击土鼓,用籥器吹奏古老的《豳风·七月》之章,依声唱颂《小雅·莆田》之歌:

我田既臧,农夫之庆。

琴瑟击鼓,以御田祖。

以祈甘雨,以介我稷黍,

以谷我士女。

黍稷稻粱,农夫之庆,

报以介福,万寿无疆!

歌舞祝颂之后,主祭者又换上黄色的礼冠礼服进行祭祀。黄色在五行中居中属土,表示国君和人民一起庆祝丰收,以此慰劳农民,让大家暂时获得休息。②

如果是天子主持的蜡祭,各地诸侯还要向天子纳贡本土猎物及特产,作为奉祀之礼。天子则委派掌管狩猎的"罗氏"之官,戴笠猎装,迎候使者,所谓"受天之祜,四方来贺"。

腊祭则相对简单一些。《礼记·月令》于"孟冬之月"又记曰:"是月也,大饮烝。天子乃祈来年于天宗,大割祠于公社及门闾,腊先祖、五祀,劳农以

---

① 詹鄞鑫.腊八节与古代的"蜡祭"[J].文史知识,1987(12).
② 詹鄞鑫.腊八节与古代的"蜡祭"[J].文史知识,1987(12).

休息之。"郑《注》以为"十月农功毕,天子、诸侯与其群臣饮酒于大学,以正齿位,谓之'大饮',别之于他。今天子以燕礼、郡国以乡饮酒礼代之。烝,谓有牲体为俎也。"并认为《诗经·七月》中的"十月涤场,朋酒斯飨,曰杀羔羊。跻彼公堂,称彼兕觥,受福无疆"正是"大饮烝礼"的形象写照。① 若依郑《注》,则蜡为岁十二月举行的百神索飨之祭,而腊为年十月祈福劳农的祭祖之礼。然而郑《注》又认为腊即是《周礼》所谓的"蜡祭","谓以田猎所得禽祭也"。可见郑玄自己已不能明确分辨,故前后抵牾,自相矛盾。若以前说大蜡的"岁十二月"为周正,则周正十二月正当夏正十月,这时候农事已毕,合聚万物以祀百神先祖,朋酒羔羊,合乎时令。然而本来在十月举行的蜡祭或腊祀,何以后移到十二月了呢? 这与汉武帝太初改历以夏正为岁首有关,《太初历》以十二月为岁终。蜡、腊之祭都在岁终进行,二者又有包容之处,所以蜡、腊渐趋合流,固定在夏历十二月进行,相承日久,十二月就有了"腊月"之名。② 由于五德终始说的影响,汉代历法规定冬至后的第三个戌日为"腊日",其后或有更替。③ 至北宋初年,议定凡"腊百神、祀社稷、享宗庙同用戌腊日"④。其后随着佛教的东传,世俗附会十二月八日为佛祖释迦牟尼成道日,于是"腊八节"就渐被固定下来,《荆楚岁时记》就记载说:"十二月八日为腊(蜡)日。"⑤

---

① 郑玄注,王锷点校.礼记注[M].北京:中华书局,2021:235-236.
② 腊祭是祭祀活动,腊日是历法中的"杂节气",二者的出现及确定比较早。而称十二月为"腊月"则出现较晚。《新唐书·则天皇后纪》:"天授元年正月庚辰,大赦,改元载初,以十一月为正月,十二月为腊月。"这是否为"腊月"在历史文献中的最初记载,俟考。见:欧阳修等.新唐书[M].北京:中华书局,1975:89.
③ 《初学记》卷四引三国魏人高堂隆《魏台访议》曰:"帝王各以其行之盛而祖,以其终而腊。水始生于申,盛于子,终于辰。故水行之君,以子祖辰腊。火始生于寅,盛于午,终于戌,故火行之君,以午祖戌腊。木始生于亥,盛于卯,终于未,故木行之君,以卯祖未腊。金始生于巳,盛于酉,终于丑,故金行之君,以酉祖丑腊。土始生于未,盛于戌,终于辰,故土行之君,以戌祖辰腊。"祖,祭名,祭祀路神。汉为火德,腊在戌日。见:徐坚等.初学记[M].北京:中华书局,1962:84.
④ 陈元靓.岁时广记[M].上海:上海古籍出版社,1993:708.
⑤ 宗懔撰,杜公瞻注,姜彦稚辑校.荆楚岁时记[M].北京:中华书局,2018:71.

汉魏之际，腊日节是比元日（元旦）要隆重得多的节日，蔡邕《独断》说："腊（蜡）者，岁终大祭，纵吏民宴饮。"①除了朝廷或民间的各种祭祀活动之外，士人们还要相互递达拜帖，送上礼物，以示贺岁。传世魏晋书法名帖中有一纸东晋大将军王敦的《蜡节帖》（图2），可能是对某位朋友"贺岁"的回复，只是因为"比苦腰痛"，所以"岁暮感悼，伤悲恛恛"，大将军的腊节也似乎过得郁郁寡欢。

近代以来，在西域的楼兰等地，出土过大量魏晋时期的简纸文书，其中也发现了"贺大蜡"的名帖，应是当时远在楼兰驻军或屯守的基层人员的笔墨。

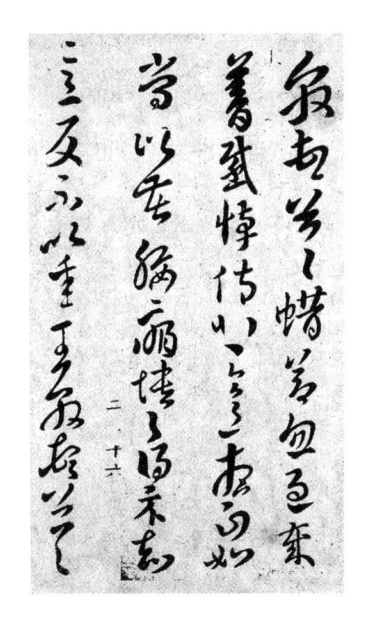

图2　《淳化阁帖》卷二之王敦《蜡节帖》　　图3　楼兰简纸"贺大蜡"帖

其中"贺大蜡"木简一枚（图3），首残，唯馀一"蜡"字，中间空行，至下半端分两行书写，上书"弟子新珍再拜贺"，"贺"字另行书写。自称"弟子"，所拜者显为师长或尊长。

---

① 蔡邕.独断：卷上[M]//四部丛刊三编影印本.上海：商务印书馆，1936.

另一件"贺大蜡"拜帖写在纸上，但是格式完全依仿木简形制，裁为长条形状（图3）。上端分两行书写"贺大蜡"三字，中间留空，下端恭书"弟子宋政再拜"。这位宋政，其名称还见于楼兰出土文书中的另外两件，姓名前冠有"从史位"的职衔，大概是无固定职事的小吏。

楼兰残纸中还有一件"蜡节皆亦同"的残纸，学者称其为"（楼兰）蜡节帖"（图4）。是一位名叫"屈"的人所写的蜡节问候尺牍，现存上半部分。第一行"屈顿首顿首"是署名与具礼之语。第二行"蜡节皆亦同"，可能表示蜡节"放假不听事，天下皆同"的意思。第三行"来示即以自"，是对来信内容的撮述。第四行"比更有因乃令"，是对来信内容的回复。第五行"顿首"，仍是具礼之辞。

图4　楼兰出土纸写本"蜡节帖"

这些楼兰简纸文书的发现，说明远在西域的屯守人员，每逢蜡节，也与内地一样，放假不听事，或者也要举行岁终蜡祭，表演歌舞，互相敬贺。可见"大蜡（腊）"的隆重和影响之远。

（本文草就于2019年1月3日，2021年12月20日修改，2022年4月9日改定）

乡村振兴战略下甘肃省非物质文化遗产的保护和发展[①]

王慧娟[②]

摘　要：非物质文化遗产是一个国家、一个民族、一个区域的重要文化表征，承载着深厚的文化内涵，蕴含着丰富的文化精神。在我国正式进入大数据时代和全球化发展的背景下，非物质文化遗产原有的历史意义和传承初衷越来越弱化，为其提供养分的社会文化土壤在不断发生改变。特别是在西方文化不断渗透的环境中，我国本土文化受到了前所未有的巨大冲击，不仅对非物质文化遗产的保护带来了巨大挑战，而且对非物质文化遗产的发展造成前所未有的威胁。

关键词：乡村振兴　甘肃省　非物质文化遗产　保护发展

"加强对我国优秀农耕文化遗产的积极保护，对优秀农耕文化遗产进行适度开发和合理利用，对道德规范、人文精神、思想观念进行深入挖掘，将其具有的作用充分发挥到淳化民风、教化群众、凝聚人心等相关工作中。"是党中央国务院结合我国乡村振兴战略内容，对非物质文化遗产保护和发展专

---

① 基金项目：甘肃省科学技术厅软科学专项项目"乡村振兴战略下甘肃省非物质文化遗产的保护与发展研究"（20CX9ZA078）。
② 作者简介：王慧娟（1977—　），女，甘肃正宁人，高级会计师，法学博士，兰州文理学院马克思主义学院教师，主要从事思想政治教育和三农问题研究。

门制定的战略发展意见。甘肃省非物质文化遗产包含了大量抒情的音乐唱腔形态、灵动的舞台操控、精美的绘画雕刻艺术,这些内容不仅是对我国民间原始农耕文化具体形态进行有效还原的综合艺术方式,更是我国农村文化的珍贵遗产。加强对甘肃省非物质文化遗产的有效传承和保护,能够在一定程度上为我国探索和创新传统文化内容给予帮助。对甘肃省非物质文化遗产的深厚文化内涵进行有效挖掘,可准确找到现代生活与传统非物质文化遗产之间的结合点,使非物质文化遗产的转化能力得到全面激活。

一、在宏观层面对非物质文化遗产的有效保护和发展策略

(一)建立健全名录体系,对濒危非物质文化遗产进行重点保护

第一,建立健全非物质文化遗产名录体系作为各项保护措施有效开展的核心牵引,将重点工作放在如何对非物质文化传承人的作用进行充分利用、对非物质文化遗产的线索进行挖掘整理、对濒危非物质文化遗产项目进行抢救等工作中,加强对基础工作的夯实力度,从而使非物质文化传承能力得到进一步提高。截至目前,甘肃省在开展非物质文化遗产普查的过程中,已发现16个类别将近3万余条内容,这是对甘肃省非物质文化遗存家底的彻底清理。但还必须加强对非物质文化遗产相关线索的积极挖掘和整理,将"田野调查"作为核心根本,严格遵循"及时公布、有效储备、积极发现"的原则,对甘肃省非物质文化遗产数据库进行建立健全。

第二,加强对甘肃省非物质文化遗产项目书籍的调查与汇编,对非物质文化遗产传承人进行严格考核。在对市级以上非物质文化遗产传承人进行考核时,要严格按照由上到下"会议述职、综合评定、才艺展示"的方式执行,不仅要确保三级联考每年都要开展,而且还要给予市级以上考核合格的非物质文化遗产传承人相应经费补助。

第三,对年迈非物质文化遗产传承艺人给予特殊照顾。甘肃省人民政府应该定期对70周岁以上的非物质文化传承人进行慰问,这样不仅能够在心灵和情感上使年迈传承人感受到温暖,而且还能使青年非物质文化遗产传承人看到希望,从而将非物质文化遗产薪火相传。

第四,加强对濒危非物质文化遗产项目的抢救性记录,不仅要向国家申请非物质文化遗产项目专项保护经费,而且每年都要对相关工作人员开展与之有关的绩效评价考核,组织相关人士针对濒危非物质文化遗产项目进行集中培训和专业指导,并从中挑选出具有较高传承能力和创新能力的传承人。确保在有效的抢救性记录下,能够使一大批濒危非物质文化遗产项目得到有效保护。[1]

(二)重视开发利用,促进非物质文化遗产与旅游行业有效融合

在对甘肃省非物质文化遗产进行开发利用的过程中,要始终遵循"非物质文化遗产+"的开发原则,将乡村振兴、乡村养老、乡村旅游、乡村扶贫等民生事业与非物质文化遗产进行充分融合,将非物质文化遗产作为基础,结合甘肃省实际情况,全面打造以"看见青山绿水、体味浓浓乡愁、感受乡村文化"为主题的乡村旅游服务品牌,通过对非物质文化遗产的有效保护和利用,为甘肃省旅游行业全面发展创造全新路径。比如,将旅游市场与甘肃省当地的非物质文化遗产如兰州太平鼓、洮砚制作技艺、刺绣、剪纸、藏医药、永昌地毯、手工制陶、皮影戏等项目内容进行有效结合,不断探索和磨合,使其朝着规模化和产业化的方向发展。这样不仅能够使甘肃省大量待业人员的就业问题得到有效解决,而且还能在一定程度上促进甘肃省地方经济全面发展。"非物质文化遗产+"凭借自身具有的多元化优势,在甘肃省落实全面推动乡村振兴战略规划以及促进文化旅游产业发展的相关工作

---

[1] 邵明华、任珂.乡村振兴战略下非遗产业化的创新路径——以山东省东明粮画为例[J].经济与社会发展,2019(3).

中,不仅成了重要的新型资源,而且发挥了不可替代的作用。在此过程中,甘肃省各地方政府不仅要确保选择的非物质文化遗产公益项目既能够带动相关产业发展又具有较高市场潜力,而且还要将合作共建、对口帮扶、政府投资等方式合理运用其中,设立专门帮扶非物质文化遗产传承人就业的工坊,从而为传统工艺技术进行交流展示和生产培训提供良好环境。①

(三)促进研学一体,积极开展非物质文化进校园活动

积极促进非物质文化遗产进入校园,将本土文化具有的魅力充分展示在学生面前,使学生能够亲身体会到非物质文化遗产具有的魅力。甘肃省各市、县、区每年都要定期组织以"戏曲走进乡村校园""多彩非遗、魅力生活"为主题的非物质文化遗产进校园活动,使各项民间技艺能够与学生进行零距离接触,从而使学生学习非物质文化以及传统文化的兴趣得到全面激发。比如,永昌县就在永昌职业中学校园中设立非物质文化遗产传承基地,并且将当地的"节子舞"设置为中学常设课程之一,积极组织"节子舞"传承人定期到永昌职中校园内开展相关教学活动。目前永昌职中已经成立了一个数量多达30人的"节子舞"表演团队,并参与了市内多项重大节庆活动,成为金昌市的一道亮丽风景线。与此同时,在学校教育教学中合理融入非物质文化遗产相关内容,如甘肃省兰州市文化馆在开展学校校本课程教育过程中,将非物质文化遗产相关内容进行了合理渗透,并且由学校教师担任主编,目前已经出版了《甘肃非物质文化遗产》等相关教材。兰州市内各学校不仅对非遗教材进行积极推广和使用,而且教材运用图文并茂的方式,对甘肃省非物质文化遗产进行了全面展示,对广大青少年学生主动认识非物质文化遗产、主动参与保护非物质文化遗产相关工作进行了积极引导。②

---

① 李红飞.乡村振兴视域下非物质文化遗产的保护和发展——以潮州"大吴泥塑"为例[J].农业展望,2020(1).
② 龚翔、杨春华.乡村振兴战略下非遗助推传统村落活态保护研究——以黔东南州为例[J].农家参谋,2020(12).

（四）加强宣传展示，为非物质文化遗产的有效保护创造良好社会氛围

在对非物质文化遗产进行保护和传承的过程中，要加强对非物质文化遗产相关内容的积极宣传与广泛传播，确保非物质文化遗产在群众中的可见度逐步提高，并将相关内容作为基础工作进行严格把控，确保展览展示和媒体宣传两条渠道同步开展，使非物质文化遗产相关内容能够得到社会的高度认可。同时，加强对社会大众进行非物质文化遗产相关法律法规的宣传、教育力度，各地方电视台要结合非物质文化相关内容开办专题栏目，通过对非物质文化遗产相关法律条文的实践解说，确保广大人民群众不仅能够对非物质文化遗产的现状充分了解，而且还能对相关法律知识内容明确掌握，使自身对非物质文化遗产的保护欲望和传承热情得到全面激发。除此之外，加强对非物质文化遗产保护成果的展览展示力度。定期举办以"历史再现""戏曲表演""非物质文化遗产走进校园""河州花儿会"等内容为主题的特色活动和大型表演，不仅能够为非物质文化遗产保护效果的全面展示提供良好平台，而且还能使中国优秀传统文化得到有效弘扬。[①]

二、非物质文化遗产的保护和发展策略

根据非物质文化遗产空间分布特点以及结构类型，可以将甘肃省非物质文化遗产划分为五大类型。不同非物质文化遗产具有的不同特点，可以采取具有较高针对性的保护措施，在保护中为非物质文化遗产的有效传承和发展提供帮助。[②]

（一）口头传承表现形式类

口头传承和表现形式类的非物质文化遗产，主要包括少数民族史诗、诗

[①] 青政.发挥非遗保护与传承在助力精准扶贫和乡村振兴中的作用——以四川省"非遗+扶贫"工作为例[J].中外文化交流，2020（6）.
[②] 刘影.乡村振兴战略背景下乡村非遗文化的英译及传播——以浙江省衢州乡村非遗文化为例[J].延安职业技术学院学报，2020（5）.

歌、故事、民间传说等文学内容。这些民间文学内容通常是通过民间艺人口口相传,延续至今,因此,缺乏完善的传播载体。在对此类非物质文化遗产进行保护和发展的过程中,应该以文字、音频、视频的方式,将口口相传的内容进行全面记录,从而使相关内容能够得到有效保存。为了使乡村文化的发展根脉得到有效保护,民间文学的传承人通过口口相传的方式,在文化发源地通过与现代化媒介进行结合,能够确保创作出的口头文学作品具有与时俱进的特征,充分满足时代潮流发展需求。因此,各地方政府应该在政策和资金方面对口头传承表现形式的非物质文化遗产给予积极支持,鼓励相关领域的专家和学者对民间文学具有的文化内涵进行深入挖掘,在此基础上,将数字化媒体作为相关非物质文化遗产文化内涵的宣传媒介,从而使非物质文化遗产具有的社会影响力得到进一步提高。①

（二）表演艺术类

表演艺术类非物质文化遗产,涉及的内容较多,主要包括传统杂技、游艺、体育、曲艺、戏剧、舞蹈、音乐等,主要以口传身授的方式,对大部分表演艺术类非物质文化遗产进行保护和传承。表演所需要的实物数量较多、种类比较复杂,因此,对文化表演场地的要求也比较高。表演艺术类非物质文化遗产相关内容本身就具有较高难度,不仅需要消耗较长的时间,而且各道工序的复杂程度无法降低。因此,在对此类非物质文化遗产进行保护的过程中,应该由政府出面,对相关民间艺人进行积极组织和召集,对艺术表演类非物质文化遗产的下一代传承人进行积极寻找,通过对非物质文化遗产传习方式进行充分了解,结合时代发展需求,对某些家族具有的落后传承方式进行合理调整,促使社会大众群体能够真正参与到对相关非物质文化遗产进行保护和发展的工作中。在此基础上,加强对年轻人的吸引力度,通过

---

① 康丽.实践困境、国际经验与新文化保守主义的行动哲学——关于乡村振兴与非物质文化遗产保护的思考[J].民俗研究,2020(1).

布置展厅、发行书刊、制作专题片等方式,使表演艺术类非物质文化遗产的社会知名度进一步扩大,从而加快甘肃省全面塑造特色非物质文化遗产品牌的建设力度。①

（三）社会实践、仪式、节庆活动类

社会实践、仪式、节庆活动类非物质文化遗产,主要包括传统礼仪、服饰、婚俗、节庆、节日等内容,其中民俗类非物质文化遗产的地域性特征极强,因此,甘肃省各地方政府部门要提供正确的价值引导和充足的资金支持,对其中能够在现代社会进行全面宣扬的礼仪庆典和民间风俗等内容的保护、发展体系进行全面建设,提高文化发源地居民的积极性,使其能够主动参与到相关工作中,将节庆仪式相关内容作为基础,使非物质文化遗产体验项目合理结合其中。针对旅游开发产品较为单一、具有独特价值、濒临灭绝的民俗文化内容,应该由当地政府出面,建立与之有关的民俗文化生态园区,从而对相关非物质文化遗产项目进行全面保护。②

（四）与自然界和宇宙有关的知识实践类

与自然界和宇宙有关的知识实践类非物质文化遗产,主要指的是针灸法、藏医药、中药等传统医药,在甘肃省非物质文化遗产项目中,与传统医药类非物质文化遗产有关的内容极少,因此,需要对医药类非物质文化遗产相关内容进行重点保护。与此同时,由于一部分传统医药——如藏医药所需要的原材料种类较为特殊,对气候条件和自然环境的要求较高,需要较为苛刻的环境进行保存,因此,要对这些药材适宜生长的自然环境进行有效保护。除此之外,任何一项传统医药类非物质文化遗产,都需要相关传承人自身具有较高综合素质,甘肃省政府相关部门应该结合实际情

---

① 李斯颖.论乡村振兴视野下的文脉活化——以壮族非物质文化遗产的保护与传承为例[J].创新,2020(2).
② 张莞.乡村振兴背景下羌族村寨体育非遗文化与乡村旅游融合发展研究[J].重庆文理学院学报(社会科学版),2020(5).

况,加大对医药类非物质文化遗产传承人的专业培训力度,通过与当地专业院校进行积极合作,开设与传统医药类非物质文化遗产有关的课程,使医药类非物质文化遗产相关知识在具有较高专业化的技术和理念辅助下,得到有效保护和发展,从而为甘肃省保护传统医药非物质文化遗产提供更多途径。[1]

(五) 传统手工艺类

传统手工艺类非物质文化遗产,主要包括印染技艺、制造技艺、制作技艺、编织技艺等一系列传统手工技艺和美术,由于大部分传统手工艺类非物质文化遗产项目内容的生产效率较低、对传承人体力消耗较大、作品完成时间较长,因此,此类非物质文化遗产的传承受到了严重阻碍。对于传统手工艺类非物质文化遗产而言,在传承和发展过程中,要对各项保护措施和文化创意产业之间具有的密切联系给予高度关注,不仅要对相关手工艺技术在现代社会具有的处境明确了解,而且还要在当代社会各项生产活动中尽可能融入古老的技艺方法,通过对市场活力和包容力的全面激发,使传统手工艺类非物质文化遗产得到有效保护和发展。与此同时,由于很多传统手工艺类非物质文化遗产传承者渐趋老龄化,导致此类工艺技艺具有的"脆弱化"和"高危化"特点越来越明显,要将"聚集效应"充分发挥到传统手工艺类非物质文化遗产的保护工作,提高相关内容具有的社会知名度,充分聚集起散落在民间各处的手工艺传承人,使传统企业化发展模式逐渐朝着群体化经营模式进行转变,从而使各项技术在市场经济的辅助下,整体发展速度得到进一步提升。另外,甘肃省各地方政府和企业要加强对互联网平台的灵活运用,将传统工艺类非物质文化遗产相关技艺与对应展会进行充分结合,创造大量与乡村旅游发展和乡村振兴发展有效合作的契机,建立非物质

---

[1] 隆颖.乡村振兴时代背景下非遗传播创新路径研究——基于福州市永泰县的调研分析[J].武夷学院学报,2020(1).

文化遗产体验馆和生态保护区,最终为传统手工艺类非物质文化遗产的有效保护和发展铺平道路。①

三、在空间视角下对非物质文化遗产的保护和发展策略

（一）加强对甘肃非物质文化遗产项目的深入挖掘

从甘肃省非物质文化遗产空间分布情况可知,相关项目主要在陇中东黄土高原文化板块集中分布,其中民俗类项目和传统手工技艺项目种类较为丰富,传统曲艺类和医药类项目数量较少,整体分布状态的不均衡性特点较为明显。之所以会存在这种现象,不仅受到各地区人文条件和自然条件的影响,而且各地方政府对非物质文化遗产的保护措施缺乏力度,导致非物质文化遗产的保护和发展工作没有得到应有重视,在缺乏有效管理和深入挖掘的情况下,甘肃省非物质文化遗产整体分布严重失衡。所以,甘肃省应该对金昌和嘉峪关等城市具有的非物质文化遗产进行深入挖掘,有效改变这些地区非物质文化遗产项目数量较少的问题;在深入挖掘的同时,还要确保各项保护措施得到有效落实,从根源解决由于保护不力而导致非物质文化遗产受到损害甚至消失情况发生。长此以往,必然能够使甘肃省非物质文化遗产具有的整体空间结构分布具有较高均衡性,从而为甘肃省非物质文化遗产的有效保护和传承提供良好环境。②

（二）加强对非物质文化遗产资源的有效整合,开展组织保护和开发

甘肃省各个地区,相关文化内容既存在一定共性,又具有区别于其他地区的明显地域特色。因此,在全面推动甘肃省非物质文化遗产可持续发展的过程中,应该将甘肃省不同地域具有的不同特征与非物质文化遗产保护

---

① 刘玲、韩利娜、彭晓君、叶慧、赵静.乡村振兴背景下湘西州非遗苗画的保护与传承助力于文旅融合产业的发展[J].艺术大观,2020(27).
② 叶淑媛.非遗手工艺传承发展促进乡村振兴的方法与路径——以甘肃省为例[J].兰州文理学院学报:社会科学版,2020(5).

和发展措施进行充分结合,制定出一套对甘肃省保护和发展非物质文化遗产具有积极促进作用的发展策略——"非物质文化遗产产业化"。与此同时,甘肃省在对非物质文化遗产进行保护与发展的过程中,相关规划理念和措施要确保能够将传统工作中具有的"分散式"和"碎片化"问题进行有效解决,加强对非物质文化遗产空间变化的集中整合,使物质文化遗产、非物质文化遗产、具体区域内景观要素产业化发展进行充分融合。比如,对于甘肃省南部地区而言,民族文化异彩纷呈是其显著特征,这里佛教文化极为盛行,通过将拉卜楞寺文化遗产项目和格萨尔史诗非物质文化遗产进行充分融合,在文化遗产中保护和发展非物质文化遗产,促进文化与景观的有效整合,使相关景观具有的内部联系得到不断强化,从而通过开发整体产业,为甘肃省保护和发展非物质文化遗产提供更多途径。另外,对甘肃省各地区具有的文化特色进行深入挖掘,使相关产业在对应文化的带动下形成一定规模,并且通过对相关创新产业的不断聚集,形成具有甘肃地域特色的文化产业新格局。[①]

结束语

对于非物质文化遗产而言,是具有较高资源性的文化建设原型,利用非物质文化遗产对现代化资源建设进行全面发展和创新转化,不仅对乡村振兴战略目标的有效实现提供了积极帮助,而且还能使建设特色乡村文化产业和促进乡村振兴战略发展实现互相促进、共同进步的目标。而这一构想的核心基础就是对"活态"进行不断创新与传承,"活"不仅是对鲜活文化形象的有效传承,更是对现代工艺、技术、经济、审美进行积极探索与研究之后,使其具有的实用性和艺术性得到延续,是将受众性和民俗性进行充分保

---

① 林雨萱.乡村振兴视域下的非遗传播策略探讨——以连南瑶绣传播为例[J].新闻研究导刊,2019(19).

留的有机结合体。将甘肃省非物质文化遗产作为基础,通过与现代多元化创新手段和技术手段进行充分结合,能够形成具有较强竞争能力的甘肃省非物质文化遗产品牌。不仅对甘肃省乡村建设新兴技术发展、艺术行业发展、乡村旅游行业发展提供了积极的文化支持,而且还能将非物质文化遗产具有的现代性和民族性进行充分结合,使甘肃省文化振兴和乡村振兴双赢的目标得到有效实现。

宁夏莲花山地区民俗与历史文化初探

高传峰　张紫薇[①]

摘　要：主峰海拔近1 800米的莲花山,位于宁夏同心县张家塬乡境内。2014年,该地的青苗水会活动入选第四批国家级非物质文化遗产名录,由此莲花山越来越引起研究者的关注。莲花山的青苗水会活动寄托了人们祈求降雨、祛病除灾的美好愿望。莲花山一带还盛行民间传说,寓意丰富的传说故事充实着当地人民的精神世界。莲花山地区的婚嫁文化、民俗表演等都无不体现出该地区丰厚的历史文化底蕴。推进宁夏莲花山地区民俗与历史文化的研究,有助于我们在新时代促进宁夏文化与旅游融合发展,助力乡村振兴。

关键词：莲花山　青苗水会　神话

在宁夏同心县豫旺城南的张家塬乡,屹立着一座状似莲花的大山。人们依据其形状,将其命名为莲花山。莲花山主峰海拔近1 800米。在宁夏境内,莲花山远没有贺兰山或六盘山那样巍峨,也没有这些山川那么幸运,可以因挂名著名诗篇而名扬海内外。但近年来,莲花山却频频引起人们侧目,

---

[①] 作者简介：高传峰,男,文学博士,宁夏师范学院文学院教授;张紫薇,女,宁夏师范学院中国现当代文学专业硕士研究生。

展现出一定的研究价值。2014 年,国务院公布了第四批国家级非物质文化遗产名录,宁夏同心县的莲花山青苗水会幸列其中。2015 年 6 月 1 日,时任宁夏文化馆馆长、宁夏非物质文化遗产保护中心主任靳宗伟偕同宁夏文化馆研究员雷侃等人,亲赴同心县莲花山青苗水会活动现场采录视频、音频资料,并访问了莲花山青苗水会的主要传承人张庆明,为这一民俗文化项目的数字化保护做基础工作。2017 年 12 月 28 日,张庆明入选第五批国家级非物质文化遗产代表性项目代表性传承人推荐名单。莲花山就这样因其在每年农历四月十五日举办的青苗水会活动受到国家及自治区文化部门的关注及肯定,从而进入到更多人的视野中。

研究者发现,除青苗水会以外,莲花山地区还有许多值得深入了解、探究的民俗与历史文化。对这些民俗与历史文化的研究,不仅可以促进莲花山地区充分开发利用历史文化资源,推动本地文旅产业的稳步发展,助力乡村振兴,同时也能够触发人们对莲花山地区民众坚韧不拔、顽强向上精神的学习与借鉴,为构建文明社会做出一定贡献。需注意的是,这里所说的莲花山地区,指以莲花山为中心的有着大致相同习俗的这一文化区域,与行政区域无关。

一、莲花山地区的青苗水会文化

青苗水会的兴起与莲花山的自然环境紧密相关。由于地处宁夏半干旱地带,莲花山地区年平均降雨量只有 349.3 毫米,年降雨量最多的时候也仅为 735 毫米。土壤含水量不足严重影响到农作物的正常生长,直接导致粮食歉收,民众生活困难。正是在这种缺水多旱的自然环境影响下,莲花山地区以祈雨消灾为主要目的的青苗水会活动应运而生,并且一直延续到今日。

据《莲花山志·大事记》载,清朝道光年间,因连年旱灾,瘟疫流行,莲花山一带的百姓遂议定每年农历四月十五日为莲花山庙会日,会期三天。

因意在祈求降雨、除病祛灾,故又称为水会。光绪初年,出身于莲花山地区的甘军提督董福祥兵营中有一位四川籍道士,名孟浪。董福祥命其留居莲花山,主持庙会事宜。在此期间,他创建了水会队伍,并制作了全驾执事等水会器具,开莲花山及附近城隍庙水会之先河。光绪十年(1884),莲花山的水会队伍还曾专程赴崆峒山朝山进香,学习交流。1951年农历四月十五日,莲花山地区举办了新中国成立后的第一次水会活动,并邀请著名秦腔艺人演出。此后,水会活动一直中断了30余年。直到1983年,莲花山一带才恢复水会活动,并将朝山水会改称为"青苗水会"。1985年,同心县张家塬秦剧团曾为水会活动助兴演出。1986年的水会活动期间,宁夏民研会知名音乐家刘同生偕同心县文化科科长马德朴及马效龙一行人,曾实地采录水会音乐实况。1987年,同心县文化科马效龙在出席全国宗教音乐会时,公开展放了莲花山水会的音乐录音,引起与会专家的重视。

自莲花山的青苗水会活动恢复以来,当地人们对莲花山一带的庙宇进行了修缮。1996年,莲花山树立了《重修莲花山寺庙碑记》,碑文中记载了莲花山的历史沿革及本次修建情况。1996年底,雷祖大殿重修工程告竣,1999年莲花山上亦立碑记其事。2000年青苗水会举办期间,自治区、吴忠市和同心县宗教管理部门及有关单位的负责同志亲临莲花山,正式宣布莲花山为道观,具备登记条件,准予登记,受国家保护并纳入宗教部门正常管理。得到了政府部门的大力支持,莲花山的青苗水会活动在此后更是逐年兴旺。每年的青苗水会时节,以莲花山所在的同心县张家塬乡为中心,方圆内的下马关镇、马家高庄、豫旺镇及甘肃省环县、毛井等乡镇以及固原市、海原县与之毗邻的自然村落的百姓们,都会相约来此朝山赶会。

关于莲花山青苗水会的具体仪程,在《同心县志》和《莲花山志》中均有详细描述记载。水会由会长主持,成员一般由一百余名品行纯正的男性组成。会期三天,即每年农历的四月十四至十六日。参加水会的人要提前一周进行斋戒沐浴,忌食荤腥、五辛。农历四月十三日,水会仪仗成员们需在天黑前赶至预先按照阴阳五行选定的村庄中集合,先参拜方神,再选井封口。待到十四日拂晓,队伍即要开始朝山。所有成员头戴朝天冠,身穿黑道袍,仪表端庄。水会队伍分为两列,前后按顺序分别是仪仗队、乐队、献水队及炷香队。"仪仗队最前有'肃静''回避'字样的两面虎头牌及两个九节鞭开道。随着两个端香盘者及少数炷香者和念偈人,紧跟着各类旗幡,有龙凤旌旗,十二灵官像旗等旗帜及各色彩旗。还有一圆顶篷式缀有红黄蓝白黑五色飘带的'伞盖'。旗幡后是'全驾执事',即金瓜、月爷、方天戟、朝天镫、青龙刀、攀龙棒等护卫器械。乐队有鼓、铙、钹、三铰子、铜号及笛子等。献水队伍前有一引水锣及一'水幡',有10多对肩挑红色小水桶的献水者,水桶上有'朝山供水'4字……旗幡中的北斗七星大旗、王灵官轿楼及一催水锣紧随在献水队伍后面。最后列着若干手持燃香的炷香队伍。"[①]水会仪仗队来到昨日选好的水井处,开封取头水,参拜五岳后,齐诵取水偈子,再念祈雨词。将汲起的头水灌入小木桶后,仪仗队便一路高诵佛号前往莲花山。上山后,便要将取来的头水献给寺中供奉的玉皇大帝,再陆续去往各殿堂降香。傍晚,仪仗队全员聚集在离莲花山最近的村庄中,如前一日一样参神封井,待到十五日清晨,再在这井中取二水。在献二水的仪仗队临近莲花山顶时,八人抬着供有三霄娘娘神像的轿楼出宫迎水、检水。同时,一排排头顶黄表花的善男信女们迎面跪在大道中间等待"过关"。过关时,由二至四名会员逐段唱诵写在红布锦幛上的"关煞偈子",三霄娘娘八抬轿楼、水会队伍的旗幡都从过关信众头顶悬过,再由会长用朱砂水在信众额头点上红点,以示祛病消灾。随后,仪仗队步入院内向雷祖献上二水,祈求这一年风调雨顺、五谷丰登。献毕,将剩余的水泼洒于殿前,众信众纷纷接此水漱口洗手,

---

① 同心县地方志编纂委员会编.同心县志[M].银川:宁夏人民出版社,1995:698.

希冀灾病消除、天降甘霖。十五日下午,在莲花山山顶窖内取三水献予三清道祖。十六日再在该水窖内取四、五、六、七水,分别敬献给三霄娘娘、佛祖、无量祖师和观音菩萨。黄昏前,也都要向神佛降香,以示虔诚。此即莲花山水会的基本情况。

这样一种仪式,表达了莲花山一带干旱地区群众祈求上天普降甘霖、众神庇佑消除灾病的朴素愿望。民众们真挚、虔诚的情感赋予水会一种无与伦比的庄重性与神圣性。在一系列郑重、繁复的仪式下,莲花山地区的人们得到了心灵的片刻安歇。值得一提的是,这种朝山祈水的仪式并非仅在莲花山地区流行。据传在甘肃庆阳地区,每年四月初龙虎日举行一次以打醮为主的庙会。其以村社为单位组织祈雨队,向神灵求雨。会长领头,排成长队,赤身光脚,口唱祈雨歌,抬着神像从村头到寺庙,让神灵视察旱情,及时降雨。仪式虽稍有不同,但却寄托着共同的心愿。二者之间彼此是否有过影响则不得而知。①

二、莲花山地区的民间传说

莲花山地区流传着精彩丰富的民间故事与神话传说。许多民间文艺工作者来此搜集、整理这些富有地方特色的传说故事,使之得到了更好的保存与流传。莲花山一带的民间传说主要分为两种类型:一是神话传说,二是本地知名人士的逸闻传说。在《莲花山志》所收录的几篇民间传说故事中,《三霄娘娘落户莲花山》《三霄娘娘驾落莲花山》《拜北斗》《莲花山的传说》等传说属于第一种类型,《李双良题匾》《黑虎星》属于第二种类型。

关于莲花山这座大山与寺中供奉的三霄娘娘之由来,《莲花山的传说》讲述了这么一个感人的故事:古时候,莲花山所在的这片区域既没有山也

---

① 莲花山庙管会编.莲花山志[M].银川:宁夏文锦印刷有限公司,2009:68.

没有沟,四周一马平川。此地有一位乐善好施的田员外,收留了一位名为田龙的青年作为义子。田龙勤劳能干、正义勇猛,颇受田员外和乡亲们的赏识。但田员外的亲生儿子妒贤嫉能,设计诬陷田龙,最后害得田龙不得不自刎以证清白。上天为无辜遭害的田龙降下倾盆大雨,在大地上冲出一道深深的沟壑,形成了如今的折腰沟。乡亲们为纪念田龙修建了一座卧龙寺,不料该寺的名称触犯了北海龙王的名讳,暴虐的龙王一怒之下发起洪水冲走了卧龙寺与无辜百姓。玉皇大帝情急之中召来云霄、琼霄、碧霄三位娘娘下凡拯救百姓,三位娘娘乘坐的莲花云落在川上,便化为了如今的莲花山。莲花山长久地庇佑着当地百姓。为报答三霄娘娘的恩情,莲花山地区的百姓们便选取三霄娘娘下凡的那个日期来举行热闹喜庆的水会,以求平安顺遂、吉祥如意。

关于莲花山与三霄娘娘,民间还流传着其他几个版本的传说。《三霄娘娘落户莲花山》中说三霄娘娘原来随兄长赵公明在风景秀丽的峨眉山修炼,后来莲花山的镇山之神闻仲到峨眉山游玩,专程拜访了三位娘娘,并邀请她们三人一同到莲花山来修炼。三霄娘娘答应了他的请求,从此便落户莲花山。《三霄娘娘驾落莲花山》则提供了另外一个版本。传说在光绪年间,莲花山附近李大沟的李氏兄弟去陕西赶麦场。二人见那里风调雨顺,庄稼长势良好,十分歆羡。一经打听,才知道原来此地有个十分灵验的三霄娘娘庙。李氏兄弟因家乡干旱少雨,百姓缺吃少穿,便将三霄娘娘的神牌包在背夹里偷偷带回了李家沟,供奉在一孔窑洞中。后来,因为人们时常在夜间看到三盏明灯飞临莲花山,便选择在莲花山上建起了三霄娘娘洞,将三霄娘娘圣驾从李大沟迎到了莲花山。尽管这些传说说法各异,但都流露出莲花山一带的百姓欢迎三霄娘娘落户莲花山的心迹。百姓们祈求三霄娘娘佑护,望风调雨顺、国泰民安,是这些故事中共同蕴含着的美好愿望。

除神话传说外,莲花山一带还流传一些本地知名人士的逸闻传说。《黑虎星》《李双良题匾》便是这样一类故事。为赞颂生于莲花山地区的清朝名将董福祥,百姓们在董福祥英雄事迹的基础上演绎了《黑虎星》这类传说。据说,在清朝道光年间,豫旺城的董氏夫妇前往莲花山求子,董夫人在灵官殿前虔诚的举动感动了三霄娘娘的兄长赵公明,为此赵公明让自己的坐骑黑虎下凡投胎到董家。多年后,黑虎转世的董福祥骁勇善战,率领部队驰骋疆场,为朝廷与国家立下汗马功劳,深得政府倚重,成为故乡为之骄傲的英雄。《李双良题匾》中,则说在清朝末年,莲花山的董福祥屡立战功。慈禧太后六十大寿时,董福祥被召进京为慈禧祝寿,得到慈禧赏识。后来,董福祥利用在京城的机会,向李鸿章求字,希望他为家乡莲花山题写一方牌匾。李鸿章嫌董福祥仅有匹夫之勇,迟迟未动笔。时任总兵官的同乡李双良在得知此事后,火冒三丈,不甘受屈,自己一挥笔题写了"正气乾坤"四个气势磅礴的大字交给董福祥。董福祥看后啧啧称赞,派专人将其刻成牌匾,送回家乡悬挂在了莲花山雷祖大殿上,也算是报效了乡梓。莲花山一带文化底蕴深厚,走出过众多历史名人。据《莲花山志》载,清廷重臣董福祥出生在本地的王朝山,总兵官李双良出生在豫旺城,从二品副将赵凤瀛出生在莲花山下的赵团庄。这些人物的故事,在莲花山一带百姓中间口耳相传。人们为这些从家乡走出去的著名人物而自豪。同时,董福祥的勇猛谦逊、李双良的不卑不亢……这些人物身上所展露出的优良品格,都将滋养着一代又一代的莲花山人民,激励他们更多地为宁夏乃至国家的富强繁荣做出贡献!

三、莲花山地区的婚嫁文化

莲花山地区独特的文化民俗,还体现在民众的婚嫁仪式上。在这里,适婚年龄的男女青年若想结为夫妻,需要经过一系列细致繁复的程序。

正式结婚前有三道必经程序。首先,是"提亲"。在双方互相了解且产生结亲意向的情况下,先由男方请出一位合适的介绍人前往女方家提亲,征求意见,若一切顺利便可商议订亲的时日。其次,是"订亲"。这一阶段分为"接衷心"与"改酒瓶"两个关键环节。"接衷心"是男女双方家庭的第一次正式会面,由介绍人带领男方家人前往女方家相亲。在此期间,男女双方会交换带来的礼物作为订亲的信物,一般有手表、鞋袜等。"改酒瓶"则是由男方将十二个插花大馍馍、全羊、衣料、糖果等礼品送往女方家中并当众清点。在获得认可后,由男方亲属将拴有钱币的红头绳挽成锁子,套在女方脖子上——俗称"拴媳妇"。随后,双方父母共同解开绑在一起的两个酒瓶,开瓶互斟互敬,以示结亲。最后,是"揽大礼"。男方家将订婚时约定的聘礼一律备齐,等待女方家来收取。

以上三道程序完成后,便进入到最关键的"迎娶"阶段。良辰吉日由男方家选定,再通知女方家。结婚前一天下午,男方家派出一名在当地有威望且能言善辩的成年人担任"娶亲者",带上新娘穿戴的过路衣,与接亲的婚车一同赶往女方家迎亲。途中,遇到大石头或是大树都要贴上红色的"囍"字以求吉庆。到达女方家后,"娶亲者"交出婚单,并将所带的礼品悉数摆出让女方家过目,随后向在场亲友一一敬酒。在嫁妆装箱时,男女双方要放入同等的压箱钱。待到第二日凌晨,新娘在鸣炮声中绾起头发,包上红头巾,穿戴整齐后便由"送女者"陪伴前往男方家中。在送亲队伍中,"拉马者"需在怀中揣一对"衣食碗",碗中装着包有核桃、枣子的"儿女馍馍",以表达对新婚夫妇早生贵子的祝福。来到男方家中,陪送新娘的女宾用完"开脸饭"后,由"送女者"与"梳头者"为新娘开脸梳妆,过后便举行婚礼。婚礼上有耍婆婆、大伯子的习俗,热闹非常。送亲者临走前还要领新娘进厨房、给公婆亲属端针线,以展示新娘手艺。在新房中,新人夫妇需抢坐放在炕中央的枕头,坐得越多意味着越有面子。随后,夫妇两人背靠背端坐,由"梳头者"解下新娘的发辫,分别放在新郎的左、右肩上各梳三下。再由新郎倒跂新娘做的"跂帐鞋",沿着新娘坐的枕头,左右各绕三圈。末了,翻出被子下事先放着的核桃、枣子,夫妻二人分食,寓意生儿育女。最后,新婚夫妇还需用被红线系在一起的杯子喝交杯酒,寓意今后琴瑟和鸣、同甘共苦。

一套完整的礼仪程序完成下来,一段美好的姻缘才算是正式结成了。无论古今,庄重的婚姻仪式都寄托着人们对崭新生活的向往与期待,象征着生命的绵延不绝、生生不息。莲花山婚嫁礼仪中的每一环节,都充分体现出该地区的文化底蕴及人民的生活智慧。[1]

四、莲花山地区的社火和皮影戏表演

在每年的春节期间,莲花山地区都会组织社火表演。社火队在冬日农闲时进行排练,正月初四开始演出。队员们扮作各种角色:《西游记》中的师徒四人、大花脸的四大灵官、害婆娘等。其中,害婆娘的形象尤其引人发笑:脸上先抹一层厚厚的白粉打底,而后在脸颊上画两个红圈,接着点缀上几个墨点,后脑勺的头巾中还伸出一个小牛角……如此打扮既引人注目,又让观者会心一笑。在流程方面,社火队伍出发前要先在庙里祭祀神灵,而后举着"肃静""回避"的大牌子,打着龙凤彩旗,敲着锣鼓,浩浩荡荡地挨家逐户禳院子、消灾祛邪、祝福新年。在队伍前面担任统领角色的仪程官,身穿皂袍,头戴礼帽或相帽,挎着三绺胡须,手持羽毛扇,高声诵喊,即兴赋咏。在社火队来到家门口时,主人需在院中设桌放置干果碟子与钱,而后端着香盘出门迎接,接受仪程官说的吉祥话。社火队进入院子之后,先到灶前进香烧表,由仪程官唱诗颂扬灶王爷。然后便开始表演:走场子、舞龙灯、耍狮子、跑旱船、踩高跷……惹得满院欢声笑语,一片热闹景象。在一家家闹过之后,社火队在晚上还要正式登台演戏,唱秦腔或表演眉户剧。

正月十五,多支社火队相继进入同心县豫旺城城隍庙进香,此时社火演

---

[1] 莲花山庙管会编.莲花山志[M].银川:宁夏文锦印刷有限公司,2009:102-106.

出进入高潮阶段。旌旗招展、锣鼓喧天,各社火队聚集在城隍庙南门楼前。各仪程官伴着锣鼓的节奏高声吟诵神赞偈语,气氛热烈激昂。由城隍庙会首们带领信众弟子和城内各界人士,顶着香盘烧表迎神接社火。社火队在城隍庙降香完毕后,开始演出神戏。最先表演的戏目是天官赐福。一人扮作天官,手执"天官赐福,万福来朝"的匾额上台,带领众小神吟诵"风调雨顺、国泰民安"的祝辞。这出戏结束之后,紧接着上演的是四大灵官驱邪。王灵官、赵灵官、马灵官、温灵官四位灵官在台上威风凛凛地翻转踢打,与恶鬼作斗争。随后还有刘海撒钱,这是最受乡民们欢迎的表演之一。扮演刘海的演员一边念着"富贵万万年……"的吉祥话,一边在戏台上撒着用黄纸做成的钱串。末了还有进香小唱:近十个面目清秀端正的少年舞动着吊有红缨穗的"马鞭子",在音乐声中踏步走场,齐声唱着烧香敬神的民间小曲,表示对诸位神仙的尊敬。除春节以外,在农历三月二十豫旺城隍庙会、四月十五莲花山青苗水会等重要日子里,莲花山地区的民众都会组织上述的这类社火表演。这些多姿多彩的社火表演寄托着莲花山人民对未来生活的美好期望,展现出他们丰富的想象力与积极乐观的生活姿态。[①]

  除社火之外,莲花山地区的人们在冬春农闲之际,还会组织皮影戏表演。这类活动与社火演出一样,既能酬神还愿,又可以活跃农村文化生活。莲花山地区的皮影戏表演历史悠久,并于20世纪50年代达到鼎盛状态。是时,近十个戏班子活跃在莲花山一带,秦世贵、陈永禄、张志忠、胡学仁等人的皮影戏班子都颇受欢迎。固原市原州区寨科乡的秦世贵是那时最有名气的皮影戏班长之一,当地人每逢婚丧大事,都爱请秦世贵的皮影戏班来表演。受欢迎程度之深,从其逐日扩大的戏班规模中可见一斑,到20世纪末,秦世贵的皮影戏班成员已有十多人。1981年,为将皮影这门宝贵的技艺传

[①] 莲花山庙管会编.莲花山志[M].银川:宁夏文锦印刷有限公司,2009:112-115.

承下去，秦世贵收爱好皮影的少年王绍西为徒。2003年，王绍西受雇于镇北堡影视城，与杨国栋、邵应珍重组了一个三人皮影戏班子，将莲花山地区的皮影戏带到更广的舞台上。2014年4月11日，王绍西被授予自治区级非物质文化遗产传承人的荣誉称号。

莲花山地区的人们将皮影戏称为"牛皮灯影子"，这一别称透露出当地皮影戏的制作材料与演出形式。莲花山地区的皮影大多以厚薄适中、坚而柔韧的公牛皮为原材料，经过净皮、熟皮、画稿、镂刻、敷彩等二十四道工序制成。表演时，点上蜡烛或灯，"挑线"的人双手握着控制皮影的竹棍，在一块透光性较好的白布后灵活地做出各种动作，还伴有戏文的唱诵。皮影戏的戏班子一般由六人组成：一个皮影戏的"舞台总监"，负责"挑线"，也就是操作皮影人；一个"上手"，负责司鼓演奏；一个"二手"，负责敲击锣、钹；另有三人分别负责板胡、二胡和笛子的伴奏。皮影戏的戏台很简单，两张桌子摆在前面，桌上架起长两米、宽一米左右的"亮子"。"亮子"由最先的白布演化而来，现在通常是由钉在木头框上的宣纸做成的。台后悬挂一盏灯，灯后放置一铁片使灯光集中投射到"亮子"上，待舞动皮影时，皮影的动作、模样、服饰都将清晰地呈现在"亮子"上。

农闲时节，皮影戏班子便挑着小木箱，提着锣鼓家什，唱着秦腔小调，走庄串方。一个方，通常演出三天，大的庄社，便适当延长时间，演出七到十天不等。皮影戏开演的首日，叫作"挂灯"。第二日是正会，午时需举行抬供仪式。皮影戏每晚都按照"神戏""本戏"的顺序进行表演。"神戏"意在表达对神灵的尊敬，故而较为庄重。表演剧目主要有《天官赐福》《刘海撒金钱》《黑虎坐坛》《香山还愿》等。"本戏"意在思想教化与民众娱乐。因此，在《下河东》《康熙访贤》《大登殿》等历史戏目表演之外，还有对"柜中缘""瞎子玩灯""二瓜子赶车"等这类诙谐幽默的民间故事的演绎。莲花山的皮影戏增添了当地民众生活的趣味，陪伴他们度过了一个又一个漫长的夜晚。①

习近平总书记在十九大报告中指出:"满足人民过上美好生活的新期待,必须提供丰富的精神食粮。"莲花山一带的人民,由于得天独厚的历史条件,他们有着丰富的精神文化资源。在国家和自治区文化部门全力促进文化与旅游融合发展的新时代,我们应该把莲花山建设得更美、更富饶,把莲花山地区的文化更好地传承下来。在宁夏人民脱贫攻坚的道路上,莲花山地区的人民理应依托其独有的文化资源而绽放出炫目的光彩来。

---

① 莲花山庙管会编.莲花山志[M].银川:宁夏文锦印刷有限公司,2009:116-117.

简论张跃政编著宁夏民间文学"珍宝"丛书[①]

李 华[②]

摘 要：人们负有搜集、整理和保护、传承民间文学文艺与弘扬民族文化精神的使命与担当。"一方水土一方人"，张跃政编著的"珍宝"丛书《传说》《歌谣》《故事》，资料丰富，图文并茂，颇具特色，不但在民间文学文艺资料积累、民间文艺审美方面彰显重要学术价值，而且在新时代人们对美好生活的向往追求中有着更加积极的现实意义，传播弘扬了具有多元一体特征中华民族的文化精神。

关键词：张跃政 "珍宝"丛书 宁夏民间文学 文化精神

本文将通过对基层民间文艺工作者张跃政编著的宁夏民间文学"珍宝"丛书《传说》《歌谣》《故事》[③]的论述，使我们更加清晰认识"天下黄河富宁夏"滋润的黄河文化不仅展现出宁夏文化的血脉和底色，也是中华民族的根和魂，必须坚定中华民族文化自信，保护、传承、弘扬优秀的民间文学文

[①] 基金项目：国家社会科学基金西部项目"礼俗互动：回汉民族交往交流交融研究"（18XMZ022）；宁夏社会科学院博士科研启动经费项目"民族文化铸牢中华民族共同体意识：基于宁夏民间文学生活世界的分析"。
[②] 作者简介：李华（1974— ），男，山东平邑人，文学博士，宁夏社会科学院民族研究所副研究员，主要从事文学与民族民俗文化研究。
[③] 张跃政编著的宁夏民间文学"珍宝"丛书共包括《传说》《歌谣》《故事》三册，宁夏人民出版社 2008 年版。行文中引用该套丛书，随文标出书名及页码，特此说明。

艺,不断增强中华民族的凝聚力,继承和光大中华文化精神。

一、张跃政编著的"珍宝"丛书《传说》《歌谣》《故事》

众所周知,早在20世纪80年代之初,中国民间文学三套集成是由文化部、国家民委和中国民间文艺家协会主办,经全国艺术科学规划领导小组批准的国家"七五"重点科研项目。具体由周扬、钟敬文、贾芝等老一辈学者组成中国民间文学集成全国编辑委员会,负责实施"中国民间文学三套集成"编辑出版工作,1990年率先出版了由杨韧主编,马青、马乐群、陈长祥任图表和图片编辑,陆阁丽任责任编辑的《中国谚语集成·宁夏卷》。① 并且就全国的"中国民间文学三套集成"出版而言,最先出齐中国谚语集成、中国民间故事集成、中国歌谣集成的省区是宁夏。这也从一定程度上证明了宁夏对民间文学及其资料库建设工作的高度重视、厚实的群众基础和可喜可贺的成果。这种对于民间文学文艺的理念和实干精神也成为宁夏的宝贵文化传统。在从事宁夏民间文学文艺工作众多的耕耘者中,张跃政便是一位不改初心的民间文学文艺痴迷人,不仅是民间文学文艺资料的搜集整理人,还是创作研究者。

张跃政,宁夏石嘴山市平罗县人,笔名长天、苇絮。由于家境贫苦,他小时候只有三年断断续续的读书经历。虽然生活穷苦,他却酷爱读书。儿时他在被窝里"偷偷"地读,有3元钱,只花1元买饼干,另外节省2元在平罗图书馆办理了借书证,如饥似渴地借书阅读,皆为明证,并且一生勤奋读书写作,真的是"活到老,学到老"。他的确是一位没有怎么念过囫囵书的民间文学文艺忠实爱好者和用心用功用情的钻研者。功夫不负有心人,他耗费心血,用16年和"半条命丢了"(参见作者后记)而完成的宁夏民间文学"珍宝"丛书《传说》《歌谣》《故事》终于面世。"珍宝"丛书作为庆祝宁夏回

---

① 中国民间文学集成全国编辑委员会编.中国谚语集成·宁夏卷[M].北京:中国民间文艺出版社,1990.

族自治区成立五十周年的文艺之花终于在2008年初夏绽放,不仅为塞上江南文化增光添彩,也成为宁夏挖掘和整理非物质文化遗产的丰硕成果。光阴流转,这套民间文学"珍宝"丛书的学术价值和文化意义愈加弥足珍贵。"珍宝"丛书向世人讲述或歌唱着宁夏黄河岸边"一方水土一方人"的倾情故事、生动传说与淳朴歌谣,呈现了一幅塞上非物质文化浓墨重彩、灿烂迷人的美丽生活画卷。

宁夏民间文学"珍宝"丛书包含《传说》《歌谣》《故事》三册,总计45万字。《传说》书前是时任宁夏文化馆馆长兼宁夏非物质文化遗产保护中心主任靳宗伟所作序言,主要是对作者和该套丛书的介绍和简评,称赞"珍宝"是一套值得阅读、品味的好书。编者的文章《魂牵梦绕皆为宝》较为详细地介绍了张跃政的成长生活经历与读书、创作及从事民间文学搜集整理的情况。其人其事读来颇为生动感人,使我们大致了解了他这个人以及他一生追求所做的事。他对民间文学用心之专、用情之深、用力之勤的形象如在眼前,真诚、真切、真实。这样的一种精神也融化在他记述前辈故事家刘凤英的文章《留得珍宝在人间》里,我们感受到字里行间的真情实意、涓涓细流入心田。该册书中收有"神话""地方传说""人物传说""史事传说""动植物传说""中医药的传说""习俗传说""新传说"共计八种类别96则短文。其中,"盘古开天辟地"和"女娲炼石补天"的神话,运用奇特的想象分别写道:"银川平原西面的贺兰山,东面的黄河,就是盘古的骨骼和血液变成的。"(《传说》第3页)"女皇女娲……命两个大臣到五个地方去找青、黄、赤、白、黑五色石,掺上平罗西大滩的黄胶泥,一共七种宝物,在八卦炉内,用火炼七七四十九个昼夜。"(《传说》第4页)这两则神话不但集中彰显了中国创世神话和中华民族共同体意识的普遍性特征,而且凸显了宁夏地域地形特点的贺兰山与黄河,出产黄胶泥的平罗县西大滩。

《歌谣》一书,首先是作者的代序文章《生活的歌随着黄河荡漾》。这是张跃政写于1988年参加沈阳"中国故事学会第二届学术会议论文",主要论述了黄河岸边流传的民间歌谣及其与精神文明之间的联系和作用,反映了黄河流域宁夏段各民族间的交往交流交融及其生活变迁状况。这些皆为黄河文化的重要组成部分。有些歌谣反映了非物质文化遗产的情况。有相当一部分歌谣则反映了在党的富民政策引领下,新时代新社会人们的新生活、新思想、新风尚。该册书歌谣类别包括"儿童歌曲""劳动歌""时政歌""仪式歌""情歌""生活歌""历史传说歌""岩画歌""脏腑歌""儿歌""塞上民歌曲谱"及"其他"。此处的"其他"中又包含"杂歌""绕口令""谜语歌""诗歌"。总计有187首歌谣。这些民间歌谣以丰富生动的内容和灵活多变的形式反映了"一方水土一方人"的生活与情感,其共同点在于,栖息于此的各族人民连同他们的苦与乐已深深扎根在泥土里,真实的歌谣随着黄河荡漾,代代相传。

《故事》书前仍然是张跃政的代序文章《论民间文学的传承和意义》。这也是一篇写于1988年参加沈阳"中国故事学会第二届学术会议论文"。本册故事共分为12类,即"动植物故事""中医药故事""幻想故事""鬼狐精怪故事""西夏国的故事""机智人物故事""生活故事""剿匪故事""童话""寓言""笑话""新故事"总计88则故事。最后是作者《后记》,细致交代了该套"珍宝"丛书艰难而漫长的搜集成书与出版历程,如同作者曲折坎坷的命运,而又百折不回,终于迎来民间文学文艺生命之花的绽放。作者还表白了对所获帮助师朋文友的真诚谢意,对自己钟情于民间文学的志趣和不懈追求。在当今社会,这种精神与情怀十分难得,他矢志不移,认真地争当"一个先进的教育工作者,一个优秀的文化工作者,一个弘扬民族民间文化的传承者"[1]。这是一位具有文化担当与精神追求的民间文学艺人,令人肃然

---

[1] 张跃政先生经历丰富又曲折,从事过多种工作,做过教师并且能把落后班带成全县第一,在基层文化站干过文化宣传专员,创作发表过诗词、歌谣、散文等文艺作品,本色的身份上还是一位淳朴的农民,但他始终不改初衷的是对于民间文学文艺的执着热爱、搜集、整理和研究。

起敬。

总起来看,宁夏民间文学"珍宝"丛书具有如下几个鲜明的特点。

首先,"珍宝"丛书的内容丰富多彩,中华民族精神内涵深厚。不论是故事传说还是歌谣俗谚,都来源于宁夏黄河岸边民众的生活,是具有原生态性质的民间文学,可以说生活有多宽广,民间文学中几乎都有所反映、浓缩或提炼,其间有着多彩生活的影子,生活就是文学的根脉和源泉。也因此,民间文学始终保有蓬勃鲜活的生命力,永不凋谢。附着其上的是芸芸众生扎根民间厚土的社会生活和集体记忆、精神内涵与人生意义,并且永远活在广泛民众的心灵深处,世代讲述或传唱,比如《盘古开天辟地》《女娲炼石补天》的神话,经典民歌《走西口》《小放牛》以及脍炙人口的儿歌《马莲花开》《手拉手》等。因极具特色、值得特别提及的两组歌谣是,作者1980年采录于康熙湖边的10首"脏腑歌"和1982年采录于贺兰山一带的14首"岩画歌"。另外还包括2002年和2005年采录于康熙湖边的2首岩画歌谣。珍贵神奇的贺兰山岩画,是我国古代少数民族留下的重要文化遗存。极具特色的岩画歌"诗中有画",生动呈现了古代贺兰山的自然生态环境和人们浓郁的生活气息。此外,生动形象的脏腑歌则唱出了脏腑的重量、形状和基本功能,能为我们了解和维护自身健康有所帮助和提醒。这些优秀民间文学文艺作品都是中华儿女古老文明生活与文化心理的真实反映和生动描述,彰显了中华民族悠久而宏阔的文化历史与深沉而厚重的民族精神内涵。

其次,"珍宝"丛书的表现形式多种多样,艺术手法丰富多彩。民间文学的表现形式有故事传说,有叙事歌谣,有抒情短章。这些歌谣继承和发扬了传统诗歌的赋、比、兴的艺术表现手法,有的铺张直陈,重章叠句;有的巧用比喻,精彩绝妙。各类修辞手法的运用,如对偶、对比、夸张、衬托、反复、排比、拟人等等,灵活多变,配合巧妙,这不仅增强了歌谣的表现力,而且使其音节和谐,朗朗上口,也有利于情感性的抒发,极具艺术感染力。有时作者将宏大的历史叙事和风流人物巧妙地融于一首《古城谣》中:"秦朝蒙恬陶乐到,留下兵沟太阳照。贺兰山下有暖泉,汉朝廉县很富饶。//姚伏别把古都找,隋唐名城警州好。宋朝定州易西夏,元昊皇帝把塔造。//省嵬魂魄元人讨,成吉思汗城炸倒。明朝平虏防边患,平罗建县雍正朝。//黄河滔滔兰山高,平罗古城分外娇。古城谣啊古城谣,唱得古城涌春潮。"(《歌谣》第162页)古城、贺兰山、黄河见证着中华民族的沧桑年轮,而叱咤风云的千古英雄们也终将烟消云散。"珍宝"故事、传说的讲述同样内涵丰富,生动曲折,讲究变化,真切感人。总之,这些"珍宝"以最淳朴的形式,承载着黄河流域宁夏段的风俗民情、道德追求、审美情趣、知识体系和精神信仰。

再者,"珍宝"丛书的语言风格多样,总的感觉是叙事淳朴,浅白流畅,抒情自然,活泼亲切,有俗有雅,令人喜爱。举歌谣二首:

《送情郎》:红线线细来蓝线线长,绣个荷包送情郎,情哥莫嫌荷包小,尕妹子心意里面藏。(1985年采录于城关镇文化站)(《歌谣》第63页)

《送哥》:送哥送在大桥头,手扶栏杆望水流,盼哥部队当英雄,三年五载妹等候。(1982年采录于前进小学)(《歌谣》第80页)

同为情歌,在叙事的表达方式和语言风格上有着鲜明的不同,但是都让人感受到一种含蓄明确的绵绵情意和火热的芳心。

第四,这些"珍宝"作品充满着地域的和民族的特色以及显著的时代特点。关于宁夏地域特征,我们从许多标题上便一目了然。例如《银川的由来》《沙湖的传说》《平罗南牌楼》《沙坡头的故事》《西夏国的故事》《昊王坟》《唐肃宗灵武称帝》《贺兰山里岩画多》《朔方宝地真神奇》等。有的歌谣还起到地方记事的重要作用,如平罗和陶乐之间的黄河上建起大桥,方便人们通行,人们用《黄河》诗来讴歌新时期的幸福生活:"黄河两岸众星灿,绿浪田畴乐陶然。玉液琼浆泽后世,富民捷报满耳环。"(《故事》第65页)作品中多有对我国古代北方少数民族生活环境及其文化的描写和反映,

137

呈现出各民族交往交流交融活动丰富多彩、多元融通的特点。比如在"地方传说""人物传说""史事传说",《西夏国的故事》,"情歌""数花""岩画歌""塞上民歌曲谱"中均有直接或者侧面的表现。至于作品的时代特点是很突出的,我们于"时政歌""剿匪故事""新故事""神话""新传说"中可见一斑,既有远古历史和人类童年的神话、传说、故事,又有对人们生活在新社会的歌赞。如《不忘本》:"天上的星星亮晶晶,地上的庄稼绿茵茵。幸福生活党带来,千年万载不忘本。"(1981年采录于前进小学)(《歌谣》第33页)还有朗朗上口的塞上民歌《翻身歌》传唱的"毛主席领导好"(《歌谣》第259页)等。

第五,"珍宝"丛书的封面封底设计和文中插图都十分用心,不但精美活泼,栩栩如生,而且注意了图画(照片)与文字的适宜搭配,就连每页的侧边也很细致地用了朴素可爱的"鹊上枝头"图案,许多图画不乏古风诗意,让人切实感受到传统美术的文化魅力。全套书的装帧效果总括起来就是:图文并茂,相映成趣,相得益彰,令人赏心悦目,心生喜爱。

二、宁夏民间文学"珍宝"丛书的价值和意义

该套宁夏民间文学"珍宝"丛书不仅为我们展现了悠久历史的塞上民间文学文艺世代传承、生生不息的鲜活力与原生态,传播弘扬了具有多元一体特征的中华民族的文化精神,更在民间文学文艺资料积累、民间文艺审美方面彰显重要的学术价值,也在新时代人们对美好生活的向往追求中有着更加积极地现实意义。

首先是宁夏民间文学文艺资料的搜集和整理工作。这是进一步开展民间文学文艺研究的基础和前提,其重要性不言而喻。习近平总书记说:"希望广大文艺工作者坚守人民立场,书写生生不息的人民史诗。源于人民、为了人民、属于人民,是社会主义文艺的根本立场,也是社会主义文艺繁荣发

展的动力所在。"①我们深知,民间文学文艺的根须深植于民间厚土及人民群众生活之中,始终坚持"以人民为中心",为人民抒写、为人民抒情,创作更多满足人民文化需求和增强人民精神力量的优秀作品,让文艺的百花园永远为人民绽放。自幼生活在乡村田间又热衷于民间文学的张跃政,1985 年就颇有成绩了:谚语油印 7 本 6 000 多条,歌谣油印 5 本 200 多首,故事传说油印 8 本 200 多篇。② 这些成果被平罗县、石嘴山市、宁夏民间文学集成选载,其中《平罗歌谣》一书中,就有五分之一强的作品由他搜集整理的。③ 民间文学文艺成果的取得正是得益于千千万万个张政跃,基于他们对民间文学文艺和乡土文化的热爱、珍视和执着追求,是一代又一代民间故事家(民间艺人)用心用功接力的结果。钟敬文先生主编的《民间文学概论》指出:"这些民间艺术家是人民群众中的一员,深深扎根于民间。他们既是民间文学的优秀创作者、传播者,又是民族文化遗产的出色的保存者和发扬者。他们的作品具有浓厚的民族色彩,同时又显示出民间艺术家的创作个性。他们的活动,对民间文学的继承和发展,具有重大的意义。"④随着时代进步和社会的快速发展,人们的生活方式也在呈现多元性的变化,许多传统民间文学文艺也在悄然改变甚至消失。因此,民间文学文艺资料库的建设及其传承就更加紧迫,应当重视加强并认真落实这项民族文化工作。在这方面,张跃政以其一辈子的民间文学文艺实践为我们作出了榜样,令人敬佩。

其次,阅读这些鲜活生动的民间文学"珍宝"作品,人们不但获得很接地气的各种类别知识,而且在感受和回味雅俗共赏的语言艺术时,于民间文艺审美中获得精神愉悦和丰富想象,了解"一方水土一方人"的风俗民情、

---

① 习近平.在中国文联十一大、中国作协十大开幕式上的讲话[N].新华社,2021-12-14.
② 笔者和张跃政的交流记录;同时参见《传说》中《魂牵梦绕皆为宝》一文中的介绍。
③ 参见《传说》中《魂牵梦绕皆为宝》一文中的介绍。
④ 钟敬文主编.民间文学概论[M].北京:高等教育出版社,2010:87.

歌谣俗谚、文史故事、美丽传说等。同时可以在宁夏民间文学资料建设基础上推进民间文学与文艺理论的研究,分析作品的时代价值或讨论其文化意涵,挖掘"一方水土一方人"深层的民间文化以及各族共享的中华美学精神,结合新的时代条件传承和弘扬优秀传统文化,促进中华文化繁荣兴盛以便更好地服务于社会和人民,凝聚民心和中国力量,鼓舞全国各族人民积极投入到新时代的文化发展与中华文化的共享中。例如:从相关作品开展黄河文化丰富性及内涵精神的挖掘,于"岩画歌"进行非物质文化遗产保护传承的思考,就"习俗传说"探讨中国传统节日文化及其内涵,等等。有必要指出的是,由于这些"珍宝"资料从文本中反映或展示了宁夏的地域民族文化特色,自然也会成为美丽新宁夏独特极为重要的文化旅游资源,值得挖掘、研究和利用,以便凸显宁夏的自然景观和历史人文魅力,有利于促进宁夏文化旅游产业的联动效应和可持续发展,使宁夏成为展示和宣扬中国文化与中国形象重要的文明之窗。笔者在相关文章里对此已经有所论述。[①]

再者,通过学习宁夏民间文学"珍宝"丛书作品,不仅从中了解"一方水土一方人"过往的生活与文化,并且对我们的未来生活和国家民族文化的繁荣发展具有重要启示意义和积极促动作用。"珍宝"作品内容绝大多数反映的是黄河流域宁夏段的自然风貌、文史故事、歌谣传说、民俗生活等情况,往往又不限于此,如《盘古开天辟地》和《女娲炼石补天》,以及民族节日习俗传说等,在这些传统古朴的叙事神话、传说歌谣中不仅展示了鲜明的宁夏地域特色,还具有更加深刻的文化意涵,创世神话包容和象征着中华大地上各民族的同根同源和生生不息的民族精神,这也是中华民族永续传承的文化基因与精神密码。这对于中国人和我们的传统文化同样具有教育功能和普遍意义。这些黄河岸边的"珍宝"不仅仅属于宁夏文化宝库,也是中国文

---

① 李华."一带一路"建设中美丽新宁夏的文化旅游产业探析[J].民族艺林,2019(3).

化宝库的重要组成部分,多彩神奇的民间文学文艺集中展示了中华各民族的创造精神和文化智慧,是中华文化的亮丽瑰宝和鲜明标志,同时起到促进各民族交往交流交融,凝聚中华民族情感的文化认同和祖国认同,培养铸牢中华民族共同体意识和社会主义核心价值观,守护和建设中华民族共有精神家园。

尤为重要的是,当前我国已迈进"十四五"时期,开启了全面建设社会主义现代化国家的新征程。习近平总书记说:"没有中华五千年文明,就没有我们今天的成功道路。""如果没有中华五千年文明,哪里有什么中国特色。"①习近平总书记多次强调要弘扬优秀传统文化、保护历史文化遗产、坚定文化自信。众所周知,黄河是中华民族的母亲河。黄河塑造了中华民族自强不息的民族品格,是中华民族坚定文化自信的重要根基。2019年10月,习近平总书记《在黄河流域的生态保护和高质量发展座谈会上的讲话》中指出:"黄河文化是中华文明的重要组成部分,是中华民族的根和魂",必须"保护、传承、弘扬黄河文化"。习近平总书记一直十分关心黄河流域的生态保护和高质量发展,强调改善人民群众生活,让黄河成为造福人民的幸福河。从黄河流域看,宁夏处于母亲河"几"字形至关重要的位置,守好生命线、建设先行区事关全局,意义非凡。唯有珍惜、呵护母亲河,才能把"天下黄河富宁夏"在实践生活中造福社会与民众,真正实现新时代的河富于民,奋力建设黄河流域生态保护和高质量发展先行区,继续建设经济繁荣、民族团结、环境优美、人民富裕的美丽新宁夏。

三、结语

综上所述,历史和现实都反复充分证明,不论是历史传统文化还是现今

---

① 程瑶、潘子荻.传统文化保护传承,习近平为何频频调研?[N].新华网,2021-03-24.

的物质生活及精神文明建设,都离不开民众生活及其赖以生活的水土文化,这是民众创造民间文学文艺与民俗文化之根的源泉和土壤。民间文学兼具文学艺术和民俗文化的双重属性,终究是属于民间的、属于人民大众的。诗人艾青在《谈大众化和旧形式》一文中对民间文学评价道:"这些作品,纯真、朴素,充满了生命力,而所有这些正是一切伟大的文学作品所应该具备的品质。这正是我们民族的文学遗产中最可珍贵的一个部分。"[1]有生活底蕴和泥土芬芳的民间文学文艺及民俗文化是人民向往更加美好生活的题中应有之义。"文艺的民族特性体现了一个民族的文化辨识度。广大文艺工作者要坚守中华文化立场,同世界各国文学家、艺术家开展交流。要重视发展民族化的艺术内容和形式,继承发扬民族民间文学艺术传统,拓展风格流派、形式样式,在世界文学艺术领域鲜明确立中国气派、中国风范。"[2]文化是民族的精神命脉,文艺是时代的号角。深刻认清这一点,对我们的国家与民族、民众和自身都具有极其重要和更为积极的价值导向和现实意义。"广大文艺工作者要立足中国大地,讲好中国故事,……塑造更多为世界所认知的中华文化形象,努力展示一个生动立体的中国,为推动构建人类命运共同体谱写新篇章。"[3]

著名学者葛剑雄先生对黄河与中华文明论述道:"五千多年来,黄河文明——无论是物质的还是精神的——早已演变扩展为中华文明,成为中华文明的主干……黄河文明的精华早已深沉的植根于中华民族之中,是抛弃不了、否定不了的。这些精华将成为新的黄河文明的重要来源和组成部分,也是中华民族复兴的精神基础和持久动力。新的黄河文明仍然是以黄河流域特定的地理环境为基础的……可以说是传统的黄河文明的复兴;但从本

---

[1] 艾青.诗论[M].北京:人民文学出版社,1956:46.
[2] 习近平.在中国文联十一大、中国作协十大开幕式上的讲话[N].新华社,2021-12-14.
[3] 习近平.在中国文联十一大、中国作协十大开幕式上的讲话[N].新华社,2021-12-14.

质上讲,是传承,更是重建,是创新。"①回顾中华民族的悠久历史和灿烂文化,令国人倍感自豪。作为天下黄河富裕地的宁夏——自古便是丝绸之路的必经要地,就中国与西域阿拉伯等交往关系的历史价值和习近平主席2013年秋首次提出"一带一路"倡议的现实意义而言,黄河文明与丝路文明既可促进我国与丝路国家和地区的经贸合作共赢,增进文化多样性的交流互学,加快不同文明间的对话互鉴,又彰显着人类命运共同体的思想和智慧。②当前,中国人民展望中华民族"两个一百年"的伟大奋斗目标,鼓舞人心士气,阔步发展。在新时代背景下,乡村振兴成为事关我国农业农村发展的重要战略,已纳入"十四五"时期经济社会发展的主要目标。乡村振兴战略与社会发展离不开文化资源,尤其是对于非物质文化遗产资源的保护、传承和利用。宁夏的民间文学文艺皆可归属非物质文化,理所当然需要引起全社会人们的重视、保护和传承。民俗学家郝苏民先生早已指明:"非物质文化遗产今日在中国之'保护''传承'之云,确非易事!保住她,必须按民间文化本体存活的规律运作,非文化因素必力排其外;她又遇到了时代潮流的碰撞,涉及多方牵扯,需要政府主导的协调和投入;文化是民众的创造和享用,又必须有全社会的参与,专业部门、专业人员、专业知识、技术和设备的投入。而这一切都涉及尊重人与文化等观念的转变,相应法律法规的出台保证,职能部门相应机构主动性的调动,各级政府必需的经费投入和群众团体积极性的动员以及全民素质的培养和再教育等等。这是一个综合的系统工程。"③民间文学文艺唯有深深扎根于中华大地,有无数民间文艺家的深度参与和持续耕耘,所铸就的中华文明方

---

① 葛剑雄.黄河与中华文明[M].北京:中华书局,2020:310-311.
② 李华.丝路文明与黄河文明的交往交流交融——以宁夏文化旅游业为视点[J].宁夏师范学院学报,2021(8).
③ 郝苏民.文化遗产保护:谁来"搭台",由谁"唱戏"?[M]//骆蹄梦痕.北京:中国社会科学出版社,2014:126.

能流传久远,生生不息,才能实现真正的民族文化自信和中华文化赓续、文化的创造性转化及创新性发展,助力于铸牢中华民族共同体意识,才能够实现中国人民向往更加美好生活的愿望,加速奋进实现中华民族伟大复兴中国梦的文明进程。

漆棺画研究

QIGUANHUAYANJIU

固原北魏漆棺孝子画像的文化特征及成因

——兼论北魏时期孝文化的传播[1]

陈彦平[2]

摘　要：至目前为止,北魏时期最早的孝子画像出现在平城晚期司马金龙墓木围屏和固原北魏漆棺墓棺椁上。孝子画像是汉文化人物形象,早在汉代画像石和画像砖就已出现。然而,固原北魏漆棺墓中的孝子画像皆为鲜卑着装,刻画风格迥异于北魏洛阳时期石葬具上的孝子画像,与同时期司马金龙漆围屏上的孝子画像也不一致,呈现出浓厚的鲜卑风格。就目前所知,这种鲜卑装的孝子画像在中国艺术史上仅此一例。那么,如此着装的孝子画像蕴含着怎样的文化内涵且是如何形成的呢？本文就其文化特征展开讨论并试图通过对《国语孝经》(鲜卑语)译成时间的考察来探讨其形成的社会原因。

关键词：固原孝子画像　鲜卑《国语孝经》

固原北魏漆棺墓1981年发掘于原固原县(现固原市)东郊乡雷祖庙村,

---

[1] 基金项目：宁夏师范学院2021年校级重点科研项目(NXSFZDB2104)。
[2] 作者简介：陈彦平(1980—　),男,甘肃天水人,历史学博士,宁夏师范美术学院讲师,研究方向为艺术文化史。

是20世纪60年代以来宁夏境内发掘的重要丝路美术遗迹之一。墓葬由封土、墓道、甬道、墓室四部分组成,受损极为严重,墓室内仅残存有男女木棺两具,但皆已腐朽。值得庆幸的是,原本绘制在男性木棺上的漆画得以保留。从复原后的漆棺以及漆棺装饰画像来看,漆棺两侧板主要的装饰图案自上而下分三栏,其中上栏是孝子故事画像。

一、漆棺孝子画像的文化特征

依据复原的固原北魏漆棺(以下简称固原漆棺)漆皮,漆棺两侧绘有孝子画像,画幅均高约8厘米的。孝子画像以故事画的形式展开,其形式为横卷式。横卷式故事画每幅故事都有说明画面故事内容的榜题,并以三角火焰纹图案将每幅故事画隔开,以此构成了孝子故事连环画(见图1)。根据榜题的提示,漆棺残存的孝子画像有五位,分别为左侧板的孝子舜、郭巨;右侧板的蔡顺、丁兰和尹伯奇。两侧板孝子故事情节的发展及主要人物的行动方向均是自棺前向后,左侧孝子画像残缺较为严重,孝子故事情节为自左向右发展。右侧孝子画像保存相对完好,孝子故事情节则自右向左发展。

图1 漆棺两侧孝子画像(局部)

从残存的漆棺孝子画像的画面特征来看,首先,固原漆棺上无论是舜、郭巨、蔡顺、丁兰还是尹伯奇画像,人物形象特征基本相同,均长圆面相、着夹领、脚蹬乌靴、窄袖长袍,女子作高髻,男子戴高冠。对人物的身份确定主要是通过孝子画面中的题榜以及画面反映出的故事情节,再结合相关的文献记载来加以判断的,如果单从人物的面部等外部形象特征是无法判断出人物的身份。固原北魏漆棺孝子画像的表现形式与洛阳地区北魏石葬具上的孝子画像差异很大,与山西北魏司马金龙漆围屏上的孝子画像也不一致,显示出强烈的时代特征和浓烈的鲜卑民族风格。固原漆棺孝子画面仅有简单的着鲜卑装的人物,虽然还刻画了一些配景,但与北魏洛阳时期的孝子画像相比,总体来看没有那样丰富的背景,且刻画十分简略。这也说明,固原漆棺孝子画像与魏洛阳时期的孝子画像在文化内涵上的区别,固原漆棺孝子画像出现在北魏平城晚期,鲜卑色彩十分的能够,更多的是受到了鲜卑文化的影响,从中可以看出,中原农耕文化和鲜卑游牧文化相互融合的时代面貌,而北魏洛阳时期的孝子画像已经基本是汉化的形态,鲜卑文化已消失,中原文化的特征很明显,孝子图中丰富的背景刻画应该是受到了中原绘画的影响。

其次,固原北魏漆棺上的孝子画像与汉晋时期的孝子画像应该不存在粉本渊源关系。与汉晋时期的孝子画像相比,漆棺上的孝子画像呈现出完全不同的表现形式,应该是孝子画像在北魏平城晚期的独特样式,是孝道思想、孝子故事与北魏鲜卑的丧葬活动相结合的产物。所以,从这一角度来说,固原漆棺孝子画像是北魏平城时代发展到晚期的历史见证。另外,如果仅从漆棺孝子的画像特征来看,这种身着鲜卑装的孝子画像与漆棺前档墓主宴饮图中的侍从画像很一致,不仅体现在人物服饰上,人物的形态也表现得很一致。而与固原漆棺上类似的鲜卑装束的人物形象在同时期的在大同云冈第十八窟明窗西侧、第十一窟西壁以及甘肃莫高窟第125—126窟中的北魏绣品中①均可见到。这些身着鲜卑装束的人物形象应该都是北魏迁洛之前鲜卑族的着装特点，显示出了时代上的一致性。而迁都迁洛后，由于鲜卑汉化政策的加强，鲜卑族的着装已经发生了很大的变化，具有民族特色的鲜卑着装已经荡然无存，取而代之的是中原汉族服饰，因此，在北魏洛阳时期发现的孝子人物形象已经完全没有了鲜卑文化风格，而是已经完全汉化了，这也是北魏洛阳时期的孝子画像与固原北魏漆棺上的孝子画像最大的区别。

再次，固原北魏漆棺上孝子画像，身着鲜卑装，表现的却是汉民族的传统故事，因此，这种身着鲜卑装的孝子图，体现了鲜卑族与汉族两民族文化融合的现象。同时，也呈现出较为明显的西晋文化特征。这种以人间现实人物为原型的叙事性故事题材的画像在汉代祠堂中较为常见，如山东嘉祥武梁祠东西两壁及后壁的孝子图等。孝子图像在山东地区比较丰富，这跟山东地区儒家思想比较兴盛有关。在汉代类似孝子故事的历史故事画像不是随意设置的，而是按照当时占统治地位的社会意识形态而选择的②，都体现出"图像之设，以昭劝戒，欲令人君动鉴得失。未闻竖子小人，诈作文颂，而可妄窃天官垂像图素者也"的观念。北魏时期，特别是北魏发展到平城晚期孝文帝执政以后，为了缓解民族与阶级矛盾，孝文帝和冯太后在公元484—499年间开始实施一系列改革，以此来推行汉化政策，史称"太和改制"。在太和改制的汉化运动过程中，鲜卑族的葬俗也必然受到影响。学者倪润安通过详细的考证认为："平城后期墓葬应当是在冯太后、孝文帝的推动下，重启一度停滞的汉化进程，并将目标由十六国文化调整为它们的共同来源——西晋文化。"由此我们可以推测，平城晚期的鲜卑族葬俗由于受太和改制的影响，逐渐转向了西晋文化。北魏葬俗的这种变化表现在墓葬装

---

① 敦煌文物研究所.新发现的北魏刺绣[J].文物,1972(2).
② 信立祥.汉代画像石综合研究[M].文物出版社,2008.

饰方面,则为平城晚期的墓葬"延续着中原魏晋墓葬不做墓壁装饰的做法,墓葬壁画的发展受到限制,太和年间的高等级墓葬基本上都没有壁画,墓葬图像以葬具为主要载体"①。从雷祖庙漆棺装饰反映出的信息来看,倪润安先生关于平城后期墓葬装饰文化特征的考证应该是合理的,如雷祖庙漆棺墓就没有墓室壁画,而装饰主要集中在了棺椁上。当然,倪润安先生对平城后期墓葬的考察是以宋绍祖墓为线索的,而宋绍祖墓为汉族墓葬,在墓葬装饰风格上与鲜卑族墓有所不同,如壁画中人物形象的差异等。然而,宋绍祖墓跟雷祖庙漆棺墓同属于平城晚期,同处在太和改制的历史大环境之下,所以,它们在墓葬文化特征上存有许多共性也是必然的。依据倪润安先生的考证,我们可以认为,平城晚期的鲜卑族墓葬装饰也受到了太和改制的影响,其风格呈现出西晋文化特征。

二、漆棺鲜卑装孝子画像出现的社会原因——基于《国语孝经》(鲜卑语)形成的考察

孙机先生指出:"如果鲜卑语《孝经》译成于冯太后时,那么鲜卑装的《孝子图》接踵而出,并进而摹绘到漆棺上,也正是自然的趋势了。"②孙机先生的这句话首先点出了鲜卑语《孝经》,也就是《国语孝经》(鲜卑语)译成的时间,虽然是假设的语气,假定的情况不一定发生,但对鲜卑语《孝经》译成的时间作了大致的界定,即冯太后时。另外,这句话指出了鲜卑装《孝子图》的出现与鲜卑语《孝经》的译成这两者之间的关系,显然,"鲜卑装的《孝子图》接踵而出是一种自然趋势"是以鲜卑语《孝经》在冯太后时的译成作为前提和基础的。这句话虽是假设的语气,但有一种信息是真实存在的,也是有据可寻的,那就是在冯太后时,鲜卑装的《孝子图》确实出现了,固原北

---

① 倪润安.北魏平城时代平城墓葬的文化转型[J].考古学报,2014(1).
② 孙机.固原北魏漆棺画研究[J].文物,1989(9).

魏漆棺上所绘鲜卑装的《孝子图》就是实证。固原雷祖庙漆棺画的年代记载,根据固原博物馆出土的铭文纪年砖以及罗丰先生的考证,已经断定为该墓是太和十三年,即公元489年的墓葬,所以,固原雷祖庙漆棺上绘制的鲜卑装《孝子图》应该就是冯太后执政北魏前后制作的。那么,《国语孝经》是否就译成与冯太后时呢?虽然孙机先生作了深入的分析和推断,但笔者认为关于《国语孝经》的译成时间我们还需做更为确凿的考证。

1.《孝经》在北魏平城时期传播的缘由和现状梳理

据《隋书》卷三二《经籍志一》载:

> 魏氏迁洛,未达华语,孝文帝命侯伏侯可悉陵,以夷言译《孝经》之旨,教于国人,谓之《国语孝经》。

根据《隋志》,夷言、国语指的就是鲜卑语,而国人就指鲜卑人。从这则文献中,我们能够推测出:(1)《国语孝经》是在魏氏迁洛之后翻译成的;(2)译者为侯伏侯可悉陵;(3)在《国语孝经》译出之前,也就是北魏平城时期,鲜卑国人未达华语,《孝经》还没有在鲜卑国人中得以传播。如果在魏氏迁洛之前的平城时期《孝经》在鲜卑族中有所传播的话,也仅仅是在极少数鲜卑贵族中。那么,《隋书》所载《国语孝经》情况是否属实呢?要澄清这点,我们还需从《孝经》在北魏社会传播的现状和缘由中去加以考证。

《孝经》是我国重要的儒家经典,以孝、孝道、孝行为其主要内容,著者及成书年代至今学界存有争议。依据胡平生先生的考证,《孝经》是在孔子、曾子的思想观点的基础之上,由他们的学生集体创作而成的。[①] 关于《孝经》的成书年代,张晓松依据纪昀在《四库全书总目提要》中提到的一句话:"蔡邕《明堂论》引魏文侯《孝经传》。《吕览·察微篇》亦引《孝经·诸侯章》,则其来古矣。"通过查阅相关文献资料进而推断,《孝经》的成书至少

---

① 胡平生.孝经译注[M].北京:中华书局,1996.

应在《吕氏春秋》编成的公元前 239 年之前。同时,他又指出,纪昀所说"蔡邕的《明堂论》援引过魏文侯的《孝经传》",这句话可信的话,那么《孝经》的文本在春秋晚期就已经形成。[①] 不管《孝经》是何人所作,是成书于公元前 239 年之前还是其文本在春秋晚期就已形成,都不会影响本论文中对《孝经》在北魏社会传播的现状和缘由的探讨,故不必去做更为深入的考证。

笔者认为,《国语孝经》的出现绝非偶然,是北魏社会发展到一定时期的必然产物。正如上文所说,《孝经》是在继承孔子、曾子等人的思想观点基础上形成,但《孝经》的思想观点和孔子、曾子等人的孝论思想还是有区别的。孔子认为,供养父母是作为后辈应尽的职责,儿孙首先要尽自己的全力孝敬供养自己的父母。《论语·学而》云:"事父母,能竭其力。"同时也指出,供养父母的时候必须要有恭谨、孝敬之心,否则,供养父母与供养犬马,没有任何区别的。而《孝经》并不是对孔子、曾子孝论思想的重复,而是将孝的内涵从家庭伦理中对父母的孝敬上升到社会国家对君王的忠孝,倡导"忠君思想"。

同时,《孝经》依据社会中个人政治身份的高低不同,将孝划分为五级,且十分鲜明地提出了不同地位的人对待孝有不相同的要求。如此一来,上至天子,下至平民,行孝就有了可以依据的标准。为了引导不同阶层的人去更好地履行《孝经》中所提出的以上要求,《孝经》将孝上升到礼法的高度,以此来强迫性地管制人们去行孝。《孝经·五刑章》:"五刑之属三千,而罪莫大于不孝。"由于孝在宗法制势力极强的中国封建社会有特殊作用,所以儒家认为:"孝"乃治国之本。以至于自《孝经》在汉代一经出现,统治者找到了以孝制天下的理论依据,汉魏以降,孝逐渐成为君主统治之术而被推崇。史载,西汉文帝时,设有"孝悌力田"的"察举"科目,武帝时,设有"孝

---

① 张晓松."移孝作忠"——《孝经》思想的继承、发展及影响[J].孔子研究,2006(6).

廉"科。而到了东汉,《孝经》更是成了当时的必备读本。

北魏时期,鲜卑族入住中原,由于没有鲜卑族文字的史料以及汉人史料记载的缺乏,《孝经》在北魏社会的流传情况我们无法直接了解。但从其他相关资料中,也可以勾勒出此时《孝经》的传播情况。《魏书·王洛儿》载:

> 太宗即位,拜散骑常侍。诏曰:士处家必以孝敬为本,在朝则以忠节为先,不然,何以立身于当世,扬名于后代也……

这则是太宗刚刚即位,拜王洛儿为散骑常侍时颁布的诏令,从诏令的内容来看,太宗要求臣民能够效仿王洛儿以"孝"立身,"处家以孝敬为本,在朝以忠节为先",上行下效以巩固统治。太宗刚即位就透露出忠孝治国的思想,显然是受到前朝统治者的影响。所以,笔者推测,在明元帝之前道武帝执政北魏的时期,汉至魏晋一直实行的以孝治天下的思想已经影响了北魏的治国方略,而这种方略在明元帝时得以沿袭。北魏到了太武帝时期,也提倡忠孝思想,《魏书·世祖纪》:

> 五月戊戌(435),诏曰:夫士之为行,在家必孝,处朝必忠,然后身荣于时,名扬后世矣……

这则诏令也是要求臣民以"孝"立身,并鼓励将士尽忠竭节孝忠朝廷。另外,崔浩在太平真君九年(448)向太武帝拓跋焘献上的《五寅元历》中也提到《孝经》,崔浩在奏章中明确说明当年给明元帝讲授的经书中包括《孝经》,且在此基础上注解成书。也就是说,太宗是受到《孝经》影响的,崔浩之所以向太武帝拓跋焘献上《五寅元历》,主要目的虽是"除伪从真,宜改误历,以从天道",但劝说太武帝拓跋焘也能够效仿明元帝,研习《孝经》等儒家经典的目的也是有可能性的。由此,笔者推测:在太武帝时期以及之前的朝代,《孝经》已经在北魏社会高层流传。高宗时期,也有处罚不孝行为的文献记载,《魏书·高宗纪》:

> 太安元年六月(455),文成帝拓跋濬又下诏曰:其不孝父母,不顺尊长,……以所匿之罪罪之。

从这则诏令来看,高宗时期,已经把孝用法律来加以约束,强制人们行孝。到冯太后执政北魏时,文明太后让她的哥哥冯熙悉心教导孝文帝,而冯熙对各种汉文化典籍是十分熟悉的。在冯熙的熏陶和冯太后的影响之下,孝文帝对《孝经》也有深厚的理解力;同时,他还鼓励尊老之风。北魏对孝道的重视在法律方面表现得也很明显,冯太后指出:"三千之罪,莫大于不孝。"①

2.《国语孝经》(鲜卑语)并非译成于冯太后时的原因

从以上《孝经》在北魏平城时期传播的缘由和现状来看:(1)北魏平城时期的统治者对《孝经》的认识及应用有一个渐变深入的过程。在北魏孝文帝之前期,北魏政权对孝的倡导多局限于尊老、敬老与表彰孝行和惩罚不孝方面。而到了北魏孝文帝时期,冯太后掌握北魏朝政,儒家的"孝""礼"之道也贯通到了北魏政府的各项制度中。(2)北魏平城时期从道武帝到孝文帝,在此期间虽经长期战乱,但汉至魏晋一直实行的"以孝治天下"的思想一直在延续。鲜卑族的发展落后于汉族,他们中的许多部族在进入中原之前尚属于原始游牧民族,善骑射,贵健壮,崇尚武力,居无定所,伦理观念极为淡漠。不过在其进入中原后,出于"以孝治天下"的治国政策,统治者的忠孝伦理观念也有所改变。特别是文明太后冯氏执政以后,冯太后欲力行汉化,使得《孝经》在冯太后时期得到重视,于是读《孝经》、译《孝经》也就提到日程上来了。②但笔者认为,《国语孝经》并非译成于冯太后时,虽然在冯太后时期《孝经》中"孝""忠"等社会伦理思想在一定程度上影响了鲜卑

---

① 《全后魏文》卷四《孝文帝二》:三千之罪,莫大于不孝,而律不逊父母,罪之髡刑。于理未衷,可更详改。(《魏书·刑罚志》)
② 孙机.固原北魏漆棺画研究[J].文物,1989(9).

族固有的观念,并逐步地渗透到了人们的政治生活和日常生活中,使他们逐渐地接受儒家文化教育,然而此时《国语孝经》的翻译时机还不成熟。

第一,平城时期的鲜卑文化气氛仍然很浓厚,特别是在鲜卑人聚居的北镇等地方,几乎没有受到汉文化的熏陶。

北魏平城时期,设有的官学教育,虽已儒家经典为教学内容,但严格的门阀制度限制了广大鲜卑人接受儒家教育的机会,北魏冯太后设置国子学、"皇宗学",意在"敦厉胄子",专门教育鲜卑王公子弟。

《魏书》载元澄后来回忆说:

> 昔在恒代,亲习皇宗,熟秘序疑,庭无阙日。

同时,中央官学的学生一般多由贵族之子、功臣子弟或"京师大族"充选,对受教育的学生资格也有严格的限制,另外,北魏平城时期用自己本民族语言开设学校,史籍中没有记载。当时的官学教育方式采取的应该汉语和鲜卑语相结合的双语教学模式,北魏时期,鲜卑语和汉语在朝廷中以开始并用,为了便于沟通,朝廷中设置了负责翻译工作的"译令史"一职,能掌握双语的人一般都会委以重任,晁懿"以善北人语内侍左右,为黄门侍郎"。[1] 既然官学的学生多为鲜卑贵胄,那么,能否掌握双语也应该是选拔学官的要求。从以上文献来看,北魏官学学生入学主要看门第,这是地主阶级内部权力划分的反映,也是门阀等级社会在教育中的反映,同时,也表明了教育的权利掌握在统治者的手中,教育具有阶级性,所以,这些应该仅仅涉及了部分人,也就是说,只有部分鲜卑贵族及上层人物才能得到这样的教育,而广大的鲜卑国人是没有接受到这种教育的。劳动人民及平民是无权接受教育的。如此一来,在北魏平城时期《孝经》仅是在统治者以及部分鲜卑贵族中有所传播,而在广大的鲜卑国人中没有几乎没有传播,在国人中推

---

[1] 魏收.魏书[M].北京:中华书局,1974:1944.

广《孝经》,机构还不健全,氛围还不浓厚。

第二,北魏冯太后时期,尖锐的民族矛盾和阶级矛盾阻碍了《孝经》在这一时期的传播。孝文帝即位之初,北魏的民族矛盾和阶级矛盾是尖锐的。

北魏入主中原后,对以汉族为主的各族人民采取仇视、压迫而又拉拢的政策。《通典·边防典》称:

> 每以骑战,驱夏人为肉篱。

"夏人"即中原人。北魏统治者一贯以来的民族政策必然导致北魏鲜卑与其他民族关系的恶化,引发包括汉族人民在内的各族人民对北魏鲜卑的仇恨,甚至反抗,另外,孝文帝即位,冯太后欲在北魏推行汉化政策,颁布了一些改革措施,如太和八年(484)实施的班禄制,结束了鲜卑过去落后的以掠夺为主的班赏制度,9年后正式颁布的均田制,把更多的农民束缚在土地上。太和十年(486)实行三长制,使北魏政权有了统一的地方组织,既维护了地方治安,也巩固和加强了中央政权对地方的统治。这些改革措施的实施在一定程度上加快了鲜卑民族和汉族的融合,推动了北魏社会的发展,但另一方面,改革措施遭到了鲜卑贵族中反改革势力的反对,在一定程度上反而加剧了阶级矛盾。与此同时,这种阶级矛盾与北魏鲜卑与包括汉族在内的其他民族的民族矛盾纠缠在一起,使北魏国家形势十分严峻,政权岌岌可危。在这种情况下,如果急于在广大国人之中用《国语孝经》去教育国人,无异于火上浇油,不仅不能起到施教与民的作用,反而会更加激起鲜卑族人对汉化政策的强烈不满,不利于阶级矛盾和民族矛盾的缓解。

第三,用《国语孝经》教化于民显然是不符合当时化解民族矛盾的实情。北魏冯太后通过鲜卑族整体接受汉族生活方式与生产方式等来化解民族矛盾,实现民族融合,其核心是促使鲜卑上层士族化,推动汉族士族阶层与鲜卑贵族上层的结合,而实现士族化的途径则是在于使其接受儒家文化教育,两族之间平民阶层的结合则是次要层面了。因此,当务之急,就是使鲜卑贵族上层接受儒家文化教育,所以,正如前文所论述的北魏平城时期《孝经》仅是在统治者以及部分鲜卑贵族中有所传播,而在广大的鲜卑国人中没有几乎没有传播,这种现象应该是符合当时北魏国情的。为了促使鲜卑上层士族化,北魏孝文帝等北魏统治者高度重视其宗族子弟之提升文化修养,具体之教育方法则是模仿汉族士族的"家教"形式。士族家教的具体做法,除了家族延师授学外,还包括一些具有宗族性的地方"乡校",甚至父子兄弟之"家业"亲传、其宗族权威代表对门风之训导规等形式。从这个意义上说,冯太后时期,对鲜卑诸王进行儒家汉文化集中教育,重视设置"皇宗学",实际上是化解鲜卑统治者长期以来遗留下来的民族矛盾。而在广大国人中进行儒家教育,用《国语孝经》教化于民显然是不符合当时化解民族矛盾的实情的。可见,在平城时期译《国语孝经》时机还不成熟。

第四,在鲜卑贵族集中的平城,推行汉化政策阻力很大,平城不易于包括全面贯穿《孝经》思想等汉化政策的实施。《魏书》载,孝文帝迁都洛阳前,曾对任城王元澄说:

徙居平城,虽富有四海,文轨未一,此间用武之地,非可文治,移风易俗,信为甚难。[1]

从这段文字中可以看出,平城适合用武,不易文治,移风易俗是非常困难的事,所以说,用儒家思想教化于民在北魏平城时期,也就是在文明太后执政北魏的时期是很难实施的。这也从一个侧面说明此时翻译《孝经》时机不成熟。

第五,平城时期的语言环境不适合《国语孝经》在国人之中的展开。依学者据段锐超的考证,拓跋鲜卑有独立的民族语言,即鲜卑语,但没有民族

---

[1] 魏收.魏书[M].北京:中华书局,1974:19.

的文字,需要把口头语言和口碑语料记录下来的时候,就用汉字拼写记录。① 这个结论应该是合理可信的,因为《隋书·经籍志一》中著录的"国语"之书,除了《国语孝经》被归于孝经类外,其他如《国语》十五卷、《国语》十卷、《国语物名》四卷等,此外还有《鲜卑语》五卷、《杂号令》一卷及周武帝撰《鲜卑号令》一卷等的确都被著录于汉文的音韵类书籍之后,"取以附音韵之末"。② 如此一来,侯伏侯可悉陵以夷言译所译《孝经》《国语孝经》,也应该是用汉字记录相应的鲜卑语音来完成翻译的。其目的是帮助国人学习儒家思想《孝经》,使用此类书籍有一个前提,就是起码得粗通一些汉语,即使"未达华语",起码也要"身染华俗",完全不懂汉语的鲜卑人是用不上这类书籍的。北魏在迁都洛阳之前,正如以上所分析原因,平城时期,仅是少数鲜卑贵族接受过儒家文化的教育,多数人鲜卑,特别是鲜卑族聚居地代北地区,国人对汉字和汉语浑然不解,是说鲜卑语的,北魏初专门设置了令史、译令史和书令史。③ 其中译令史和书令史一般由汉人担任,令史一职由代人担任,负责统管,通过译令史、书令史和令史来负责语言交流上的事务。在此种语言环境下,如果以《国语孝经》为读本来教育国人显然是不现实的。另外,对于译者来说,一方面要完整准确地表达出汉语原文的意旨,另一方面还要使不精通汉语的鲜卑人能看懂这种用汉字拼写的鲜卑语比较古奥的《孝经》,翻译的难度可想而知。

基于以上的分析,笔者认为,在冯太后时期用鲜卑语翻译《孝经》时机还不成熟,但冯太后时期的一些改革措施以及对《孝经》的高度重视为《国语孝经》的出现打下了基础,可以说,冯太后时期是《国语孝经》的酝酿阶

---

① 段锐超.拓跋鲜卑无民族文字及以汉字拼记鲜卑语考辨[J].青海师范大学学报(哲学社会科学版),2015(2).
② 魏徵等.隋书[M].北京:中华书局,1973:947.
③ 《魏书·官氏传》:"(天兴四年)十二月,复尚书三十六曹,曹置代人令史一人,译令史一人,书令史二人。"

段,而译成的时期应该是在北魏迁洛之后。

3.《国语孝经》(鲜卑语)译成时期

《隋书》卷三二《经籍志一》所载"魏氏迁洛,未达华语,孝文帝命侯伏侯可悉陵,以夷言译《孝经》之旨,教于国人,谓之《国语孝经》"的说法是正确的。《国语孝经》在北魏时候得出现是北魏社会发展到一定社会阶段的必然产物。魏氏迁洛,汉化再无阻力,以夷言译《孝经》教于国人,其结果在墓葬孝子图像上的体现便是洛阳时期墓葬中再无鲜卑装孝子图像出现。这种现象一方面与禁止鲜卑服饰有关,但也恰恰印证了鲜卑装孝子图像是鲜卑族对汉族采取既压迫又利用政策在墓葬文化中的体现,是北魏平城时期冯太后执政期间北魏社会矛盾在墓葬文化中的真实再现。

既然鲜卑装孝子图像是北魏平城时期冯太后执政期间北魏复杂的社会矛盾在墓葬文化中的真实再现,那么固原漆棺画中的孝子图像是不是就体现的是鲜卑文化与汉文化并而未合、汇而未融的时代气息呢?孝子图本是汉族文化中的形象,自两汉以来就一直在中原地区流传,原漆棺画中的孝子图像从其造型特征以及叙事的情节来看,显然是继承了汉代画像石孝子画像的传统;但从孝子的服饰特征来看,不同于同时代司马金龙墓中的孝子画像,也完全异于汉代画像石孝子画像。很显然,鲜卑族虽将汉族墓葬中孝子图纳入到了他们的墓葬装饰中,但是他们却并没有全盘接受。对此种现象,孙机先生认为,孝子像只不过是迎合时尚的装点殡葬之物而已(这里的时尚应该是鲜卑人当时的墓葬装饰习俗)明显地觉察到草原文化与中原文化并而未合、汇而未融的时代气息。笔者认为,与其把这种现象看成是民族融合背景之下两种文化的汇而未融,还不如看成是鲜卑族文化对汉族文化的一种改造。崔浩所说"太祖用漠北醇朴之人,南入中地,变风易俗,化洽四海",流露出北魏初鲜卑文化其实具有一定优势,并具有对汉文化系统加以冲击、改造的气势。为了北魏的统治,统治者一方面希望通过儒家《孝经》

中的忠孝思想教化民众,使君臣一心,社稷太平,另一方面又心存猜忌,对汉族士人的防范心理,对汉文化时深深的自卑和不安。

结语

基于以上分析可知:(1)固原漆棺两侧的孝子故事画像蕴含有丰富的文化内涵,中原文化和鲜卑文化并存。(2)虽然《国语孝经》并没有译成于冯太后时期,但《孝经》在北魏平城早、中期的传播及冯太后时期对孝文化的高度重视,为《国语孝经》的出现打下了基础,《国语孝经》在北魏时期的酝酿正是平城晚期孝子画像出现的社会原因。(3)正因为在北魏平城时期包括孝文化推广在内的汉化政策没有得到全面落实,鲜卑族对汉族孝文化的接受还处在初期阶段,所以从汉晋以来一直延续下来的汉族孝子画像才会被着上鲜卑服饰,这种鲜卑装的孝子画像从一个案艺术形象体现了北魏平城晚期鲜卑文化与汉文化并而未合、汇而未融的时代气息。

宁夏北魏透雕铜饰图像来源及功能探究

刘苗苗 王 艳[①]

摘 要：透雕铜饰早在汉代就已经出现，后屡见不鲜，多见于墓葬出土文物。北魏时期的透雕铜饰呈现出一种相似的图像程式，在墓葬中的位置也极为相似。这些相似是巧合还是另有深意？透过此类现象反映了一个时代什么样的社会文化？探究其背后的原因必须置身于"原境"，从一个小点出发。运用巫鸿先生提出的空间层次理论，以固原北魏漆棺墓中的透雕铜饰、铜铺首为主要研究对象，考证二者的关系，剖析其造型和艺术风格特征，探索其象征意义，旨在为相关研究领域提供可鉴的资料。

关键词：北魏 透雕铜饰 象征意义

1981年，宁夏固原北魏漆画墓得以重现于世，随后大量的论著集中讨论了该墓精美的漆画。[②] 对于墓葬的图像风格来源争议较大，漆画题记可证其含有西王母信仰和儒家孝子理念，部分图像则与佛教有关。但学界对

[①] 作者简介：刘苗苗（1996— ），女，河南周口人，宁夏大学美术学院硕士研究生，研究方向为美术理论、民族艺术；王艳（1983— ），女，甘肃会宁人，宁夏大学美术学院副教授，硕士研究生导师，研究方向为石窟考古、佛教艺术。
[②] 对这一考古发掘最完整的报道见固原博物馆撰写的《固原北魏漆棺画》（宁夏人民出版社，1988年）。关于漆画的研究著作有孙机《固原北魏漆棺画研究》和王泷《固原漆棺彩画》。

随葬品本身关注相对较少,这些随葬品的内容和其在墓葬中的位置,是解读此墓"原境"的钥匙。在众多随葬品中,有一类鎏金透雕铜饰造型精美,做工精良。2002年,郭物对鎏金透雕铜饰进行了源流探析。① 2017年,张海蛟、柏嘎力、孙晓梅对图像做了进一步探究。② 以上研究,只停留在对一人双兽主题的判定,而且观点出入较大,对鎏金透雕铜饰的功能、作用、方位等缺乏研究。巫鸿先生认为研究于墓葬艺术要回归历史,不能单独分析一个器物(就如博物馆的陈列方式,青铜器一类、陶罐一类等),而应该把器物放入空间层次中,作为一个整体去研究。③ 本文以固原透雕铜饰及铺首为切入点,力图探究北魏时期宁夏地区的墓葬艺术及墓葬风俗,揭示其背后所隐藏的社会变迁与文化交融。

"古人反复申明的是:为死者而造的明器和为生人而设的器物在质料、大小、色彩、功能以及工艺方面都必须判然有别。"④鎏金透雕在北魏时期的固原是较稀有的工艺,那它为什么会出现在墓葬中?其图像的演变过程反映了什么样文化的影响?在墓葬文化中这种现象有什么社会含义?巫鸿先生的空间层次理论为探索这些问题提供了可行的方法论,通过将随葬品还原物理"原境"和社会历史"原境",结合图像学,分析北魏鎏金透雕铜饰的艺术表现及象征意义,探究其与当地风俗、观念的联系,揭示这种随葬品在古代丧葬民俗中的象征意义。

一、透雕铜饰的名称认定:铺首衔环

鎏金透雕铜铺首为近似10厘米的方形,图案分上下两部分,上为双手

---

① 郭物.一人双兽母题考[J].欧亚学刊,2002(4).
② 张海蛟.北魏平城"一人二龙"图案的渊源与流变[J].形象史学,2017(1);柏嘎力、孙晓梅.论伊和淖尔墓葬出土棺钉铺首衔环[J].文物鉴定与鉴赏,2017(12).
③ [美]巫鸿.美史十议[M].北京:生活·读书·新知三联书店,2016:95.
④ [美]巫鸿.黄泉下的美术[M].北京:生活·读书·新知三联书店,2016:11.

叉腰、双脚分立而站的人物居于弯曲的双龙中间,下为圆目高鼻、双耳上翘的兽首。透雕铜饰为近似直径 11 厘米的椭圆形,图案为双龙头相对、尾相接,一双手叉腰、双脚分立而站的人物居于双龙形成的椭圆中间。值得注意的是,人物臂上似羽翼或飘带之物支撑双龙前爪,双龙背部各蹲一鸟(图1)。①发掘报告如上述分开描述,2004 年的展览图录中则将二者称为铺首衔环,因图册未得到普及,也未解释缘由,而后的大量学者仍以发掘报告的定名为主。② 但根据相似的图像题材以及吻合的尺寸,铺首与铜饰的设计应是铺首衔环。

图 1

现存文献中"铺首"一词首见于汉代文献,《汉书·五行志》:"'木门仓琅根',谓宫门铜锾,言将尊贵也。"师古曰:"门之铺首及铜锾也。铜色青,故曰仓琅。铺首衔环,故谓之根。锾读与环同。'"③古人认为铺首也叫仓琅根,最早是贵族门上的装饰。铺首和衔环本是一对器物,相当于底座与环,"环"类似于"牛鼻环",用于叩门。

通过对铺首的历史文献梳理可还原古人对铺首的认识。《汉书·哀帝纪》曰:"孝元殿门铜龟蛇铺首鸣。"三国如淳注曰:"门铺首,作龟蛇之形而

---

① 韩孔乐、韩兆民.宁夏固原北魏墓清理简报[J].文物,1984(6).
② James C. Y. Watt, China: Dawn of a Golden Age, 200-750AD. New York: The Metropolitan Museum of Art, 2004.
③ 班固.汉书[M].北京:中华书局,1997:378.

鸣呼也。"唐颜师古注曰："门之铺首,所以衔环者也。"①最早的铺首材质为铜质,目前已知最早鎏金铺首衔环出现于汉代刘胜墓的棺椁上。司马相如《长门赋》："挤玉户以撼金铺兮,声噌吰而似钟音。"②古人把"铜"称为"吉金",因此"金铺"即铜铺首。《说文》："铺,箸门铺首也。"可见"金铺"也是指铺首衔环。铺首的文化流传已久,多与衔环成对出现。北魏漆棺墓的鎏金透雕铜饰为5件,分两类：透雕铜饰3件,透雕铜铺首2件。既然定为铺首,不免让人疑惑其对应的衔环在何处？而三件铜饰与两件铺首在数量上有何关系？仅文献记载缺乏说服力,还需将考古发现的器物和图像与历史文献联系起来。

透过考古实物可以看到铺首的发展历程。早期铺首和衔环独立发展,到西周时期二者开始以组合形式出现,常见于食器或礼器上,类似于器物把手,有承重功能,如虢季子白盘(图2-1)。春秋时期出现金铺首衔玉环的随葬品(图2-2)。战国晚期开始运用于建筑上,此时才是汉文文献中的铺首之意。浮雕纹铺首衔环被学者认为是第一件用于房门上的铺首衔环(图2-3)。汉代出土的铺首材质和形制都到达了成熟,如上文提到的刘胜墓鎏金铺首(图2-4)、汉武帝大型玉铺首(图2-5),此外,西汉玉枕上的铺首衔环(图2-6)、画像砖上的铺首衔环与门吏(图2-7)等都是比较典型的例证。

铺首大量用于墓室门扉出现于在汉代,可能与社会环境有关。艺术作为上层建筑,基于物质基础,是社会意识形态的表现方式。汉代社会相对稳定,早期的祖先神崇拜充分发展,体现于两方面：地上祭祀祖先神的家庙,如武梁祠；地下服务祖辈的墓葬,如刘胜墓。墓葬艺术的转折点在东汉明帝

---

① 班固.汉书[M].北京：中华书局,1997：149.
② 萧统.昭明文选[M].台北：台湾商务印书馆,1984：13.

| 2-1 | 2-2 | 2-3 | 2-4 |
| 2-5 | 2-6 | 2-7 |

图 2

设立"上陵礼"之后,"至孝"推动以庙为主的祭祀文化转变为以墓为主,从祭宗到祭祖。① 早期墓葬为椁墓(围绕尸体填充的木质空间结构),可追溯到仰韶文化的单层棺。② 随后这种墓葬形式一直延续到西汉,马王堆1号墓标志着从椁墓到室墓的过渡,墓葬趋向多种中心,展现"幸福家园"。③ 室墓即模仿世人的房屋形制建造,皇室的墓葬影射着真实宫殿。随着厚葬之风盛行,作为地位象征的铺首,自然就运用到了墓室之中。在传统丧葬观念中,墓葬需要提供各种有利条件以保障灵魂能顺利到达幸福乐园,铺首衔环可能是此观念的衍生物。

带有异域风情的北魏铺首集中出土于宁夏、山西和内蒙古地区,应与时代背景紧密相关。魏晋南北政治分裂,魏蜀吴三国鼎立,继而西晋,后北方

---

① Wu Hung, "From Temple to Tomb: Ancient Chinese Art and Religion in Transition," *Early China* 13(1988), pp.78-115.
② [美]巫鸿.黄泉下的美术[M].北京:生活·读书·新知三联书店,2016:17.
③ Wu Hung, "Art in its Ritual Context: Rethinking Mawangdui," *Early China* 17(1992), pp.111-145.

有十六国割据,直到北魏一统。战乱纷争必然会导致经济下滑,物质基础影响艺术上层建筑,但变动也带来机遇,此时也是中国多元发展的时期。从儒家文化独舞,变为玄学、道教、佛教等多角色综合性表演。① 此外,还加入地方宗教神祇传说。各种不同文化的交流融合,产生出大量奇特造型的图案与特色墓葬习俗。其中固原出土的透雕铺首最具特色,其与铜饰牌的对称图像以及雕刻工艺都极具代表性。

墓葬所属的具体时期已有前人做了深入研究。夏鼐先生根据墓葬中出土的波斯银币审定上限不超于公元457—483年。② 孙机先生根据棺盖漆画上的服饰与"太和改制"分析是公元486—495年。③ 而后倪润安从形制和墓向推断应是献文帝至孝文帝初期(466—476)。④ 从宁夏文物考古研究所最近在二次清理墓葬时意外发现的铭文纪年砖上的文字来看,该墓是太和十三年(489),但信息未公布。总之此墓处于孝文帝迁都洛阳之前或初期。据《魏书·地形志》记载这个时期的固原史称高平,是北魏重要的军事重镇。⑤ 结合地域历史,以下的现象提供了考虑这些工艺品功能的因素。

第一,铺首与铜饰的大小均为10厘米左右,工艺均为精致的鎏金透雕。在墓葬中未发现与铺首尺寸相配的衔环,只有铜棺钉帽与铜环及铜座,且尺

---

① 《宋书·谢灵运传》:"有晋中兴,玄风独振。"见:沈约.宋书·谢灵运传[M].中华书局,1974:1743.道家在北魏太武帝"刻天尊及诸神之像而供养焉"的影响下深入人心。原为《隋书·经籍志》记载,卿希泰说"根据文献记载,道教造型大于约起始于南北朝初年"。见《中国道教史》,第一册,第460页。佛教在东汉已传入中国,早期佛教与"祥瑞"结合,通过世俗艺术、道教艺术和"中国式佛教",借助地方宗教信仰扎根中国大地。见:Wu Hung, "Buddhist Elements in Early Chinese Art(2nd and 3rd century AD)." Artibus Asiae 47(1986), pp.263–347.
② 夏鼐《综述中国出土的波斯萨珊朝银币》《近年中国的萨珊朝文物》,俱见夏鼐著《考古学论文集》下,石家庄:河北教育出版社,2001年。《固原漆棺彩画》进行了引用,见第5页。
③ 孙机.固原北魏漆棺画研究[J].文物,1989(9).
④ 倪润安.关陇与平城之间北魏墓葬文化的互动[J].史志学刊,2016(2).
⑤ 《宁夏通史》记载设高平(今固原市)、薄古律(今灵武市西南)两个军镇,引自《魏书》卷一〇六《地形志》。

寸较小,均无此类复杂的工艺。铜饰的铸造工艺应为模铸,具体可能是常用来制作透雕的失蜡法。①西汉匈奴和东汉拓跋鲜卑的金银器使用透雕工艺,②固原在魏晋南北朝时期曾有大量的匈奴和鲜卑人,此地应存在制作透雕工艺的作坊。战国时鎏金技术已十分娴熟,宁夏在东汉时期就已经具有相当完备的铸造工艺了。③学界研究也确认了此墓主人为鲜卑族,也间接反映了鲜卑对透雕工艺的喜爱。

第二,从两者的图像元素来看,图像中心均为一双手叉腰的人物,左右各有朝向人物的龙或蛇。两者均是通过龙与人的组合形成闭合空间,双龙的朝向又强调了人物的重要性。从人物的服饰及发型分析应为同一人物主题,铜饰人物位置偏下,铺首人物位置偏上,且均处于中轴线上。结合铺首与衔环的上下位置,可理解人物偏向问题。

第三,铜饰环形上两个龙头中间一节处,无雕刻花纹表面光滑,与整体精美的雕刻有着截然的反差。为何故意留出一段?设计必有其用意。铺首的实用性要求衔环连接处应较光滑。无独有偶,在大同北朝艺术研究院藏有鎏金铺首衔环可为本现象提供依据(图3上)。大同博物馆的上下两部分都有服饰发髻相似的人物,主题与固原出土物(图3下)相似:铺首同为上下结构,上方中心为人物,人物两侧为双龙且尾部相交缠,下方为双眼突出、上翘尖耳、胡须外卷、锋利獠牙及突出三角鼻的兽面图。衔环同为双龙中立正视观者的人物。此外,山西大同下深井北魏墓一人双龙组合的铜饰简报称"铜鎏金衔环"(图4)。④

---

① 青铜工艺分为陶范法和失蜡法,陶范法最早产生于商周,在春秋时期为满足更精巧的透雕样式,将陶模换为蜡模,在其上涂上耐火材料,等干燥后火烤使蜡流出形成空腔,再进行浇铸。
② 张景明.北方草原地区鲜卑金银器造型艺术研究[J].民族艺术,2008(1).
③ 陈育宁.宁夏通史[M].宁夏:宁夏人民出版社,2008:45.
④ 尹刚.山西大同下深井北魏墓发掘简报[J].文物,2004(6).

图3 漆棺墓铺首与铜饰结合图（笔者作）

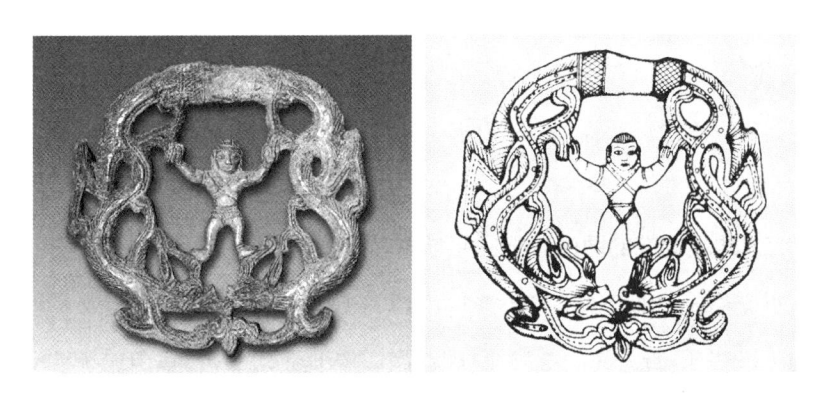

图4 下深井北魏墓的铜鎏金衔环（采自《文物》2004年第6期）

铺首衔环本为成套出现的物件，既然有铺首出土，其对应的衔环也应与之共存。而且对于制作材料和装饰主题的精心选择，说明它们都是"特殊"的物品，而不是一般日用品。对具有象征意义图案的使用是中国古代礼器艺术的重要特征之一。如此一致的主题人物很难让我们不去联想它们的关系。如笔者猜想固原文物为成对的铺首衔环，但为何出土数量却不相等？衔环3件、铺首2件，经查阅日本大阪市立美术馆在1976年出版的《六朝の美术》中有一铺首（图5）与此铺首相同，记载为三国青铜豢龙氏文铺首。此书只说部分源自中国，并未记载铺首的出土地。而此墓发现1973年夏，挖掘于1981年，日本图册出版的时间为两者中间阶段，细看两图有细微差别，日本的有四个穿透的孔，色泽较国内的新，故应该为一个模板制作的两件铺首。若算上此件，恰好为三对铺首衔环。

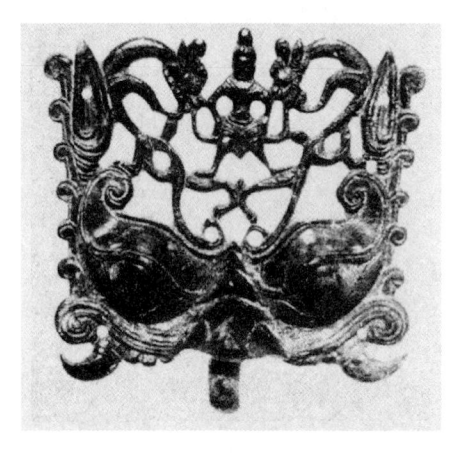

图 5

这种兽面纹最早出现于商周时期用于祭祀的青铜礼器上，有着强烈的巫术色彩。早在史前时代，青铜就被作为黄泉中重要的随葬品，三星堆出土的大量青铜器也可证实这一点。随着物质生活的发展，墓葬中又出现了玉石，金银等贵重材料。造型精美的鎏金透雕并非寻常之物，为何会在墓葬中出现此类铺首衔环？需要结合众多考古发现，对图像主题进行深入研究。

二、透雕铜饰的图像分析："平城兽首"和"一人双龙"

类似墓葬铜饰已有多处发现，主要见于固原南郊北魏墓、山西大同湖东北魏一号墓、山西大同七里村北魏墓、山西雁北师院北魏墓、山西大同仝家湾北魏墓、山西大同迎宾大道北魏墓、山西大同齐家坡北魏墓、山西大同下深井北魏墓、大同南郊北魏墓、山西大同北朝艺术研究院、内蒙古伊和淖尔北魏墓 M1 和 M2 等处。根据图案特征,可将它们分为两类。

A 型:铜饰铺首,整体呈方形或倒三角,图像为上下结构,上有一或二童子,下为兽面,其口下可挂环。目前发现 81 例。

B 型:铜饰图案整体呈圆形或椭圆形,有童子和二兽。目前发现 7 例。

表 1　北魏透雕铜饰类型与内容对照

序列	图	出现墓葬	铜饰类型	数量	内　容
1		固原北魏漆棺墓	A 型	2	兽面、人型
2		固原北魏漆棺墓	B 型	3	双龙、人型
3		大同湖东一号墓	A 型	1	兽面、忍冬叶纹
4		大同湖东一号墓	B 型	1	双龙、化生童子
5		大同七里村北魏墓 M25	A 型	4	兽面、忍冬叶纹
6		大同七里村北魏墓 M32	A 型	9	兽面、化生童子
7		大同七里村北魏墓 M35	A 型		兽面、童子

续表

序列	图	出现墓葬	铜饰类型	数量	内容
8		大同雁北师院北魏墓 M2	A 型	10	兽面、忍冬叶纹，
9		大同全家湾北魏墓 M7	A 型	2	兽面、叶纹
10		大同全家湾北魏墓 M9	A 型	1	兽面、叶纹
11		大同迎宾大道北魏墓 M61	A 型	1	兽面、忍冬叶纹
12		大同南郊北魏墓 M116	A 型	5	兽面、忍冬叶纹
13		大同齐家坡北魏墓	A 型	1	兽面、人型
14		大同下深井北魏墓	B 型	1	双龙、人型
15		大同北朝艺术研究院藏铺首衔环 I	A 型+B 型	1	兽面、人型
				1	双龙、人型

续表

序列	图	出现墓葬	铜饰类型	数量	内 容
16		大同北朝艺术研究院藏铺首衔环Ⅱ	A型+B型	1	兽面、人型
				1	双龙
17		伊和淖尔北魏墓M1号墓葬	A型	14	兽面、人型
18		伊和淖尔北魏墓M2号墓葬	A型	14	兽面、双鸟
19		伊和淖尔北魏墓M3号墓葬	A型	13	兽面、双鸟
20		固原南郊北魏墓	A型	2	兽面、人型

通过梳理可发现A型较多,按题材内容可分为三种:兽与人,兽与忍冬叶,兽与双鸟。其中有简报认为此类人物为化生童子,很明显属于佛教题材。但人物造型与传统的佛教姿势有很大差别,也缺少确切证据,有待考究。

B型按复杂程度分三种:

第一种,双龙环绕的衔环。整体为环形,龙首间隔铺首挂钩相对,双龙尾部相连,具有衔环的使用功能。代表文物为大同北朝艺术研究院藏铺首衔环Ⅱ。

第二种,一人双龙组合的衔环。龙首或龙尾隔铺首挂钩相对,构成环形。

环形中镂空雕刻一脚踩双龙的人物。即在第一种铜饰的基础上添加一人物，依旧保留了衔环的使用功能。代表文物有固原漆棺画墓衔环、山西大同下井深衔环和大同北朝艺术研究院藏铺首衔环Ⅰ。

第三种，一人双龙组合的铜饰牌。图像元素与第二种铜饰相似，但无衔环使用功能。代表文物有大同湖东一号墓铜牌。这种饰牌突出装饰性，而脱离物质性，意味着强调图案的抽象意义。类似图案也出现在云冈石窟第10窟窟门南柱东西图两侧（图6）、第6窟北壁龛楣（图7）以及大同恒安街北魏墓的金耳饰（图8）上，更加证实了从实用图案上升到装饰纹样的转变。

图6 云冈石窟第10窟窟门南柱东西图两侧的装饰（采自《形象史学》2017年第1期）

图7 云冈石窟第6窟北壁龛楣（采自《形象史学》2017年第1期）

图8 大同市恒安街北魏墓金耳饰（采自《文物》2015年第1期）

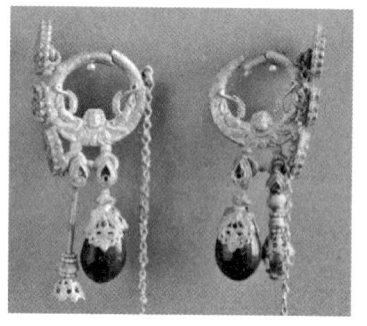

为什么B型雕刻会越来越复杂，甚至脱离使用功能？早在东周中晚期的文献中，就有意识地把墓葬中随葬品分为"明器"和"生器"。"生器"为逝者生前所用之物，或世人所用之物。"明器"顾名思义为黄泉冥界所用之物。① 古人如何区分"明器"和"生器"？方法之一就是"明器貌而不用"。② 通过复

---

① ［美］巫鸿.黄泉下的美术［M］.北京：生活·读书·新知三联书店，2016：92.
② 这一观念被很多后来的著作家所重复。例如，西汉的桓宽把这一概念概括为一个更为凝练："古者，明器有形无实。"（《盐铁论·散不足》）

杂的工艺增加社会劳动时间,凝结的时间和精力也象征其宝贵性,或者说对另一个世界的虔诚。此类考古发现的例证数不胜数,就如龙山文化的"蛋壳陶"、曾侯乙墓的高足斗、宋代下刻"戏台"的瓷枕等。增加劳动时间就代表需要相对高的经济能力,而这些考古发现的地区也就证实了这一点。

这些器物集中出现于山西大同、内蒙古伊和淖尔和宁夏固原,其原因回归北魏历史可以窥知一二。公元385年代国(北魏前身)定都盛乐(今内蒙古呼和浩特市和林格尔县),公元398年北魏迁都平城(今山西大同市),固原在北魏初期为重要的军事重镇。可见墓葬铺首出土于都城或军镇附近,为权利集中地区,也就意味着墓主人生活在经济相对发达地区,结合墓葬形制和大量的随葬品也反映了其拥有较高权利和财力。此外,作为军镇的固原同时也收容了来自中亚和西域的大量降民。随着移民而来的还有文化的碰撞,经郭物先生考证,铺首衔环上"一人双兽"图式的源流与中亚文化有关。其结论是可信的,然而经过漫长的演变到北魏时期,铜饰具体图像内涵未深究。一人双兽的图案在北魏时期有什么特别之处?产生这种图案的原因是什么?部分学者仅以人物似佛的肉髻认为"一人双龙"为佛教题材。潘诺夫斯基提出图像学不是简单的解释图画内容,其本质在于追究一种"文化征兆的历史"。[①] 对于固原漆画墓铺首衔环图像的研究,具体分为"平城兽首"和"一人双龙",及其余细节。

(一) 透雕铜饰的"平城兽首"图像渊源

根据图表发现北魏时期流行的墓葬铺首图案具有类似的图式:双眼突出、尖耳上翘、胡须外卷、锋利獠牙及突出三角鼻的兽面图。因多出土于平城,本文称为"平城兽首"(图9)。

---

① Erwin Panofsky, *Meaning in the Visual Arts*, Dambloday, 1955, p.39.

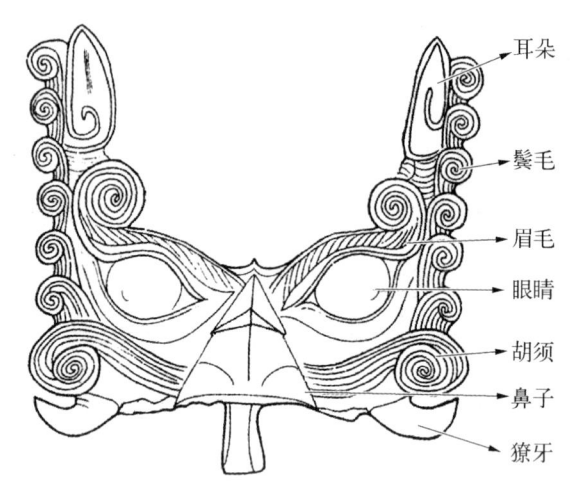

图 9 "平城兽首"（笔者绘）

上溯铺首形象的历史,普遍认为是殷商时期的饕餮纹,其次有汉代流行的方相氏或民间的"桃树人"。① 《史记》中记"缙云氏之后为诸侯,号饕餮也。……西荒中有人焉,……为人饕餮,淫逸无理,名曰苗民。"② 《三国志》: "与左悺、徐璜并作妖孽,饕餮放横,伤化虐民。"③《吕氏春秋·先识览》:"周鼎铸饕餮,有首无身,食人未咽,害及其身,以言报更也。"④ 可见"饕餮"一词本指一种猛兽,后常用来表示凶残之人,而"饕餮纹"意为"有首无身"之兽,并无此意。⑤ "饕餮纹"之称最早出现于宋代,作为一种特定青铜纹饰的名称使用。⑥ 因此可判断北魏"平城兽首"虽吸收了青铜纹样,但并非为饕餮纹。其图像继承了商周青铜纹样的狰狞神秘,背后原因与李泽厚先生分析的巫术文化有关。⑦ "平城兽首"大如桃的眼睛,左右上端有意勾起的桃尖

---

① 李文娟在其硕士论文《中国铺首衔环源流探析》中对铺首的兽面纹起源进行研究,认为可追溯到殷商青铜器文化、良渚文化和史前雕刻。
② 司马迁.史记[M].北京:中华书局,1959:29.
③ 陈寿.三国志[M].北京:中华书局,1959:197.
④ 吕不韦撰,高诱注.吕氏春秋[M].上海:上海古籍出版社,1996:264.
⑤ 马承源.中国青铜器[M].上海:上海古籍出版社,1988:316.
⑥ 常艳.铺首与饕餮称谓考[J].广西民族大学学报(哲学社会科学版),2006(S2).
⑦ 李泽厚.美的历程[M].北京:生活·读书·新知三联书店,2009:34.

形,或与古人"挂桃人"的习俗有关,也就是把桃木制成神荼、郁垒的形象,挂于门扉以降伏鬼怪、永保平安。①

既然不是饕餮纹,"平城兽首"到底是什么？文献的相关记载为研究提供了线索。《荀子·礼论》中记丧葬习俗:"圹垅,其貌象室屋也;棺椁,其貌象版、盖、斯、象、拂也;无帾、丝、歶、缕、翣,其貌以象菲、帷、帱、尉也;抗折,其貌以象槾茨、番、阏也。"《荀子集解》:"丝歶,未详,盖亦丧车之饰也。或曰:丝,读为绥。"《礼记》曰"画翣二,皆载绥",郑云"以五采羽注于翣首"也。歶,读为鱼。谓以铜鱼县于池下。《礼记》曰:"鱼跃拂池。"缕,读为柳,"蒌"字误为"缕"字耳。② 由此可见出土于木棺附近的"平城兽首"最初可能与鱼和鸟有关。《后汉书·礼仪志》:"殷人水德,以螺首填其闭塞,使如螺也。"③《尸子》"法螺蚌而闭户。"④《风俗通·佚文篇》"门户铺首。谨案:《百家书》云:公输般之水上,见蠡,谓之曰:'开汝匣,见汝形。'蠡适出头,般以足画图之,蠡隐闭其户。终不可得开,般遂施之门户,欲使闭藏当如此周密也。"⑤可见"蠡"和"螺"相似,都有"闭户"的特点,所以,"蠡"和"螺"应当是螺形铺首的形制来源。楚文化中为避免房屋被水淹使用螺兽用作门上的习俗被后世所接受,到明代时铺首的原型由"螺"神化成了龙的九子之一"椒图"。⑥ 从商代的"螺",战国记载的"螺蚌",汉代记载的"螺",至晋代"蠡",再到北魏,后到明代"椒图"应是"螺"随历史发展变化的过程。尽管名称不同,实则均与其善闭的习性相关。而"平城兽首"的眉毛、胡须以及左右两边的装饰皆像卷起的海浪,可能其最初代表一种名为"螺"的海中神兽。

---

① 谭淑琴.试论汉画中铺首的渊源[J].中原文物,1998(4).
② 王先谦.荀子集解[M].北京:中华书局,1988:370.
③ 范晔.后汉书[M].北京:中华书局,1965:3122.
④ 汪继培辑.尸子[M].北京:中华书局,1991:66.
⑤ 应劭撰,王利器校注.风俗通义校注[M].北京:中华书局,1981:577.
⑥ 明陆容《菽园杂记》提及:"椒图其形似螺蛳,形似螺蛳性好闭,故立于门上。"

177

综上所述,笔者认为"平城兽首"原型出自中国古代传说中的神兽,以"螺"为主,吸收商周青铜兽面纹样(如饕餮、蠡),融合民间习俗中辟邪的象征图像(如神荼、郁垒),多元文化形成的用于墓葬中的神兽。而且,根据出资者不同的喜好和信仰"平城兽首"常与不同的图像进行组合,"一人双龙"就是其中之一。

(二) 透雕铜饰中"一人双龙"组合的演变

郭物先生考证"一人双兽"的母题最早源于埃及,经由两河流域、东地中海、中亚地区到印度,考古发现集中于伊朗高原,应与古代印欧人的双马神崇拜有关。[1] 林梅村先生也认为龙神崇拜的母题源于双马神。[2] 目前已知中国最早的"一人双兽"图案出现于商代,"周鼎著象,为其理之通也。理通,君道也。"图案的目的是用于明事理、通人伦。[3] 晚商时期同欧亚草原文化初建联系,春秋晚期大量怪异题材似与草原艺术有关,战国时期在多地出土"一人双兽"图案,其中就有"一人双龙"的造型。战国淮阴高庄墓刻纹铜器上的"一人双龙"与固原铺首有相似的构图及人物造型,学者研究此图案似为《山海经》中夏后启乘龙升天传说中的神人升仙(图10)。[4] 巫鸿先生也曾在讲座中提到战国时期的这种刻线图像,其描绘了神人仙山与世间人物,而与双龙结合的人物造像明显是自然界的神人。与之类似的神人造型在中原和吴越文化区都有出现,见河南陕县后川出土的战国铜匜和河南新乡辉县琉璃阁M1出土的战国铜奁,可见此类神人造型被多地所接纳。因此"一人双龙"图式中的人物应为神人。

汉代"一人双龙"又似与早期佛教、道教有关。汉代的墓葬艺术影响深

---

[1] 郭物.一人双兽母题考[J].欧亚学刊,2002(4).
[2] 林梅村.古道西风——考古新发现所见中西文化交流[M].北京:生活·读书·新知三联书店,2009:7.
[3] 吕不韦撰,许维遹集释.吕氏春秋集释[M].北京:中华书局,2009:466.
[4] 常金仓.《山海经》与战国时期的造神运动[J].科学,2000(6).

图 10

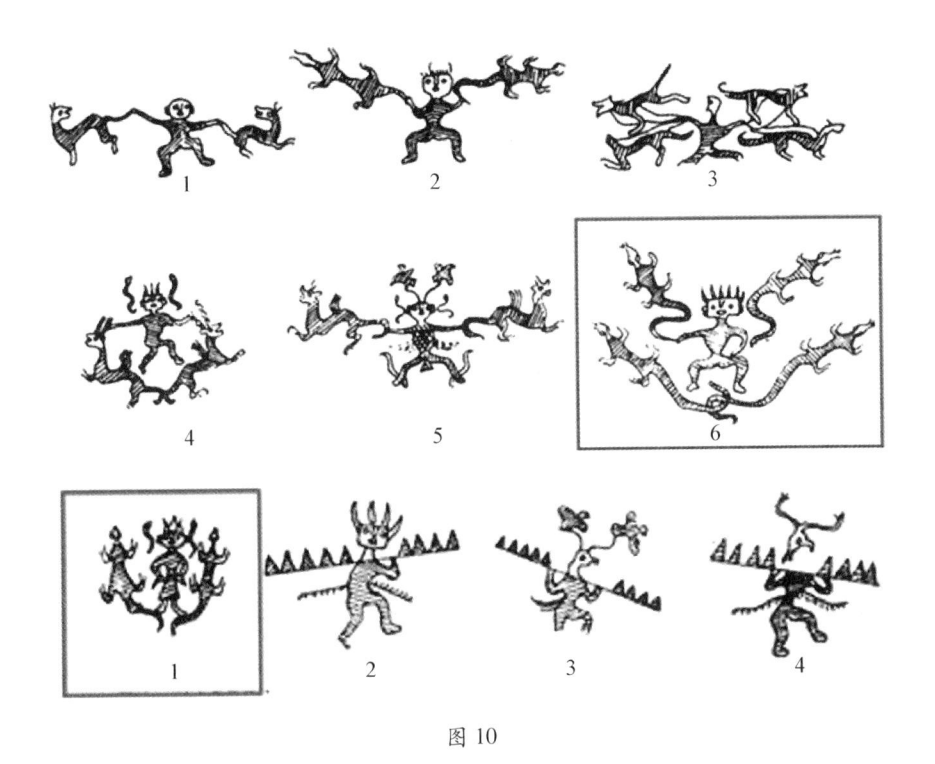

远，相比魏晋南北朝的动荡，人们"复古"的追求（回溯至汉代）更为强烈。少数民族鲜卑拓跋建立的北魏，也希望自己能像汉王朝一样强大，无论是政权还是文化都倾向于汉。有学者研究北魏平城的"一人双龙"图案与佛教的关系。① 然而，佛教在2—3世纪就开始在中国传播，到北魏初期人们对佛教的认识不应是道听途说的阶段。所以，如果是佛教题材，应当是佛教经典的姿态和服饰。

虽然这些铜饰吸收了佛教的个别因素，但在关键之处却并没有用佛教的程式，其原因与历史原境相关。凉州地区在北魏时期既保存了中原地区的传统文明，又接受了西方来的佛教，两种历史文明在此进行了正面的碰撞。透过对墓葬艺术的深入研究，人们大概能够发现，佛教转世轮回的理论

---

① 张海蛟.北魏平城"一人二龙"图案的渊源与流变[J].形象史学，2017(1).

和我国传统的丧葬观念之间存在着根本上的不同。因为佛教艺术题材从总体上讲,很难全面地影响墓葬艺术,而传统的儒学思想、神仙道教观念在中国百姓心里根深蒂固。所以笔者提出北魏"一人双龙"与道教相关,原因有三:

第一,汉代出土的三段式神仙镜(图11)中有双龙对一人物,人物有与铺首类似的双条羽翼或飘带。一块西王母汉画像石描绘了与铜饰鸟相似的长尾鸟(图12)。东汉时期的画像石和铜镜发现大量双兽环绕一人的图像。巫鸿和林巳奈夫先生都认为此类造型与道教人物西王母或"天帝神师"有关。

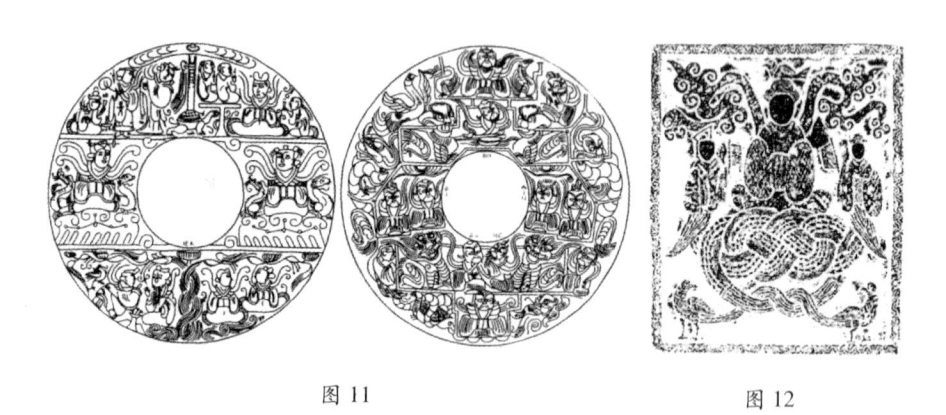

图 11   图 12

第二,早期的道教造神常吸收佛教元素,且有老子到印度传法为方便起见化身为佛的传说,即道教认为佛就是老子的另一种身份。后也发现道观里立佛像,或佛窟中有道教装饰,都说明了早期道教吸收了佛教元素。

第三,北魏建国者道武帝拓跋珪崇信道教,太武帝在太延八年(448)封道士寇谦之为国师。在5世纪中期的北魏,受皇权的影响,道教广泛普及。道教是维护北魏正统地位晋复尊的辩护,因此道教在北魏的社会地位可想而知。因此,"一人双龙"无论从造型、学理,还是政治背景,都表现了其与道家神仙的信仰有关。

有学者在论内蒙古出土的铺首时,将其与固原的铺首一同解读为驯龙师造型,巫鸿先生在早期佛教的分析中,对这种造型的铺首描述为:菩萨与中国古代传说中驯龙人物豢龙氏联系在起来。[①] 豢龙氏最早是据《春秋左传正义》记载的传说中人物,曾为舜帝养龙。后这个故事又在汉代司马迁的《史记》、晋代陈寿的《三国志》、南朝宋范晔的《后汉书》等文献中出现。日本汉学家竹添光鸿的《左传会笺》也有记载,日本出版物可能是受此书影响将此造型定名为豢龙氏铺首。北魏时期,豢龙氏常用来形容有高超技能的人。《魏书》:"若豢龙之不陨,似穷桑之世济。"[②] 但暂无文献记载豢龙氏与双龙的组合,也无明确刻字的实物出土。若如春秋记载"乘龙河汉"各二,那为何春秋战国鲜有发现?且已有《尔雅》记"马高八尺为龙",赵逵夫先生发现汉代以前,器物上面刻的龙形象极像夸张化的腾空奔驰的马,罗家湘先生继而考证了豢龙氏驯马。[③] 因此,"一人双龙"中的人物并不能准确地说是豢龙氏。

关于人物造型还有一点值得注意,人物的手势。对比北魏时期双龙与人的关系,发现此铺首上的造型应为人物双手握龙舌。考古出土大同北朝艺术研究院藏铜鎏金铺首衔环、湖东北魏一号墓鎏金铜饰牌、下深井北魏墓铜鎏金衔环,以及北魏卜氏石塔等(图13),发现北魏时期的龙多为吐舌状态。内蒙古正镶白旗伊和淖尔 M1 铜鎏金铺首衔环人物双手握住龙舌,由此仔细观察固原铺首也应为双龙吐舌,且人物手的位置与龙舌重合,故也应为手握龙舌的造型。《固原北魏漆棺画》中铺首的线稿龙舌未表现,《固原出土丝路文物线图艺术》中表现兽舌,但未表现出人与兽舌的关系。如战国铜器纹饰上的神人斗兽是抓兽角或兽尾,但为什么北魏时期出现人物双手

[①] 柏嘎力、孙晓梅.论伊和淖尔墓葬出土棺钉铺首衔环[J].文物鉴定与鉴赏,2017,(12);Wu Hung, "Buddhist Elements in Early Chinese Art (2nd and 3rd century AD)," Artibus Asiae 47 (1986), p.273.
[②] 魏收.魏书[M].北京:中华书局,1997:837.
[③] 罗家湘.尧舜时代的南方开发与豢龙氏驯马[J].平顶山学院学报,2010(4).

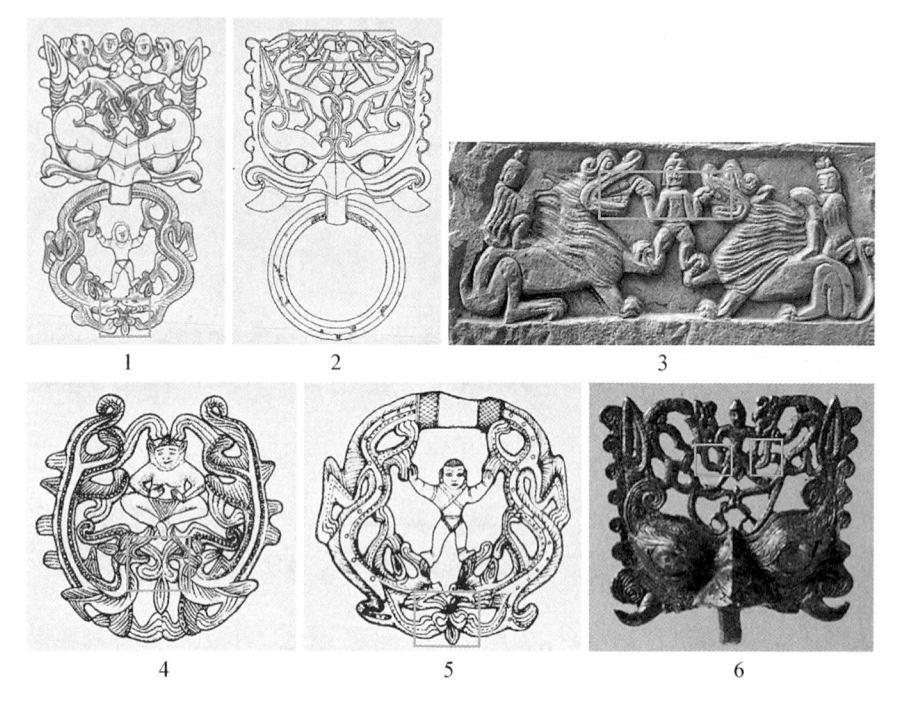

图 13 北魏"一人双龙"对比图

（1. 大同北朝艺术研究院藏铜鎏金铺首衔环；2. 内蒙古正镶白旗伊和淖尔 M1 铜鎏金铺首衔环；3. 北魏卜氏石塔一人二兽；4. 湖东北魏一号墓鎏金铜饰牌；5. 下深井北魏墓铜鎏金衔环；6. 固原北魏铺首）

握龙舌的造型？早期的一人双兽图像多为人抓双兽的尾巴或脖子，表示控制。叙利亚出土乌加里特的圣盒象牙盖上的一人双兽（图14），也似为极为罕见的人物手握双兽的嘴巴的舌头，二者有什么关系还是纯属巧合？有待深入研究。笔者猜想，舌体不像其他部位裸露于外部，作为内部器官容易抓取，应与控制有关。

结合以上论证，笔者认为固原的铺首衔环中"一人双龙"形象与三点有关：战国青铜器纹饰神人升仙的人物造型；豢龙氏的传说与北魏的社会文化；道教铜镜的一人双龙组合。铺首上为人物双手握龙舌的征服场面，衔环上似传说中的神人乘龙升仙。回归北魏社会历史，此形象应为鲜卑结合早期萨满教的信仰，融入中原传入的道家思想，加入各种地域的神话传说而形成的产物。

图 14

（三）透雕铜饰的其余细节

固原北魏鎏金铺首衔环除相似主题外，还存在部分细节的差异：衔环龙背鸟和两个人物服饰的差异。对于墓葬中的明器来说，每一处设计都有其特定的意义。其文化渊源的探索需结合丝路贸易的背景，当时周边的中亚萨珊王朝（224—651）和伊朗本土都以琐罗亚斯德教为国教，嚈哒的上层贵族也皈依祆教。无论是萨珊、伊朗还是嚈哒，对北魏的高平带去的文化影响皆含有琐罗亚斯德教的色彩。

鸟与龙关联，早有古时龙凤之说，今有类似雕刻的鸟形象出现于同有鎏金铺首衔环的伊和淖尔 M1 墓的鎏金三足盘上（图 15）。[1] 此类器物与内蒙古出土的斯基泰人承兽祭盘（图 16）、哈萨克斯坦文物（图 17）相似，也应为与祆教有关的承兽祭盘。[2] 祆教因素从何而来？北魏固原地区有大量中亚移民，其中影响最大的是粟特。粟特人信仰琐罗亚斯德教，因为其拜火仪式又称为拜火教，拜天之故也称祆教。[3] 此教认为鸟祭司主导的祭奠仪式可以保护灵魂，远离恶魔，找到过桥的正确之路。[4] 在西域锦中有一种含绶鸟的图案，许新国先生指出此图案从 5 世纪一直到 8 世纪初期流行，粟特锦

---

[1] 王晓琨、庄永兴等.内蒙古正镶白旗伊和淖尔 M1 发掘简报[J].文物,2017(1).
[2] 马雍、王炳华.新疆地区的文化[A]//中亚文明史（第二卷）[M].北京：中国对外翻译出版公司,2002；166；安之敏.塔里木盆地及周围的青铜文化遗存[J].考古,1996(12).
[3] 姜伯勤.中国祆教艺术史研究[M].北京：生活·读书·新知三联书店,2004：5.
[4] 黎北岚、祁晓庆.6 世纪中国中亚墓葬中的鸟祭司及其丧葬意义[J].内蒙古艺术学院学报科学,2018(2).

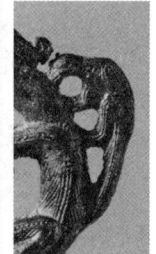

北魏鎏金三足盘　　　　　　固原衔环局部

图 15　内蒙古正镶白旗伊和淖尔 M1 北魏鎏金三足盘与固原衔环局部对比图（足盘图片采自《文物》2017 年第 1 期）

图 16　　　　　　　　图 17

鸟脚踩棕榈叶座,波斯锦鸟足下为平坦的连珠纹座。① 因内蒙古足盘(图15)边缘为连珠纹,此鸟应与波斯锦鸟文化有关。康马泰将此鸟造型与祆教的"森林鹿"进行了考证。② 无论是鸟祭祀、含绶鸟或吉祥鸟,寓意都是好运。由此继而传播到固原的铺首衔环上的鸟图也可能含有此意。固原漆棺墓出土的萨珊钱币,也为存在祆教元素提供了可能性。

铺首与衔环上的龙有着明显的差异。衔环上双龙为明显的北魏龙的风格,类似造型运用很广,如司马金龙墓石雕柱、伊和淖尔 M1 下颌托、云冈石

---

① 许新国、赵丰.都兰出土丝织品初探[J].中国历史博物馆刊,1991(15);许新国.都兰吐鲁番墓出土含绶鸟织锦研究[J].中国藏学,1996(1);常金仓.《山海经》与战国时期的造神运动[J].科学,2000(6).
② [意] 康马泰.唐风吹拂撒马尔罕[M].桂林:漓江出版社,2017:34.

窟第6窟北壁龛楣等。但铺首上的龙更像蛇,头部突出,耳朵的造型占头部比例较大。龙身型明显更加纤细,四肢简化,更像两条交缠在一起的蛇。如果为一对主图观念,二者应相同,龙的造型如此明显的差异,匠人想表达的是什么思想?《山海经》记载有神人手持双蛇,且古人的观念蛇为"小龙"。经田野调查,至今中原地区也有把蛇称为"小龙"。萧宾认为"操蛇"是"控制力量的力量"。作为中国第一个奴隶制王权的享有者,夏启不但驾龙,而且"乘龙"或"珥蛇"操纵着权力和"荣耀"。[①]

两个拥有同样姿势的人物,在服饰方面有差异应是腐蚀程度不同造成的。从《固原文物精品图册》中可以清晰看出,人物服饰不同之处均是鎏金层脱落,露出里面的红铜,而且头部腐蚀最为严重呈铅色。参考日本图册出版的图片,也能发现铺首与衔环的人物几乎一致。最大的区别是类似双翼的装饰,图册记载为天衣,似与前文道教人物有关。

通过以上对铺首衔环的研究,已经可以接触到铺首衔环的历史含义。对具体题材的选择,反映了艺术家或赞助人的特殊需要和偏好。然而,任何特殊的选择仍然具有一般性象征意义及礼仪功能。[②] 透过墓葬铺首的图像与习俗,是否可以还原北魏时期的时代背景,提供理解墓葬艺术的一个新的角度?

三、透雕铜饰的象征意义：现世的期盼与不朽的境界

上述对图像的分析为解释铺首衔环的特殊功能,和象征意义提供了关键的线索。铺首衔环整体呈"方""圆",古人认为"天方地圆",方圆的器物与通灵有关,如玉璧、玉琮。"无规矩不成方圆",也暗示一种人生的伦理道德观。圆也为圆满之意,为中华民族骨子带的哲学观念,和谐统一。一般认

[①] 吴荣曾.战国、汉代的"操蛇神怪"及有关神话迷信的变异[J].文物,1989(10).
[②] Wu Hung, *Stories from China's Past*.Lucy Limed., San Francisco：Chinese Cultural Foundation, 1987, p.81.

为在生门上使用的铺首多为镇宅辟邪之意。但在墓葬中是否也是同样的？还是说有更丰富的内涵？首先，要清楚透雕铜饰墓葬中的空间位置。由于固原漆棺墓铺首出土位置不清楚，所以结合本时期的墓葬铺首位置来推断。

表2　北魏透雕铜饰类型、数量与位置一览

序列	出现墓葬	铜饰类型	数量	出现位置
1	固原北魏漆棺墓	A型	2	棺椁东侧
2	固原北魏漆棺墓	B型	3	棺椁东侧
3	大同湖东一号墓	A型	1	棺椁右后方
4	大同湖东一号墓	B型	1	棺椁右后方
5	大同七里村北魏墓M25	A型	4	棺左右两侧
6	大同七里村北魏墓M32	A型	9	不详
7	大同七里村北魏墓M35			不详
8	大同雁北师院北魏墓M2	A型	10	棺左右两侧和前后档
9	大同仝家湾北魏墓M7	A型	2	不详
10	大同仝家湾北魏墓M9	A型	1	棺椁前方
11	大同迎宾大道北魏墓M61	A型	1	不详
12	大同南郊北魏墓M116	A型	5	棺左右两侧和正前方
13	大同齐家坡北魏墓	A型	1	棺南侧板
14	大同下深井北魏墓	B型	1	棺南侧板
15	大同北朝艺术研究院藏铺首衔环I	A型	1	不详
		B型	1	
16	大同北朝艺术研究院藏铺首衔环II	A型	1	不详
		B型	1	
17	伊和淖尔北魏墓M1号墓葬	A型	14	大棺四周
18	伊和淖尔北魏墓M2号墓葬	A型	14	大棺四周
19	伊和淖尔北魏墓M3号墓葬	A型	13	不详
20	固原南郊北魏墓	A型	2	不详

由表而知,铺首衔环的位置一般在棺椁一侧或四周,根据出土情况来看(图18),棺椁四周一般配有承重的棺环和扒钉,该器物不承重。同时期的北魏宋绍祖墓(墓志文有太和元年,即公元477年)石椁也使用了铺首衔环,均匀分布为一排或两排。因此,固原北魏漆棺墓位置为前档和左右两侧各一个的概率最大。固原漆棺墓为红漆,为贵重的赐棺。[①] 固原漆棺盖为西王母天象图,前档墓主人生活图,左右侧图案分上栏孝子图、中栏直棂窗和下栏狩猎图。根据资料总结墓葬铺首的象征意义为以下几点:

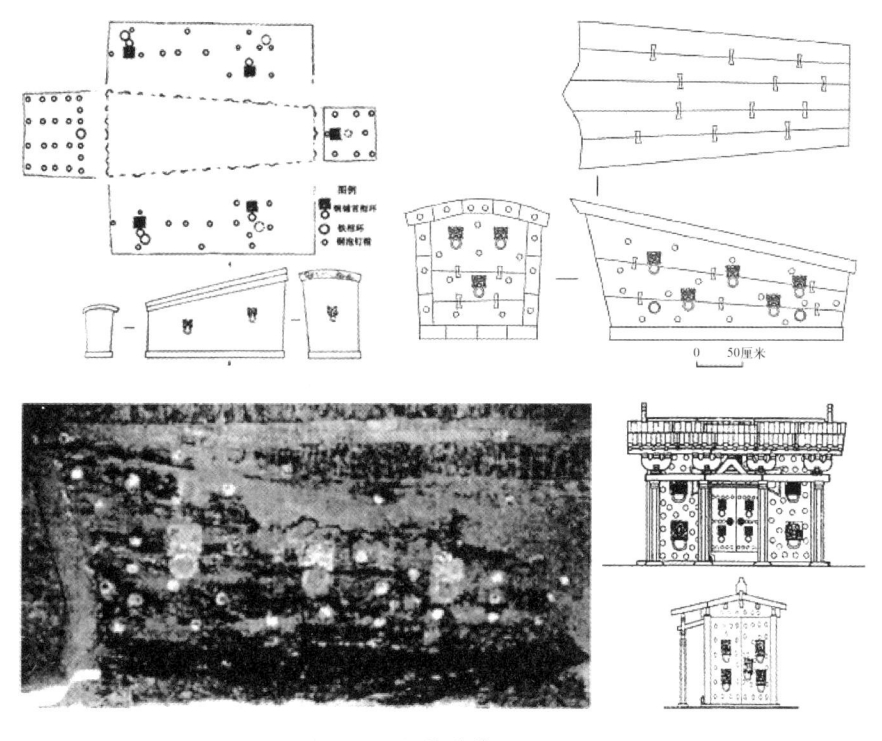

图18 北魏棺椁墓葬铺首位置图

(1. 南郊北魏墓群M116和M238铺首出土位置;2. 内蒙古正镶白旗伊和淖尔M2木棺复原图;3. 雁北师院北魏墓群M2铺首出土位置图;4. 大同北魏宋绍祖墓石椁正面和东侧面)

---

① 《后汉书·袁安传》:袁逢卒,"赐以珠画特诏秘器"。注引《音义》云:"以朱砂画之也,珠与朱同。秘器,棺也。"又,同书《孝崇匽皇后纪》:"敛以东园画梓寿器"注:"东园,署名,属少府,掌为棺器。梓木为棺,以漆画之。"上起两汉,下至十六国、南北朝时期,这种赠赐画棺的事有不少记载。

（一）等级象征

汉代大型墓葬的铺首都较为精致,而小型墓葬的铺首衔环则制作粗糙,纹饰简单。北魏透雕铺首铜饰的均雕刻精致,只有腐蚀程度不同。经统计发现铜饰的大小和单个墓室出土数量显示出一定的规律性。

表3 北魏透雕铜饰类型尺寸表

序列	出现墓葬	铜饰类型	数量	大小（单位：厘米）
1	固原北魏漆棺墓	A型	2	长11.2、宽10.5
2	固原北魏漆棺墓	B型	3	最大径11、最小径7.5
3	大同湖东一号墓	A型	1	高4.1、宽3.9
4	大同湖东一号墓	B型	1	环径7~7.2、厚约0.2
5	大同七里村北魏墓M25	A型	4	长13.8、宽10.8、环径12.4
6	大同七里村北魏墓M32	A型	9	长13、宽11.6、环径9.6
7	大同七里村北魏墓M35	A型		长20、宽18.4、环径14.2
8	大同雁北师院北魏墓M2	A型	10	长11.5、宽13
9	大同仝家湾北魏墓M7	A型	2	边长13.2
10	大同仝家湾北魏墓M9	A型	1	长9.5、宽8.6、厚2.9
11	大同迎宾大道北魏墓M61	A型	1	长10.9、宽10.8
12	大同南郊北魏墓M116	A型	5	长10.9、宽10.5
13	大同齐家坡北魏墓	A型	1	长11.6、宽10.8
14	大同下深井北魏墓	B型	1	环径10、厚0.4
15	大同北朝艺术研究院藏铺首衔环I	A型	1	长10、宽11
		B型	1	环径9
16	大同北朝艺术研究院藏铺首衔环II	A型	1	暂无数据
		B型	1	
17	伊和淖尔北魏墓M1号墓葬	A型	14	长26.7、宽16、厚3.2

续表

序列	出现墓葬	铜饰类型	数量	大小（单位：厘米）
18	伊和淖尔北魏墓 M2 号墓葬	A 型	14	长 21.5、宽 13.7
19	伊和淖尔北魏墓 M3 号墓葬	A 型	13	长 22.8、宽 13.2
20	固原南郊北魏墓	A 型	2	长 9.5、宽 9.4

北魏时期的墓葬铺首铜饰大概分为两种尺寸，10 厘米和 20 厘米左右。20 厘米左右的大号铺首在单个墓葬中出土数量为十几个，小而精致的 10 厘米铺首在单个墓葬中大多出土一个。尺寸大小和数量，与表现墓主人的地位等级有关，出于有鎏金铺首的墓葬中随葬品丰富，与同时期附近的贫民墓葬只有少数陶罐随葬形成巨大反差，其既代表在世时的身份地位，也为期盼灵魂拥有较尊贵地位。

（二）辟邪

墓葬铺首与镇墓兽有相似作用，平邪物镇阴宅。《周诗新释》中的《巴蜀全书》记："凡作画者必先除野草而平整其土地。是之谓铺。会意字，画亦声。故铺有杀伐与平定之义。"希腊人墓中，有一个木棺上装饰了石膏制的美杜莎、铺首和一人双兽饰件等（图 19）。美杜莎的传说见者化石，也是为了给墓主避邪之义。

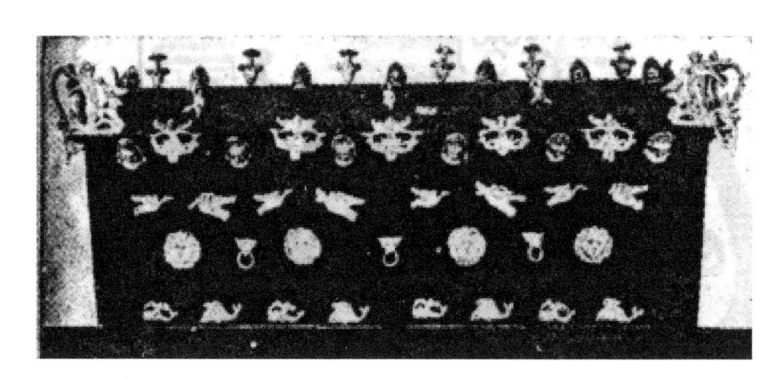

图 19 刻赤发现的希腊人墓木棺（采自《欧亚学刊》2002 年第 4 期）

结合漆棺侧板孝子图分析墓葬铺首。北魏时期,孝风盛行,孝子图成为比较流行的艺术题材。孝子图并不一定意味着墓主人已接受儒学,因为《孝经》一书早在东汉末已染上神秘色彩,被认为具有消却奸邪的作用。① 中原的孝子图还有升仙色彩。② 此外,厚葬除了对孝的体现还有希望逝者进入理想世界,以免叨扰还活着的亲人,保佑子子孙孙繁荣。③ 因此,辟邪也应也有避免逝者亡灵去现实社会中惹是生非之意。无论是辟邪,还是"子子孙孙永享用"皆为世人的期盼。

（三）升仙或永生

墓葬中的铺首失去原本的使用功能,其造型、材质、大小等都有别于住宅上的铺首,更突出其背后的象征意义。生门多用"狮子",墓葬多用夸张的四不像。墓葬铺首一方面能震慑前来作祟的鬼怪（为上所提辟邪功能）,另一方面可以导引墓主人灵魂升入仙界,而且其突出画面的设计,在棺椁的视觉艺术上也起到了同样的作用。④ 汉代墓葬模仿地上建筑,具有"第宅化"的特征,⑤厚葬将墓葬营造成一个"永恒家园"或"理想家园",而曹魏实行薄葬,认为"骨无痛痒之知,家非栖神之宅","为棺淳足以朽骨,衣表足以朽肉而已"。⑥ 北魏在吸收汉文化的过程中,永生成仙观念对统治阶级有巨大吸引力。固原漆棺棺盖上为道教西王母天象图,把棺墓描绘为宇宙、仙界或"永恒家园"。前挡描绘有鲜卑服饰的人物坐于室内,两侧的狩猎图为墓主人意为提供娱乐场所。最突出的两侧各有两个直棂窗,有意为灵魂出入

---

① 孙机.固原北魏漆棺画[A]//中国圣火——中国古文物与东西文化交流中的若干问题[M].沈阳:辽宁教育出版社,1996:126-127.
② 郑岩.北魏南北朝壁画墓研究[M].北京:文物出版社,2016:256.
③ 林巳奈夫著,唐利国译.刻在石头上的世界[M].北京:商务印书馆,2010:13.
④ 美国明尼阿波利斯美术馆藏的公元524年画像石棺（河南洛阳出土）,画面中心绘有一铺首衔环不容于画面内容,似悬浮于画面之上的空气中。详细分析参见巫鸿先生的《透明之石——中古艺术中的"反观"与二元图像》。
⑤ 吴曾德、肖康达.就大型汉画像石墓的形制论"汉制"[J].中原文物,1985(3).
⑥ 三国志·魏书·文帝纪[M].北京:中华书局,1959:81.

的窗口。窗的设置把棺比作室,有"永恒家园"之意,装饰图案的选择由充满神话色彩。结合铺首衔环纹样,闭水"平城兽首"有避免木棺被淹之意,"一人双龙"有辟邪升仙之意。吸收各种元素可能源于不同民族、不同信仰的人死后会去往同一个世界的想象,不同的升仙象征都可以为逝者引路。

四、结语

固原铜饰为铺首衔环,且造型吸纳了多元民族文化和不同阶层的艺术。主题图像为"平城兽首"和"一人双龙"。"平城兽首"即为一种传统的中国文化图像,其上至殷商的饕餮和"螺"、民间的方相氏、"桃树人"再到汉代画像石的兽面铺首衔环、明代"椒图"一路演变,成为包含深厚中国古代文化的兽面造型。"一人双龙"的内涵也极为丰富:战国青铜器纹饰神人升仙的人物造型、豢龙氏的传说与北魏的社会文化、道教铜镜的一人双龙组合。也反映了鲜卑结合早期萨满教,以道教为主,吸收各种地域的神话传说,广纳不同文化的兼容并包态度。相比于主题图像,其他细节展现的更多为中亚文化的交流。衔环上鸟的造型应是受到波斯祆教文化的影响。艺术的本质是精神和情感的表达,它以人性为舟,必将跨越地域、民族、宗教的界限。

结合墓葬空间位置看铺首的象征意义。第一,地位等级象征表现在材质、装饰和尺寸的差异上。第二,在面对死后的未知世界时,铺首成为人们理想中对抗干扰与侵犯的守卫者和协助者,以进入"幸福家园"。第三,墓葬铺首的纹饰和位置体现了对于永生或成仙的追求。北魏迁都后多做石棺墓,铺首兽面图像运用到石棺墓的雕刻上,影响深远历,代代传承直至明清。随着新元素的不断加入,原本的两个核心题材逐渐分化,以至于有时难以分辨。这种墓葬铺首的象征意义在北魏迁都洛阳后还有留存吗?又是怎样在物质性历史中存在或消失的?

"中国失礼,求之四夷。"①杨泓先生也曾说不论葬者原来是何民族,不论是突厥还是"昭武九姓",墓葬形制均是北朝至唐时中国的典型样式,主要包括长斜坡墓道、石门甬道、方形墓室。② 由此,北魏的墓葬铺首衔环的象征意义与中原有着千丝万缕的联系。所谓影响都是相互的,早期北魏在接受中原文化的同时,也必将给中原带来新的文化成分。固原铺首衔环为切入点,以其纪念碑性,用实例说明北魏的墓葬艺术,是如何超越道教、佛教和祆教的界限,而使其神话色彩和隐喻的图像相互渗透。以小小的铺首衔环窥视北魏社会,中国文明接纳其他文明的优容态度,以及中国保存人类文化遗产的特殊贡献。理解魏晋南北朝的墓葬文化进而回归历史,与不同时期进行比较,探索在历史的长河中这颗明珠的璀璨,还需要做出更多努力。

---

① 《左传》昭公十七年:"天子失官,学在四夷。"陈寿所著《三国志·魏志·乌丸鲜卑东夷列传》和范晔《后汉书·东夷传》均将此语改作"中国失礼,求之四夷",概念更为明确完整。关于该问题的讨论见刘敦愿《"天子失官,学在四夷"解——中国民族学前史上的一个问题》,收录于:刘敦愿.美术考古与古代文明[M].台北:允晨文化公司,1994:563-573.
② 杨泓.北朝至隋唐从西域来华民族人士墓葬概说[A]//新疆吐鲁番地区文物局编.吐鲁番学研究——第二届吐鲁番学国际学术研讨会论文集[M].上海:上海辞书出版社,2006:269-273;周扬.在中国民间文艺研究会成立大会上的讲话[A]//周扬文集(第2卷)[M].北京:人民文学出版社,1985:10.

宁夏彭阳出土人鱼砖雕形象的四重证据法阐释[①]

苏 磊[②]

摘 要：人鱼母题在中国文化中古已有之，然而，目前所见到的人鱼形象多来自墓葬出土的实物图像。以文学人类学之"四重证据法"对宁夏彭阳县出土的"人鱼"结合砖雕图案进行分析，发现其并非与西方的所谓美人鱼意义相似，而是受到两方面的影响：一是华夏民族对神鱼崇拜的原型遗留；二是受到佛教文化的影响。深入发掘研究人鱼形象背后的文化观念，是窥视先民丧葬礼仪的路径之一，亦是让文物活起来的法宝。

关键词：宁夏彭阳 四重证据法 人面鱼身 鱼崇拜

一、研究缘起

鱼在祭祀、食品、贸易、娱乐等领域发挥着至关重要的作用。早期先民把鱼与神联系在一起，并赋予它们超自然的力量。比如在史前洞穴中，可以看到鱼、大象、犀牛、老虎、狗等图像，由于当时的生产力低下，先民们相信鱼

[①] 基金项目：中央高校基本科研业务费专项资金资助、陕西师范大学博士研究生自由探索项目"图像进入文学人类学的路径与问题研究"（2019TS103）；国家社科基金重大招标项目"海外藏中国宝卷整理与研究"（17ZDA266）阶段性成果；国家社科基金重大项目"中国民间宗教思想史"（18ZDA232）阶段性成果。

[②] 作者简介：苏磊，陕西师范大学文学院博士研究生。

有超人的智慧、品质和力量。

早在仰韶文化时期,人面鱼纹葫芦瓶就被发现,泥质红陶,高28.5厘米,贝形口,平底,束颈,外饰黑彩,黑彩饰绘两条鱼和人面鱼纹,一条鱼两侧有人为小洞,人面鱼双目圆睁,张口露齿。① 与此相关的研究有赫云、李倍雷《"人面鱼纹"还是"人面鱼身"——半坡彩陶盆图案纹样母题探讨》②,柴克东《仰韶"彩陶鱼纹"的神话内涵新解——兼论中国古代的女神崇拜》③,李默然《半坡"人面衔鱼"图案再分析》④。除此以外,日本学者白川静认为人面鱼身的图案可能是最古神话的图案,或许就是被称为鱼妇的洪水神,以此,认为其是洪水神禹的原型。⑤ 与此同时,发现2 400多年前的曾侯乙墓亦出土大量的鱼骨,这些葬入的鱼骨是经过加工的熟制品,也出现大量的玉鱼。⑥ 玉作为原料制作的器具在华夏民族的观念中显得比较珍贵。随后,在我国的山西、辽宁、陕西、福建、四川等地发现了人首鱼身俑。面对出土的人鱼形象,学术界进行了相关统计对比分析,比如殷小亮统计分析了山西长治地区共有9例人首鱼身雕塑,⑦郭明明在《宁夏彭阳宋墓所见人鱼形象》一文分析统计宋代人首鱼身俑共计11例,⑧丁子杰在《唐宋墓葬出土人首鱼身俑》一文中统计共有42例人首鱼身俑。⑨ 以此可以正视,人首鱼身俑在我国墓葬的分布之广,引起很多学人的关注,尤其在唐宋时期墓葬所用的人面鱼身形象大量存在。丁子杰认为:"鱼俑在隋朝时就已出现并可能已经

---

① 牛江涛主编.临潼博物馆[M].西安:三秦出版社,2016:2.
② 赫云、李倍雷."人面鱼纹"还是"人面鱼身"——半坡彩陶盆图案纹样母题探讨[J].民族艺术,2017(6).
③ 柴克东.仰韶"彩陶鱼纹"的神话内涵新解——兼论中国古代的女神崇拜[J].文化遗产,2019(5).
④ 李默然.半坡"人面衔鱼"图案再分析[J].江汉考古,2020(1).
⑤ [日]白川静.中国古代文学——从神话到楚辞[M].成都:四川人民出版社,2018:28.
⑥ 周春生、余志堂、邓中舞.曾侯乙墓出土鱼骨的初步研究[J].江汉考古,1981(S1).
⑦ 殷小亮.山西长治地区唐墓人面鱼身俑探析[J].文物鉴定与鉴赏,2020(2).
⑧ 郭明明.宁夏彭阳宋墓所见人鱼形象分析[J].西部考古,2017(3).
⑨ 丁子杰.唐宋墓葬出土人首鱼身俑研究[J].东南文化,2020(6).

被当作随葬品使用,唐代则是人鱼俑盛行的重要时期,其中尤以初唐时最为流行,虽然在五代时使用又有所增加,但不可否认的是,初唐以后直至南宋,人鱼俑虽一直有使用,但数量已有明显减少,南宋以后目前未见有人鱼俑出土。"①但是对于为何会大量出现人首鱼身形态的原因未做充分论证。

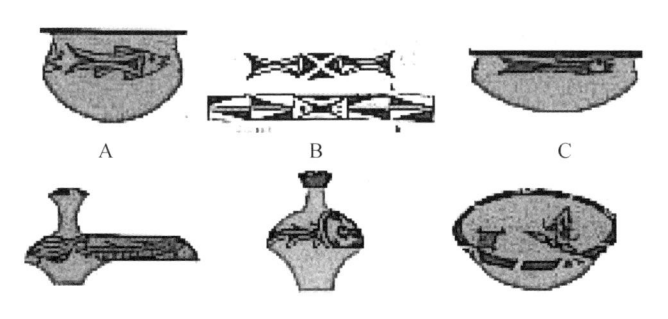

图 1 仰韶文化彩陶鱼纹

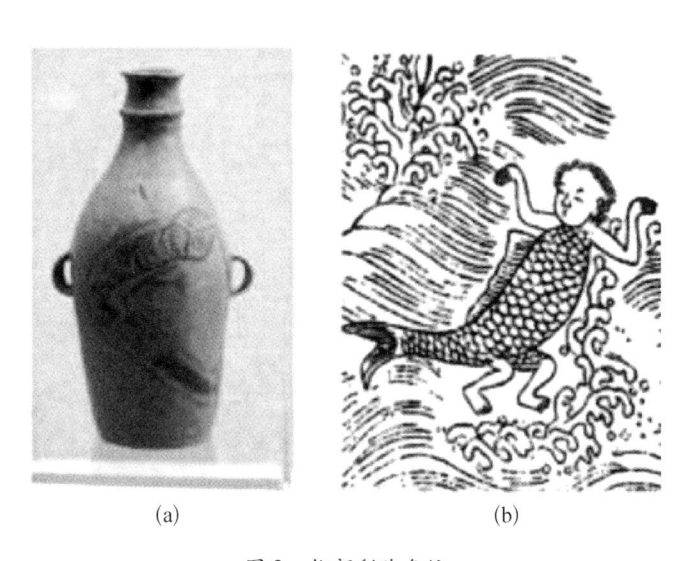

图 2 仰韶彩陶鱼纹

彭阳县历史悠久,目前在宁夏彭阳姚河塬西周墓葬 M13 出土的甲骨文,根据付强研究发现,彭阳县是目前发现甲骨文出土最西边的一个地点。

---

① 丁子杰.唐宋墓葬出土人首鱼身俑研究[J].东南文化,2020(6).

图3　彭阳人首鱼身砖雕

而且他们认为这片甲骨卜辞属于西周早期,与周公庙甲骨属于同一个系统。据解释,其主要占卜的是一个贵族率领30人奔走于一些地方,判断以后是否有灾祸。① 2016年,彭阳县罗洼乡张湾村惊现美人鱼砖雕。其颜色为青灰色,通长30厘米,宽18厘米,厚5厘米。人首,口部,脸部涂朱,自颈下朱绘鱼鳞鱼俑一件。鳍尾分明,神态逼真,《宁夏日报》以"美人鱼"为题进行报道,将其描述为:"美人鱼有两个图案造型,下身为鱼身,上身造型以中国妇女形象为原型。"②只是将其作为中国女性特征进行表述。彭阳县官方网站亦将这种人面鱼身的砖雕命名为"美人鱼",并以纪录片的形式公映,③由宁夏彭阳县博物馆副馆长解说,解说内容如下:

> 2016年4月,宁夏彭阳县罗洼乡张湾村的村民在修整农田时发现一座墓中,墓中居然出现了美人鱼造型的砖雕……四周一些精美的砖雕,随葬品比较少,只有一个陶罐和一个瓷碗,由于没有发现墓志铭,我们只能根据墓葬的形制和出土文物进行大致推断,这种墓葬应该是宋金时期的……砖雕场可以分为三类:植物、动

---

① 付强.宁夏彭阳姚河塬西周墓葬M13出土甲骨文考释[J].殷都学刊,2019(1).
② 王玉平.出土罕见"美人鱼"古砖雕[N].宁夏日报,2016-04-27(001).
③ 彭阳美人鱼——彭阳县博物馆官方网站(pybwg.org.cn).

物、人物故事。植物里大概有牡丹菊花等等人物故事啊,它都反映了当时的世俗生活,动物里面有山羊,梅花鹿,天马,最引人注目的是两种人鱼的砖雕……这一次以砖雕的形式来展示人鱼,在全国还是首次发现。最亮最让人兴奋的是,彭阳发现的人鱼的这个砖雕和其他地方都不一样,是真正的美人鱼。①

该墓地出土的人面鱼身砖雕相关研究未能在相关研究中收录分析。但是,笔者以文学人类学之四重证据法(第一重证据文字书写的材料;第二重证据是出土的甲骨卜辞;第三重证据是民俗、民间的口头表达;第四重是考古之物与图像)②追根溯源,厘清人面鱼身形象在墓葬中的意义。

二、一重证据之人与鱼形象的文献记载

人鱼形象在文献中的一重证据应首推《山海经》。《山海经·南山经》记载:"其中多赤鱬,其状如鱼而人面,其声如鸳鸯,食之不疥。"《山海经·北山经》记载:"其中多人鱼,其状如𩵥鱼,四足,其音若婴儿,食之无痴疾。"《山海经·海内南经》记载:"氐人国在建木西,其为人人面而鱼身,无足。"《山海经·海内北经》记载:"陵鱼人面,手足,鱼身,在海中。"此外,《山海经·大荒西经》:"有互人之国,人面鱼身。炎帝之孙,名曰灵契。灵契生互人,是能上下于天。"由此可知,《山海经》的人面鱼身状具有特殊的功能:一是人面鱼身状的动物具有治疗疾病的功能,吃了之后可以治疗疥疮、痴呆;二是氐人国的人和一些鱼类的形体是人面鱼身的形象。

《山海经·大荒西经》中有所谓"人面鱼身,炎帝之孙"的记载,说明炎帝部族中曾经产生过人鱼合体的图腾形象。实际上,鱼图腾不仅仅是炎帝

---

① 彭阳美人鱼——彭阳县博物馆官方网站(pybwg.org.cn).
② 叶舒宪.国学考据学的证据法研究及展望——从一重证据法到四重证据法[C].中国政法大学证据科学研究院,2009:420-433;叶舒宪.文学人类学教程[M].中国社会科学出版社,2010:343-409;杨骊、叶舒宪.四重证据法研究[M].上海:复旦大学出版社,2019:38.

部族的图腾,在各种古代文物文献中都能看到鱼图腾的残存。许多人面鱼身的器物出现在我们面前,某种程度而言,它们的确是先民们精心制作并赋予其深层意义。在古代神话中,可以看到颛顼、鲧、共工这样具有鱼性的神话形象,民间还有许多鱼化龙的传说等。比如"鲤鱼跳龙门",都可以归结为人鱼同化的观念。总体来看,《山海经》中所记载的人鱼形象,基本开创了后世以文字文献记载的人鱼形象演变的开始,带有浓厚的神话韵味。

除了《山海经》记述的人鱼形象以外,古代神话传说中的黄河水神河伯(亦称冯夷、冰夷、无夷),从昆仑而来,人面鱼身。《九歌》记载"乘水车兮荷盖,驾两龙兮骖螭",因渡河淹死,被天地封为水神,上古、三代备受崇拜和祭祀。它曾化为白龙出游,招致黄河泛滥,被羿射瞎左眼,受到惩罚。《龙鱼河图》:"河(伯)姓公名子(或云姓吕名公子),夫人姓冯名夷君。"后被道教纳入神谱,加以尊崇。"珥两黄蛇""衔蛇操蛇"应该就是半坡"人面鱼"两耳插鱼,与口衔双鱼的形象相似;在《山海经》中,"人面蛇身""人面鸟身""虎首人身"的半人半兽者,都被认为是"神"或者"祖先"。这些貌似荒诞不经的神话,其实是古代社会对于先民自身的认识,即他们都自认为是某种半人半鱼(兽)类神灵的后裔。[①]

除此以外,先民还以各种形态用来占卜,比如"人面犬身,其邑大苦,人面鱼身,邑有水灾",以此寻求未知世界的确定性。人兽合体的形象和异类相连的母题形象在中西文化中都不乏其数。例如古埃及尼罗河神哈普,西亚水神哀亚(Ea),就是半人半鱼。曼加列瓦群岛上一则玻利尼西亚神话说,最早的(宇宙)生物形象颇似后稷—颛顼的"半人半鱼";古希腊神话中人面鱼身的海妖塞壬(Siren),拥有妖娆美丽的外表和天籁般的歌喉,常用

---

① 梁奇.《山海经》中人鱼组合的神人形象——《山海经》中神人形象研究论文之二[J].美与时代(上),2010(9).

歌声诱惑过路的航海者而使航船触礁沉没；后世传说里的"美人鱼"就不用多说了。

由于当时的生产力低下，海洋和洪水能给先民带来灾难。因此，中国神话中有女娲补天与治水、鲧禹治水，西方神话有诺亚方舟，无不告显示先民对于洪涝的担忧。即便现代以来，人们依旧在水涝面前显得无能为力。根据中国水旱灾害公报统计，我们时常受到洪水的肆虐，①比如1998年长江特大洪水，②2021年河南水灾。相较之下，在信息科技如此发达的今天，面对极端恶劣天气带来的水祸时，损失依旧难免惨重。因此，先民们对水生生物寄托的爱惧交织的复杂心理也就较易理解。从希腊神话中的斯芬克斯形象，到《山海经》中"人面蛇身女娲"，从古巴比伦时期的人鱼神传说和希腊神话中的海妖塞壬，到《博物志》中记载的"鲛人"以鱼和蛇为代表的水生生物能够在水中自由驰骋，其旺盛的生殖能力与抵抗洪水的能力使得先民将鱼作为图腾而崇拜。

三、二重证据之鱼的形态语义溯源

在生产力极为低下的时期，先民只能依靠打猎捕鱼为生，既需要捕获动物和鸟类，也需要捕鱼。捕鱼和打猎在方法上很相像，还要采集果类、坚果和根茎植物这些都是非常重要的食物，所以将先民历史最初的那段时期为"渔猎时期"。在当时，先民既不知道驯养牲畜也不知道开垦土地，他们只

---

① 根据2006—2016年中国水旱灾害公报统计数据，2006年以来，我国每年受淹城市都在100座以上，其中2010年受淹城市为258座，2012年为184座，2013年为234座。李超超、程晓陶、申若竹、刘祺超.城市化背景下洪涝灾害新特点及其形成机理[J].灾害学，2019(2).
② 据初步统计，包括受灾最重的江西、湖南、湖北、黑龙江四省，全国共有29个省(区、市)遭受了不同程度的洪涝灾害，受灾面积3.18亿亩，成灾面积1.96亿亩，受灾人口2.23亿人，死亡4 150人，倒塌房屋685万间，直接经济损失达1 660亿元。https://baike.baidu.com/item/1998%E5%B9%B4%E9%95%BF%E6%B1%9F%E7%89%B9%E5%A4%A7%E6%B4%AA%E6%B0%B4/12788077?fr=aladdin.

知道依靠野生的食物比如野兽、鱼和植物为生。因为使用的工具和武器都是用石块制成的,也因为只有通过石头才能了解那段遥远的历史,所以将这个渔猎时期称为石器时代。①

出土的甲骨文为二重证据,鱼在先民生活史上一直扮演着重要角色,先民社会经历了渔猎阶段,以捕鱼为生的职业直到今天还广泛存在。甲骨文的鱼字(𩵋)是对鱼的形象刻画,有鱼头、鱼身、鱼尾和鱼鳍,甚至还有鱼鳞,更凸显了中国汉字文化的具象化。金文的鱼(𩵋)加上了鱼眼,连鱼尾也似乎有动感,晚期金文的"鱼"字是(𩵋),实际上可以看出这两个字到小篆鱼(𩵋)的演变痕迹,主要是鱼尾和鱼鳍的蜕变,鱼尾写成了"火"形,鱼鳍消失了。这个演化是隶书鱼(魚)的基础。隶书将这些繁复的笔画进一步规整合并,成了今天看到的从四点底的鱼。

许慎《说文解字》解释"鱼"作:"水虫也。象形。鱼尾与燕尾相似。"鱼是水中生活的动物,是个象形字。许慎说解鱼尾如燕尾,实际是文字错变的结果。《诗·小雅·鱼藻》写道:"鱼在在藻,有颁其首。"以及《诗·大雅·旱麓》记有:"鸢飞戾天,鱼跃于渊。"句中的鱼都指水中之鱼。

从古至今,人们和鱼的关系都十分密切。鱼除了用来食用之外,还用来祭祀。此外,鱼还是重要的纹饰内容,从出土的玉器来看有鱼状的玉器,古代彩陶也多绘鱼纹。鱼的种类也很多,因此对鱼的称谓也多,如鲦、鳜、鲤、鲫、鲖等等。如果说爱斯基摩人对于雪的分类很细,那么华夏土地上的先民对于鱼的认识与分类也达到了惊人的地步。在古文中还可以看到鱼用作动词,表示捕鱼、打鱼,例如《左传·隐公五年》记有:"五年春,公将如棠观鱼者。"句中的"鱼"即打鱼,今作"渔"。② 鱼字读音与"余"相同,因此,民间习

---

① [美]海斯、穆恩、韦兰著,王敬波译.先民简史——从远古到二十一世纪[M].天津:天津人民出版社,2017:2-3.
② 郑春兰.汉字由来[M].成都:四川辞书出版社,2012:328.

惯说"年年有鱼(余)",暗示富足。民间年画有不少对鱼的刻画,正取意丰足、吉祥。商人常常喜欢购买金鱼,他们会在公司正门入口摆放一个金鱼缸,表示聚宝盆、聚财的意思。可见,中国先民对于鱼的崇拜与赋予的深层意义由来已久,今人依旧有人认为吃鱼可以长寿补脑,所以鱼作为一种正面形象在中国文化中源远流长。

四、三重证据之鱼崇拜的历史遗留

第三重证据特指民俗学方面的证据,即如今被称为口传与非物质文化遗产的内容,包括口传文化传统、礼仪表演的传统和民俗传统等,都可归入非文字的文化文本范畴,也就是活态传承中的文化大传统。[①] 因此,以鱼与姓氏、服饰相关的民俗遗留论述鱼的深层文化特征。

(一) 以"鱼"为姓氏的民族

鱼姓氏在我国也大量分布,有此姓的少数民族有白族、羌族、傈僳族等,除了少数民族以鱼为姓氏,汉族亦有对于鱼的姓氏。今白、羌、傈僳等民族亦当有鱼姓,中华古今姓氏大辞典所载:白族之鱼姓,源于原始氏族之图腾崇拜,白族语称"乌",汉意即"鱼",遂以为姓,或谐鱼音而改为"余"。羌族之鱼姓,则源于房名,羌族语称"俄日",汉意乃"鱼",遂以为姓,或谐鱼音而改为"余"。傈僳族之鱼姓则出自鱼氏族,以族为氏。相传其先有昆仲二人,弟弟帮助一个渔村除了蛇患,在那个村安家落户,所生后代是鱼氏的祖先,成了鱼氏族。傈僳语称"汪扒"或"哇扒",汉意为"鱼",以为氏。或取其汉意而氏鱼,或谐鱼音而改为"余"。或取傈僳语之首音,谐"汪""王"而为姓。[②]

[①] 叶舒宪.羌人尚白与夏人尚黑——文化文本研究的四重证据法示例[J].文学人类学研究,2018(1).
[②] 窦学田编撰.中华古今姓氏大辞典[M].北京:警官教育出版社,1997:767.

云南大理白族捕到较大的鱼时,不但不加伤害,反而焚香礼拜,祈求鱼神原谅,然后把大鱼放回洱海中。白族人认为五六百斤以上的鱼已变成鱼神,绝不可伤害,否则会带来灾难。所以,白族在庙中都供有鱼神。由于布依族传说鱼是他们的始祖,所以他们在埋葬死者后,在墓碑的顶盖上,还要装上刻有双鱼葫芦的石雕。白族至今也沿袭着以鱼和海螺为殉葬品的习俗。家中亲人死后下葬时,在挖好的墓穴中间掘个洞,在洞里放一个土陶罐,罐内盛满洱海水,放上活鱼和活海螺若干,然后才安放棺木,垒坟头。

关于布依族以鱼为图腾,还有一个神话传说:"从前,有一个姑娘在河边洗衣裳,河里有许多鱼游来游去,其中有一条漂亮的花鱼围着姑娘久久不愿离去。姑娘放下手中的衣裳看着鱼出了神,鱼便要求同她成亲,姑娘答应了。夜晚,这条花鱼变成了人,到姑娘家结为夫妻。"①这种人与兽结合的神话故事在世界各地都广泛存在,比如华夏本土的伏羲女娲(人首蛇身)、尝百草的神农氏(牛首人身),印度神话里的湿婆神之子象头神(象头人身),埃及神话里的地狱之神(狗头人身),希腊神话中的山神萨提罗斯(人首羊身),两河流域的亚述神亚述耳(鸟头人身)等等,都说明远古时期先民认识自然与社会具有原始思维共通性,存在人对动物的崇拜现象,所以彭阳出土的人鱼砖雕具亦有对鱼崇拜的特质。

(二)鱼形状在民族服饰方面的运用

在服饰方面,云南洱海附近的白族妇女盛行以"鱼尾帽"为头饰。"鱼尾帽"用黑色或金黄色的布仿鱼形制成,鱼头在前,鱼尾后翘,上缀白色的银泡子或白色的珠子表示鱼鳞,戴在头上十分美观。沿海妇女多戴此头饰,由沿海移民山区的白族也戴鱼尾帽。有些地区的妇女上衣袖口和衣襟上缀着

---

① 郑军.中国传统吉祥文化图说——连年有余[M].济南:山东画报出版社,2019:76.

象征鱼鳞、鱼人的银白色泡子,在大小袖(亦称假袖)口、围腰等处多绣各种海藻和菱角等水生植物图案,裤脚边上绣有海水波纹,脚穿船形鞋。①

人面鱼基本上有两种造型。一种较为写实,状如"娃娃鱼";另一种更接近神话传说中的美人鱼。人面鱼头部呈抓髻状,抓髻上横穿骨簪,发型接近楚国贵族妇人装扮,颇令人惊奇。我国对"鱼"的崇拜历史悠久,认为鱼腹中多子,寓意"多子多孙","鱼"又谐音富余的"余"字,所以在民俗中视鱼为财富的象征,就有了吉利年画"连年有余""大余大利"在我国甘肃、陕北、宁夏南部地区也有"人面鱼"的剪纸,其可佐证人面鱼是我国古老的文化遗传。

图4　娃娃鱼

中国神话中的神在外形上往往是半人半兽。比如人首蛇身、人面鱼蚊、人首鸟身、鹰攫人首等等将人与动物结合的实物图像。有人统计《山海经》所出现的450多个神中,非人形神约为人形神的四倍。如河神"冰夷",水神"天吴",海神"禺京",沙漠神"长乘"等,都是人面兽身、人面鸟尾或人头蛇躯。教人播种五谷、为民遍尝百草而丧生的炎帝神农是牛头人身;与黄帝打仗的蚩尤则是人身牛蹄,四目六手。而伏羲、女娲这两位中国神话中的先民始祖,尽管他们是与先民关系极密的尊神,到了东汉末年,仍然保持着半动物化的形象:他们腰身以上通为人形,穿袍子、戴冠帽;腰身以下则为蛇躯或鳄龙躯干。②刘宝昌认为:"先秦时代的中国美学,以整合众生为其终极旨趣与审美指归。即使像先民童年时代的作品,如西安半坡人使用的人面鱼纹盆,也将人面、鱼身、网纹等多种类事物集于一体。观照商周青铜器,

① 郑军.中国传统吉祥文化图说——连年有余[M].济南:山东画报出版社,2019:76-77.
② 刘忠洋.对中西神话神的形象相异性的追问[J].求索,2006(1).

或是饕餮、人面、虎身；或是夔龙、凤凰、水族，林林总总，不拘一格。其特点是至为明确的，那就是整合众生的审美追求。"① 从理论上说，神祇形象的发展可以分作动物神祇阶段、人兽同体阶段及神人同型三个阶段。由于中国神话的产生比希腊神话早许多，因而还处于动物神祇、人兽同体阶段。如水神共工是"人面朱华，蛇身人手足"，火神祝融是"兽身人面，乘两龙"，河神河伯为"人面鱼身"，等等，野兽被当时的中国人视为神圣的宠物受到尊敬，于是崇拜神灵与崇拜野兽统一了起来，出现了神话中人兽合一的形象。②

五、四重证据之人面鱼体的立体阐释

第四重证据，是指文字符号和语言符号之外的符号或符号物，包括图像、遗址、文物和其他一切承载着先民意义或文化意义的物证，如血型、肤色和基因。③ 以出土的实物图像阐释其中的暗含意义，结合一重证据、二重证据、三重证据通过类比阐释其文化意蕴，深入发掘出土的实物图像的意义，也是让文物"活起来"的法宝之一。

由于缺少文字记载，导致学界对图像文本的阐释会出现多层意蕴，从某种程度而言，文本意义的阐释是多元、开放的，因此，在寻找确定性的同时就产生了一种悖论：确定性是相对的，不确定性是绝对的；清晰性是相对的，朦胧性是绝对的。④ 这种"半人半鱼"或"人鱼合体"的形象留下了多种阐释的结果。有学者们认为，源于动物祖先崇拜机制，但又跟自然力的活动相关。"鱼纹"和"人面鱼纹"作为图腾和祖先神的形象，是带有祈

---

① 刘保昌.中华和合文化生成论[J].社会科学研究，1998(3).
② 刘忠洋.对中西神话神的形象相异性的追问[J].求索，2006(1).
③ 叶舒宪.羌人尚白与夏人尚黑——文化文本研究的四重证据法示例[J].文学人类学研究，2018(1).
④ 王可.彩陶人面鱼纹新解[J].美术观察，2011(3).

福和庇护之意的,即希望死者回归到图腾即祖先的世界。鱼的生殖功能及其对中国文化产生了深远的影响。人面鱼身暗含着多子多福的象征隐喻并未随着原始文化的文明化而消失,它沉入于民间艺术之中,比如民间剪纸的娃娃鱼,就是希望多子多福,带来好运,鱼依然扮演着神圣化的使命。

先民社会,还存在鱼祭的葬俗。陕西华县元君庙仰韶文化半坡类型墓葬中就发现了陶钵中盛放鱼骨的现象,甚至当代的一些少数民族,也保留有鱼祭的葬仪。鱼具有繁殖和"死而复生"特征。因此,在葬俗中,使用鱼祭可能具有"再生"(Rebirth)的含义。可见,"鱼"在此充当的不是祭祀品,恰恰相反,它是图腾的象征,以保护死者灵魂进入祖先的世界。① 然而,青蛙也具有类似的功能,在马家窑文化中,墓葬陶器图像中广泛出现的不是"鱼",而是青蛙纹,在其他的一些文化中,蛇也受到了"崇拜"。弗雷泽在《金枝》中记载:

> 英属哥伦比亚印第安人的生活,大多依赖他们河里与海里丰富的渔产资源。如果鱼群在应来的季节里不来,他们就得挨饿。于是他们就请一位努特卡里男巫做成一个游鱼的模型,放在鱼群通常会来的水域中。在举行这种仪式时还要念诵祈求鱼群游来的祷告,这样,鱼群就会立即游来……在东印度群岛的萨帕罗伊、哈鲁库和诺伊萨劳特岛上,当一个渔民要出海捕鱼时,他找出一株其果实被鸟啄得很厉害的树,砍其一段粗大的树枝,并将它做成他渔船上的主桅杆。他相信正如这株树能用其果实来吸引鸟类一样,它的树枝也将在捕鱼期间吸引许多鱼前来。②

---

① 喻仲文.先秦艺术思想史[M].武汉:武汉大学出版社,2017:8.
② [英]J.G.弗雷泽.金枝——巫术与宗教之研究(上)[M].北京:商务印书馆,2017:37.

因此说，先民根据"相似律"与"接触律"①的原则来模仿神力，唤起鱼的到来。水是生命之源，鱼、蛇、蛙等水生动物离不开水，先民更是离不开水。早期的先民由于对水的储存还是很受局限的，所以逐水草而居，使得先民对于水草类的动物接触的频率更多，通过鱼、蛙、蛇等动物的观察发现，将其作为一种崇拜性动物亦是情理之中的事。对于鱼人的合体形象说明先民在渔猎时期还没有区分物我相异，而是将物人不分，甚至将动物所表现的怪异形象认为是神化的结果。先民对于自然界的奇异怪象以及人自身的形成而不断追问，以狩猎捕鱼为生的生活方式注定了对于鱼的崇拜，对鱼产卵的自然模仿，也有对谷物的崇拜。其实是先民对我是谁、我从哪里来、我到哪里去的朴素哲学的追问，对于"灵魂不死"的循环往复的生命观念的追求。丁子杰认为人鱼俑的两个显著作用是：

> 首先，人鱼俑实质是一种随葬于唐宋墓葬中的神怪俑，有着明显的时代和地方特色，是唐宋时期丧葬习俗、神怪观念的重要体现。其次，人鱼俑的内涵也并非一成不变，在不同时代有不同体现。在唐和五代，它是镇墓辟邪、丧葬礼制、地理风水影响下的产物。在两宋，则和道教关系密切。②

其实，对鱼的崇拜古已有之，这与当时先民们处于渔猎时期密不可分。根据鱼的个性特征进行深入观察，表现出对于鱼的崇拜，对于鱼水之间的和谐相处之关系的向往，所以后来才以"鱼水之欢"象征男女爱情之

---

① 通过分析我们发现，巫术主要建立在两种思想原则上：一种是"同类相生"或果必同因，可称为"相似律"；另一种是"物体只要互相接触过，即使后来中断接触仍会远距离地互相作用"，可称为"接触律"或"触染律"。根据第一个原则，巫师认为通过模仿就能实现自己的任何愿望；参照第二个原则，巫师确信，只要某个物体曾被一个人接触过，他就能借助这个物体来影响对方。由相似律派生出的法术称作"顺势巫术"或"模拟巫术"；以接触律或触染律为基础的法术称为"接触巫术"。[英]J.G.弗雷泽.金枝——巫术与宗教之研究（上）[M].北京：商务印书馆，2017：26.
② 丁子杰.唐宋墓葬出土人首鱼身俑研究[J].东南文化，2020(6).

间的和睦,更凸显的是一种人与自然、人与人、人与动物之间的和谐相处的关系。除此以外,固原市区(历史上称为原州)曾是丝绸之路的重镇,是中原文化与域外文化交流的通道,是世界丝绸之路文化重要遗产,留下了固原古城、须弥山石窟、南塬北朝隋唐墓地等。佛教在中国唐宋时期的盛行,以至后来的文学力作《西游记》受到佛教文化的影响而横空出世。鱼是先民崇拜的遗留,加上鱼是佛教八吉祥(宝瓶、宝盖、双鱼、莲花、右旋螺、吉祥结、尊胜幢、法轮)之一,又象征着复苏、永生、再生等意,使得"鱼崇拜"在唐宋时期再次复兴,甚至在佛教文化的影响下达到盛行的地步。

彭阳砖雕的人鱼形象,其女性双手合十,以佛教的姿态出现在彭阳墓葬中,这种人鱼形象将现实生活的观念投射到后世冥界的世界观中,受到"生死轮回"观念的影响。所以,宁夏彭阳出土的人鱼砖雕不是电视纪录片援引西方美人鱼故事所讲的那样,而是华夏先民对于鱼的崇拜,也是对外来佛教神祇的改造与重塑,是地域文化和民俗信仰在中国先民墓葬中造像的反映,折射出先民当时的本土生死观。除此以外,在我国的山西、陕西、安徽等地出土人鱼雕刻的实物图像,更加凸显早起的中国各民族、各区域之间有共同的文化观念与信仰,因此,中华民族自古以来就是"你中有我,我中有你"的"鱼水"关系。

六、总结

中国墓葬以及出土的器物在世界墓葬文化中具有独特的地位,以文学人类学特有的四重证据法对彭阳人面鱼身砖雕的分析,发现鱼身人面古已有之。人与鱼合体的特征凸显了先民的繁殖与永生观念,尤其是对冥界悠远的想象发人深思。在人人都得经历死亡的时候,对大多数人来说,冥界是一个神秘莫测的世界。当面对日月星辰,生老病死时,先民不断地追问:"我是谁？我从哪里来？我要到哪里去？"根据墓葬的实物图像，先民或许将来世世界想象为现实世界的延续。更进一步讲，人面鱼身砖雕亦说明了生者对于逝者的依恋，并对逝者未来的世界充满希望与祝福，以此亦凸显了四重证据作为方法论的阐释效力。

文学与语言

WENXUEYUYUYAN

豫旺诗笺

杨占武①

摘　要：明代的宁夏同心县豫旺城，处于从固原北上到花马池这条"防秋大道"之咽喉，军事交通位置重要。每年防秋之时，三边总督调集大军，"扬威塞上"，途经豫旺，还往往在豫旺城宿营，一些人还留下了诗作。本文搜集明代三边总制杨一清等以及其他人咏颂豫旺的诗歌共六首，并进行考证笺注，对于明代文学以及宁夏地方文化历史研究都有一定意义。

关键词：豫旺城　千户所　诗歌　三边总制

宁夏同心县预旺镇，元朝时为豫王封地，建有豫王城。明朝建立后，"豫王"之"王"因讳而改为"旺""望"，并在此设置平虏守御千户所。由于"豫旺""预望"等词同音，明代史籍往往"豫旺""豫望""预旺""预望"兼载。下文中，凡本文作者所称，一律记为"豫旺"，引文则原文照录。

豫旺城地理位置十分重要，而且土地肥沃，宜于耕垦。有明一代，这里不仅是北方蒙古民族南下的重要通道，也是明朝防范其南下的重要关口。《明实录》云："豫旺城去韦州嬴山仅百里，河套驻牧之虏入寇固原、平凉，势

---

① 作者简介：杨占武（1963—　），男，宁夏同心人，研究员，北方民族大学兼职教授，长期从事语言学、民族学研究，现任职于宁夏回族自治区政协文化文史和学习委员会。

必由此。其地土衍沃,可屯而守……盖豫旺为喉襟要地,于此城守,东可遏大小狼山侵掠万安、清平二苑之贼,西可援葫芦峡口、半个城,深入固原、安会之路矣。"(《武宗毅皇帝实录》卷二,弘治十八年六月丁巳)是说豫旺可东通甘肃环县,西可通葫芦峡口(今宁夏海原县李旺镇)、半个城(今宁夏同心县),并由此深入固原、静宁、会宁一带。

明朝前期至中期,朝廷十分重视豫旺城的军事设施建设。成化十二年(1476),时任陕西右都御史余子俊即奏请在豫旺设立平虏守御千户所,驻军守御及屯垦。据《明实录》记载:"户部会议各处巡抚漕运都御史等官所陈事宜……固原卫迤北葫芦峡口并豫王城俱有古城一座,通宁夏韦州……请以南北军顶兑,顺其水土之性,免其跋涉之劳。仍修理豫王城,设平虏守御千户所,其葫芦峡口设镇戎守御千户所,俱隶固原卫。其闲地则为屯田,且耕且守,五年后方令纳粮。平虏千户所仍听宁夏总兵官节制。"这一建议得到宪宗皇帝的批准:"新议千户所准开设,南北军人准顶兑。"(《宪宗纯皇帝实录》卷一五七,成化十二年九月癸卯。按:"豫王"原文作"魏王",显系误录,此径改)但建城设所之事一直延拖,未付诸实施。

明弘治十五年(1502),时任总制陕西军务尚书秦纮再次奏请于豫旺城修建军事设施。《明实录》载:"总制陕西军务尚书秦纮上边备事宜:谓御戎之道,当以守备为本。平凉北四百余里旧有豫望城,固、靖北三百余里旧有石峡口及双峰台城,此皆达贼入寇总路,最宜设备。欲将此三处修完,分兵防守,东与环庆,北与韦州烽火相传,互为应援,此第一厄也……"(《孝宗实录》卷一八七,弘治十五年五月庚子)在秦纮看来,御戎之道,守备为本,而自平凉而北,有四道关隘,豫旺城处于第一道关隘。其"捍御北虏,屏蔽中原"的重要性自不待言。秦纮的这一看法也记载在《明史》本传中:"惟花马池至固原,军既怯弱,又墩台疏远,敌骑得长驱深入,故当增筑墩堡。韦州、豫望城诸处亦然。"

弘治十七年（1504）五月，秦纮调任户部尚书。据《〔嘉靖〕固原州志》记载，秦纮已"修筑城池及东西关"。《〔万历〕固原州志》载嘉靖六年（1527）十月检讨王九思《总制秦公政绩碑记略》也说，秦纮"在边者二年，以备边之筹惟战与守，于是推演古法，造火器，已乃修豫望城，修石峡口，修双峰台三城"。这说明，豫旺城建在秦纮任上至少已基本完工；但豫旺守御千户所还没有成立。直到弘治十八年（1505）六月，杨一清在任陕西都御史、三边总制时，豫旺平虏守御千户所正式建衙。据《明实录》记载："开设豫旺城平虏守御千户所。既成，设正千户一员、副千户二员、镇抚一员、百户十员、吏目一员及新安仓大使、副使各一员。"（《武宗毅皇帝实录》卷二，弘治十八年六月丁巳）

由于豫旺城处于从固原北上到花马池（今盐池）这条"防秋大道"之咽喉，军事交通位置十分重要。每年防秋之时，三边总督调集大军，"扬威塞上"，途经豫旺或往往在豫旺城宿营，一些人还留下了诗作。诗者，亦史也。这些诗作，也是豫旺城的历史记录。今爰为搜录，笺注如次。

豫旺城　〔明〕杨一清

冰霜历尽宦情微，又上高楼坐夕晖。野草烧余胡马瘦，塞屯开尽汉兵肥。沙场估客穿城过，草屋人家罢市归。不谓荒凉今得此，当年肃敏是先几。

该诗收录于杨一清《石淙诗稿》卷之七《行台类》（冯良方点校，云南教育出版社，2018年）。

作者杨一清（1454—1530），字应宁，号邃庵，别号石淙。《明史》有传（卷一九八）。他原籍云南安宁（今云南安宁县），后徙居京口（今江苏镇江）。杨一清历经成化、弘治、正德、嘉靖四朝，为官五十余年，官至内阁首辅，为明代名臣，《明史》本传称"其才一世无两"，"比之姚崇"。弘治十五年

(1502),经兵部尚书刘大夏举荐,升为都察院副都御史,督理陕西马政。弘治十七年(1504),蒙古军进入花马池(今宁夏盐池),边陲告警,杨一清受命巡抚陕西,仍兼理马政。弘治十八年(1505),总制三边军务,进右都御史。杨一清在镇,充实军伍,部署兵力,修建边墙,但很快被刘瑾排挤离职。刘瑾还诬陷他侵吞军饷,将他逮捕入狱。经李东阳、王鏊力救,始得致仕归京口闲住。

这首诗就是弘治十八年杨一清在任三边总制、领兵过豫旺城时所作。在一般人看来,官至三边总制是很显赫的了,所谓"三边总制天下雄",但这首诗所表现出的情绪却有些颓唐。首句即说历尽冰霜,做官的意趣越来越淡。是官场倾轧、无心恋栈的无奈,还是远赴戎机、触目塞上荒凉的悲苦?当时正值宦官刘瑾当道,杨一清对自己的处境怕是早有预闻,心情好不到哪儿去。坐在高高的豫旺城楼上,远眺群山,夕阳西下,不禁黯然神伤。如今,如果从豫旺城西眺,群山中还有一座被当地人称为"墩墩山"的墩台。

自永乐初年始,明朝在军事防御上就有烧荒之策,秋冬时,将长城外空旷地已经枯黄的草原、灌木丛进行统一的焚烧,这种措施一直贯穿于明朝始终。真是"芳草年年与恨长"!从军事角度说,烧荒有利于消除战争掩护障碍物和破坏游牧人的牧草资源,也向周边传达一种抵御入寇的强烈讯息。但显然,烧荒再加上屯垦区大规模耕垦,会造成边防地区的生态破坏和荒漠化。"野草烧余"并不一定导致"胡马瘦","塞屯开尽"也不见得"汉兵肥"。

"沙场估客穿城过,草屋人家罢市归。"保留了当年豫旺的一些民俗事象,读起来很是亲切。豫旺虽地处边塞"沙场",军事活动频繁,但商贾(估客)如流,在城里来往穿梭,商业活动还是很活跃的;豫旺是一处平原,没有开掘"靠山窑"的条件,人们通常居住在"箍窑"或平房中。这种简陋的平房大约就是土木结构的"黄泥小屋"吧?通常是三面墙体夯筑,前墙用"胡墼"砌起来,椽子搭建屋顶,上面覆盖草席,然后用黄土加"麦麸"(俗写为"麦衣")和成的泥抹一下。对降雨量小的地区来说,屋顶防水无需挂瓦,这一层黄泥已经够用了,但也需要隔几年再抹上一层。清代曾任平远县令的陈日新在他所撰《平远县志》中也曾描述:"县治以北多平房,仅涂泥于房顶,遇雨泽而不渗漏,本土性之坚腻也。"

"不谓荒凉今得此,当年肃敏是先几。"这两句之后,作者有一个小注:"余肃敏首建城守之议,越二十年予始成之。"把豫旺置"守御千户所"的过程基本说清楚了。豫旺置守御千户所,史志多有误记,或曰成化十二年(1476),或曰弘治十四年(1501)。实际情况是:成化十二年(1476),陕西巡抚余子俊奏请在此设立平房守御千户所,朝廷虽批准,但"既有成命,因循不举者垂二十年。"(《武宗毅皇帝实录》卷二,弘治十八年六月丁巳)弘治十五年(1502),三边总制秦纮再次申请设立平房所,并基本完成了城建,但直到秦纮被召还,建所之事也未得实行。弘治十八年(1505),杨一清才真正实现委官、建衙、驻军、屯种之实。但余肃敏首倡在豫旺城置守御千户所,见微知著、洞知先机的预见之明是值得称道的。

嘉靖己丑夏五月兵过预望城　[明] 王琼

原州直北荒凉地,灵武台西预望城。路入葫芦细腰峡,苑开草莽苦泉营。转输人困频增戍,寇掠胡轻散漫兵。我独征师三万骑,扬威塞上虏尘清。

诗题取自《〔嘉靖〕固原州志》,《〔万历〕固原州志》中诗名简省为《过预望城》。

作者王琼(1459—1532),字德华,号晋溪,别署双溪老人,山西太原(今山西省太原市刘家堡)人。《明史》有传(卷一九八)。

王琼于嘉靖七年(1528),因礼部尚书桂萼力荐,起为兵部尚书兼右都御史,提督陕西三边军务。《明史》本传称"其督三边也,人以比杨一清云。"按诗题,这首诗作于嘉靖八年(1529)夏五月,时王琼领兵经过豫旺城。

首联两句点明豫旺所处的地理位置:原州北、灵武台西。豫旺地处原州的正北方向,所以说"直北"。"灵武台",地不在宁夏灵武,而在今甘肃环县东北,《方舆纪要》卷五七"环县":"在县东北三里。"

葫芦细腰峡,即细腰葫芦峡。从固原"防秋"北上花马池,清水河右岸的折死沟是必经之地。其中李旺至豫旺的这一段峡谷通常被称为"细腰葫芦峡"。也可能此处的"葫芦细腰峡"指的是"细腰葫芦峡城",按照《〔嘉靖〕固原州志》所说,地在今同心县李旺堡东。"苑开草莽苦泉营":"苑"指马苑,明代固原地区是养马基地,马苑遍布,《〔嘉靖〕固原州志》记有"广宁、开城、黑水、清平"四苑,苑下设马营,如开城苑下辖八营马房。"苦泉"或"苦泉营",如作地名解,不当在此处。《元和郡县图志》卷二"关内道":"同州朝邑县苦泉,在县西北三十里许原下,其水咸苦,羊饮之肥而美。今于泉侧置羊牧,故谚云'苦泉羊,洛水浆'。"因而,此处的"苦泉营"可不作专名解。"泉",古汉语中指"地下水",如《左传·隐公元年》:"若阙地及泉,其谁曰不然?"苦泉,即地下水咸苦,《〔嘉靖〕固原州志》也记载:"本城井水苦咸,人病于饮。"如此,本句"苑""营"呼应,是"苑"开草莽"营"建苦水之地的意思,都是对马苑、马营立地条件的描述。这些地名和"草莽""苦泉"等生态景观,营造出一种开阔荒凉的意象。

转输,转送运输。古时,固原是通往河西走廊重要通道之一。甘肃、新疆等处的军饷常经此处输送。频增戍,《〔嘉靖〕固原州志》作"顿增戍",此据《〔万历〕固原州志》改。由于战事频繁导致戍卒增加,运送粮饷的任务也随之加重。散漫兵,指明朝的军队。"散漫",此处意为零散四处,即兵力不集中。北虏之所以肆无忌惮地南下劫掠,是因为他们轻视零散分布的明朝军队。《〔嘉靖〕固原州志》就指出,朝廷虽然在固原设三边总制,"增兵添戍",但"势分力弱,虏每大举深入,卒不能御"。

"我独"二句：明嘉靖时，蒙古鞑靼部俺答汗常侵入边塞，散掠内地。嘉靖己丑即嘉靖八年(1529)，蒙古套部以数万骑寇掠宁夏，王琼即率诸道精兵三万余人，亲赴花马池前线，"寇闻，徙帐远遁"，王琼得"耀兵而还"。此诗即记述此事。这次的经历，可能对王琼判断边警是一种经验借鉴，据《明史》本传，嘉靖十年(1531)秋，花马池有警，兵部尚书王宪主张发兵，但王琼认为花马池边备严固，寇不能入，大军出动，寇先退，不过徒增耗费而已。但王宪没有采纳这一建议，发兵六千，结果如王琼所料。看来，有时候这种"边警"，不过是虚张声势、消耗对方的一种策略，也类如现代国际斗争中的"猫捉老鼠"游戏。

豫旺城独酌　［明］齐之鸾

千里尚书期，渡河结南辙。萧关成返闭，黑水得源穴。土山不送青，飞霾气寒绝。未开春分花，且作清明雪。下马豫旺城，台日淑可悦。芦酒倾边味，感叹肺肝热。颀然八尺身，苦慕殉名烈。驱车荒徼云，汗颜古豪杰。指挥铁如意，欲击唾壶缺。

见《入夏录》(《四库全书存目丛书·集部》)。

作者齐之鸾(1483—1534)，字瑞卿，号蓉川，南直隶安庆府桐城县(今安徽省安庆市桐城市)太平坊人。《明史》卷二〇八有传。据《〔万历〕朔方新志》及《〔嘉靖〕宁夏新志》载，齐之鸾于嘉靖八年(1529)任陕西宁夏佥事，嘉靖九年(1530)以佥事督储宁夏河西道，"河东沟垒及平虏新墙皆所筹画，由是升副使"。三年期满后任官河南、山东等地。齐之鸾是明代有名的直臣，任官清廉有政声，为百姓所称道。在宁夏主要的工作是兴修水利、筑修边墙、疏浚田间淤塞、督促种粮等。他能诗，又是桐城历史上的第一位翰林，被称为桐城派诗祖，对桐城派的兴起有先导作用。存世著作有《蓉川集》《入夏录》，其中《入夏录》为齐氏任宁夏佥事时所作。

这首诗,需要结合齐之鸾在宁夏的其他诗作特别是任官经历及心境等加以理解。

《入夏录》上卷共145首诗,其中第三部分为到宁夏镇后所作,共57首。时间大概从嘉靖八年九月中旬到嘉靖九年除夜,反映了齐氏到宁夏任职一年时间中的主要活动。齐氏到镇三日即赴沙井道中视察农人种植情况,然后经由峡口过小盐池后到韦州,由韦州进入豫旺城。"渡河结南辙"即指渡过黄河以后向南进发的路途。而"千里尚书期",则指掐指以数归回的心情。齐氏远徙边疆,实非内心所愿,到宁夏以后,因不适应当地酷寒而患上足疾等病症,常有乞求告归之意。《蓉川集》载《历官疏草》之《请告归》《请告归田》等,记载齐氏给嘉靖皇帝的上奏,主要内容是"恳乞天恩悯念衰病愚僻,容令致仕归田"。齐氏离开宁夏后,先后任职河南、山东临清。嘉靖十三年(1534)六月,在河南按察司按察使任上因冒酷暑办公,暑气侵脑病逝,享年只有51岁。由此情况看,《请告归》《请告归田》所反映自己"旧患痰气郁火怔冲",加之到塞北饮食不惯,不耐酷寒,"致成痢滑"、"气血拥败,阴阳虚怯,早衰头白"以及手疾、足疾,"百疾交攻"等都是实情,可惜没有得到应有的关怀。

"萧关成返闭,黑水得源穴"句,是指游历至宁夏南部固原一带。黑水,有"大黑水""小黑水"。据嘉靖及万历《固原州志》:"大黑水,在州北一百一十里,流入清水河。小黑水,在州北八十里,流入大黑水。"大黑水,即清水河左岸支流之中河,又名苦水、臭水河。据《中国河湖大典》(黄河卷,中国水利水电出版社,2014年),大黑水"发源于宁夏回族自治区中卫市海原县红羊乡红堡村月亮山东坡,流经宁夏回族自治区海原县、固原市原州区,于原州区七营镇小河村储家湾公路桥一下汇入清水河"。小黑水,即中河右岸支流臭水河,"发源于宁夏回族自治区西吉县偏城镇柳林村,流经偏城、沙沟,与杨明河会流后至中卫市海原县李俊乡入寺口子水库,以下始称中河"。萧关,故址在今宁夏固原原州区东南;而北宋崇宁四年为防御西夏而筑的萧关,故址在今固原市原州区北须弥山。结合诗中提及"黑水"的方位,这里所说"萧关"应指宋萧关。

"土山不送青,飞霾气寒绝。未开春分花,且作清明雪"几句,准确描绘塞上的春寒料峭。陈日新在《光绪平远县志》中描述:"平远地极高寒,受春气最迟,受秋气独早。……自冬徂春,冰坚地裂,终日大风扬沙。"塞北的春天总是来得迟一些,春已至,花未开,荒山秃岭,绿意全无,还洋洋洒洒飞起雪花。车驾至预旺,登上城楼高台,初春虽依旧凄冷,但难得的是正午的阳光暖意融融。乞归无望,自己又百病缠身,此时置一壶老酒,插入芦管,吸饮独酌,喝的是酒,品尝的是独处塞北边疆的苦味,不禁意兴阑珊,百感交集。读此诗,真有杜甫"亲朋无一字,老病有孤舟。戎马关山北,凭轩涕泗流"的孤苦之感。

但齐之鸾毕竟是一个饱读诗书,具有浓厚士大夫情怀的文人,追求"修身、齐家、治国、平天下"的最高人生理想,懂得以古来圣贤为楷模,以建功立业而自慰。此时酒后微醺,在预旺荒原驱车巡游,一直到云边。自己也是堂堂八尺男儿,对照古来建功塞上的先贤豪杰,真是有些汗颜。手执铁如意,且歌且咏,也只能劝慰自己勉力而为了。确实,齐氏为官清廉正直,在宁夏任官三年也政绩卓著,是得到官民一致认可的。

预旺城次晋溪翁韵 [明] 唐 龙

疎茅砦结千人戍,苦水沙环三里城。雪暗犬羊归旧穴,云明骠骑出新营。高深沟垒重门险,呼吸风霆六月兵。青草塞前农耜举,黄榆道上凯音清。

见《〔嘉靖〕固原州志》。《渔石集》卷四《七言律诗》中题作《预望城》。

作者唐龙(1477—1546),字虞佐,号渔石,金华府兰溪县(今浙江省兰溪市)人。《明史》有传(卷二〇二)。嘉靖十年(1531)九月,被任命为兵部尚书,兼都察院右都御史,总制陕西三边军务。从题目看,这首诗是次王琼《嘉靖己丑夏五月兵过预望城》韵而作。王琼,号晋溪,已见上文。

疎,音 shū,古同"疏""疎"。砦,音 zhài,同"寨"。首联两句,是对作为守御千户所的豫旺城的描写。同时期《〔嘉靖〕固原州志》记载:

> 平房守御千户所,……地无井泉,惟蓄潦水供饮,不堪多驻兵马。……城周二里三分,高阔各二丈。关周三里二分,高阔各二丈。

> 官军一千二百四十五员名,马队五百三十一员,步队七百一十四员名。

与志书的记载一一吻合,这两句用"苦水""沙(土地)""疎茅砦结""三里""千人"将豫旺的自然状况、城堡的简陋、规制以及驻军的人数都作了描述。

二、三两联,主要是自夸明军军容之盛、沟垒之峻。"犬羊",是对外敌的蔑称,如陈琳《为袁绍檄豫州》有"犬羊残丑,消沦山谷"句。此句以衬托明军之骁勇。"高深沟垒"既指堡城的堑壕,但更主要的是反映当时沿边深沟高垒的情势。这首诗是次王琼《嘉靖己丑夏五月兵过预望城》韵而作,而王琼守边最重要的作为如《〔嘉靖〕宁夏新志》所说:"创深沟高垒及北长城",王琼自己有《宁夏阅边》诗,其中有"深沟划断通胡路,不用穷兵瀚海头"句。唐龙此处提及"高深沟垒",是对王琼的认可。当然,唐龙此诗步王琼诗韵而作,一般理解,难免会蹈歌功颂德之窠臼。但实际上,明代一直将深沟高垒作为守边之策,从余子俊、秦纮、杨一清到王琼,一任接着一任干,其具体施工方法如《明史·余子俊传》所说:"依山形,随地势,或铲削,或垒筑,或挑堑,绵引相接,以成边墙。"

"黄榆道上凯音清",指的是明军在边塞凯歌高奏。黄榆,这里借指"边塞"。除此之外，尾联也反映出预旺的屯田情况。据《〔嘉靖〕固原州志》记载，当时豫旺"屯田三百顷，该征子粒一千八百石，马草二千七百束"。三百顷，换算为三万亩，差不多是今预旺平原土地面积的三分之一。不过，这是官屯土地的亩数。从上文引述《宪宗纯皇帝实录》所云"其闲地则为屯田，且耕且守，五年后方令纳粮"来看，豫旺在开所军屯之前，已经存在民田，否则宪宗皇帝就不会说出"闲地则为屯田"的话了，研究该地开发历史，当予以留意。

提兵防秋宿平虏所 〔明〕石茂华

城名豫旺自何时，茇率戎行暂住斯。莫计旋期歌暮止，肯缘塞意动凄其。边烽直接渠搜野，戍道遥通瀚海涯。颉利已收南牧马，穷荒日日猎狐麋。

诗见《〔万历〕固原州志》。

作者石茂华（1522—1583），字君采，号毅庵，山东益都（今青州）人。万斯同撰《明史》中有传。万历元年（1573）及万历十一年（1583）间，两次出任三边总督。第二次上任数月后，因积劳呕血，卒于军中。

从首联来看，这首诗作于作者率兵北上，在豫旺宿营时。首句追问豫旺城的历史。《〔嘉靖〕固原州志》载，进士杨经曰："平虏古有是城，莫考所创。相传为豫王城，考之《元史》，顺帝冬十二月丙寅朔，豫王阿剌忒纳失里，徙居北海，寻还六盘山。北海，疑即今平虏城地，故俗呼为豫王城云。"从这一记述来看，豫旺城为豫王阿剌忒纳失里所建，明代已经相传。作者防秋北上，小城暂驻，举目塞北秋风萧瑟，不禁有凄凉悲伤之感。

"边烽直接渠搜野，戍道遥通瀚海涯"展现出一幅凄凉壮阔的场景。渠搜，古西戎国名，此处代指蒙古地方。颉利，本为唐代东突厥可汗名，这里代指蒙古人。瀚海，西夏时期称黄河以东的宁夏北部、中部地区的灵盐台地即

"河东沙区",明代以后泛指沙漠戈壁及边疆地区。

"颉利已收南牧马,穷荒日日猎狐麋。"借用唐代的历史典故,抒发希望战事早日结束的心情。

防秋过预旺城　[明]黄嘉善

边程催客骑,晓起揽征衣。野径随山转,红尘傍马飞。天连云树远,霜冷幕庭微。极目南归雁,双劳忆故扉。

诗见《〔光绪〕平远县志》。

作者黄嘉善,字惟尚,号梓山,山东即墨人。万历二十九年(1601)六月任宁夏巡抚兼都察院右佥都御史,在宁夏巡抚十年。万历三十八年(1610)升都察院右都御使兼兵部右侍郎,三边总督。黄嘉善是明代重臣,但《明史》竟无传,只是乾隆年间编撰的《即墨县志》对其生平作了较完整的介绍。上文已言及,另一位明代重臣石茂华也只是在万斯同《明史》稿本中有传,钦定《明史》中予以剔除,这是很有意味的事,应专文探究。

这首诗文字平白,但韵味深长,隽永清新。路途遥远,作者在这个霜冷的清晨,早早就起身赶路。"野径随山转,红尘傍马飞"两句,对仗工稳,将路途的特征描摹得绘声绘色,山道弯弯,小路曲曲折折,马蹄急急,扬起阵阵尘土,好像尘土是在"傍"着马一同飞奔。"傍"字用得极为传神,没有这种经历的人不能理解其妙。远望只见山峦纵横,云树相接,而身后的豫旺城已渐渐隐没在晨霜薄雾中。天已转冷,北雁南归,远戍边关的将士顿生思乡之情。这首诗以景托情,寓情于景,表现力极强的动词把一幅幅秋景和军行迤逦的图画连缀起来,真可谓"移步换景"。所营造的意象,使人浮想联翩,如刘彻"秋风起兮白云飞,草木黄落兮雁南归";甚至如毛泽东同志"西风烈,长空雁叫霜晨月。霜晨月,马蹄声碎,喇叭声咽"。

以上搜集明代咏豫旺的诗歌共六首。从写作时间来看,杨一清《豫旺城》作于弘治十八年(1505),王琼《嘉靖己丑五月兵过豫旺城》作于嘉靖七年(1528),齐之鸾《豫旺城独酌》作于嘉靖八年(1529),唐龙《预旺城次晋溪翁韵》作于嘉靖十年(1530),石茂华《提兵防秋宿平房所》作于万历元年(1573)至万历五年(1577)第一次任三边总制期间,黄嘉善《防秋过预旺城》作于万历三十九年(1611)。除杨一清《豫旺城》作于弘治十八年(1505)外,其他五首诗都作于嘉靖至万历时期。从作者职务来看,除齐之鸾任宁夏佥事外,其他五人均任三边总制。从写作背景来看,都是率军防秋及阅边时,经过或驻扎豫旺城时所作。

明清更替,从顺治年间至雍正二年(1724),宁夏范围内卫所逐渐改设郡县,明代"寓兵于民"的卫所制度及军民一体政策正式结束。豫旺城不再作为边防要塞,也失去了军事战略通道的地位。这里逐渐变为僻壤,关注度降低,鲜见诗词诵赋。历史上某些地方与某些人物的机缘,大体如此。

又,清代储大文有《拟明人边关竹枝词》,其中也提及豫旺:

左投急备偏头寨,右顾须驱全陕兵。此日鱼何飞挽道,边烽高照橐驼城。

烟波渺渺柳毵毵,避暑宫前春色酣。好是湖山清绝处,征人齐唱望江南。

预望城边秋叶疏,高台南去复何如?青沙冈接青沙岘,半是熙丰营垒余。

云鸦县外草萧萧,南控河堤道路遥。纵说营平榆硤碛,且教五郡祀嫖姚。

祁连千里薄穹苍,高阙依然似朔方。莫说偏都容万骑,黄城直接海西疆。

此诗见于储大文《存砚楼诗文集》卷二,潘超、丘良任、孙忠铨主编《中华竹枝词全编》(第7册,北京出版社,2007年)有收录。作者储大文(1655—1743),字六雅,号画山,江苏宜兴人。康熙辛丑(1721)进士,官编修,以八股文闻名,精研舆地形势。

又及,陈日新撰《〔光绪〕平远县志》收明代杨守礼《入平虏城》:

  黄风吹远塞,暝色入荒城。门掩钟初度,人喧鸡乱鸣。胡笳如在耳,军饷倍关情。惆怅浑无寐,隔帘山月明。

作者杨守礼(1484—1555),字秉节,号南涧,山西平阳府蒲州(今山西省永济市蒲州镇)人。嘉靖十八年(1539)以右副都御史巡抚宁夏,后因防御鞑靼侵扰有功,升为右都御史,嘉靖十九年(1540)冬总督陕西三边军务。此诗在《〔嘉靖〕宁夏新志》中作《晚入平虏城诗》。《〔嘉靖〕宁夏新志》成书早于《〔光绪〕平远县志》,故这里的"平虏城",应指治在今石嘴山市平罗县城关的"平虏城",与豫旺城无关,陈日新应属误录。

附注:此文在写作过程中,笔者得到北方民族大学马建民副教授、宁夏师范学院安正发教授的帮助,同时参考了刘红同志的论文《嘉靖宁夏佥事齐之鸾生平及其著述考略》,敬致谢忱!

固原行政村地名与地域文化研究[①]

马军丽[②]

摘　要：固原市位于宁夏南部山区，地处陕甘宁三省交汇处，历史悠久，资源丰富，是典型的回族聚居区，蕴涵着独特的地域文化。文中以固原行政村地名为切入点，用文化语言学的方法深入研究固原地域文化。固原行政村地名作为一种特殊的"语言符号"，通过其语音、修辞、构词、用字等语言特点，探究其中所蕴含的历史、地理、经济、军旅、生态、心理等方面的文化特征。

关键词：固原地名　语言特征　文化内涵

地名是对地理实体的指称，有各种分类，包括山川、水系、道路、街巷、建筑工程、旅游景区、名胜古迹、行政区划等等。从语言学角度研究固原地名，如果遍及以上各个类别，难免会流于宽泛。因此，我们从众多地名中选取一类进行深入研究，即选取固原市所辖区、县、乡镇和行政村的地名，作为研究对象。主要是因为，乡镇行政村地名相对县级以上政区地名，在命名上具有

[①] 基金项目：宁夏高校项目（NGY2020084）；国家社科基金一般项目（17BYY080）。
[②] 作者简介：马军丽（1976—　），女，宁夏固原人，法学博士，宁夏师范学院文学院教师，主要从事汉语方言和西北地区文化研究。

自发性特点,受政治约束较少,"底层深处的聚落地名才是区域地名系统中最能有效地反映人地关系以及发展历史的一个元素"[1],从这个意义来看,固原行政村地名更能够客观真实的记录固原自然和历时文化信息,是有一定的研究价值的。

从语言接触、变化的角度来看,固原行政村地名相较于其他名词,其演变和发展相对缓慢。其他类别名词,会随着历史、文化、时空的发展交流,发生或多或少的变化,甚至逐渐失去原有的历史文化印记。但是,行政村地名是一种特殊语言符号,具有结构稳定性和历史延续性的特点,能够较好地保存许多珍贵的历史文化信息。正如帕默尔所言"地名是语言学研究的内容之一,因为地名可以提供重要的证据来补充证实历史学家和考古学家的论点。"[2]研究固原行政村地名背后蕴藏的文化信息,对固原历史、地理、经济、政治、军事等方面的研究也能提供有力的佐证。

文中以固原市民政局2001年编纂《固原地名综录》,《中国分省系列地图册·宁夏回族自治区地图册》[3]中的地名材料作为固原行政村地名的主要范本,依据固原市民政局和固原市统计局所提供的固原市2018年行政村相关数据为基础。固原市行政区划地名共计868个,其中市行政地名1个,区县级行政地名5个,乡镇行政地名62个,行政村地名800个。除此之外,还包括少数的山脉河流名称、乡村公社名称、旅游景观名称及历史古迹作为补充,以便更全面地研究固原地名文化。

一、固原行政村地名的语言特点

地名是一种语言符号,被社会共同约定使用,属于专有名词,具有"专有

---

[1] 周尚意、朱翔、朱竑.文化地理学[M].北京:高等教育出版社,2004:220.
[2] [英]帕默尔.语言学概论[M].北京:商务印书馆.1983:168.
[3] 中国分省系列地图册·宁夏回族自治区地图册[M].北京:中国地图出版社,2018.

名词"该有的一切语言属性,是音、形、义三位一体的语言单位,"语言性"是它的第一特征,很有必要从语言学的角度对固原行政村地名的语音、构词、修辞等方面来分析考察。

(一)固原行政村地名方音特点

首先,固原行政村地名的方言读音保留了较古老的语音,这些语音反映出固原方音所具有的音韵历史层次。

从声母来看,固原方言地名保留古音。"红崖村"和"高崖村"分属原州区中河乡和西吉县兴平乡,固原方言称读这两个地名时,把"崖"读作[ŋɛi³⁵],普通话读为[iA³⁵]。"崖"属蟹摄开口二等佳韵疑母平声字,从王力先生所作"现代北京声母和中古声母对照表"得知"'崖'为中古疑母、影母开口字,在中古时期声母为[ŋ],与现代北京话零声母对应。"①固原方言词"崖"的声母[ŋ],保留了中古时期的语音特点。

从韵母来看固原方言地名保留古音。固原行政村中多"堡[pu⁵³]"这类地名,如关堡台村、将台堡村、观堡村分属彭阳县、西吉县和隆德县,其中"堡"属"效摄开口"一等"豪韵帮母"上声字,固原地名"堡"的方言韵母均读作[u],体现了"效摄豪"韵与"遇摄模"韵,同韵的语音特征。从语音发展历史来看"'萧豪'与'鱼模'同韵现象可上推至辽宋时期"②。从这一推论可知,固原行政村地名中"堡"的方音韵母读音,保留了"效摄豪韵"与"遇摄模韵"帮母字同韵这一较古老的语音事实。

固原行政村地名的方音中,声母和韵母都不同程度地存留古音,这些保存的古音处在不同历史时期,从历时的角度分析,大致能勾勒出固原方音历史演变的规律。

其次,固原方言属于中原官话秦陇片,固原方言中边音和鼻音不分,平

---

① 王力.汉语史稿[M].北京:中华书局,2002:132.
② 乔全生.晋方言语音史研究[M].北京:中华书局,2008:177.

舌音和翘舌音不分,前鼻音和后鼻音不分,这些语言特点在固原行政村地名的方音中也有表现:

表 1 固原行政村地名方言读音列表

行政村地名	普通话	固原方言	举 例
徐河村	xɤ³⁵	xuɤ²⁴	孙家河村、河东村、中和村、骆驼河村
红崖村	øia³⁵	nɛi²⁴	万崖村、高崖村、崖湾村、崖堡村、白崖村
将台堡	pau²¹⁴	pu⁵³	田堡村、彭堡村、杨忠堡村、黄铎堡村、
薛 庄	ɕye⁵⁵	ɕiɛ²¹³	薛岔、薛套
圆德村	tɤ³⁵	tei²¹³	隆德县、惠德村
寨 科	kʰɤ⁵⁵	kʰuɤ⁵³	寨科村
八 岔	tʂʰa⁵¹	tsʰa⁴⁴	短岔村、岳岔村、深岔村、庙儿岔村、白家甘岔村
杏树湾	ɕin⁵¹	xəŋ⁴⁴	杏树沟
宋家巷	ɕiaŋ⁵¹	xaŋ⁴⁴	小南寺巷社区
工农村	nuŋ³⁵	luŋ²⁴	农林村

虽然,以上固原行政村地名的方言发音偏离了普通话的发音,听起来拗口难懂,乡土气息浓厚,对于普通话读音是一种负偏离,但对于固原人而言,却是原汁原味的乡音,饱含暖暖的乡情,尤其是在外乡听到固原话更是莫名的亲切悦耳。这从语言的接受度而言是一种正向的偏离,依据王希杰先生的观点,这种方音对于当地人的"心理世界"是一种正向修辞。①

(二)固原行政村地名的音节特点

固原行政村地名构成结构为"专名+通名"。其中,"单音节专名+单音节通名"和"双音节专名+单音节通名"是音节结构的主要特点。这也是地

---

① 王希杰.汉语修辞学[M].北京:商务印书馆,2014.

名发展到一定阶段,构词结构更加趋于成熟和稳定,作为地理专有名词发挥指位更为准确,指类更加清晰的定位功能。双音节的固原行政村地名如:王洼、姚岔、团庄、倪套、林沟、大庄、闫堡、炭山。三音节地名如:叶家沟、斜路洼、白家庄、鹞子川、挂马沟、羊坊坪等。笔者对固原市行政乡、镇、村地名做了统计,共有868个,不同音节所占比例见下表。

表2　固原市行政村地名音节结构(音节数)统计表

音节数	行政村数	百分比
双音节	690	86%
三音节	92	11.5%
四音节	11	1.6%
五音节	7	0.9%
合　计	800	100%

从上表统计数据看出,固原市行政村地名中,双音节地名占总数86%,数量最多,有690个;三音节地名占总数12%,有92个,次之;四音节地名所占比例仅有1.6%,四音节以上地名占行政村地名总数不足1%,数量最少,仅为个位数。固原行政村地名中双音节地名和三音节地名占有明显优势,两者所占比例高达98%,原因在于这类地名书面色彩较浓,正式而规范,便于记忆和流传,相较于单音节、多音节地名,显示出优越性。因此,固原行政区域级别越高越会采用双音节名称来命名,如固原市、隆德县、彭阳县、西吉县、泾源县、原州区等等。三音节地名大多为县级以下行政区域所使用。像马莲川村、上红羊村、东塔寺村、林家沟村、斜路洼村、黑窑洞村、鹞子川村等等。这一类型的地名,更能体现地名本土性,描述形象,语体色彩活泼灵活,贴近生活,所占比例为11.5%。由于音节长度合适,方便记忆,还有效地避免了同一地域地理名称的相似或者重复。从现代汉语音节来看符合口语表

达特点,顺畅悦耳,体现出口语的韵律之美。四音节及四音节以上地名相对很少,且结构相对单一,几乎都是"姓氏+家+地貌"的形式。例如"张家大岔村、黄家三岔村、陈家大坪村、马家大岔村、黑家套子村、余家堡子村、白家甘岔村"。这类四音节地名避免了重复现象,这些村落以姓氏和血亲关系为内聚力,体现出传统的宗族文化特点。从以上地名举例中更加明确,多音节地名多来自固原方言,口语色彩浓重,使用过程中,稳定性较弱,很容易消失,或是雅化或是简化,只有少数特殊意义的多音节地名被保留下来。

（三）固原行政村地名中的通名方言词

固原行政村地名都是由"专名+通名"格式构成。"通名",主要关系该地域自然环境状况,表明该地域地理性质和地貌特征。"专名"主要起到区别于其他地理实体的作用。固原行政村地名的通名,有些是普遍通行的,在其他省区也常常使用如：县、乡、村、镇,但是有些通名只在固原地区局部通行,形成了地域特点鲜明的方言词。固原行政村通名不但反映了当地居民的方言特点,也反映了当地的自然地貌、水文特征及社会生活状况各方面的特点。固原行政村地名中常常出现"庄""沟""岔""堡""河""洼""山""峁"等等作为通名,反映了固原丘陵起伏,沟壑纵横,梁峁交错,山多川少的地形地貌特征。将这类方言词在行政村地名中使用频率列表统计如下：

表3　固原行政村地名通名常用词频使用情况统计表

排名序号	通名方言词	使用词频(次)	百分比(%)
1	庄	83	10.4%
2	沟	77	9.6%
3	岔	56	7.0%
4	堡	55	6.9%
5	河	46	5.8%

续表

排名序号	通名方言词	使用词频(次)	百分比(%)
6	湾	44	5.5%
7	洼	32	4.0%
8	山	29	3.6%
9	坪	25	3.1%
10	塬	18	2.3%

经统计,所收录的固原行政村地名800个,词频前10位,分别为庄、沟、岔、堡、河、湾、洼、山、坪、塬,这10个词在固原行政村地名中词频高达58.2%。其中"庄"字次出现83次,"沟"字次出现77次,为固原行政村地名词频使用最多的两个字。此外,"岔"字次出现56次,"堡"字次出现55次。固原市行政村地名方言词使用十分突出,占比最多的是同自然环境相关的方言词,其次是表示人文地理实体、姓氏、数字、方位等通名。

固原方言地名具有鲜明的地域色彩,体现出方言特征词的稳固性,变化极为缓慢,这类方言词语数量较少,大多数存留在行政村地名中,同时也是对固原方言文化本真面貌的映射。

(四) 固原行政村地名的修辞特点

修辞是语言运用的重要组成部分,而行政村的命名属于语言运用的范畴,因此人们在命名地名的时候通常会运用修辞手法表现出当地的特点。以下对固原行政村地名命名时,所使用的一些修辞手法做简单的分析。

1. 比喻

比喻是常见修辞方式,"比喻就是打比方,是用本质不同又有相似点的事物描绘事物或说明道理的辞格"[①]。固原行政村地名中最常采用这种修

---

① 黄伯荣、廖序东.现代汉语(增订四版)[M].北京:高等教育出版社,2007:184.

辞方式来命名,如：泉儿湾、前嘴、羊路、驼巷、大疙瘩、洞洞、大窑滩、土窝、吊嘴、洞子沟、咀头、后海、桃园、凤岭、香水、半个山、崾岘、马掌、沟圈、牛耳塬、鹞子川等等。例如"牛耳塬村",因村子有一处高塬外形像是牛耳,故以此命名。再如"后海村",属于固原市隆德县好水乡,因村子南边有一片水塘,在缺水干旱的固原,这片水塘被比喻夸张为"后海",由此得名。再如"崾岘村",属于固原市彭阳县草庙乡,因其地理位置处在两山中间的凹陷之处,就像是"崾岘"的地貌,以此比喻命名。

2. 用典

地名用典是指引用古籍中的诗文、神话或历史事件作为地名。刘勰在《文心雕龙》里解释"用典"为"据事类义,援古证今",即是以古比今,以古证今,借古抒怀。采用用典方式的固原行政村地名有靖朔门、老龙潭、杨郎村、龙王坝、将台堡、震湖、泾河源镇等等。例如"泾河源镇",用典于民间传说,此处为泾河发源地,故以此命名。再如"老龙潭"这一旅游景点的名称,源于神话传说"柳毅传书"。

3. 借代

人们在进行交际沟通时,为了使语言生动别致、富于吸引力,常常不直接点出所要描述的人或物,而是借用与其相关的人或物来替代,这就是借代。在对地名命名的过程中,恰当运用借代,可以使地名更加生动形象,彰显魅力。固原行政村地名中有很多运用借代的例子,有些是以当地突出的实物或著名的特产来命名,如"鸦儿沟、黑刺沟、沙葱洼、酸刺沟、芦子沟、蒿子沟、黑虎沟、杏树湾、花芦滩、黑牛沟、白草洼";有的是以地形或地理特征而命名,如"双泉沟、小碱滩、交岔村、大湾乡、陡坡村、甘海子村、红河村"。

4. 夸张

将这种修辞手法用在地名的命名上,能够突显地名指代物的个性特点,为地名增加艺术情趣。采用夸张辞格来命名的固原行政村地名如,万达川、八代沟、火石寨、百泉、八岔、三滴水等。例如"万达川村",属固原市西吉县新营乡,由于该村地势平坦,交通便利,用夸张的手法取其万事通达之义。再如"三滴水村",属固原市西吉县,由于村子常年干旱缺水,用"三滴水"夸张的手法表现其水源的稀缺。

二、固原行政村地名的文化内涵

固原地名不仅仅是一种语言符号,还是地域文化的载体,更是珍贵的历史资料,因为地名的"稳定性"和"延续性",可以通过固原行政村地名了解历史上该地区人居状况、人口流动、军事屯兵、民族宗教等,所以说固原地名是一种特殊的"文化镜像"。我们研究固原行政村地名,从小孔镜像中深入透视固原丰富的文化内涵,具体从以下五方面分析研究:

(一)固原行政村地名反映六盘山生态文化

固原市所属区县均位于六盘山的中心地区。六盘山古称"陇山",因其山势险峻,山路曲折而得其名。六盘山脉的主峰米缸山(古称美高山),完全处于泾源县境内,固原行政村地名中存留了大量六盘山生态文化特征。这些地名有的源于六盘山地区的物产,有的源于六盘山区的野生动植物,充分反映了古代六盘山生态环境的优越性和生物种群的多样性。在固原行政村地名中有20多种植物名称出现,浓缩了当地丰富的植被物种,也反映出当时六盘山区居民对当地植被的熟悉和喜爱,常见的行政村地名如"柳林、杏树湾、榆木沟、麻子湾、沙葱洼、蒿子湾、林沟、花芦滩、椿树岔、草滩、竹林山、苋麻河"等等。

固原行政村地名中,还有一些是以动物名称命名的,如:大马庄村、小马庄村、马场村、马堡村、马河村、挂马沟村、白马山、黑牛沟、牛耳塬村、牛营村、牛湾、石羊村、羊坊坪村、羊草湾、红羊村、白虎村、黑虎沟村、老虎沟村、虎山庄村、虎崾岘村、驼巷村、骆驼河村、驼昌村、龙王坝村、龙川村、五龙村、二龙河村、龙王泉村、凤岭乡、花豹梁、鸦儿沟、鹞子川、鸭儿涧、野狐坡等等。这些除了"龙""凤"是虚构幻想的动物,其余都是当时附近居民常见到的动物,也体现出了人与动物和谐相处的平衡生态。同样的佐证为,"固原地区出土的青铜牌饰与带饰多为透雕的虎噬驴、虎噬鹿、虎噬羊牌饰"①。青铜牌饰中猛虎的形象最多,还有豹、骆驼、羊、驴、鹿、怪兽等形象,说明当时的六盘山区,必然生存着较多的猛兽。也能够证明早期的六盘山一带曾经是生态环境优越,植被状况良好,雨量充沛,草场茂密,林木繁茂,虎豹出没的地方。现今存留的行政村地名是当时生态环境的直接映射。

据考证,"秦汉时期的西海固地区还是古木参天、草繁树茂,基本保持着原始森林草原和干草原景观"②,历经 2 000 余年的生态环境变迁和人为原因的反复破坏,至清末已是"固郡自连遭兵灾以来,元气未复,官树砍伐地罄尽,山则童山,野则旷野……薪已如桂,设有机警,何以聊生!"③至新中国初期,"固原地区的人地矛盾已相当严峻,1949 年的人口总数为 47.962 5 万人,人口密度为 25.58 人/平方千米,已经超过了联合国估算的半干旱地区土地资源承载量指标(20 人/平方千米)。"④"过快、过量的人口增长,致使生态环境更加趋于恶化,形成新的贫困链。随着人口的过量增加,为了生活,人们开始无节制地毁林、毁草开荒种地,使本来就稀少的植被遭到破坏,人们赖以生存的自然环境更加恶化,致使六盘山的天然林覆盖率从 50 年代初的 36.0% 下降到 80 年代初的 18.3%。"⑤新中国成立初期,人们急于摆脱贫穷,农民开荒扩大耕地。1949 年,固原地区耕地面积 580.9 万亩,到了 1957 年时已扩大到 809 万亩,至 1968 年最高达到 812 万亩。加之 50 年代

---

① 李鹏飞、杨龙.固原出土北方系动物纹青铜牌饰的流变探索[J].文物天地,2018(7).
② 高正中、戴法和.宁夏植被[M].银川:宁夏人民出版社,1988:28-31.
③ 固原市方志办校勘.明清固原州志[M].(内部资料),2003:86.
④ 刘自强.固原地区人地关系两次转型及对生态建设的启示[J].宁夏大学学报,2002(3).
⑤ 石绍萍.固原地区贫穷的原因及结构调整对策[J].现代农业科技.2013(18).

末"大跃进",多次组织数万民工伐木"炼铜",这种盲目开垦,盲目砍伐,使得六盘山区植被条件和生态平衡均遭破坏,森林和草原面积日益减少,引发诸多生态问题。六盘山地区生态环境与这些地名初成时已是大相径庭,在现有的固原行政村地名中,以植物和动物名称命名的地名再也看不到对应的物种,六盘山区生物群落类型趋于单调。通过固原行政村地名的对照,我们看到了固原六盘山地区环境与生态的变化,也反映出人们对自然生态系统破坏程度之深。

为了解决六盘山区生态恶化和经济落后问题,1988年,国务院批准六盘山为国家级自然保护区,重点保护黄土高原水源涵养林生态系统和珍稀物种,及白垩纪地质剖面。2000年开始退耕还林还草,2002年开始封山禁牧,2006年宁夏回族自治区启动了六盘山水源涵养林四期工程建设,到2015年水源涵养林的面积达到200万公顷亩,到2018年底,仅固原市的森林覆盖率由2000年12.8%提升至25.1%。二十年来,中央政府实施以粮代赈、退耕还林还草的政策,抓住了六盘山区生态建设中的关键问题,化解了农田与林草争地的矛盾,经过长期持续的整顿,生态建设大见成效。至21世纪初,"固原市的森林面积占西北所有森林资源的70%以上,最主要的森林分布在六盘山一带,现已基本恢复六盘山系在宁夏南部山区生态体系的主体地位和平衡作用,主要承担该地区涵养水源的重要作用。"[①]现今,六盘山森林覆盖率为72.8%,有高等植物788种,乔木林2.6万公顷,野生动物213种,昆虫905种,鸟类近150种,被誉为"高原绿岛"和"天然氧吧",并且荣获"2015年全国十佳生态休闲旅游城市"的称号。

(二)固原行政村地名反映古代军旅文化

固原,自古具有重要的军事战略地位,"左控五原,右带兰会,黄流绕北,

---

① 张璐.固原市绿地生态网络构建研究[D].苏州科技大学硕士学位论文,2016.

崆峒阻南,称为形胜。今自州以东则翼庆、延,自州以西则卫临、巩,自州而南则瞰三辅矣。乃其边境则东接榆林,西连甘肃,北负宁夏,延袤盖千有余里"①,再加上位于古"丝绸之路"东段北路的要道关口这样特殊的地理位置,"军事活动的频繁,使其成为历代政权稳固宇内的军事要地"②。历史上固原作为边塞重镇,是汉族与西北边塞少数民族融合与交战的前沿阵地,故固原行政村地名多有关、营、门、寨等古代军防的名称,反映了不同历史时期军事设施和军事政策。"关",是古代一种军事防御工事,建在交通要塞之处,以保护和控制交通命脉。在固原古地名中就有萧关、木峡关、六盘关、石门关、制胜关、驿藏关、木靖关等等,构成一道道屏障,控制着各条通道的咽喉。现今固原地名中还保留着瓦亭关、镇木关、闫关等等。隋唐时期,"宁夏南部又成为唐代全国兵马最盛的一个藩镇,相当于现在的大军区"③。历史上的战争战事,在存留的地名中有所反映,如固原"头营""二营""三营""四营""五营""六营""七营""八营",本是明朝时期固原镇北部筑起的八个兵营,以当时屯军的驻军番号来命名乡镇名称,这些地名在固原地区仍在使用。从这八个兵营的地名中足以看出明朝对固原地区的控制丝毫不敢懈怠,"以兵部左侍郎王遴阅视延宁甘固,右侍郎吴百朋阅视宣大山西,右侍郎汪道昆阅视蓟辽,保安各边务,命礼部各照地方铸给阅视边务关防"。"门"指古代内外城的城门,也是外敌攻入城池的必经通道。固原为防止外敌入侵,在明神宗万历三年(1575),扩建固原城,分为内城和外城。外城的东城门三道,有史料记载的是"安边门"和"保宁门";南城门四道,有史料记载的是"威远门";北城门一道有史料记载的是"靖朔门"。现固原老城区还保留有"和平门"和"靖朔门"两道古城门。"寨"为古时驻兵的营地,此类地名明

---

① 顾祖禹.读史方舆纪要[M].北京:中华书局,2005.
② 安志平.固原历代军事史述略[J].固原师专学报,2003(2).
③ 吴学礼.宁夏地名特点(下)[J].共产党人,2007(6).

显反映出固原地区历史上的军事驻防情况。固原古有怀远寨、灵平寨、临羌寨、木波寨、乾兴寨、镇羌寨,沿用至今的有杨寨村、路寨村、李寨村、大寨村、寨科乡、寨洼村、夏寨村、谢寨村。

"长城"在历史上常常被看作是中原王朝与异族外邦之间的国界线,据考证,"秦长城遗址在宁夏的南部和北部均有分布,其中主要分布在今西吉、固原、彭阳县境内"①。由于年代久远,战国秦长城宁夏段毁损严重,部分遗迹很难看清,保存最好的是西吉将台、固原长城堡、彭阳长城塬等处。在固原行政村地名中多有"关、堡、营、寨、门"这些与军事活动密切相关的通名,说明固原处于边塞关隘,屯兵防御的战略要地,体现出固原地区军旅文化与边塞文化融合一体的文化特征。

(三)固原行政村地名反映宗族文化

以姓氏称呼地名是一种古老的命名方式,它是传统宗族观念的反映,究其原因,如费孝通所说:"血缘是稳定的力量,在稳定的社会中,地缘不过是血缘的投影,不分离的。生于斯,死于斯,把人和地的因缘固定了。"②固原地区,自然条件艰苦,物产资源贫乏,经济发展缓慢,生活水平较低,个人更需要以宗族作为安身立命的后盾,以增强与恶劣的自然环境作斗争的力量。人们按姓氏聚居,形成了以姓氏命名村落,这种宗族观念于小处看,在固原地区街面的商铺店名中可窥一斑,如固原地区有名的"米家糕点铺""哈家粮食醋""张家油坊""虎家酥馍店"等等。这些传统的作坊手艺,以家族为单位,不传外姓,确保家族利益。于大处看,在固原行政村地名得以体现,通过氏族血缘关系以不断巩固该宗族在本地域的地位。现将固原行政村地名中的姓氏统计如下:

---

① 鲁人勇、吴忠礼、徐庄.宁夏历史地理考[M].银川:宁夏人民出版社,1993:7-78.
② 费孝通.乡土中国[M].北京:生活·读书·新知三联书店,1985:72.

表4 固原行政村地名姓氏常用词频使用情况统计表

排名	地名中的姓氏	举例	使用词频（次）	所占比例（%）
1	马	马莲、马家大岔、马旺堡、马涝坝、马堡、马庄、马坪	36	4.5%
2	杨	杨堡、杨坊、杨家庄、杨郎、杨忠堡、杨家	29	3.6%
3	张	张堡塬、张程、张节子、张武、张白湾	27	3.4%
4	王	上王、王岔、王大户、王家河、王昭村	20	2.5%
5	李	李洼、李寨、李章、李营、燕李村	18	2.3%
6	黄	黄岔、黄铎堡、黄甫	17	2.1%
7	白	白城子、白河、白家甘岔、白杨庄	16	2.0%
8	石	石岔、石沟、石庙、石崾岘、石庄、石湾	15	1.9%
9	高	高红、高峰、高家沟	14	1.8%
10	赵	赵北孝、赵坪、赵寺	12	1.5%

依据以上列表，对固原市行政村地名统计，其中姓氏地名占行政村地名总数的57%，在固原行政村地名中共有92个姓氏，出现频率前十位的姓氏，分别为马、杨、张、王、李、石、黄、白、高、赵，这10个姓氏的地名，其中"马"姓次出现36次，"杨"姓出现29次，为固原行政村地名姓氏使用最多的两个姓。此外，"张"姓出现27次，"王"姓出现20次。以姓氏命名固原行政村地名是最为常见的，更加充分说明传统的小农经济中，依靠家族、血缘关系结成的利益联盟的重要性。

（四）向往和平安宁，追求吉祥幸福的心理文化

历史上，固原地处边塞，战乱不断，再加之干旱、地震等自然灾害频发，人们在生活中更加祈求世态和平、国富民安、福寿康泰，这种心理文化在固原行政村地名中也有体现。古代先民把语言符号当作太平、安宁的象征，因此在行政村地名中广泛使用"靖、太、平、安、宁、定、永"等字眼儿。如靖朔

门、和平村、安和村、广和村、三和村、和润村、民和村,这些地名都反映了这种心态。还有包含"丰、乐、兴、旺、吉、幸"等字眼的行政村地名也有很多,如祥和苑居委会、祥瑞苑居委会、坪乐村、丰泽村、西吉县、吉强镇、锦绣社区居委会、兴隆村、驼昌村、兴平村、友爱村、桃源村、幸和村、集美村、兴盛村、华兴村、马旺堡村、团结村等等。

值得一提的是,固原行政村地名中还有一些表示美德、品行、操守一类的溢美之词。这类名称大多是受到儒家思想的影响,表达了人们对美好道德、端正品行的认同和赞赏。常出现的词语有"文""德""忠""惠""雅"等,例如杨忠堡村、惠德村、圆德村、文沟村、雅石沟、隆德县等等。

由此可见,人们追求平安、富足、吉庆、美德,这些寓意的行政村地名被接受,稳定的保留了下来,并且久远留传。相反,那些负面修辞的,带有愚昧落后、狭隘粗鄙的地名,在时间的长河中自然淘汰,最终被其他更合适得体的地名所代替。

(五) 固原行政村地名反映当地经济类型

固原行政村地名与古代社会经济活动密切相关,在这些地名里,有许多是经济贸易活动的场所,可以端详出历史上固原地区发达的商贸经济。固原集市地名常用"店、铺、集"。"店"本义为"古代设于堂中用以置藏器物的土台"后演变为"古代商贾用于置放所卖之物的柜台",再演变为"商店,出卖商品的场所。""铺"义为"贾肆"。"集"有"定期聚会交易之所"之义,"乡城聚众贸易之处,北人曰'集',从其聚而言之也;南人曰'虚',指其散而言之也。"[①]之后发展为"集镇、市镇"之义。固原地处游牧民族和中原华夏民族的商贸中枢。在元代,固原是交易盐、铁、茶、马、陶器等工艺品的商贸盛地。明朝,秦纮任三边总制时,就"奏设固原为州,开府辟城郭,增兵收盐利,

---

① 梁绍壬.两般秋雨庵随笔[M].上海:上海古籍出版社,2012:262.

惠商以实塞","拓其外城,奏移批验所、盐场于此。自是,商贾云集,货物流行,人有贸易之利。"①固原这种商业中枢的地位,从固原南郊李贤墓出土的中亚物品另可佐证,出土物品有"金、银、铜、铁、陶、玉等各种质地的随葬品700多件,仅彩绘的陶俑就200多件,依类型可分为披甲胄镇墓武士俑、出行仪仗俑等,尤其是鎏金银壶、玻璃碗、漆棺画、陶俑等最为珍贵,都是从西方传入的手工艺制品。"②足以说明固原曾经在中西经济交往中的商业枢纽地位。

固原地区古代以畜牧业为主,由于自然条件恶劣,农业生产极不稳定,主要以畜牧经济为主导。《隋书·地理志》中有载"安定、上郡、北地等六郡之地,尚俭约,习仁义,勤于稼穑,多畜牧"③。公元607年,隋炀帝在原州(今固原)"置有原州羊牧、原州驼牛牧,设大都督并尉"④,这些官方牧养机构的设立,充分说明固原隋朝畜牧业很发达。古代发达的畜牧经济在固原行政村地名可见踪影,如"牛圈塘、黑牛坪、卧牛坪、马场、驼巷、驼羊沟、羊坊、羊圈堡",这些有标志性的地名,体现畜牧业为经济主导。加之,固原是回族聚居区,牛羊养殖业、牛羊肉的买卖和牛羊肉质食品深加工是固原回族经营的传统行业,所以,行政村地名中常见"牛、马、羊、驼、圈"等词语。

结语

综上,固原市行政村地名研究,大体分为两类:其一,以自然要素分类,依据地形、地貌、水文、方位、动物、植物等要素研究;其二,以人文要素分类,依据姓氏、军事、心理、数字、宗教、民族等要素分析。在研究过程中,我们发现大部分固原行政村地名并不能简单化一的分类,同时兼有两种分类的居

---

① 杨经纂辑,牛达生、牛春生校勘.嘉靖固原州志[M].银川:宁夏人民出版社,1985:170-277.
② 宁夏博物馆.宁夏固原北周李贤夫妇墓发掘简报[J].文物,1985(11).
③ 魏徵等.隋书[M].北京:中华书局,1973:817.
④ 薛正昌.宁夏历史文化地理[M].银川:宁夏人民教育出版社,2007:115.

多,例如西吉县震湖乡"张家大岔村","张家"属于姓氏类,"大岔"属于地形地貌类,因此张家大岔村既属于姓氏类也属于地形地貌类。因此这里出现的行政村地名总数会多于固原市行政村地名868个,但这种情况并不影响研究的趋势和结论。在固原市行政村地名中,因自然因素命名的地名共有497个,约占总数的62.1%;以人文地名而命名的地名共有644个,约占总数的80.5%。

据固原行政村地名统计来看,绝大多数行政村地名具有历史的稳定性,被人们沿袭下来,并且长期使用,也有少数地名随着历史的发展发生一些变化,或是雅化,或是简化,或是合并,或是附加。这些变化是错综复杂、交叉进行的,相对而言,自然环境类的行政村地名变化比较缓慢,尤其是表明自然地理位置的词语和词义更为稳定,更具有历史的延续性。人文环境类的行政村地名发展变化迅速剧烈,变化的幅度也大,这类地名相较于自然地名变化较多,稳定性较弱。总体而言,固原行政村地名大部分被保留沿用下来,从这些地名中反映出固原地区丰富的六盘山生态文化,独特的边塞军旅文化,典型的宗族文化、突出的古代商贸经济和畜牧经济类型,以及世代向往和平安宁,追求吉祥幸福的心理文化。

在固原地名系统中,有很大的研究空间,本文仅仅选取固原市行政区村名来研究,这也是固原地名中的一个重要组成部分。这些地名形象而又生动地反映了固原地理、历史、民族、经济等文化要素。固原地名系统中还有很多有研究价值的内容,可以从山脉河流名称、旅游景观名称、街道社区名称、商业店铺名称等方面开展深入细致的研究,为提高固原的文化品位、丰富固原地域文化内涵贡献一分力量。

地方性知识的再阐释

——论石舒清小说集《九案》

陈惠芹[①]

摘　要：《九案》是石舒清近年来小说的结集。与此前创作不同，《九案》以流传于西海固大地上的民间故事和方志史书中的奇闻轶事等地方性知识为原材料，通过编码、重塑、深描，创造出小说文本，并借此表达他对西海固民间生存的社会性、历史性的深入思考。石舒清小说的新变，是作家思想与艺术探索的表现，也是当代文学创作的收获。

关键词：《九案》　编码　重塑　深描

20世纪80年代末90年代初，初登文坛的石舒清就开始在小说中构建他的西海固世界，描摹西海固底层民众的生存世相，表达他对这片土地的眷恋。20世纪90年代中期，敏锐地察觉到时代变化的石舒清借小说书写了时代浪潮冲击下的西海固社会在政治、经济、文化上的变迁，以及人们价值观念的变化。21世纪以来，石舒清小说关注的焦点，逐渐从对生命价值的体悟上升到人的精神的探讨，在当代文坛产生了重要影响。近年来，石舒清在

[①] 作者简介：陈惠芹（1997—　），女，山西朔州人，宁夏师范学院文学院中国现当代文学专业硕士研究生，主要从事中国现当代文学研究。

追问社会人生问题的基础上,把目光投向历史,在现实和历史的交织中思索人的社会存在。以历史的眼光关照社会,则社会显示出纵深感;以社会人生琐事映照历史,则历史的线索不再粗疏。

小说集《九案》就是石舒清这种思想探索的结晶,也是他艺术探索的结晶。在这部由14个故事组成的小说集中,除了叙写农村家庭矛盾、记录身边人趣事(如《坟》《连襟》《小说六题》)等小说之外,其他小说都是石舒清的"新"创造:有从父辈那里听来的"古今"(如《古今》《父亲讲的故事》《公冶长》),也有表现历史大背景下小人物的遭际(如《二爷》《凌伯》《凌伯的故事》《听来的事情》),以及加工、改造史料形成的故事(如《向阳花》《借人头》《十里店》《九案》)。这种新创造,既有对史料、地方志和民间古今等地方性知识的编码与重塑,又有技术层面对地方性知识本身所具有的意义的再阐释,正是这种对地方性知识的编码、对民间古今的伦理价值的重塑,以及通过深描的方式对地方性知识的再阐释,使石舒清的小说表现出新的风格。

一、编码:地方性知识的文学化

阅读《九案》会发现,石舒清在每一篇小说前面都刻意提到该小说的题材来源问题,或是从父辈那里听来的故事,或是对史料和地方志中事件的加工和改编。然而不论是历史史料还是地方志,石舒清在结构小说时都有一个共同的特点,那就是在复述和删改原故事的基础之上对人物和情节进行干预并增加细节描写,以达到隐喻和反讽的目的,如《借人头·冯若菊》《范月英》和《刘介梅》以及《九案·二百九十文》《麻布衫》《小纸包》。这种在建构历史中产生新意的方法类似于霍尔提出的"编码/解码"理论,霍尔认为,大众传媒是在一种特定的符码系统中运作的,即电视工作者是将新闻材料编码之后传播给观众,编码过程正是传媒产品的生产过程,但生产出的节目成品不是对原材料的真实再现,而是带有符码化的、意识形态之下的产物。因此受众对成型的节目也不是原封不动的接受和认可,他们会基于产品对自己可能产生的影响而有选择性地进行"解码"。石舒清作为历史的接受者和传播者,他对史料和地方志中所描述的某些事件的合法性和真实性产生质疑,于是选择以一种"包含着相容因素与对抗因素的混合"①的方式,用独特的叙事手法实现对历史的解码,紧接着石舒清又在纵深的历史长河中,借底层人物的遭际思索社会问题和人生问题,完成对历史的重新编码。石舒清对历史的解码和重新编码实际上是他在创作内容和叙事方式上做出的新尝试,其间作者不仅赋予了地方性知识多重文学性,还包孕着自己复杂的情感共鸣。

(一)补充细节,适当干预

石舒清在采访中说,"我这两年有从史料中找小说素材的努力"②。从访谈中得知他很喜欢翻阅旧报刊和地方志,也即史料,其实不只是生于斯长于斯的西海固,中国各个历史时期、各个省份的日报都在他的关照范围。《借人头》是"国民党军统特务周养浩写给中共的一份交代材料"中的故事,记录了军统头子戴笠以"振特工纪律"之由而"借"去的无辜生命。此时周养浩是作为中国共产党的俘虏去揭发他的上级,因此他的客观陈述中是否带有主观倾向我们不得而知,但石舒清在故事的前文表示"其可靠性应是不容置疑的",这种在肯定中又略带疑惑的语气为它的不可靠成分提供了证据,所以石舒清采取"以虚构填充这些真实的历史碎片之间的空隙"③,使"文学讲述历史获得合法性"。具体到小说中主要表现为对人物做细节化处理,增添了心理描写和主要人物之外的第三人。《冯若菊》中的冯若菊是

---

① 罗刚、刘象愚.文化研究读本[M].北京:中国社会科学出版社,2012:357.
② 田鑫.石舒清访谈录[J].回族文学,2017(3).
③ 王兴文.时间碎片中的日常生活[M].兰州:甘肃文化出版社,2019:90.

军统所属的贵阳邮电检查所的检查员,在一次工作餐上被上级当作礼物送出去,在她发现自己怀孕后便打消了对之前暗恋对象的单相思,将全部心思放在未出生的孩子身上,最后她因将客户的汇票据为己有被判处死刑。作者在还原故事的基础上着重刻画了这个女性形象,写出她暗恋前后的心理变化以及在得知自己被处刑之后的情绪变化,还用大量笔墨描写了冯若菊与剃头匠父亲之间的对话,预设了剃头匠在女儿分配工作之后的喜悦之情。结尾部分作者处理得非常生动,他想象着冯的父亲,或许这个剃头匠此时正自豪地和别人说起他的女儿,这种"含泪中带着笑"式的结局,体现了石舒清内心的温暖和柔情。历史在人物的活动中得到再现,人物在历史的冲刷下熠熠生辉。然而作者如此费尽心思地查阅历史,揭开尘封已久的面纱,并不是想站在道德的审判台上重审历史,而是从人道主义出发去关照那些在特殊年代里脆弱的、无辜的生命个体。对生的尊重,死的无常,说到底他始终关注的是在时代和政策变动轨迹中小人物的生存状况和命运浮沉。历史史料在这里摆脱刻板的纪实功能,具有烛照当代社会人生价值的作用。

除了细节描写外,石舒清还尝试在历史碎片的罅隙中用适当干预的方式还原历史。比如从《安徽日报》和《湖北日报》上看到的《范月英》和《刘介梅》,石舒清一方面肯定这位"勤俭持家的范月英",本着梳理小人物与时代的关系的目的复述这则故事,另一方面他又对其真实性产生质疑,指出"在那兵连祸结的年代,这些应该都是真实的"。但在小说中他并没有过多填充内容,而是借叙述人之口对人物做出干预和评价,如"这样的一个妻子和母亲,实在是叫人怦然心动难以忘记的"①,他被这个劳动妇女的精神品质深深打动,发出了"这个人令人心痛"的感慨。此外,石舒清还对未发生但即将发生的事做出预测和干预,比如他提到1959年,也就是在范月英故事两

① 石舒清.九案[M].北京:中国文史出版社,2020:62.

年后的吃大锅饭的年代,于是便思考"吃大锅饭的时候,范月英在酷峻的生活中摸索出来的这些生活经验,是不是一概废掉了呢?"大锅饭后又有三年困难时期,"不知道那时的范月英又是怎样带着一家四口渡过来的"。读者在作者的连续追问中走进历史情境,不仅能触摸和感知到真实的人物,也能体会到作者的真诚。《刘介梅》中石舒清先对刘介梅自我检讨的深刻程度发出疑问,认为这和组织对他的批评教育以及他本人的口才不无关系,然后作者又对刘介梅的错误行为及其反思过程中的心理活动做了相应干预,一个由赤贫走向富裕、由出身清白的好干部形象逐渐变为贪婪自私的人民公敌形象跃然纸上。作者意在表现时代政策变动之下人性的复杂性。

石舒清对历史的重新编码还体现在对宁夏地方志的改编。地方志是指全面系统地记述本行政区域自然、政治、经济、文化、社会的历史与现状的资料性文件,其编码的意图在于产生"资治""教化"和"存史"的作用。尽管"编码过程具有建构某些界限和参数的作用,解码过程是在这些界限和参数中发挥作用的"①,但编码和解码之间也没有必然一致性,所以石舒清对地方志的关注并没有补充和完善历史的企图,吸引他的仍旧是在不健全的法律体系之下小人物的生存之道。他在客观写实的基础之上对地方志做了删改,加入想象和虚构的成分以使情节更为饱满,更有戏剧冲击力,从而达到对社会事件的隐喻和反讽效果。石舒清的操作可谓游刃有余,仿佛又回到了他熟悉的经验式写作。

(二)删改情节,补充想象

史料在小说中的嵌入最考验作者想象功力的要数《九案》,这是这部集子里的最后一篇,是石舒清从《宁夏审判志》里选的九个案子。《宁夏审判志》记录了从秦朝、清末、中华民国、革命根据地时期一直到中华人民共和国

---

① 罗钢、刘象愚.文化研究读本[M].北京:中国社会科学出版社,2012:355.

成立之后宁夏地区审判机构和司法行政机关的变化,刑事案件、民事案件、经济案件等各收录了几例,案情和审判过程都比较翔实,反映了宁夏地方数百年来不同历史时期的司法审判活动。仔细翻阅这部审判志,再和石舒清的小说作对比会发现,作者保留了实录的印迹,运用限知叙事,强调亲历感和现实性,小说的开头必先亮明当事人的姓名、身份、籍贯或居住地,以及事件发生的时间和地点,结尾处会说明审判结果,有时会列举与当事人有关的旁证。所不同的是,审判志中是以粗线条勾勒,内容比较简短,石舒清在主要故事情节中抓住人物之间的矛盾,让人物在尽可能多的对话和行事中展现性格。如《二百九十文》,原案件的矛盾在于刘某去找康某索要欠款,船夫金某说康某出去借钱还没回来并拒绝刘某上船查看,刘某不相信金某,二人遂产生争执,在吵嚷和扭打中刘某误伤金某,致其死亡。小说同样是以钱为主线,作者减弱了因钱产生争执的这个矛盾,而是用大段文字展开康成和李旺(小说易名)在路上寻职谋生时的行为、心理活动和对话,塑造出二人的性格特点,最后康成在去妓院揽活时被打死,李旺一分钱没拿到反而在审判时挨了八十板子。小说对原案件删改后虽然少了几分戏剧色彩,但作者在末尾处写道"李旺后来总想起康成在妓院给他们揽活的事,心里滋味古怪"[1],好像在说李旺因为康成的死心里有愧,还没等读者落实这个想法,紧接着又写"他还从来没在妓院干过活儿呢"[2],使小说从李旺和康成二人的金钱矛盾转向李旺自身思想斗争之间的矛盾,可以说非常耐人寻味。

在处理地方志时,石舒清还会在原案件的基础上增加一些比较生活化的气息和催人泪目的故事,给人带来视觉和感官上的双重冲击。如《麻布衫》这个小说,原案件的主要人物之间本没有什么冲突,平常还会在一起戏耍。一日,他们在去当铺的路上碰见,谢添财娃当完衣服后见杨福蠢赎回麻

---

[1] 石舒清.九案[M].北京:中国文史出版社,2020:240.
[2] 石舒清.九案[M].北京:中国文史出版社,2020:240.

布衫,便从杨的手上夺过来拧成卷,杨见状后开始抢夺。在拉扯的过程中因杨的力气太小松开了手,致使谢失重仰面跌倒在地,头磕到门槛上而死。最后杨某因戏杀人被处以绞律。审判志中仅用三百多字就概括出了这个案子的来龙去脉,令人唏嘘。但作者在结构小说时,先用了将近一半的篇幅写民间艺人耍猴的场景,非常有生活气息,然后安排两位主人公在看戏的过程中偶遇,进而顺理成章地展开后面的故事,真实又不显得突兀,好像在用生活的真实去冲淡这种意外的荒唐感。再如《小纸包》这个故事,原案件的矛盾冲突是由寻人引起的,王念真在寻人的路上遇到以毒鹰卖羽翎为生的老乡王玉堂,当他得知王念真没有路费时主动伸出援手,二人暂住在老周的店内。意外的是王念真在炒面时将毒鹰药认作白糖,误食后当场死亡,经官府审判,王玉堂因误毙人命、付埋葬费十两结案。作为一桩案件,这样的陈述已然十分翔实明了。而作者正是抓住主人公"寻人"的空白对其进行扩充,这郭念生(原案件人物王念复小说易名)寻的是自己的儿子,他儿子是走丢的还是被拐的并不重要,总之是郭念生老婆在小摊上买东西时出事的,按照常理,买方将挑选的商品称重、结账后就结束了交易,但她不相信老板,进店里又称了一遍,这一称把孩子称没了。于是郭念生开始了几年如一日的寻子道路,寻到宁夏时他身无分文,碰巧遇到了老乡梁文玉(原案件人物王玉堂小说易名),这就恰好接上了后面的故事。拐卖妇女儿童是社会事件,作者一方面要借此引起社会舆论,更重要的是加剧郭念生的悲剧命运。失孤是精神层面的痛苦,误食毒药是身体上的痛苦,这二者同时发生在郭念生身上,最后身体的痛苦盖过精神的痛苦,他终于得以解脱。石舒清通过种种技巧将史料改编成小说,一方面实现了自己在创作技巧上的更新,同时也构成他小说真实感与虚构想象之间的张力,而故事情节的意外性与荒诞感又恰恰验证了这种张力,不断推动故事的发展,读者在作者的牵引下犹如亲临审判席,亲眼看见并紧张地参与着对这一桩桩案件的审判。

二、重塑：民间伦理的再阐释

石舒清不仅在历史史料和地方志中建立起自己的意义世界，他还依靠天然的属地优势去剖析并观察民间故事的内涵和它在代际传承中的影响，如《古今·夜明珠》《公冶长》和《古今·黑头头阿拉胡》。作为土生土长的宁夏海原人，石舒清的思维逻辑、审美习惯以及价值观念都与西海固民众趋同，可以说他是用一种"文化持有者的内部眼界"[①]，试图在审视文化与人的关系中挖掘古今所蕴含的伦理价值，实现重塑个体精神品质和劝谕当代社会价值观的功能。主要体现在两个方面，一是古今的思想内核对当代人和当代社会的启示，二是旨在延续古今背后负载的生命力和家族精神。这或许也是石舒清在众多古今中选择这几篇的原因。

在现代教育普及之前，民间故事承担着启蒙和教化的作用，为广大民众提供了丰富的学习资料，西海固地区的民众就是在这种寓教于乐的氛围中掌握了他们有意识之后的第一手知识的。在面对勤劳忠贞、忘恩负义诸如此类二元对立的人物时，往往或歌颂，或批判，这从古今的结局中便可知晓。不同时期民间故事的内容也有所不同，封建社会时期集中反映的是反对封建礼教和封建婚姻制度，对虐待媳妇的婆婆和不顾子女幸福的家长给予批判，在舆论声中解救被欺辱者，也让受害人自己觉醒。而《九案》中的古今也有这样的现实意义。《古今·夜明珠》是一则"我"和妹妹从小听到大的古今，可是在我们成家后母亲就很少提起，好像是有什么禁忌一样，原因是这则古今讲的是一男子在其妻的教唆之下抛弃寡母的故事。当"我"在意识到母亲对此闭口不谈的原因是怕给自己的子女造成心理负担时，"我的心里沉甸甸的，不是滋味"。婆媳矛盾从古至今都是家庭内部棘手的问题之一，从母亲讲与不讲的时间选择上就能看出民间故事所具有的功能和伦理

[①] [美]克利福德·吉尔兹著，王海龙、张家瑄译.地方性知识：阐释人类学论文集[M].北京：中央编译出版社，2000：5.

价值。在儿童蒙昧阶段,古今主要起着娱乐、烘托家庭氛围感的功能,并没有过多教育意义,但随着年龄的不断增长,在人有了成熟的思想和丰富的阅历之后,民间故事背后的深层意蕴也逐渐发挥出它的劝谕功能。叙述者"我"对母亲态度的考量其实是主体自我认知觉醒、个体精神品质重塑的过程;另外古今的结局也颇带有劝谕色彩,故事在接近尾声时突然反转,皇上的夜明珠掉在寡母的怀里,养子又将夜明珠如实归还并以奉养母亲为由拒绝了皇帝的赐官,合乎情理之中的巧合勉强能使人信服,但如此大费周章地设置巧合,使我们不难联想到文化从中施加的影响,大团圆结局从社会层面弘扬了恭亲孝顺、以德报怨的美好品德。如果说《夜明珠》是民间故事中的生活故事,那《公冶长》就是"动物与人的故事",用动物的行为来关照人类社会,引发人们的思考。小说通过公冶长的贤能、被人性化了的巨蟒的私欲和对公冶长的污蔑以及最后公蟒与公冶长之间的对话,是想告诫人们,欲望和贪念在正义的力量面前微乎其微,公蟒怨恨公冶长说出了那些令它蒙羞的事件,认为世界就在公冶长说出真相的那一瞬间发生了改变。可事实是公蟒的退缩只会助推巨蟒的无耻行为,真相不会因为被隐藏起来就消失不见,只有用善来对抗恶,用正义战胜私欲,才是人应该坚守的底线。作者在看似简单的故事中潜藏着对个人和社会的无限期望。人类在历史的长河中毫无顾忌地前行,也不断经历着岁月的淘洗,当人们拥有日益富足的生活质量和现代文明时,随之而来的便是无尽的欲望。石舒清是一个擅于在前行中回望过去和反思当下的作家,他借民间古今反复提及传统文化中系列美好品质的这一接续传统的做法,就是想重新唤起被人淡忘的孝道、正义和善良,对社会伦理价值具有建构意义。因此这类古今在时间的沉淀中愈发历久弥新、发人深省。

民间文化是一个民族、一个地区特定的历史、社会生活及自然风物的写照,各民族文化和性格的不同会形成不同的文化记忆。民间故事作为文化传承和延续的一部分,它主要是通过口耳相传的方式在家庭内部、家族和村落社会之间一代一代流传下来,因此在民间故事的传承中,家庭尤其是村落的传承非常重要。在家族内部的故事传承中,故事的讲述者一般是爷爷、奶奶或者是父亲、母亲,主要的听众就是其子女,故事的传承实际上也代表了一个家族生命力的延续、家族历史文化的延续。《古今·黑头头阿拉胡》中以儿童视角写了外爷爷的一生,他是一个皮匠,在给人做工的同时还为人看病,"我"在外爷爷与人简单的往还中感受到那种使人欣慰和满足的品格。这是在传统文化浸染之下形成的礼仪和习俗,包括外爷爷讲的古今像一杯发酵的陈年老酒,需要慢慢品味,慢慢思索,待到和外爷爷一样年纪时,方能尝到其中的滋味。除了《黑头头阿拉胡》,还有《古今》《父亲讲的故事》等,作者都采用儿童视角的叙事模式,书写了一长一幼在古今的纽带下接续起的新的生命力。在小说中,不只外爷爷、父亲、母亲,还有蒙古族的老婆婆秦地女和木匠孙贵,他们既是家中的长者也是家族文化的象征,他们通过说古今这一行为言传身教,将家族文化和家族品行也一起传给了下一代,这是历史的延续,也是生命的延续。在对民间古今精神的吸纳中,石舒清小说的思想含量得到内化和提升。

三、深描:文化符号的深层意蕴

石舒清对地方性知识的化用是他在《九案》中较为明显的创作变化,独特的写作手法也是其精心打磨的结果。但不可否认的是,石舒清擅长在小说的表层叙事之下暗含深层文本意蕴这一特点,其实是前期作品的延续,只是《九案》相对于以往的小说来说,体现出的文化意味更加浓厚,具体表现在《九案·喜姐》《九案·何张氏》中。因此要想了解石舒清写作的深意,就必须用一种新的符号手段去分析文化符号的具体情境,从而抵达文化内部。这一符号手段是阐释人类学家吉尔兹借之于哲学家赖尔提出的"深度描写"。赖尔本意是以一个孩子抽搐眼皮为例,说明一个极其简单的动作都可以隐含无限的社会内容。吉尔兹在他的基础上认为文化是由人类自己编织的意义之网,所以对文化的研究不能只停留在未经解码的浅度描写,要解释符号背后的意义,才是人类文化分析的旨归。

石舒清早期的作品《打墙》中就暗含着深层的叙事意味。小说先写马风全是如何悉心料理这些树,然后又写马风全要打一堵墙把院子里的果树围起来,边写打墙的过程边写孩子们玩耍的场面,仿佛一切都很和谐,其乐融融。不料情节忽然斗转,临近黄昏马风全准备收拾墙头时顺手将歪在墙头的杵子扔了下去,正好砸在来他家玩耍的一个小孩身上,就是这么不注意的动作导致孩子的死亡。故事到这里,读者或许还可以原谅他的行为,从法律层面讲算过失杀人。但为了逃避责任,他竟然将打好的墙面拆除,把那个可怜的孩子砌在墙里。就情节的演进来看,孩子的死亡属于意外事件,但冥冥之中又有前因,马风全在打墙和不打墙之间犹豫过,他打墙的最主要原因是不想让小孩偷吃果子,从隐喻的角度说,小说无疑寄寓着即使在日常生活中极其微小的恶念也会酿成重大恶果的深层意蕴。

《九案》的转变在于作者在一部小说里设置了两条并置的叙事线索,即依旧延续着他擅长的死亡主题和关注女性命运的话题,然后在这两种相互交织的主题之下还暗含了作者的另一层深意。以往石舒清在小说中呈现的死亡主题是静穆的、严肃的,像《清水里的刀子》,作者借马子善老人对婆姨生前的回忆,从人对死亡的思考上升到对生命的意义和价值的思考,专注于生命本身。但《九案》中人物的死亡充满了偶然性,作者正是在情节的因果关系中设置了超出必然性的偶然性因素来揭示社会生活中存在的问题。如《喜姐》主要讲述了李田氏不忍看到自己的女儿喜姐遭受婆家的欺负,出面和刘田氏对峙,最后将刘田氏打伤闹到公堂。可结局出人意料,游离于故事之外的次要人物李戎,也就是喜姐的父亲因为害怕吃官司而投河自尽。正是这种非正常的"果"或者说偶然性使小说具有冲击性,有不合常理的一面。在封建男权社会中,李戎非但没有施行自己的话语权力,反而因为自己的懦弱行为导致其妻子受刑,这种行为与虐待妻子的喜姐的丈夫并无二致,成为作者共同批判的对象。还有《何张氏》里的马环子,他是哥哥马拐拐抢亲的同谋,在抢亲的过程中被对方打死,他的死最后又成为马拐拐要挟何张氏的借口。表面上看小说要表现一种人对自己命运无力把握的失控感,实则作者是借助结局的偶然性来反向批判前"因",思索女性的地位和生存状态。

石舒清小说中出现的信物、中间人和交易是一种文化符号,透过这种文化符号在民国时期的宁夏地区具有的特殊象征意义,我们可以看出封建制度对旧社会女性从身体到心灵的侵蚀以及女性自身的麻木与无知。宁夏因其地理优势,自古就是兵家必争之地,战乱频繁,民风剽悍。直到民国时期,宁夏的一些地区还有抢亲的恶习,再加上长久以来女性在家庭和社会中所处的弱势地位,更加剧了这种陋习的滋长。女性在男权主导的社会环境中,不只作为男性的附属物而存在,更甚者沦为一种商品被私下交易。在《何张氏》中这一主题体现得更为强烈,何张氏作为遗孀,她本身有自主选择婚姻的权利,但心怀不轨的李风禄为了得到何张氏,提前将钱给中间人然后又趁何张氏不注意抢走她的手镯就算定亲成功,再结合后文中一整套缜密的抢亲程序来看,在表面的叙事背后有几个不可忽视的文化符号。首先是作为信物的镯子,传统文化中信物是男女之间传情达意的物品,代表着委婉与含蓄,是一切美好的象征,而在这里信物却成为交易的筹码,成为粗俗、暴力、野蛮的代名词。其次是在原案件中并没有出现的中间人,作者在小说中也只用某某二字代替,她是何张氏的朋友,可同为女性的她不光没有共情何张氏的遭遇,反而为了一点蝇头小利就将何张氏推向火坑,成为李风禄的同谋。石舒清用看似闲笔的讲述写出封建陋习对女性的侵蚀。更加令人不解的是,当抢亲已成定论,何张氏考虑的却是"才当寡妇不久就另谋出路,听起来不好听,看起来更不好看"①,她将自己被抢的行为定义成为另谋出路,并且全然没有思考过自己作为人的权利,这种麻木与无知无疑是一种悲哀。何张氏被中间人卖,最后连自己的婆家人也接受了李风禄的"买卖",至此属于何张氏的人生走向终结。作者在何张氏的故事之外,还借叙事人之口讲述了"我"大奶奶在"计划之中"被抢的故事,加剧了小说的悲剧色彩。小说的最后写到李凤禄因抢婚被判刑,服刑期间还托人给何张氏带信说"你总要给我生上一个"。女性无力改变自身处境,只是换别个地方成为生育工具而已。在文本中作者再次对事件做出干预,借叙述人之口说"一个女人能生这么多,也算是劳苦功高,到哪里也有自己的一席之地的"②。这种有意识地评论强化了反讽意味,也加强了对女性的伦理同情,读者可以在叙述者干预话语的基调中,体验到一种即将在叙事中显山露水的对人物和事件的态度。另外需要注意的是,石舒清小说中的女性都逃不开婆媳矛盾,但作者重点并不在解决家庭伦理问题,而是强调女性自身的蒙昧和不觉醒,她们由封建思想的受害者摇身一变又成为封建思想的维护者和施暴者。确切地说,女性在这个过程中没有自我成长,亦或者那个社会没有给女性意识觉醒的机会。石舒清深入产生文化符号的社会内部,通过对文化符号具体情境的深度描写和具体剖析,发现了隐喻于非自然死亡主题之下的社会秩序,暴露出性别文化与社会秩序的复杂关系,这不仅是宁夏地区也是乃至整个中国社会的文化根源。

结语

石舒清以一种客观冷峻的叙事态度介入历史,在对历史史料和地方志

---

① 石舒清.九案[M].北京:中国文史出版社,2020:216.
② 石舒清.九案[M].北京:中国文史出版社,2020:217.

的编码中建立起自己的文学世界,进而实现自身在创作技巧上的突破。此外,石舒清通过挖掘民间古今的思想内核对当代社会的伦理价值、透过表层思索文本内部潜藏的性别文化根源,表达了他对西海固民间生存的社会性、历史性的深入思考,逐步深化了小说主题,实现了小说思想上的创新。总的来说,石舒清的《九案》在艺术和思想上的双重转变彰显了他深邃的洞察力和统筹全局的能力,不仅为他今后的写作提供方向,而且也能作为参照系辐射宁夏其他作家,这是宁夏文学的收获,也是当代文学的收获。

清末陕西巡抚张祥河及其在陕甘的诗歌创作[①]

牛多莲[②]

摘　要：张祥河是清代诗文家、画家、书法家、藏书家。嘉庆二十五年（1820）进士，历官四朝，官至工部尚书，加太子太保。作为清朝名臣，他生于松江望族，交游往来皆是才德兼备之人。其于道光二十八年（1848）简任甘肃布政使，十二月又被任命为陕西巡抚，在陕甘地区度过了三年的为官生涯。在任期间，他除匪患，严法纪，政绩卓越，备受嘉奖，并留下了许多诗词传世，后将这些诗词集为《朝天集》和《关中集》，行旅诗、山水诗、交际诗是其主要内容。诗人通过典丽庄雅的风格，简练明快的语言，表现了陕甘地区特有的风景和风情，表达了自己丰富且真挚的情感。这两部诗集更是陕甘地区珍贵的文化遗产，丰富了当地的历史文化资源。

关键词：张祥河　《朝天集》《关中集》

张祥河（1785—1862），字元卿，号诗舲、鹤在，出生在江苏娄县（今上海松江）。嘉庆二十五年（1820）中进士，曾任内阁中书、军机章京、户部主事、

[①] 基金项目：宁夏哲学社会科学规划项目"明清时期六盘山文学文献整理研究"（21NXBZW01）。
[②] 作者简介：牛多莲（1997—　），女，宁夏彭阳人，彭阳县王洼镇初级中学教师。

山东督粮道、河南按察使、代理河南布政使、广西布政使、陕西巡抚、内阁学士、左都御史、工部尚书,后加授太子太保。他出生于著名的松江望族张氏家族,是张梦嗜的孙子、张照的从孙、张兴镛的儿子,张照、张兴镛、张祥河三人是他们家族的领军之人,三人均集书法、绘画、戏剧、音乐、诗文、藏书于一身,张祥河更是继张照之后重新引领松江张氏家族走向辉煌的殿军之人。

张祥河的身份特殊,地位重要,诗艺精深,但并未得到应有的重视,记载和研究他及其作品的资料较少。关于其传记资料仅见于赵尔巽等撰写的《清史稿》,秦国经主编的《清代官员履历档案全编》,蒋宝龄撰写的《墨林今话》,以及张祥河《诗舲词录自续》和其子所撰的《张温和公年谱》等。而学界对张祥河及作品的研究也仅有广西壮族自治区博物馆编的《广西博物馆文集》和周洁的《张祥河〈骖鸾吟稿〉〈桂胜集〉〈桂胜外集〉校注》(广西师范大学2017年硕士学位论文)。前者中林京海对《清张祥河〈桂林名胜图卷〉》《桂林名胜图卷》全卷十八图的题诗作了描述,并高度赞扬了《桂胜集》;后者对张祥河在任广西布政使至次年丁母忧北归期间的诗作作了较为深入细致的校注。而张祥河在任陕西巡抚期间为陕甘地区留下了珍贵的文化遗产,理应受到重视。但据查,到目前为止,对其饱含丰富生活经历与复杂思想意绪,语言自由灵动、风格变化多端的诗文著作并没有人进行过专门研究,对张祥河有关陕甘的诗歌创作研究也仍是空白,与其文化贡献极不匹配。因此,选取其陕甘的诸多诗歌进行研究,以推动地域文学文化研究的进一步深入。

一、张祥河家世、经历及著述

张祥河出生于松江望族张氏,其从祖父张照、其父张兴镛均是集书法、绘画、戏剧、音乐、诗文、藏书于一身的大家,而他作为后起之秀,才能更甚之。他一生历官四朝,宦游四十载,足迹遍布边疆、地方、京城,并勤于政事,严于律己。他才华横溢,著述等身,诗书画尤甚,留下许多著作传世。

(一)生于望族,家学隆厚

张氏家族世居浦东,最初为改变家境贫苦而从商,积累财富后,着意参加科举获取功名以振兴家族,经几代人努力,终在张集、张汇、张维煦、张梁这一代成为当时显赫的名门望族。张集为官得朝廷赏识,张汇承继祖业富甲一方,张维煦慷慨解囊为人称颂,张梁醉心诗酒才华卓绝,到张照这一代更是名贵当时。张祥河就出生在这样的显赫世家。①

祖父张梦喈(1722—1794),字凤于,号玉垒、逊亭。他性情温和,为人坦荡。张梦喈闻名于世的并不是他的政治才能,而是他"出入汉魏三唐"②的才华,史料给予了他极高的评价,这部分得益于他失意的仕途。他曾有幸两次遇圣驾南巡,也都有幸被皇帝召试,但屡屡不中,后以贡入赀,才做了个闲散小官。正因为他的仕途如此不顺,所以中年后便已看淡科举,将志趣寄托于花草树木,读书养性。因其中年后居于塔射园,故将其传世之作称为《塔射园诗钞》。

祖母汪佛珍(1741—1783),是当时奇女,亦是大家闺秀。她的过目不忘之能,造就了她的"奇",而婉约聪慧,对公婆极为孝顺,处事周到,接济贫苦,主持家务井然有序,是她大家闺秀的一面。她生有三子四女,生子张兴载后开始学习,两个月后,便已通晓文意,后诵读儒家经典,从中获取义理,不久后开始撰写文章诗赋,可算得上是天赋异禀。她的天赋和才能较之很多男子都毫不逊色。她的儿女在没有进私塾之前,就是由她亲自授课,在她的谆谆教导之下,儿子身上没有纨绔之气,女儿更是知书达理的大家典范。她还著有《贻孙阁诗草》。

从祖父张照(1691—1745),字得天,又子长卿,号天瓶居士,谥文敏。张

---

① 梁骥.张照书学研究[D].吉林大学,2018:9.
② 徐侠.清代松江府文学世家述考[M].上海:上海三联书店,2013:254.

照是张梦喈的堂兄,同出一脉,但张照的成就远高于张梦喈。张照十九岁便考中进士,并官至刑部尚书,是康雍乾三朝元老。虽然一直在宦海沉浮,但他卓越的才华并没有因此被湮没。他工诗,善画,通晓音律,精于鉴赏,书法更为一绝。他的笔墨深受皇帝喜爱,乾隆皇帝更是称其为"五词臣"之一;他喜画兰花,最擅墨梅,疏花细蕊,雅致秀丽,甚为动人,有《梅花图》传世,今藏于故宫博物院;深谙音律和戏曲,曾创作《劝善金科》《月令承应》《九九大庆》等宫廷大戏,备受宫廷中人喜欢;他曾与梁诗正等人鉴别过皇宫珍藏的书画法帖,并将其所得编成《石渠宝笈》;书法擅长行书和楷书,行书笔画多变,结字聚散适当,气势连贯,古朴雄浑,楷书秀敏婉丽,平正圆润,是清代"馆阁体"的代表。他也是清代帖学的代表人物,他的《玉虹楼帖》是当时著名的法帖。①

从祖母高氏高祥,是出身名门的才女,真正的大家闺秀。她是吏部侍郎高士奇的孙女,高士奇是当时著名的书画鉴赏家和收藏家,他对孙女高祥极为宠溺,对张照也很是看重,所以他将很多珍爱的藏品陪嫁给了高祥,如董其昌的《临诸家帖册》,这在一定程度对张照的成就有所贡献。高祥著有《世泽堂附稿》。

父亲张兴镛(1762—1837),字远春,号金冶,是张梦喈的第三个儿子。他和他父亲一样,以卓越的才华闻名于世,工于诗赋,善于音乐。自小聪慧过人,拜在王昶门下学习。王昶对张兴镛的影响颇深,而张兴镛卓越的天赋才华也深受王昶的赞赏,王昶曾说:"兴镛风神散朗,谢幼舆、许原度弗啻也。"②可见王昶对张兴镛的赏识,而他的才情不仅深深打动着王昶,就连当时的京城才俊阮元等人也都极为爱惜,并大加赞赏。张兴镛与其父一样,都曾偶遇皇帝南巡,但张兴镛要远比其父幸运,他抓住了机会,向皇帝献赋,并

---

① 梁骥.张照书学研究[D].吉林大学,2018:49-141.
② 徐侠.清代松江府文学世家述考[M].上海:上海三联书店,2013:255.

得到了皇帝的赏识与赏赐。有《红椒山馆诗钞》《红椒山馆诗词选》《远春词》传世。

（二）历官四朝，荫庇四方

张祥河一生历经四朝，足迹遍布边疆、地方、京城多地，而他严于律己、宽以待人，谨于职事且颇有实绩。

张祥河天资聪颖，夙承庭训，未满二十，参加童子试就拔得了头筹。嘉庆十二年（1807）考中举人，二十五年考中进士，被任命为内阁中书舍人，从此便开始了为期四十年的宦海生涯。

道光元年（1821），担任实录馆详校官。四年，担任军机章京，后升为户部主事。五年，补任内阁中书。七年，七月保升为户部主事，九月补任云南司主事。八年，担任戊子科福建乡试的副考官。九年，担任方略馆协修纂修官。十年，编写完成《平定回疆剿擒逆裔方略》，经军机大臣原任大学士曹振镛等保奏，奉旨为候补员外郎，八月补任广东司员外郎兼任云南司行走，十一月升任为云南司郎中。十一年，八月担任辛卯恩科顺天乡试同考官，十二月简任山东督粮道。十二年，八月充任山东乡试提调官。十六年，殿试一甲前两名都是其担任福建乡试副考官时所录取之人，可见其慧眼识珠。十七年，擢升为河南按察使，上任后不久，因其父逝世，就回乡服丧。二十年二月，守丧期满，被召回后，仍然被授予原职，并且暂代布政使一职。二十一年，祥符河决堤，河水冲向城区，城墙几乎全被倒塌毁坏，张祥河率领属下众人捐献资金，仔细谋划，主张防护，用河工防堤法守卫省城，并亲自驻留在城墙上长达九个月之久，最终城墙得以保全。后又组织人力开通沟渠，连接惠济河，排泄积水，使得祥符河的决口合龙，将此次水患成功治理。因此佳绩，皇帝特赏其顶戴花翎。二十三年，他向河南工需捐助需银两万五千两。二十四年，补任广西布政使，次年因其母逝世而归乡服丧。二十七年，服丧期满，坐船北上至京口。二十八年，起任甘肃布政使，后升任为陕西巡抚，在他任职期间,有刀匪入侵西安、通州两地,危害当地百姓,张祥河详细了解情况后,与当地剿寇将领共同筹划,最后将一百五十余人全部抓捕并依法处置,当地百姓得享太平,为此皇帝特下诏嘉奖。二十九年,充任陕西乡试监临、甘武乡试主考官,选拔人才无数。①

咸丰元年(1851)整装北上到京述职,后命其回任并奉旨阅看陕省各营。咸丰三年,汉江突然水涨,陕西兴安府的城墙又因靠近汉江而遭遇水灾,张祥河敕令下属实地调查勘测,发现赵台山山脚下有一座新城,地势高峻有助于避免水患,便上奏请求皇上恩准,将兴安府移建在此,将兴安府居民移安于此。张祥河还在陕西省严密布控,缉拿多名湖南奸匪,并按律法审明法办。后被召回京城另候简用。四年,任命其为内阁学士,兼任礼部侍郎,暂代吏部右侍郎,同年十月皇帝特赐其可紫禁城骑马,十一月转任吏部左侍郎。五年,任提督顺天学政。六年,因病免除官职,痊愈后,仍然担任左侍郎一职。七年,上疏请求购置千亩义田来赡养宗族,文宗谕曰:"该侍郎笃本厚族,古谊可风。应得旌奖,该部酌议具奏。"②并赏赐御书"谊笃宗支"匾额。八年十月,兼任顺天府尹,十一月被任命为都察院左都御史。九年,奉旨批阅各省乡试复试考卷,五月擢升为工部尚书。十年,加封其为太子太保。十一年,奉命管理火药局,但因公务赶往田村时感染风寒,致使右足麻木,不得已拟写奏折,告假养病。③

同治元年(1862),时任工部尚书一职,但因病已在家中休养,后在京城的府邸寿终正寝,时年七十八岁。谕曰:"前任工部尚书张祥河学粹品端,老成持重……"④皇帝特命礼部以恤典请子祭葬,赐谥曰温和。

---

① 北京图书馆编.北京图书馆藏珍本年谱丛刊:第139册[M].北京:北京图书馆出版社,1999:19-39.
② 王锺翰点校.清史列传[M].北京:中华书局,1987:3670.
③ 北京图书馆编.北京图书馆藏珍本年谱丛刊:第139册[M].北京:北京图书馆出版社,1999:40-56.
④ 王锺翰点校.清史列传[M].北京:中华书局,1987:3670.

(三) 才备九能,著述等身

张祥河生于名门世家,家学笃厚,这本身就是一个高起点,也为他后来的发展奠定了基础。名门世家对后代子孙的教育是极为重视的,所以张祥河自幼便接受了良好的教育,五岁时已启蒙并进入家塾学习。起先由他父亲张兴镛亲自教导,七岁时拜华亭吴仲之先生为师。不满十岁的张祥河此时已展现出了过人的才能,他读唐诗时似有神悟,十二岁时就能作诗,而且能书善画,"少以诗名江南"①。林则徐在《张诗舲〈使闽纪程诗草序〉》中称其:"书无及冻之笔,画亦无声之诗。"②他年少成名,没有恃才傲物,反而更加努力,后以才兼九能,思澈五季,举世闻名。

张祥河质本天成,博古通今,诗尤肆力,常用诗歌来抒发自己的情怀,而且他作诗极为敏捷。他诗承娄东宗派,讲究格律,委婉含蓄,文词清丽;词得南宋余韵,与闺秀词风有异曲同工之妙,深受闺秀词人注目。他诗酒风流,乐与硕彦鸿胪唱和,很多朋友与他都是因诗结缘。少时与乡里青年才俊作诗吟赋,后又加入宣南诗社,与鲍桂星、梁章钜、林则徐等人诗酒唱和,而他在做官时也沉溺于诗酒,推崇风雅自任。正因其如此做派,还曾被谏官张廷瑞弹劾,认为他生性沉溺诗酒,不理政事。他做官时辗转多地,与人相交无不以诗酒为欢,而他行至一地,也无不以诗篇相纪。

道光十二年初刻《小重山房初稿》,后经增补重选,分为诗词十二卷,其中诗录六卷、诗外四卷、词录二卷;将赴任粤西沿途所作诗词集为《骖鸾吟稿》,在桂林所作诗词集为《桂胜集》和《桂胜外集》,驻粤西所著诗名为《白舫集》;将在陕甘地区所作诗词集为《朝天集》和《关中集》;咸丰元年至三年奉旨检阅关中各营,辗转于秦山渭水间,得诗若干,集为纪程诗四卷(《肆觐

---

① 李慈铭撰,由云龙辑.越缦堂读书记[M].北京:中华书局,1963:858.
② 林则徐.林则徐全集[M].福州:海峡文艺出版社,2002:377.

集》《蓝桥集》《北山之什》《南山集》)和《鹤在集》一卷;自咸丰六年春至十一年冬作《怡园集》和《福禄鸳鸯集》。①

除此之外,他还写过一些笔记,有记述乡间琐事、名人轶事、文坛掌故等的《关陇舆中偶忆编》,有讲述当地地理物产、风土人情等的《粤西笔述》。

张祥河的从祖父张照本就是书法大家,他不仅继承了其书法造诣,并向其学习,略有所成后又博采众长,自成一家,所以他的书法既有浑厚圆润的美观端庄,又有俊逸苍劲的超然气势。而他极善于写擘窠大字,在广西任布政使期间,曾在桂林独秀峰上摩崖"紫袍金带"四个大字,为桂林留下了珍贵的墨宝。除此之外,他的篆刻技艺亦是精湛,留有《秦汉玉印十方》传世,被世人争相收藏观摩。

张祥河擅长绘画,尤其善画山水花卉。学画之初时,跟随改琦(改派)学习,后跟随陈淳、徐渭(青藤白阳)学习,晚年又涉猎石涛一派。蒋宝龄在《墨林今话》中说:"其山水得明代文氏法,写意花草,力追白阳青藤。"②笔势纵横跌宕,笔力雄健奔放,气韵淡宕独特。他还曾为《大清绘典》绘制插图,可见其绘画名重一时。而他不仅画技卓绝,他画论亦是一绝,年轻时在京师军机大臣董诰府邸做门客,就曾与袁沛、周凯探求过绘画"六法"。后他将自己的书画理论与美学观点编辑成册,整理在画论《四铜鼓斋论画集刻》之中,因为汇集了清代的十二种画论,所以又被称作《四铜鼓斋论画集刻十二种》,此画论至今仍是中国画论史上的不容忽视的存在。

二、张祥河的交游

张祥河为人淡泊雅正,好交朋友。少年时,与乡里才俊诗酒趁年华;做

---

① 张祥河著,丁小明、陈家红整理.张祥河全集:诗词卷[M].上海:华东师范大学出版社,2021:2-4.
② 蒋宝龄撰.墨林今话[M].上海:上海古籍出版社,2015:464.

官时,又在宦游之地广交人生知己。故此,张祥河的交游极为广泛,除了因诗结缘的知己好友外,还有带他入仕入世的良师益友。

(一) 因诗结缘

张祥河生性爱诗酒,与其诗酒唱和者数不胜数,并成为不少诗社的中流砥柱。他闲来总爱与人诗酒酬唱,且相聚甚欢,所以他的不少友人都是因诗结缘。

林则徐(1785—1850),字元抚,清代政治家,思想家,诗人。张祥河与他相识于宣南诗社,虽然早年间并无交集,但两人都是乾隆五十年出生,这也算是一种缘分使然。林则徐在嘉庆二十五年(1820),经他的同乡好友李彦章、梁章钜介绍加入宣南诗社,而张祥河较之要稍晚一些,是在道光三年(1823)加入诗社,两人在诗社中得以相识,并与诗社中其他诗友畅谈古今,畅叙经典,互相鼓励,深受鼓舞,成为一时之盛事。[1] 二人也因卓越的才华,逐渐成为诗社中的骨干。后两人都各自在多地奔波为官,直到道光八年,林则徐在籍守制,而张祥河来福建参加典试,才有了相聚之日。张祥河来闽途中,作诗颇多,并将沿途所作集成了《使闽纪程诗草》,又遇多年不见挚友,就邀请林则徐作序,林则徐也爽快应作。道光十年,林则徐还曾写信给张祥河,表达其对在京时诗酒集会的怀念。后张祥河在河南任上时两人曾一起共事。[2] 咸丰二年(1852)二月,林则徐逝世两年后,张祥河特向皇帝上奏请求将林则徐纳入祀名宦祠,获得皇上恩准,[3]这也算是为自己与林则徐相识相交一场的缘分画上了一个圆满的句号。

何绍基(1799—1873),字子贞,号东洲,晚清诗人、画家、书法家。张祥河与他也是因诗酒结缘,他们同为九老会成员,每逢闲暇之日,他们总会与友人相聚,而每每聚会都拈题分韵,诗酒唱和,以此为乐。咸丰七年(1857),

---

[1] 王永厚.林则徐与宣南诗社[J].文献,1991,(1).
[2] 周洁.林则徐的交游网络[D].福建师范大学,2018:58.
[3] 北京图书馆编.北京图书馆藏珍本年谱丛刊:第139册[M].北京:北京图书馆出版社,1999:42.

张祥河已是七十三岁高龄,但依旧不舍诗酒,与九老会友人集会,并感叹"诗酒之兴不减三十年前在京时也"①。九老会成员颇多,但张祥河与何绍基的关系最好,可称莫逆之交。张祥河与何绍基曾合作过一把折扇,一面是何绍基的诗词,一面是张祥河的画作和题诗,张祥河的题诗收录在《小重山房诗词全集》中,名为《子贞再示叠韵一首复和为答》。根据诗名可知,此诗是张祥河在何绍基再次赋诗后,所作的一首诗;从诗文内容看,张祥河在诗中没有直接回应何绍基之前诗中所表达的种种不满和愤恨之情,而是以一种比较轻松的方式赞颂了何绍基高超的诗文技巧,并含蓄地给予了宽慰和开导。② 张祥河有不少与何子贞往来唱和的诗词,如《何子贞太史夜过怡园索饮,颇醉,翌早登陶然亭有作,次韵为答》《送何子贞太史讲山东泺源书院》等。他们二人是诗友,相交平淡如水,但却至情至深。

姚椿(1777—1853),字春木,松江府娄县(今上海金山廊下)人,清代散文家、诗人、画家。张祥河与他虽身处同县,但两人却是在嘉庆十八年(1813)钟山书院初识彼此。这年张祥河前往金陵去拜见桐城派文学大师姚鼐,而姚椿恰巧这时也因科举不顺在桐城派姚鼐处受学,两人在此相识。因两人都具有出色的诗文才华和精湛的书画技艺,初识便有相见恨晚之感,张祥河在桐城居住期间便与姚椿、王澹渊、殷瑞等人谈诗论画,往来无虚日,极为洒脱。姚椿还曾与王友光、毛岳生将张祥河的《小重山房诗词初稿》重选定为十二卷,分别为诗录六卷,诗外四卷,词录二卷。在此期间,他们同吃同住,夏日住在横云山别墅,春秋佳日就在王太夫人居所暂时休憩,两年间,他们共赏四季,诗酒酬唱,好不快活。③ 咸丰元年,姚椿在奉旨编纂《国朝文

---

① 北京图书馆编.北京图书馆藏珍本年谱丛刊:第139册[M].北京:北京图书馆出版社,1999:48.
② 费海勇.冷吟有此幽人三:一柄折扇的钩沉[J].收藏,2018(5).
③ 北京图书馆编.北京图书馆藏珍本年谱丛刊:第139册[M].北京:北京图书馆出版社,1999:15.

录》时,张祥河也亲自进行校订,并将其镌刻在节署终南仙馆。① 张祥河与姚椿同出一县,自是有相惜的同乡之谊,但两人更是情意相投的挚交好友,互帮互助的亲密伙伴。

李星沅(1797—1851),字子湘,号石梧,曾多次任职关中。李星沅与张祥河亦是因诗结缘。道光二十三年张祥河督粮冞津时,李星沅调任路过此地,两人便以诗代面,并彼此赠送画扇以示相交,随后二人分道扬镳,张祥河由汴入都,李星沅由都入汴。张祥河在道光二十八年时踏上赴甘之行,他在陕甘地区度过了三年的时光,遵循他以往的传统——一官一集,他将在陕甘地区所作诗词集成《关中集》,将此诗集邮寄给李星沅并请其作序。李星沅曾三次入秦,对陕甘地区亦有着深厚的情感,又因与张祥河的交情极为深厚,便答应作序。在序中,他不仅写了自己与张祥河的种种因缘,一句"顾咫尺千里,倾想至今"道出了两人的相惜之情,也写了自己对于陕甘地区的情愫;"关中古帝王都,于山见华岳之高,于水见黄河之大且深",写出了关中地区的雄伟壮阔;"盱衡关陇,年丰民乐,政通人和",写出了这里人民富足,政治清明;更大肆赞扬了张祥河本人的才华,"中丞棨戟清暇,抒情摛景,岳色河声,辉映响答,视昔贤有过之无不及也",赞誉之词溢于言表。② 两人相识于诗,同宦游于关中大地,留下了宦游足迹,亦留下了牵挂之思。

张祥河与他们因诗结缘,诗酒唱和,在此后的交往中渐成知己,彼此相助,成为各自人生中浓墨重彩的一笔。

(二) 良师益友

张祥河在仕途上能有如此成就,除却其家世渊源深厚和自身杰出才能

---

① 北京图书馆编.北京图书馆藏珍本年谱丛刊:第 139 册[M].北京:北京图书馆出版社,1999:41.
② 张祥河著,丁小明、陈家红整理.张祥河全集:诗词卷[M].上海:华东师范大学出版社,2021:400.

外,少不了其良师相助,更少不了同僚间的相互扶持。

李象鹍,字云皋,号双圃,湖南长沙人,清朝官吏。他是张祥河乡试的主考官,对张祥河有知遇之恩,也是帮助张祥河正式走上仕途的人,所以张祥河在此后作了许多诗歌以表达其对房师的感激之情,如《房师李双圃先生先在长沙谒见志喜》《双圃师约同贺蔗农侍御、陈瑶农水部、唐育庵太守饮饯岳麓山》等。①"四年前送帝京行,别后常怀霁月清"②不仅写出了李双圃对张祥河的提携之恩,也表达了张祥河对李双圃的感激与怀念之情。

董诰(1740—1818),字雅伦,他精通书法,擅长绘画,通晓军事,是清朝名相,虽位极人臣,但勤勉恭谨,清正廉洁。他于张祥河而言,是良师亦是益友。在嘉庆十九年(1814)张祥河30岁时,张祥河陪同他父亲来参加会试,考试完毕后,董诰赏识张祥河的才华,便让张祥河到他的府邸专门负责翰墨。他曾代替董诰撰写应制诗文,董诰将其诗文呈于仁宗面前,仁宗看见后便询问所作之人,董诰如实回答,于是,张祥河一下名震京师,为后来的宦海生涯打下了基础。在董诰府邸的第四年,董诰将先文敏诗册真迹及宋坑鹅池砚赠送给张祥河,曰:"诗册归君家旧物,此砚随余枢直四十年矣,今以赠君,预为发兆。"③张祥河随即赋诗感谢相赠。嘉庆二十三年十一月,张祥河和顾荃士入京都时,仍然客居在董诰府邸。可见在张祥河的心中,董诰是他的伯乐,更是他的良师益友,董诰既带他入仕,亦带他入世。

舒兴阿(?-1858),赫舍里氏,满洲正蓝旗人,清朝军官。咸丰元年(1851),出任陕甘总督,二年,奉旨筹办甘肃省保甲章程。同年八月,张祥河担任陕甘乡试监临,两人在此有了交集。九月,粤匪窜扰湖北,陕西省东南

---

① 周洁.张祥河《骖鸾吟稿》《桂胜集》《桂胜外集》校注[D].广西师范学院,2017:18.
② 张祥河著,丁小明、陈家红整理.张祥河全集:诗词卷[M].上海:华东师范大学出版社,2021:310.
③ 北京图书馆编.北京图书馆藏珍本年谱丛刊:第139册[M].北京:北京图书馆出版社,1999:16.

边境为此戒严,张祥河便与当时正任陕甘制军的舒兴阿商议布置,拨防御复,捐修省垣,浚通城濠,以资捍卫,并且由张祥河上书陈言:"兴安商州一带,毗连楚界……不如力行保甲,为辑奸良法得。"① 后经皇帝下旨允许实行,这为两人镇压太平天国起义军起到了关键作用。两人后又通力合作,自办防务,严密布防,敕令下属严查奸宄,成功抓捕形迹可疑的道人杨合亨及黄有得等湖南奸匪。两人的政治才能可一较高下,但也彼此相惜,互为辅助。

一生若得遇良师益友仍是人生一大幸事,而张祥河的一生所遇之人可谓皆为良人,良师助其入仕、入世,同僚助其建功立业。

不管是因诗结缘的人生知己,还是他仕途上的良师益友,他们彼此成就,而从他们的交往中也让我们看到了一个鲜活而真切的张祥河。

三、张祥河在陕甘地区的诗歌创作

张祥河于道光二十八年二月简任甘肃布政使,辞别皇帝,踏上上任之行;十二月又被任命为陕西巡抚,为请觐迎折便踏上了北行之路,直到泾州;收到谕旨后随即奔赴新任之地,二十九年二月抵达陕西西安,自此一直到咸丰元年正月才整装北上回京述职,在陕甘地区度过了近三年的时间。他任职期间,不仅平定匪患,勤政爱民。检点他为官四十余年的奏折,可以发现,在他任陕西巡抚期间所呈奏折最多,军兴、钱谷、刑名、灾赈、选官、科场等几乎全部都有涉及。② 还在公务闲暇之时,微服出游,领略山河壮美,细品当地风情,亦毫不吝啬笔墨,将途中所遇所见所感全都投诸笔端,题词作诗,为陕甘地区留下了宝贵的财富。自道光二十七年至三十年间所作诗词,后被集成《朝天集》和《关中集》。诗集中所辑录的诗大体可分为以下三种:

---

① 赵尔巽等撰.清史稿[M].北京:中华书局,1977:12162.
② 张祥河.张祥河奏折[M].南京:凤凰出版社,2015:15.

(一) 行旅诗

客居他乡,异于故土的景色、风情总能引发文人墨客的诗兴,张祥河亦不例外,故此他行至一地,若有感便吟诗作词。

张祥河的赴任之行,首先途径了河南省多地。在洛阳,他看到了"白云四起瞻伊阙"[1]的奇观;出洛阳城后,便望见了嵩山,嵩山的巍峨让他发出了"山行天堑开危径"[2]的感叹;经函谷关来到陕州,作为千百年来烽烟际会、兵家必争之地,这里留下了许多人的故事,所以在这里,张祥河更多是对先贤的叹息"神仙河上杳难寻,王浚戈鋋墓草深"[3],所有都已难寻踪迹,英雄墓也已是杂草乱生;后到古函关,这里有"混沌何由凿,关云逼晓寒"之风貌,也有"独树插天过,苔花壤壁开"之景象。[4]

后经闵乡,由盘豆镇至潼关,张祥河就此正式进入了陕西境内。入关后,才惊觉这里与江南、中原不同:"我到关中人喜雨"[5],"铁应中原望,屏连万池静"[6],他在华阴道上看到"大敷谷与小敷连",不禁感叹道"富民古法今犹见"[7],"瑶甃四周泉混混,玉莲三月翠徘徊"[8]的华清池令人神往,而骊山已然是"青棠风折沈沈院,殷叶霜凋浅浅池"的残败景象,徒留"泰陵客恨孤烟起"[9],这里"四月四日天雨雪"的别样天气让他想起了江南——"江南正好清和节"[10]。张祥河在陕西境内并未过多停留,匆匆而过,如《朝天集·渡渭》:

舆足吹尘起,平沙带晚霞。青连秦塞树,红剩汉宫花。浊浪东

---

[1] 张祥河著,丁小明、陈家红整理.张祥河全集:诗词卷[M].上海:华东师范大学出版社,2021: 380.
[2] 张祥河著,丁小明、陈家红整理.张祥河全集:诗词卷[M].上海:华东师范大学出版社,2021: 380.
[3] 张祥河著,丁小明、陈家红整理.张祥河全集:诗词卷[M].上海:华东师范大学出版社,2021: 381.
[4] 张祥河著,丁小明、陈家红整理.张祥河全集:诗词卷[M].上海:华东师范大学出版社,2021: 381.
[5] 张祥河著,丁小明、陈家红整理.张祥河全集:诗词卷[M].上海:华东师范大学出版社,2021: 382.
[6] 张祥河著,丁小明、陈家红整理.张祥河全集:诗词卷[M].上海:华东师范大学出版社,2021: 382.
[7] 张祥河著,丁小明、陈家红整理.张祥河全集:诗词卷[M].上海:华东师范大学出版社,2021: 383.
[8] 张祥河著,丁小明、陈家红整理.张祥河全集:诗词卷[M].上海:华东师范大学出版社,2021: 384.
[9] 张祥河著,丁小明、陈家红整理.张祥河全集:诗词卷[M].上海:华东师范大学出版社,2021: 384.
[10] 张祥河著,丁小明、陈家红整理.张祥河全集:诗词卷[M].上海:华东师范大学出版社,2021: 385.

流急,高原北望斜。蒲轮征骋后,几见钓人家。①

"吹尘起"写出了张祥河的行旅匆匆,而他心思细腻,匆匆一瞥却将渭水及渭水岸上的景色尽收眼底,"平沙带晚霞"写出了渭水傍晚之景,"浊浪东流急"一句又将渭水的浑浊和湍急写了出来,"青连秦塞树,红剩汉宫花"让我们仿佛看到了八百秦川的壮景,一个"斜"字让陕西北高中低的地势跃然于眼前。后两句与首句呼应,突出了他的风尘仆仆。

经河南、陕西多地,历时数月,张祥河最终抵达甘肃境内。泾州是张祥河踏入甘肃境内第一站,自"瑶池西望王母"②可见"庙会沿山尽插旗,麟车凤盖降迟迟"③的繁盛景象,看到崆峒山,他不禁感叹"三关秀拔惟崆峒"④,行至瓦亭,驻足听山间流水潺潺,看"夕阳西下天风峭",而行旅匆匆,终是"整辔添衣向瓦亭"⑤,来到庙儿坪,这里虽然"雪意兼旬花不发",却又有"庙儿坪上万春红"⑥的盛景,从定远驿向兰州出发,这里"沟形似游龙,坡势如旋螺"⑦的九沟十八坡令人唏嘘。

张祥河在入甘肃后,看到甘肃独特而淳朴的民风民情,便挥笔作了《朝天集·王母宫》:

四月西池水尚寒,楼台一簇在云端。楸花满岭青扶髻,博得晴窗阿母欢。庙会沿山尽插旗,麟车凤盖降迟迟。前皇但羡神仙乐,无分神仙岂不知。⑧

王母宫坐落在甘肃省平凉市泾川县城西一里的"回山"上,传说是西王

---

① 张祥河著,丁小明、陈家红整理.张祥河全集:诗词卷[M].上海:华东师范大学出版社,2021:384.
② 张祥河著,丁小明、陈家红整理.张祥河全集:诗词卷[M].上海:华东师范大学出版社,2021:386.
③ 张祥河著,丁小明、陈家红整理.张祥河全集:诗词卷[M].上海:华东师范大学出版社,2021:386.
④ 张祥河著,丁小明、陈家红整理.张祥河全集:诗词卷[M].上海:华东师范大学出版社,2021:387.
⑤ 张祥河著,丁小明、陈家红整理.张祥河全集:诗词卷[M].上海:华东师范大学出版社,2021:387.
⑥ 张祥河著,丁小明、陈家红整理.张祥河全集:诗词卷[M].上海:华东师范大学出版社,2021:387.
⑦ 张祥河著,丁小明、陈家红整理.张祥河全集:诗词卷[M].上海:华东师范大学出版社,2021:389.
⑧ 张祥河著,丁小明、陈家红整理.张祥河全集:诗词卷[M].上海:华东师范大学出版社,2021:386.

母的降生之地、发祥之地,也是其祖庙所在地。张祥河四月途经此处,看到王母庙会有感而发,前两句写出了王母宫外之景:四月的甘肃,天气尚未转暖,西池即瑶池池水尚且寒冷,王母宫的楼阁好像有一部分在云端之上,楸花已然绽放,给山仿佛盘上了发髻,似乎是在博取西王母一笑。后两句写王母庙会期间,沿路插满了旗子,各种祥瑞之扮随处可见,人间皇帝都羡慕神仙,但神仙却毫不可知。这首诗写出了王母庙会的繁盛景象,也凸显了甘肃淳朴的风土人情。

羁旅之愁苦,历来为诗人所津津乐道,但是张祥河在这两部诗集中却鲜有涉及,更多的是喜山喜水,触景而发。

(二) 山水诗

山水之美,古来共谈。陕甘地区不及江南的小桥流水,亦不及京都的自古繁华,但这里有大漠孤烟的壮美,作为边陲地带,这里的山水在历史进程中一直演绎着生死离别。张祥河诗集中提到了陕甘地区的多处山水,但反复歌咏只有华山、六盘山、崆峒山。

华山坐落于陕西省境内,有"奇险天下第一山"之称,许多名流雅士慕名而来,只为一观其险。张祥河在《朝天集·华山饭玉泉院》也大肆赞扬了华山之险:"初如栉形比,苔发披蒙茸。又如潮势涌,縠文吹横纵。如冕如扆立,如锥如剑锋。"[1]这里连用七个比喻,最初将华山比作密密排列的梳子齿,再将华山比作涌来潮水齐列一线和风吹起有皱纹的纱,后又将华山比作立着的帽子和屏风,以及锋利的锥和剑,用形象的比喻将华山之险峻生动地呈现出来。而在《朝天集·入关望华山》中却一反常态:"我到关中人喜雨,三峰正在出云时。半山路转见全山,古庙依稀竹树环。"[2]并未突出其的险峻,反而让一些稀松平常的景物入诗,将关中人、山间景、古庙竹等景物一一

---

[1] 张祥河著,丁小明、陈家红整理.张祥河全集:诗词卷[M].上海:华东师范大学出版社,2021:383.
[2] 张祥河著,丁小明、陈家红整理.张祥河全集:诗词卷[M].上海:华东师范大学出版社,2021:382.

道来,给华山平添了一些新的趣味。

六盘山位于宁夏南部,山路崎岖险狭,且其东坡陡峭,西坡平缓,张祥河在《朝天集·六盘山》中对此就有阐述"坡面群羊攒白石,涧腰万马走红泉"①。而在《关中集·六盘山怀萨湘林将军》(十年六度六盘山)中对六盘山景作了更进一步的描绘:

> 径窄盘空上,春融挂涧流。初阳迎马首,积雪炫人眸。乱石成盐虎,乔柯尽玉虬。②

张祥河这里用词极为巧妙,"窄""盘空上""挂"这三个词将六盘山山路曲折险狭描绘得淋漓尽致,"涧流"又给静态的山景增添了动态美,"初阳迎马首,积雪炫人眸。乱石成盐虎,乔柯尽玉虬"句式整齐,对仗工整,读来就韵味无穷,并且诗人将山间诸景"初阳""积雪""乱石""乔柯"都融入进诗,而"迎"和"炫"两个动词赋予景色以人性,让景色更加动人,又以乱石作比"盐虎",以乔柯作比"玉虬",使山间之景更加形象生动,让六盘山景跃然于纸上,清晰地浮现在读者眼前。

张祥河在《关中集·祁淳甫〈协揆诗册〉题后》还感叹"六盘山色翠依然,揽翠重来耸客肩"③。六盘山的青翠之色依旧,让人不虚此行。

崆峒山地处甘肃省平凉市西郊,自古有"中华道教第一山"之称,无数名人雅士慕名而来,其中就有人文始祖轩辕帝、千古一帝秦始皇、开创盛世的汉武帝,司马迁、杜甫、林则徐等文人墨客也多有赞叹。张祥河在《朝天集·望崆峒山》中也有写道:"海内空同凡有七,轩皇汉武此驻跸,长安西来求道术。登笄头山拜广成,萧关原隶平凉城,蓟汝不得争其名。"④这里用轩辕皇帝向广成子请教治国之道和养生之术以及秦始皇、汉武帝慕名登临参

---

① 张祥河著,丁小明、陈家红整理.张祥河全集:诗词卷[M].上海:华东师范大学出版社,2021:387.
② 张祥河著,丁小明、陈家红整理.张祥河全集:诗词卷[M].上海:华东师范大学出版社,2021:402.
③ 张祥河著,丁小明、陈家红整理.张祥河全集:诗词卷[M].上海:华东师范大学出版社,2021:418.
④ 张祥河著,丁小明、陈家红整理.张祥河全集:诗词卷[M].上海:华东师范大学出版社,2021:387.

拜广成子的典故,增强了诗歌内容的丰富性,也提高了诗歌的表现力,诗歌简洁含蓄,却意蕴深远,将崆峒山的历史地位凸显出来。

崆峒山位于西北边境,不仅有重要的历史地位,而且也是边境重地,其地理位置也尤为重要,在《关中集·空同山》中"雄视三关控五原,泾源出峡听潺湲"①一句便将崆峒山重要的地理位置描写得恰到好处。

陕甘地区历来属于边疆,这里其实没有什么诗意画境,但诗人在这"荒凉之地"依然找到了乐趣,华山之险峻,六盘山之险狭,崆峒山之秀丽,还有五泉山、青岚山、白塔山、渭水等,都给诗人以全新的感受,让他不禁挥笔留下了精彩的诗篇,积淀着人文文化。

(三) 交际诗

诗歌是古代重要的交往媒介,文人以诗歌寄情抒志,用诗歌交游往来,诗歌的交际功能日益重要,应诏应制、应酬往返、宴游唱和等都是交际诗的范畴。张祥河的《朝天集》与《关中集》中交际诗就有二十余首,其中有叙述送行之语,有触景生情的游玩之乐,也有赠答劝勉之言,大多都写得声情并茂,文笔清新。

人生路上总是充满离别,而离别又总能引发情思,文人便会将情思融入诗词歌赋,如张祥河在《朝天集·平凉送宝小村少寇入都》中写道:

却羡之官是到家,侍郎朋旧满京华。多情好在经年别,五夜平凉剪烛花。平凉东去即经城,稳奉慈舆上玉京。我过瑶池曾下马,起居亲问董双成。②

这是一首送别诗,是张祥河在甘肃平凉送友人入都时所作,诗中有对友人可入京回家见友的羡慕之情,有对送别友人的不舍之情,也有对故友的念念不忘之情。诗句无浮华,却满含真情,这首诗情感丰富且真挚,字里行间

---

① 张祥河著,丁小明、陈家红整理.张祥河全集:诗词卷[M].上海:华东师范大学出版社,2021:402.
② 张祥河著,丁小明、陈家红整理.张祥河全集:诗词卷[M].上海:华东师范大学出版社,2021:386.

都有着诗人流露出的动人情感。

游乐集会历来是文人的一大乐趣,张祥河又交际广泛,故这类诗歌众多,如《关中集·二月望,周古渔同年约登王母山,适步香南太守来晤》:

> 一重楼观一重台,恰喜花朝霁色开。万籁无声鸾鹤杳,谁歌乐府上之回。胜地相逢尽一卮,今朝真个宴瑶池。好将主客传图画,朱鸟窗前并倚时。①

这首诗先写景,前四句写了登王母山途中所见之景,楼台一重又一重,正逢花朝节,天气晴朗,周围非常安静,鸾鸟和鹤都不知所踪,后又从景到人。后四句写出了张祥河与人游乐之喜悦,相逢于这风景优美之地,仍是一大幸事,共饮一杯酒,就当今日赴了一场瑶池宴会,并将主客今日之情状都作于图画上,以示纪念,最后一句还于景,由朱鸟之闲适结语,引出张祥河等人的闲适之情。诗中的景与人巧妙地穿插,让游乐之趣更加生动形象。

《朝天集》《关中集》中赠答劝勉的诗歌也很多,如《寄故园诸君子》《和姚春木〈见怀〉韵,时辑〈本朝文征〉一书》《春木和陶诗书后》等。这些交际诗让诗人张祥河的送别寄赠、游乐集会都有迹可循,并且诗歌声情并茂,文笔清新,让人读来就感触颇多。

四、《关中集》和《朝天集》的艺术特色

张祥河在陕甘地区任职三年之久,给这里不仅留下了政通人和,也留下了珍贵的诗歌文化,这些诗歌后经整理集为《关中集》和《朝天集》,这两部诗集不仅充分展现了陕甘地区的风土人情,而且也体现了张祥河诗歌风格典丽庄雅,语言简练明快,情感真挚丰富的艺术特色。

---

① 张祥河著,丁小明、陈家红整理.张祥河全集:诗词卷[M].上海:华东师范大学出版社,2021:403.

(一) 诗风典丽庄雅

张祥河典丽庄雅的风格主要体现在两方面：一是诗句对仗工整，二是善用典故与史实。张祥河的诗作大多对仗工整且征用典实，给诗歌增添了典雅风趣，如这首《朝天集·由定远驿至兰州》：

> 定远猪嘴驿，九沟十八坡。沟形似游龙，坡势如旋螺。金城已在望，秦云郁嵯峨。缅昔霍冠军，匈奴为投戈。又思赵翁孙，屯田皆宜禾。我朝拓新疆，二万馀里多。西维控上游，省会环神河。沙漠泾沃壤，川谷胥恩波。防边勉转饷，抚字均催科。古贤有馀慕，宜化当如何。①

"沟形似游龙，坡势如旋螺"的九沟十八坡是张祥河对定远猪嘴驿的最初印象，当看到如此之景，张祥河由古思今，缅怀古贤的贡献，又想到今日朝廷的做法，发出了"古贤有馀慕，宜化当如何"的感慨。其中"沟形"对"坡势"，"似"对"如"，"游龙"对"旋螺"，句式整齐，对仗工整。后又思及此地亦是边塞重地，就想起了戍边守国土的霍去病与边疆屯田保家园的赵翁孙，"缅昔霍冠军，匈奴为投戈。又思赵翁孙，屯田皆宜禾"这两句是诗人的怀古之语，不但对仗工整："缅昔"对"又思"，"霍冠军"对"赵翁孙"，而且征用了西汉名将霍去病和赵充国两人的事迹，霍去病曾在皋兰山下（今兰州南部）重创匈奴，让西北边境有了短暂的安定。赵充国提出并亲自前往金城实施"以兵屯田"的主张，提出亦兵亦农，就地筹粮的办法，这对支持当时频繁的战争，减轻人民负担起到了很大的作用。诗人这里借古论今，通过霍去病与赵翁孙的典故来表达自己对古贤的敬佩之情和希望今时此地亦可以有安详之景，既使得诗歌语言凝练，又增添了诗歌的文学性，诗歌内涵更加丰富，读来耐人寻味。这首诗将张祥河诗风典雅体现得淋漓尽致。

---

① 张祥河著，丁小明、陈家红整理.张祥河全集：诗词卷[M].上海：华东师范大学出版社，2021：389.

又如《朝天集·少华》：

> 少华亦三峰，袤延古黛浓。大唐侯佐顺，京兆郡弘农。白石岚光洁，金壶狭势冲。碧云何处寄，道脉记吾宗。①

少华山自古就是关中名山，更是道教名山，无数文人墨客为之倾倒，具有深厚的文化底蕴。张祥河先用简洁的语言描述了他所看到的少华山，即"三峰"，还用"古黛浓"来比喻少华之山景，后用唐朝史实——唐昭宗李晔把少华山封为"佑顺侯"，和少华山历代所属郡县的名称来说明其重要的历史地位。"狭"和"势冲"两个词突出了少华山的险绝高峻，又用张三丰传道孙碧云的典故点出了少华山为道教名山。这里在描绘少华山景色时，引用两个典故，将此时此景与彼时彼景相联，加深诗歌的意境，增强了其表现力，让少华山重要的历史地位和深厚的文化底蕴得到了印证。

张祥河在《关中集·长安杂兴》中也沿用典故与对仗，使诗句的典雅之气更浓。"武帝上林苑，唐王九曲池。翘材丞相府，容愫女郎祠。"②汉武帝在上林苑开启盛世，走向崭新的历史舞台；朱温在九曲池缢杀唐昭宗九子，彻底结束了唐朝历史。张祥河引用意义截然相反的典故展示了长安的兴衰荣辱，语言精练，内涵丰富，抒发了其对世事变迁，荣辱交替无常的感慨。而且诗句对仗工整，更显得诗句典雅庄重。接着"丞相府"与"女郎祠"相对，一个是才能出众身居高位男子的居所，一个是不愿一女许二夫贞洁女子的埋骨之地，将长安兴衰描述得更加动人，引人深思。

（二）语言简练明快

张祥河诗文语言简练明快，意趣毕现，他曾说"为诗喜对宾客，不耐苦思"③，所以他多是直抒胸臆，诗作不作刻意雕饰，似信手拈来，但实则一字

---

① 张祥河著，丁小明、陈家红整理.张祥河全集：诗词卷[M].上海：华东师范大学出版社，2021：383.
② 张祥河著，丁小明、陈家红整理.张祥河全集：诗词卷[M].上海：华东师范大学出版社，2021：409.
③ 徐世昌编，闻石点校.晚晴簃诗汇[M].北京：中华书局，1990：5521.

一词一句都禁得起推敲,如《朝天集·陇干》:

> 陇干晓望陇云青,遗迹曹韩使节经。我欲西寻㹱奴水,烹茶一上息肩亭。八景罗罗纪陇干,主山无地不仙坛。山农四月青苗蘸,膜拜湫神供牡丹。①

这首诗语言简练明快,似乎是不加琢磨,垂手可得,但却将陇干当地的风土人情一一道来,前两句简单概述了诗人的行踪:诗人在破晓时分来到曹韩使节均要经过的陇干,诗人想要寻水在息肩亭上煮茶;后两句将四月陇干地区的山景和人们的生活娓娓道来:陇县八景环绕在陇干周围,正值农时四月,人们都在插青苗和拜湫神。语言简单朴实,没有丝毫华丽之语,而细细品来,却一字一句都经得起推敲。

又如《关中集·端居》:

> 小小方壶境,端居有所思。鹭群挠定水,鸦点实空枝。醉去尊频洗,慵来枕一支。帘波围曲榭,风外不胜垂。②

诗人用极其简洁的语言描述了他居住的环境和生活情趣,"小小"两个字就交代了诗人居住环境的简陋,鹭群戏水,乌鸦点枝,让简陋的环境添了几许风味。"醉"和"慵"两个字又向我们展现了诗人闲暇时别样的生活情趣,"帘"与"风"之间的互动更显得逸趣横生。语言简练明快,顺其自然,但却意趣毕现。

《关中集·咸阳渡》与前两首也有异曲同工之处:

> 嫩色黄金上柳条,东来淑气雪全消。两行鼓吹咸阳渡,谷雨前头水沾桥。③

首句中"嫩色黄金上柳条"译为春日杨柳的嫩芽色泽像黄金一般,这一

---

① 张祥河著,丁小明、陈家红整理.张祥河全集:诗词卷[M].上海:华东师范大学出版社,2021:388.
② 张祥河著,丁小明、陈家红整理.张祥河全集:诗词卷[M].上海:华东师范大学出版社,2021:415.
③ 张祥河著,丁小明、陈家红整理.张祥河全集:诗词卷[M].上海:华东师范大学出版社,2021:404.

句给诗句增添了典雅之气,而紧接其后的"东来淑气雪全消"又是寻常之语,将太阳从东边升起,温和怡人的气息使雪全部融化的现象娓娓道来,尾句更是简单陈述,被随行之人催促,要快点过咸阳渡口,因为谷雨节后水沾桥,便只能划船渡河。将现实之景全然不加修饰地罗列在读者眼前,诗句似乎不加雕琢,像是信手拈来之作,但却意趣横生。

张祥河的《朝天集·放晴》亦有此特色:"心日顿然豁,连阴一放晴。山头清可数,河面涨初平。"①诗人天气放晴后,直抒胸臆所作,连阴的天气一放晴,连心情都豁然开朗,远处的山都可以数清楚,河面的涨势也停下来了,将天气放晴后自己的心情和所见用简洁明了的语言描绘出来,让人读来也倍感爽朗,似乎心情也随之豁然。

(三)情感真挚丰富

诗歌如果缺少内容,便是没有血肉,但若是缺少情感,就似行尸走肉,没有了灵魂。张祥河的诗作以写景记事为主,但其情感的表达却无处不在。如这首《关中集·六盘山怀萨湘林将军》(十年六度六盘山):

> 凿险诗千首,同为万里身。封章新意绪,横槊旧精神。岁事边陲乐,交情老辈真。安车看内召,执手渭河滨。②

这首诗上半部分写景,描绘了六盘山景,后半部分怀人。张祥河登临六盘山时,除了看到六盘山迷人的景色外,还看到了萨湘林将军所题的旧句,心生感慨,就作了这首诗,同为宦游之身的他们,意绪、精神相投,立于边陲亦自乐,乐于边陲的他们,亦为边陲带了乐意。虽说是怀人,但诗中的情感却不单单是怀人,诗中的情感非常丰富且真挚,有同为宦游的惺惺相惜之情,有谨于政事的清明之心,有戍守边陲的担当之责,有对皇帝的忠心之志,这些情感诗人并没有刻意表达,而是让其很自然地流露出来,却更显得真挚感人。

---

① 张祥河著,丁小明、陈家红整理.张祥河全集:诗词卷[M].上海:华东师范大学出版社,2021:391.
② 张祥河著,丁小明、陈家红整理.张祥河全集:诗词卷[M].上海:华东师范大学出版社,2021:402.

又如《朝天集·送余子佩大令巴燕戎格通判任》：

> 签判高才磊落胸，西平布治本从容。诸羌旧占湟中地，四望空传碨口烽。青海迢迢支水热，红崖兀兀洞云封。翁孙一倡金城议，剑戟芒销尽务农。①

送别往往是难舍难分，但诗人的送别却是别出心裁，先书写了诗人对其友人才能的赞颂，后描述了友人行路之况，表达了对友人的担忧之情，最后用赵翁孙"以兵屯粮"的典故向友人说明前往之地的境况，"尽务农"一词又似乎在打消友人的忧虑，安抚友人去往陌生之地的不安心理。全诗无一字抒情，但处处都在抒情，让人体会到了诗人送别友人之情。

诗人在《朝天集·平凉送宝小村少寇入都》中，却又似寻常送别一般，表达了与友人的依依不舍之情，一句"多情好在经年别，五夜平凉剪烛花"②让一个不舍友人离去的孤影显得凄婉至极。而诗人在《关中集·送客咸阳》中一句"萋萋茂陵草，乌帽不胜情"③让离别不舍之情跃然纸上，"萋萋茂陵草"用绵延不尽的萋萋春草作比，来比喻充斥满怀、弥漫原野的依依不舍之情，真正做到了情景交融，使其韵味无穷。

张祥河在《朝天集》和《关中集》中通过典丽庄雅的风格，简练明快的语言，表现了陕甘地区特有的风景和风情，表达了自己丰富且真挚的情感，并在其中形成了自己独特的艺术风格，即风格典丽庄雅，语言简练明快，情感真挚丰富。

结语

生于显赫世家，为官四十载，才能卓绝的张祥河，不仅是松江张氏的殿

---

① 张祥河著，丁小明、陈家红整理.张祥河全集：诗词卷[M].上海：华东师范大学出版社，2021：394.
② 张祥河著，丁小明、陈家红整理.张祥河全集：诗词卷[M].上海：华东师范大学出版社，2021：386.
③ 张祥河著，丁小明、陈家红整理.张祥河全集：诗词卷[M].上海：华东师范大学出版社，2021：422.

军人物,也是清朝名臣,更为后世留下了文化财富。他为人淡泊雅正,又好交朋友,与清朝诸多名人都相交甚深,成为彼此生命中浓墨重彩的一笔。在陕甘地区为官三载,他足迹遍布陕甘多地,为这里留下了政通人和,也留下了宝贵的文化遗产。《朝天集》《关中集》中有许多描述和赞誉陕甘风土民情的诗歌,通过分析两部诗集中的部分诗歌,发现他的诗歌总体呈现出风格典丽庄雅,语言简练明快,情感真挚丰富的艺术特色。

文献研究

WENXIANYANJIU

《阮邻自订年谱》文献价值考论[①]

徐远超

摘　要：清代甘肃地方官员徐保字所撰的《阮邻自订年谱》，不仅是研究其家世、生平的重要文献，也可为与谱主相关人物的研究提供一定的线索，更因作者亲历所载而成为研究平定张格尔叛乱等西北民族地区重大历史事件的珍贵一手资料。此外，年谱丰富的内容还呈现出了徐保字所处时期社会生活的诸多方面。

关键词：徐保字　甘肃　《平罗记略》　年谱

徐保字，字颉书，号阮邻，浙江湖州人。乾隆五十一年(1786)生于其外祖父郑熙所掌事的宁晋县(今属河北省邢台市)，道光三十一年(1851)卒于乌镇，终年六十六岁。徐保字在甘肃任州县二十余年，为当地发展做出了一定的贡献。特别是在两度出任平罗(今属宁夏石嘴山市)知县期间，面对平罗"掌故残缺、文献寂寥，询之吏无可考据、咨之士无可商榷"的现状，徐保字"探风问俗，随所见而笔之"，同时查阅《明一统志》《朔方志》《甘肃通志》等史志，核证摘录有关资料，历时三年，撰成了宁夏石嘴山市境内第一部地

[①] 基金项目：国家社会科学基金项目"《朔方文库》编纂"(17ZDA268)。

方志书《〔道光〕平罗记略》，对后世产生了重要影响。此外，徐保字有自撰年谱《阮邻自订年谱》传世，此谱载述翔实、内容丰富，是研究徐保字家世、生平的重要文献，但尚未引起重视，因此目前学界对徐保字的研究还多集中于其对《平罗记略》的编纂，并无专文论及《阮邻自订年谱》。本文拟对《阮邻自订年谱》的编撰、流传、内容及体例等基本情况进行考述，并结合相关史料对该谱的文献价值进行评析。

一、《阮邻自订年谱》的编撰与流传

《阮邻自订年谱》的编撰时间未见明确记载，但该谱"出处行藏约具本末"，且整部年谱中徐保字均以道光八年（1828）其因参与平定张格尔之乱而得到恩荣之后的诰封称呼父母、妻子，因此很有可能存在前期积攒资料或后期修改加工的情况。道光三十一年（1851），徐保字病重，遂停止了年谱的编撰。咸丰年间，徐保字之子徐鼎庚、徐师戍对谱后内容进行了补编，并将书稿交付刊刻。现国家图书馆、北京大学图书馆等单位所藏版本即为清咸丰年间乌程徐氏家刻本。来新夏先生所编《近三百年人物年谱知见录》著录此谱。《北京图书馆藏珍本年谱丛刊》收录此谱。由于徐保字在宁夏的重要影响，2017年国家社科基金重大项目"《朔方文库》编纂"亦对此谱进行了高质量影印，于2018年由国家图书馆出版社出版。

二、《阮邻自订年谱》的内容及体例

《阮邻自订年谱》不分卷，一册，六十五页，半叶十行，行二十字，全文约一万四千余字。内容起于乾隆五十一年（1786），止于道光三十年（1850），共65年。分为谱前、正谱和谱后三个部分。谱前为徐氏家族世系。正谱采用"（年号+）干支+年齿"的方式载述谱主徐保字生平，内容涉及生卒时间及地点、婚姻、子女、科第、仕途、亲友存殁、当代时事、与同代人物（亲戚、朋友、同学、同事、门生、老师等)的交游关系、得到的恩荣等。谱后由徐保字之子徐鼎庚、徐师戍补编,交代了徐保字卒后家事及著作的刊行情况。

三、《阮邻自订年谱》的文献价值

年谱是一个人的编年体传记,它按年次记载人物的事迹和言论等内容,是研究历史人物和其他历史问题的重要资料。具体而言,《阮邻自订年谱》至少具备以下文献价值:

(一) 系统载述谱主徐保字家世生平

1. 家世

徐保字先世上可追溯到宋代理学家徐侨。据《宋史》卷四二二《徐侨传》:"徐侨,字崇甫,婺州义乌人。蚤从学于吕祖谦门人叶邽。淳熙十四年(1187),举进士。调上饶主簿,始登朱熹之门。熹称其明白刚直,命以'毅'名斋。入为秘书省正字,校书郎兼吴益王府教授。直宝谟阁、江东提点刑狱,以忤丞相史弥远刻罢。宝庆初,葛洪、乔行简代为请祠,迄不受禄。绍定中,告老,得请。"传至明代,则有明远将军徐福。此时,徐氏家族已迁至乌镇。徐保字的曾祖父徐都甲、祖父徐鸿国、父亲徐茂都曾担任知县等地方官职,其曾祖母、祖母、母亲也均有封诰。

徐保字的外祖父郑熙(?—1804),字敬安,号缉亭,桐乡青镇人。乾隆二十七年(1762)举人。后以大挑官直隶柏乡、宁晋、顺义等知县。郑氏家族是浙江嘉兴望族之一,郑熙及其子女们在诗文方面多有成就。其中,郑熙次女郑以和,即徐保字的姨母,是当地有名的女诗人,著有《爨馀集》。

嘉庆十四年(1809),徐保字迎娶原配夫人吴氏,嘉庆十九年(1814),吴氏病故。次年,徐保字续娶二舅郑以凝长女郑氏。道光二十四年(1844),纳妾李氏。

徐保字有子四:平虎(十八岁时病逝)、绣虎(早夭)、鼎庚(李氏所出)、师戌(李氏所出)。女三：颂椒、望孙(早夭)、关保。

2. 早期教育及科举应试

徐保字发蒙较早,五岁开始学习认字,七岁时徐母亲自教授《论语》《孟子》等儒家经典,稍长,则"泛览诸子百家及丛书、纬书","保字自幼作文喜词藻,后泛览诸子百家及丛书、纬书,下笔恣肆无纪律。外大父论文清正,每作一课,必批抹痛斥,令日诵《天崇》《集虚斋》诸文以为换骨金丹。"又,十八岁时,"偶作《春草七律》四首、《蝶恋花》词一阕置于案头。外祖父见之不悦,曰:'功名富贵岂从香奁中来?且笔下萧飒,少年不宜亟戒之。'保字书绅不敢忘"。受外祖父的影响,徐保字十分喜爱诗词,常常与人交游唱和。浙江文化兴盛,人才辈出,广泛的游历也在很大程度上增长了徐保字的见识和学识,对其成长起到了重要的作用。

嘉庆四年(1799),徐保字首次参加县试。嘉庆八年(1803)取得县试第四名,府试第二名,院试第九名,入府学。嘉庆十二年(1807)参加乡试,中式副榜十一名。房师为陈三立,座师为礼部侍郎万承风、翰林院编修吴荣光。嘉庆十三年(1808)参加乡试录遗,中式四十二名。房师为刘遵陆,座师为工部侍郎周兆基、翰林院编修李振翥。嘉庆十八年(1813),中式十六名。

3. 入仕

嘉庆二十二年(1817),三十二岁的徐保字通过大挑得到了晋身的机会,"以一等引见勤政殿,奉旨以知县用,掣签甘肃"。自道光二年(1822)到甘肃赴任至道光二十三年(1843)引疾致仕共21年的时间里,徐保字先后出任通渭知县、平罗知县、肃州知县、夏州知县、平番知县、茶马同知、安西州知州、阶州知州、盐茶同知、庆阳知府、平凉知府。这些地区普遍地理位置重要、多民族杂居、经济落后、社会矛盾复杂、民风刚悍。尽管如此,徐保字决讼断辟、发展教育、兴修水利、除暴安民,事无巨细,充分发挥施政能力,为地方社会发展做出了一定的贡献。

作为西北地方官员,徐保字任职期间还多次参与了多次重大的边疆维稳。道光二年(1822),青海藏族还牧北迁,清政府予以剿抚。其间,徐保字在军营操办事务,因由青海返回兰州途中倚马千言,得《成公配享太庙碑记》一篇,受到了当时西宁办事大臣署理陕甘总督那彦成的赞赏。道光六年(1826),张格尔叛乱,徐保字调入军需局襄事。道光八年(1828),回疆平定,徐保字"奉旨着以同知直隶州即补先换顶戴",其祖父、祖母、父亲、母亲的诰封均得到晋级。道光十年(1830),徐保字调署平番县。回疆禁黄茶叛乱,平番地当冲要,徐保字主要负责为平叛筹办车马,供支兵差,发挥了重要作用。

徐保字久任州县,清廉勤恳,颇为后人称颂,却仕途蹇滞。这其中的原因在《阮邻自订年谱》中也能够体现出来。首先,徐保字就任的甘肃地区经济落后、边疆纷争不断,多为所谓的"苦缺",但是,"地方紧要,不可一日无官",因此朝廷要求"不论繁简,遇缺即补"。徐保字作为一名深受儒家思想熏陶,由正途入仕的官员,有着很深的爱民情怀,的的确确想为当地做出一番贡献。平罗新济渠常年被沙土掩埋,导致镇朔堡居民因缺水而流离,徐保字极力协调,开浚水渠,造福百姓。另外,道光十年(1830),徐保字的母亲去世;道光十五年(1835)父亲、次子绣虎、妹夫蒋朴生先后去世。亲人连遭变故,对徐保字打击很大,也占据了他一部分的时间和精力。同时,徐保字作为一名普通的知县,俸禄不多,开销较大,甚至父母去世回乡守制的路费都艰于筹措,不得不选择入(杨芳)幕和课生来增加收入,可见他也的确无能力在当时吏治腐败、"买缺卖缺"盛行的情况下,通过一些所谓的"手段"来谋求自己仕途的进一步发展。

道光十四年,徐保字"分试陕闱,得士等七人",其中就有晚晴名臣阎敬铭。阎敬铭(1817—1892),字丹初,陕西朝邑赵渡镇(今陕西省大荔县朝邑镇)人,道光二十五年(1845)进士。《近代史所藏清代名人稿本抄本·阎敬铭档》中,收录了徐保字致阎敬铭的信函,题为《阮邻贺丹初》,信末落款为"通家生徐保字"。通家生一般为老师对门生的自称,行文中,徐保字称阎敬铭为"贤棣"。信中交代了徐保字起复的情况,其中"四月初一抵兰,谒见各宪。初五日委摄阶州……山险民悍,治理颇难……盐茶循化二缺均可得补,不日即可交卸……调进省"等内容与《年谱》所载极为相符。除叙述自己的近况外,徐保字还对阎敬铭的学业多加鼓励。行文可见徐阎二人书信往来密切,互相影响较大。

4. 致仕归乡

道光二十二年(1842)年,五十七岁的徐保字出现了半身不遂的迹象,次年提出告老还乡的请求,上级多番挽留,最终批准。徐保字感慨道:"少壮艰苦备尝,廿载服官,亦极劳瘁,所幸宪眷优容,舆情爱戴,不上控一案,不亏空一钱,皆由平生谨慎得免愆尤。我本窭人,尚何恋栈耶?"卸任后的徐保字"仍居老屋,于其旁营构数椽为'菟裘'以娱,老居林下,时与诸交游徜徉于酒家茶肆,不拘小节"。道光二十五年(1845),兄长徐保定去世。道光二十七年(1847),长子平虎去世。骨肉多故,令徐保字万分悲痛,旧疾复发,于道光三十一年(1851)与世长辞。徐保字身后家中囊橐洗如,三子徐鼎庚、四子徐师戍尚嗷嗷待哺,夫人郑氏典当细软,百般筹措,方得以妥善料理丧仪、维持家业。

(二)可为相关人物研究提供一定的线索

年谱虽是专记一人之事迹言论,但与谱主事迹言论相关的人物,也往往被写进年谱中,以使谱主言行的背景得以交代清楚。这为研究者利用相关人物年谱查阅某人资料提供了方便。例如:徐保字二十岁时在后珠村教学,结识了同样喜爱吟诗作词的张千里,与之"晨夕唱和"。张千里(1784—1839),字子方,号梦庐,浙江乌镇后珠村(今乌镇五星村)人。当时张千里因为贫困将要废弃学业,徐保字极力劝其坚守初心,后来,张千里文名大噪,并成了清代嘉庆、道光年间浙北名医。又如,嘉庆十五年(1810),徐保字在陆元鋐家课生,所教学生有陆元鋐之侄陆以湉、孙陆喜曾、陆福曾、陆宪曾。陆以湉(1802—1865),字薪安,一字定圃,号敬安。道光十二年(1832)举人,道光十六年(1836)进士,清代名医,著有《冷庐杂识》《冷庐医话》《再续名医类案》《冷庐诗话》《苏庐偶笔》《吴下汇谈》等。其中,《冷庐杂识》收录多篇徐保字诗作。《年谱》中还提到,陆喜曾于道光六年(1821)中辛巳恩科举人。

(三)研究西北民族地区重大历史事件的一手资料

徐保字所处的道光时期是清代内忧外患的时期,徐保字作为一名西北地区的底层边吏,参与了剿抚青海藏民还牧北迁、平定张格尔叛乱等重大事件,并将事件的经过记录到了自己的年谱之中。经对比发现,谱中所载内容与《清宣宗实录》等史料记载极为相符,由于为作者亲历,可视为研究这些历史事件的第一手资料,因此具有更高的史料价值。

1. 青海藏民还牧北迁剿抚经过

[壬午(1822) 三十七岁] (三月委署通渭县。抵任五日,由巩昌府城奉长相国六百里札调赴军营。)先是,西宁野番不靖,相国奉命征剿。驻扎散素伯会探刚咱族番贼约会汪什代克打仗,副将丁永安率兵弁赶至色拉果里,杀贼八十余名,擒获三十三名。又西宁镇穆兰岱等追番于东西两沟,杀毙三百余人,生擒二十六名,夺获牛马无算。又凉州镇马腾龙等行至博洛托亥,与贼接仗,炮毙一百数十名,余贼四散。又参将蔡文瑾等追杀双勿蕴依等族贼,歼毙三百余名,生擒乌勒等三十七名。又甘州提军齐慎等夜袭喇冻雪岭贼营,歼毙一百七八十人,夺获牛羊六千余只,又杀死刚咱族大头目乙旦木。又各兵弁雪山搜捕肃清。五月撤兵。此番案始终情形也。

2. 平定张格尔叛乱经过

[丙戌(1826) 四十一岁] (回疆张格尔反。张格尔本逆回,霍集占之后,因巴彦巴图妄杀汰劣克全家,起衅作乱,纠合白帽回子占据四城,庆将军等遇害。钦派经略长参赞杨武率师西征。时陕西卢中丞已丁艰奉旨督办肃州粮台,余奉调入军需局襄事,因附书入大战于后。)

一,浑巴什河之战。六年六月,玉努斯窥伺阿克苏城。办事大臣长清等率令副将郭继昌、都司孙旺、协领都伦布沿河鏖战,歼毙贼首库尔板素皮,杀贼三百余人。

一,柯尔坪之战。坪为贼逆伊满等盘踞回庄,阻拒官兵。经略长派提督杨芳带兵进剿,副将胡超等会合夹击。歼毙贼目约勒达什伊满玉努斯若倚木托胡坦五名,生擒七十三名,余尽灭。

一,洋阿尔巴特之战。我兵由巴尔楚克取道树窝子,直趋喀城。至大河,拐贼众数千。夜袭营,次日,贼据沙冈列阵以待,经略率参赞杨芳等由中路进,杨率哈朗阿等抄其左,武率倭楞泰等击其右,追杀三十里,贼尸填壑。生擒三千二百余名,夺获旗帜、器械、牲畜无算。

一,沙布都尔庄之战。贼三十万屯庄火甚逆,集数十万众于岸。杨率哈朗阿等督兵击退,夜半西南风起,派民勇三扰贼营。黎明风力愈急,全军乘势冲入,直抵喀什回城,据之武领巴哈布等克满城。经略督杨芳等分围四面,城上红衣贼目抵御,我军奋勇直上,生擒贼目推立汗阿里汗等,斩杀数万。黑帽回子投降,回疆大定。

一,毗拉满之战。提督杨芳将收复(河)[和]阗。噶尔勒令贼千余并裹胁回众四五千人出毗拉满地方迎距。三月二十七日,杨率额尔古伦带伊犁马队分三路由北面沙山抄击,自午至申歼贼二千三百余名,生擒首逆噶尔勒。和阗平。

一,喀什铁盖山之战。在伊斯里克卡外二百里。先报张逆窜近图舒克塔什卡伦,经略令杨芳率满汉官兵十二月廿八日黎明驰捕。途次得张逆出卡之信,杨芳率兵出伊斯里卡伦。廿九日,由间道抄,遇张逆率贼死拒,官兵赶杀八十里,至铁盖山。张逆弃马扒山,仅余十数贼。副将胡超等跟追,阿勒罕等分路抄围,张逆扒近山巅欲遁,见官兵逼近,拔刀自刎。都司段永福、兵丁杨发、田大武夺刀生擒,拿获贼目八名,余剿杀无遗。

(四) 社会生活的多方位呈现

1. 科考

《阮邻自订年谱》中除对每场考官、考试结果的详细记载外,同年、考题等信息也都一目了然,可为相关研究提供参考。例如:

[丁卯(1807) 二十二岁] 是年乡试。头场《四书》题"天何言哉"三句,次题"在上位"五句,三题"舜之居深山之中"四句。诗题"挂席拾海月",得明字。揭晓,中式副榜十一名。房师系遂昌县陈树堂先生,名三立。座师为礼部侍郎万和圃先生,名承风。翰林院编修后官巡抚吴荷屋先生,名荣光。揭晓后知余卷已中三十一名,因二场《春秋》艺有疵,抑置副车。同里中正榜者,孔梧乡也。

[戊辰(1808) 二十三岁] 是年乡试。首题"仲弓问仁"四句,次题"嘉乐君子"一节,三题"见其礼而知其政"二句。诗题"楼观沧海日",得观字。榜发,中式四十二名。房师为金华县刘润南先生,名遵陆。座师为工部侍郎后官工部尚书周莲塘先生,名兆基。翰林院编修李竹醉先生,名振翥。谒房师,知余卷以三场淹博发刻进呈。张秋芸亦中式五十四名。同里张介柳,名大衍,以北榜中式。

2. 边疆吏治问题

《阮邻自订年谱》所载的"调署""补缺""捐官"等情况直接反映了清中期以来西北地区地方治理所面临的多重困境。例如："[己亥（1839） 五十四岁]四月,题补盐茶同知,旋奉藩宪檄饬进省当差。时适与岷州李道宪会讯唐生隆控案,行至疙瘩堡,接方伯六百里飞札,以阶州本任王刺史乞病,地方紧要,不可一日无官,速令回任。"此类问题前文已述及。另外,谱中还提到徐保字为亲戚"捐官"而屡屡"不入",个中原因不得而知,却流露着作者的无奈。

3. 兼祧制度

乾隆四十年（1775）,清高宗下发谕旨："'（户部奏）军营病故乏嗣人员,请照阵亡之例,准以独子立嗣'一折,已依议行矣。独子不准出继,本非定例。前因太仆寺少卿鲁国华条奏,经部议准行。但立继一事,专为承祧奉养,固当按昭穆之序,亦宜顺孀妇之心。所以例载嗣子不得于所后之亲,准其另立,实准乎情理之宜也。至独子虽宗支所系,但或其人已死,而其兄弟各有一子,岂忍视其无后？且现存者尚可生育,而死者应与续延,即或兄弟俱已无存,而以一人承两户宗祀,亦未始非从权以合经。又或死者有应承之职,不幸无嗣,与其拘泥'独子之例'求诸远族,何如先尽亲兄弟之子,不问是否独子,令其继袭之为愈乎？嗣后遇有寡妇应行立继之事,除照例按依昭穆伦次相当外,应听孀妇择其属意之人,并问之本房是否愿继,取有合族甘结,即独子亦准出继,庶穷嫠得以母子相安,而立嗣亦不致以成例阻格。该部即照此办理。著为令。"由此,兼祧作为固定的国家制度得以确立。到了嘉庆、道光时期,兼祧制度得到进一步发展,在社会生活中占据了重要地位。《阮邻自订年谱》"戊申（1848） 六十三岁"条记载："大兄殁时,本以（徐保字之子）平虎兼祧,兹以已殇去,乃以静庄兄长子位南侄为大兄后。"可为佐证。

4. 清代地理交通史料

《阮邻自订年谱》中记载了大量旅途经历,可作为研究清代地理交通的参考资料。这其中不仅有当时东西交通的主要路线,还有西北地区一些人迹罕至路段。例如,道光十五年,徐保字的父亲、次子、妹夫三位亲人接连去世,年谱详细记载了徐保字扶柩归籍的路线与行程:

> [乙未(1835)] 十二月十三日雇齐车轿由循化督署启行,约同眷车至东岗坡会齐东发。一路荒山,冰雪冻滑,至除夕始抵咸阳。

> [丙申(1836)] 元旦祭祀先灵毕,即装车启程,午后抵西安。……初八日,由西安径发。二十二日,过汴梁。二月初三日,抵徐州。至十八日方得松减。时武仙查太守摄道篆,极荷关照,先将行李押至清江,雇黄河船安置柩眷。水程六百里,一路风涛,始达袁浦。换船南放。三月初九日抵镇,立轩大哥买小舟迎至狮虎桥,大嫂、二妹、七弟、马甥、蒋甥、郑氏诸表弟俱来。大船恭扶府君灵柩用拨船停于老禅堂,老屋狭隘,眷属暂寓新膝舅氏宅。

又如:

> [戊戌(1838) 五十三岁] 阶州古武都,吭背巴蜀,襟带江汉……且番夷密迩,崇山峻岭,急浪惊涛,其陡绝处架木为梯,较栈道更险……江山峻巇,莫名其状。

> [庚子(1840) 五十五岁] (二月自岷州出发),过米仓太石诸山暨青羊峡、朱围岭,肩舆匝月,颇极劳顿。至三月初二日始抵兰州。

四、余论

《平罗记略》于道光六年(1826)基本修成,道光十三年(1833)印刷行世。然而《阮邻自订年谱》没有对《平罗记略》编纂及刊印的任何记载,实为一大遗憾。通过比对,不难发现《阮邻自订年谱》和《平罗记略》对徐保字在平罗就任期间助学救困、兴修水利等客观事实的载述高度吻合,而从语言风格上来看,私人年谱与地方志书之特点,也由此一目了然(参见表1)。

表1 《阮邻自订年谱》与《平罗记略》内容对比举例

	《阮邻自订年谱》	《平罗记略》
义学	乙酉(1825) 四十岁 捐廉设本城黄渠桥、石嘴子、头闸、李纲、虞祥各堡并义学二十三所。	卷二《学校》 知县徐保字捐立本城义学。 (《续增平罗记略》卷一《建置》义学:头闸、黄渠桥、石嘴山三处,徐君保字捐公项钱六百八十千文于该处,各设义学一所。……虞祥堡设义学一所,徐君保字捐公项钱二百千文。)
义仓	乙酉(1825) 四十岁 是夏,遵大府檄办捐义仓。余以义仓粮流弊滋多,按亩则贫富不均,比较则苦乐互别,至催粮上仓,胥役之扰,侵耗之患更不可问。爰传殷户及土著各铺数十家面为劝捐,共捐粮二千七百石,无一毫苛派。另设仓廒,交仓正副司管钥,咸以为便。镌诸碑。	卷八《义仓碑》 夫善政莫重救荒,民命莫大积贮。义仓之立,计至深远。然其中弊病百出,在司其事者,为之何如耳。道光五年秋,大府檄饬各州、县劝捐义粮。时有按田亩者,有均差徭者,有勤追呼而乐比较者,余谓此非所以为劝也。平邑地瘠民贫,一切寒薄之家,概置勿问。传各堡二三殷户到署,亲自晓谕,随其捐数,书之于簿。旬日间,得斗粮二千七百石有奇。内正闸堡俞德涵捐粮二百石,为阖邑冠。无一粒勒索百姓,无一毫假手吏胥。惟收市斗一石,而报仓斗一石五斗。不无因地变通,然为积谷翁化悭吝之风,用意亦良苦尔。
修新济渠	乙酉(1825) 四十岁 邑之西有新济渠压于沙,废六十年矣,镇朔一堡无水,居民流离,甚可悯也!适奉本道饬讯此案,即传洪、镇两渠人证,委曲开导,至半月,结案。断购邻田浚之。开渠日忽又梗议,拥聚数千人,几成械斗。余亲赴渠上,翻覆晓谕,两造悦服,遂通故道。由是庆有秋矣。	卷八《改修新济渠记》 ……夫镇朔孤悬贺兰之尾,村墟寥落,滩地荒远。当封,有常信以截上游,有洪广以堵中段。岁修甫竣,即深通一律,尚难达水到稍,况以沙山限之,势更不能。然或冬水不得则得夏水,夏水不得则得冬水,未有灾黎受旱,困苦流离如今日者也。嘉庆年间,议者移渠西北,因岁歉,事遂寝。兹据镇民王殿元等呈请改修,意欲避沙窝而占用洪广之田。于是洪广人民纷纷叠控,或谓断命脉,或谓害民生,或谓浇荒田,或谓霸水路,百计阻挠,争讼不息。余怫然曰:"镇之民望渠久矣。今有田莫之灌溉,譬有病莫之救援,立而视其死,仁人所不为也。"遂命驾于洪广之原,相乃小民,各持一锹一镢以开挖。其间越三日,工成。其占改黄姓田亩,断价四十千,岁纳夏秋粮一石三斗六升。所斩杨、沙二渠,令搭盖飞槽,以通水泽。建桥三座,以通行旅。维时两造允服,渠开流畅,永享其利。乃援笔而为之记。

294

孙勔年谱[①]

吴笑笑[②]

摘 要：孙勔为清康熙、雍正年间大臣、文学家，在为人、政事、诗文方面均有建树。与前辈王士禛，同时代查慎行、赵执信等人关系密切，其诗文创作广受称赞。同时，爱才之心使孙勔跟随者众多，影响一时。现综合相关史料和孙勔部分作品，对孙勔生平事迹作简要梳理，为其编写年谱，大致勾勒孙勔的为官经历和一生行迹。

关键词：孙勔 生平事迹 年谱

孙勔(1657—1740)，字子未，一字予未，号莪山，又号诚斋，清德州新鬲津河东柳村(今山东德州陵城经济开发区孙家洼)人。孙勔本姓李，原清太仓州沙溪县人，于清康熙六年(1667)过继给孙云锦，改姓孙。清康熙乙丑进士，官至大理寺少卿，终于通政司参议。现存有《鹤侣斋集》，包括诗稿一卷，文稿四卷，未收录作品众多。孙勔为清朝大臣、文学家，在为人、政事、诗文方面均有建树。对此，宋弼在《朝议大夫通政使司右参议莪山孙公遗事》

[①] 基金项目：宁夏哲学社会科学规划项目"明清时期六盘山文学文献整理研究"（21NXBZW01）。
[②] 作者简介：吴笑笑(1998—)，女，山东临沂人，宁夏师范学院文学院硕士研究生，主要从事中国古代文学研究。

中,从不畏权贵、为官清廉、为子孝顺、与兄友善以及爱才、有才等几方面对孙勷作简要介绍。孙勷去世后,清乾隆六年(1741),皇帝下旨为其建造祠堂,供乡亲祭拜。可见,孙勷在世之时,广受百姓爱戴。袁枚在《随园诗话》中曾赞扬孙勷"以时文名重天下,诗亦清超"①。宋弼《朝议大夫通政使司右参议莪山孙公遗事》也曾记载方苞称赞"孙先生文深得曾王遗轨"②。孙勷除诗文受众人推崇,其书法亦是了得。《皇清书史》卷十《木叶廎法书记》中记载:"善真行书,尤擅擘窠大字。予藏其耆、德、裕、昆四字,横榜大径三尺余。遒健苍雅,能兼欧柳之胜,海丰吴仲怡侍郎酷爱之。"③由此可知,孙勷在当时声名远播,文采超然。目前,对孙勷研究较少,不够系统。因而,根据已有资料,编写年谱,略述孙勷生平事迹。

清顺治十四年　丁酉(1657)　一岁

孙勷生。

《薄聿修生日》云:"君生庚子我丁酉,三年以长亦何有。"④《莪山自叙笔记》云:"余年十二,为康熙戊申,与兄勴出应童子试,皆用嗣姓。"⑤按:从所写诗和自叙中,可知孙勷生于此年。

清顺治十八年　辛丑(1661)　五岁

嗣祖孙继罢官。

〔嘉庆〕《直隶太仓州志》卷六十云:"今孙达卿继署中,继山东德州人……顺治辛丑罢官,挈勷归。"⑥按:孙继,字曰可,号书台,德州人,顺治乙未进士,授长洲令。

---

① 袁枚著,顾学颉校点.随园诗话[M].北京:人民文学出版社,1982:548.
② 孙勷.鹤侣斋集(文稿卷一)[M].山东省图书馆藏清道光二十三年至咸丰元年延绿吟馆刻本.
③ 李放.皇清书史[M]//辽海丛书:第五集.民国二十年至二十三年辽海书社排印本.
④ 孙勷.鹤侣斋集(诗稿)[M].山东省图书馆藏清道光二十三年至咸丰元年延绿吟馆刻本.
⑤ 孙勷.鹤侣斋集(文稿卷四)[M].山东省图书馆藏清道光二十三年至咸丰元年延绿吟馆刻本.
⑥ 王昶.〔嘉庆〕直隶太仓州志[M]//续修四库全书:第698册.上海:上海古籍出版社,1996:211.

清康熙三年　甲辰(1664)　八岁

由清太仓州沙溪县搬往长洲县定居。

〔嘉庆〕《直隶太仓州志》卷六十云："孙子未勷,州之沙溪人,髫年随父母入郡,寓长洲。"①按：孩童八岁称之为"髫年"。

是年,入小学接受教育。

《茝山自叙笔记》云："余以八岁受书。"②《四书所见偶抄序》云："及八岁入小学,以致成人日,以进取名第为事。"③

清康熙六年　丁未(1667)　十一岁

过继给孙继长子孙云锦,改姓孙。同年,孙勷与生父李文科、生母张恭人,及长兄李劢跟随嗣祖孙继北归,即前往山东德州府安德县定居。孙勷三弟李勋留在长洲县,由外祖父抚养。

《茝山自叙笔记》云："年十一,嗣祖原任长洲县知县孙公,挈以北归,父母及长兄皆偕来,叔弟勋,外祖张留抚之。""余嗣父讳云锦,字霞湄,州学增广生。"④按：孙勷原姓李。生父姓李,讳文科,字玉峰。生母张生有四子,按长幼顺序为：李劢、李勷、李勋、李劭。《带经堂集》卷八十六《敕封征侍郎翰林院检讨玉峰李先生墓志铭》云："德州孙公书台,罢长洲令居吴。见勷器之曰：是儿不凡。谓君曰：君多男,吾子逾壮无所出,曷乞是儿为吾嗣孙。君生之,我成之,不亦可乎？孙公廉吏有善政于吴,君不忍终拒,遂许之。君念子幼稚,乃携其家志安德,实康熙丁未岁也。"⑤按："安德"指安德县。明洪武七年(1374)废除安德县县治,并入德州。明洪武十三年(1380)安德废县重新设县治,改名为陵县,为德州府治。

---

① 王昶.〔嘉庆〕直隶太仓州志[M]//续修四库全书：第698册.上海：上海古籍出版社,1996：210.
② 孙勷.鹤侣斋集(文稿卷四)[M].山东省图书馆藏清道光二十三年至咸丰元年延绿吟馆刻本.
③ 孙勷.鹤侣斋集(文稿卷一)[M].山东省图书馆藏清道光二十三年至咸丰元年延绿吟馆刻本.
④ 孙勷.鹤侣斋集(文稿卷四)[M].山东省图书馆藏清道光二十三年至咸丰元年延绿吟馆刻本.
⑤ 王士禛.带经堂集[M]//清代诗文集汇编：第134册.上海：上海古籍出版社,2010：849.

清康熙七年　戊申(1668)　十二岁

以孙勷与兄李劢均以"孙"姓应童子试。

《莪山自叙笔记》云："与兄劢出应童子试,皆用嗣姓。"①

是年,四弟李劭出生。

《莪山自叙笔记》云："季弟劭,则生于既北之次年也。"②按：孙勷于清康熙六年北归。

清康熙十年　辛亥(1671)　十五岁

于县学中得第一。

〔嘉庆〕《直隶太仓州志》卷六十云："(孙勷)年十五,游庠第一。"③

清康熙十三年　甲寅(1674)　十八岁

冬,入州学,与李蕃祚相识。

《山西马邑县知县拙庵李公墓志铭》云："余甫识公于会城,盖余以甲寅冬月岁试入州学,而公寻以科试入县学邂逅。"④按："拙庵李公"姓李,讳蕃祚,字子介,号拙庵。孙勷与其为挚友。

是年,长兄李劢卒。同年,应学道试,得第一。

《莪山自叙笔记》云："余年十八,而长兄卒。兄长余一岁而已,然余幼举足必依兄,兄没而余几为废人矣。是年,应学道试,以思兄悲泣入场昏然。但垂头欲睡耳,兄频见梦促起草信笔书之,竟得第一。"⑤

清康熙十四年　乙卯(1675)　十九岁

八月,参加乡试,因卷面脏乱,落榜。

《莪山自叙笔记》云："余年十九,食饩当秋试,卷污见贴。"⑥

---

① 孙勷.鹤侣斋集(文稿卷四)[M].山东省图书馆藏清道光二十三年至咸丰元年延绿吟馆刻本.
② 孙勷.鹤侣斋集(文稿卷四)[M].山东省图书馆藏清道光二十三年至咸丰元年延绿吟馆刻本.
③ 王昶.[嘉庆]直隶太仓州志[M]//续修四库全书：第698册.上海：上海古籍出版社,1996：211.
④ 孙勷.鹤侣斋集(文稿卷二)[M].山东省图书馆藏清道光二十三年至咸丰元年延绿吟馆刻本.
⑤ 孙勷.鹤侣斋集(文稿卷四)[M].山东省图书馆藏清道光二十三年至咸丰元年延绿吟馆刻本.
⑥ 孙勷.鹤侣斋集(文稿卷四)[M].山东省图书馆藏清道光二十三年至咸丰元年延绿吟馆刻本.

清康熙十七年　戊午（1678）　二十二岁

八月，参加乡试，因卷面涂抹太甚落榜，但此次名声大噪。

《乡园忆旧录》卷一云："戊午铁庵来主试，得华公权、赵秋谷诸人，而茝山见遗，深为惋惜。"①《乡园忆旧录》卷二云："翁宝林先生典试山东时……孙子未先生勷卷亦搜得，叹其灵奇超卓，而房官涂抹太甚，不可中。拆其名，乃前随钱公玒信使院中所欣赏者也。召至济上，引见诸当事，为刻其文。由是子未先生亦名满天下，次科遂领解。"②《茝山自叙笔记》云："以遗卷受知大司寇虞山翁，公遂与陶紫司元淳、汪文漪灏、赵秋谷执信、冯大木廷櫆诸子以师命为兄弟。"③

九月，初与潘雪石相交，以先生之礼相待。

《祭潘雪石先生文》云："勷之始获事先生也，在戊午之九月时。"④

十一月，长子孙于盛出生。

《壬午科举人冢男于盛圹志》云："儿生于康熙十七年十一月十九日。"⑤

清康熙二十年　辛酉（1681）　二十五岁

八月，中举，为解元。

〔道光〕《济南府志》卷四十二云："康熙二十年辛酉科，孙勷，德州人，解元详进士。"⑥《清秘述闻》卷二云："康熙二十年辛酉科乡试，山东考官：编修曹禾字峨嵋，江南江阴人，己未鸿博。刑部郎中林尧英字淡亭，福建莆田人，辛丑进士。""解元孙勷字子未，德州人，乙丑进士。"⑦按：清朝乡试于八月举行，也称"秋闱"。此次乡试考官为曹禾、林尧英。

---

① 王培荀著，蒲泽校点.乡园忆旧录[M].济南：齐鲁书社，1993：30.
② 王培荀著，蒲泽校点.乡园忆旧录[M].济南：齐鲁书社，1993：76-77.
③ 孙勷.鹤侣斋集（文稿卷四）[M].山东省图书馆藏清道光二十三年至咸丰元年延绿吟馆刻本.
④ 孙勷.鹤侣斋集（文稿卷四）[M].山东省图书馆藏清道光二十三年至咸丰元年延绿吟馆刻本.
⑤ 孙勷.鹤侣斋集（文稿卷三）[M].山东省图书馆藏清道光二十三年至咸丰元年延绿吟馆刻本.
⑥ 王赠芳、王镇修，成瓘、冷烜纂.〔道光〕济南府志[M]//中国地方志集成：山东府县志辑第二册.成都：巴蜀书社，2004：344.
⑦ 法式善.清秘述闻三种[M].北京：中华书局，1982：57.

清康熙二十一年　壬戌（1682）　二十六岁

于京师谒见潘雪石先生,后会试落第,南归。

《祭潘雪石先生文》云:"明年先生登第入翰林,而勷以壬戌之春朋试入京师,趋谒先生于邸第。……是年,勷落第南归。"①

同年,编写《卯辰郫会墨合选》。

《卯辰郫会墨合选序》云:"今年春,朋试四方举子……于是拔其尤者,得如干篇,附以去秋墨,共驾一集。而序之曰:勷之应乙丑会试也。"②按:"试四方举子"指会试。会试每三年举行一次,且在乡试次年举行。后又说"应乙丑会试",因此"今年春"指壬戌年春,文集为此年所作。

清康熙二十四年　乙丑（1685）　二十九岁

正月,与薄聿修定交。

《薄聿修生日》云:"忆昔定交上元首,时春正月岁乙丑。"③

九月,中进士,位列第五。

〔道光〕《济南府志》卷四十二云:"康熙二十四年乙丑科陆肯堂榜,孙勷,字子未,号莪山,德州人,官至通政司参议,有传。"④《祭潘雪石先生文》云:"及乙丑复来……而榜发,勷名在第五,实出昆山王素冈夫子之门。"⑤《翰林院编修昆山素严先生王公墓志铭》云:"及壬戌会榜既发,而殿试期在九月。"按:"昆山王素冈"即王喆生,字醇叔,自号素岩,江苏昆山人。

五月,选为庶吉士。

《圣祖仁皇帝实录》卷一百二十一云:"五月……孙勷等为庶吉士。"⑥

---

① 孙勷.鹤侣斋集(文稿卷四)[M].山东省图书馆藏清道光二十三年至咸丰元年延绿吟馆刻本.
② 孙勷.鹤侣斋集(文稿卷一)[M].山东省图书馆藏清道光二十三年至咸丰元年延绿吟馆刻本.
③ 孙勷.鹤侣斋集(诗稿)[M].山东省图书馆藏清道光二十三年至咸丰元年延绿吟馆刻本.
④ 王赠芳、王镇修,成瓘、冷烜纂.[道光]济南府志[M]//中国地方志集成:山东府县志辑第二册.成都:巴蜀书社,2004:337.
⑤ 孙勷.鹤侣斋集(文稿卷四)[M].山东省图书馆藏清道光二十三年至咸丰元年延绿吟馆刻本.
⑥ 圣祖仁皇帝实录[M]//清实录:第五册.北京:中华书局,1985:270.

秋,写诗一首,赞颂明朝朱廷焕抗击寇匪英勇事迹。

《尽节录》卷上"德州孙勷诚斋翰林院庶吉士乙丑"云:"当年雅望重封疆,戮力艰难寄一方。横槊赴师申约束,口碑载道诵循良。魂归箕尾英雄在,血溅城头俎豆长。如此刑于元不易,遂令巾帼亦昂藏。"①按:清朱缣广征赞颂或纪念朱廷焕的作品,征集时间为康熙二十三年岁次甲子仲秋后一日。且记载为"德州孙勷诚斋翰林院庶吉士乙丑",因而,此诗约为乙丑秋所作。

冬,与众友人于京城附近燕台游玩。

《敬业堂诗集》卷六《假馆集上》(起乙丑正月尽一年)云:"燕台岁寒雅集,同王后、张钱、越江、顾九恒、彭椒崟、吴万子、孙恺似、王昆绳、钱玉友、徐子贞、高远修、孙子未、王严士、陈叔毅、汤西崖谈未庵、冯文子、俞大文《家荆州作二首》。"②按:"岁寒"指深冬时节。

清康熙二十六年　丁卯(1687)　三十一岁

十月,授翰林院检讨。

《圣祖仁皇帝实录》卷一百三十一云:"冬十月……孙勷,着俱授为翰林院检讨。"③《莪山自叙笔记》云:"年三十一,散馆授检讨。"④

检讨期间,曾带病学下棋,与赵执信对战。

《饴山诗集》卷二《戏孙子未检讨病瘠学奕》。⑤

清康熙二十七年　戊辰(1688)　三十二岁

是年,选取戊辰年会试士子所作文章和平日所写文章,始编《独断》一书。

《戊辰房书独断序》云:"夫世之读今科之文者,或徒知夫弱病尽除之为

---

① 朱缣.尽节录[M].清康熙二十六年澹宁堂刻增修本.
② 查慎行著,周劭标点.敬业堂诗集[M].上海:上海古籍出版社,1986:184.
③ 圣祖仁皇帝实录[M]//清实录:第五册.北京:中华书局,1985:412.
④ 孙勷.鹤侣斋集(文稿卷四)[M].山东省图书馆藏清道光二十三年至咸丰元年延绿吟馆刻本.
⑤ 赵执信.饴山诗集[M]//清代诗文集汇编:第210册.上海:上海古籍出版社,2010:210.

善,而不知夫狂病不生之更可乐也。不自揆度,既论次其墨卷行世,又复采摭诸君子平日所业,定为一书,名曰《独断》。"①

清康熙二十九年　庚午(1690)　三十四岁

游于江淮地区,喜约名士为文。

《陈曾起文稿序》云:"岁庚午,余偶游江淮间。"②《山西马邑县知县拙庵李公墓志铭》云:"庚午辛未间,余方读礼,余闲约一时名士为文。"③

清康熙三十二年　癸酉(1693)　三十七岁

五月,孙勷为福建乡试正考官,李承绂为副考官。同年,返程回京。

《茬山自叙笔记》云:"年三十七,为福建乡试正考官。"④《圣祖仁皇帝实录》卷一百五十九:"夏五月……检讨孙勷为福建乡试正考官,内阁中书李承绂为副考官。"⑤按:李承绂,字方来,河南封丘人,己未进士。《义门先生集》卷七《与李世得书》云:"弟自茬山先生癸酉还朝以后,所见其投分之客,自徐二兄而外,此兄(吴兆宗)亦佳士也。"⑥

清康熙三十三年　甲戌(1694)　三十八岁

春,由福建归,抵达京师。

《祭潘雪石先生文》云:"甲戌之春,勷使闽归朝,检点空囊,存者一金而已。"⑦按:由此可见,孙勷为官清廉,亦清贫。

五月二十七日,入宫值班供职,拟《恭读御制宫门听政示各部诸臣诗应制》七律,韵限十灰。

《郎潜纪闻》卷十二云:"康熙甲戌夏五月……圣驾夏日阅视河堤,应制

---

① 孙勷.鹤侣斋集(文稿卷一)[M].山东省图书馆藏清道光二十三年至咸丰元年延绿吟馆刻本.
② 孙勷.鹤侣斋集(文稿卷一)[M].山东省图书馆藏清道光二十三年至咸丰元年延绿吟馆刻本.
③ 孙勷.鹤侣斋集(文稿卷二)[M].山东省图书馆藏清道光二十三年至咸丰元年延绿吟馆刻本.
④ 孙勷.鹤侣斋集(文稿卷四)[M].山东省图书馆藏清道光二十三年至咸丰元年延绿吟馆刻本.
⑤ 圣祖仁皇帝实录[M]//清实录:第五册.北京:中华书局,1985:748.
⑥ 何焯.义门先生集[M]//清代诗文集汇编:第207册.上海:上海古籍出版社,2010:212.
⑦ 孙勷.鹤侣斋集(文稿卷四)[M].山东省图书馆藏清道光二十三年至咸丰元年延绿吟馆刻本.

五律限六鱼。二十七日,修撰戴有祺,编修吴昺,检讨万光宗、孙勷入直拟恭读。"①《清稗类钞》考试类《翰林番上应制》云:"康熙甲戌夏五月,召翰林诸臣番上应制,凡十九次,计诗题十八,论题一,赋题一。五月……二十七日,修撰戴有祺,编修吴昺,检讨万光宗、孙勷入直,拟《恭读御制宫门听政示各部诸臣诗应制》七律,韵限十灰。"②

是年,为《京江负笈图卷》作诗。

《壬寅消夏录》不分卷(二)《京江负笈图卷》云:"但见云山意总亲,却闻风浪怕轻身。问谁安稳峰头坐,住知是京江负笈人。甲戌嘉平陵州同学孙勷。"③

清康熙三十四年　乙亥(1695)　三十九岁

戴名世过其住所,与戴名世讨论所写文章。

《南山集》卷三《孙检讨课儿草序》云:"岁乙亥,余游燕市时,时过子未邸舍,而子未出其课儿草示余,凡若干篇,子未之于文洵勤矣。"④按:"课儿草"为孙勷教儿子作文章时所写范文稿。

清康熙三十五年　丙子(1696)　四十岁

九月,作《送苍存归后圃》。

《送苍存归后圃》云:"与君为兄弟,忆昔岁丙子。一见剧倾倒,太息天下士。是时暮秋初,驱车正南指。"⑤按:"暮秋"指秋末,农历九月。

清康熙三十六年　丁丑(1697)　四十一岁

春,居丧,为嗣祖孙继去世。

《梅东草堂诗集》卷四《兖郡遇同年孙子未检讨兼谢厚饷》(丁丑)云:

---

① 陈康琪.郎潜纪闻[M]//续修四库全书:第1182册.上海:上海古籍出版社,2002:279-280.
② 徐珂.清稗类钞[M].北京:商务印书馆,1966:143.
③ 端方.壬寅消夏录[M]//续修四库全书:第1090册.上海:上海古籍出版社,2002:58.
④ 戴名世.南山集[M]//续修四库全书:第1419册.上海:上海古籍出版社,2002:71.
⑤ 孙勷.鹤侣斋集(诗稿)[M].山东省图书馆藏清道光二十三年至咸丰元年延绿吟馆刻本.

"君犹有泪倾遗研(子未以承重居忧),我更吞声泣断葱。"①按:"承重居忧"指嫡孙为嫡祖父或嫡祖母守丧。《仪封丙子科举人訚斋周君墓表》(周伯章)云:"始丁丑春,余以居忧归。"②

是年,曾到达山东宁阳县,并丢弃部分诗文稿。

《通议大夫直隶分守口北道山西布政使司参议加三级董公墓志铭》云:"忆余丁丑岁于宁阳客舍,所诗文旧稿取阅间,遽投酒炉中,从者以为怪,余时殊爽然。"③

清康熙三十八年 己卯(1699) 四十三岁

七月,第五子孙于鳌出生,排行第七。

《丁未进士候选知县第七男慎夫墓志》云:"儿于余第五子,行七,慎夫其字也。""儿生康熙己卯七月丙子。"④

清康熙四十一年 壬午(1702) 四十六岁

八月,长子孙于盛中举。

《莪山自叙笔记》云:"于盛壬午举人,娶贺氏。"⑤〔道光〕《济南府志》卷五十六云:"(孙勷)子于盛,康熙壬午举人。"⑥

清康熙四十二年 癸未(1703) 四十七岁

八月,生父李文科就养京师。十一月,李文科去世。

《带经堂集》卷八十六《敕封征侍郎翰林院检讨玉峰李先生墓志铭》云:

---

① 顾永年.梅东草堂诗集[M]//清代诗文集汇编:第152册.上海:上海古籍出版社,2010:358.
② 孙勷.鹤侣斋集(文稿卷二)[M].山东省图书馆藏清道光二十三年至咸丰元年延绿吟馆刻本.
③ 孙勷.鹤侣斋集(文稿卷二)[M].山东省图书馆藏清道光二十三年至咸丰元年延绿吟馆刻本.
④ 孙勷.鹤侣斋集(文稿卷三)[M].山东省图书馆藏清道光二十三年至咸丰元年延绿吟馆刻本.
⑤ 孙勷.鹤侣斋集(文稿卷四)[M].山东省图书馆藏清道光二十三年至咸丰元年延绿吟馆刻本.
⑥ 王赠芳,王镇修,成瓘,冷烜纂.〔道光〕济南府志[M]//中国地方志集成:山东府县志辑第三册.成都:巴蜀书社,2004:117.

"君以四十二年八月,就养京师。十一月二十三日卒,年七十七。"①

是年,与李塨通昆弟好。

《李恕谷先生年谱》卷三云:"癸未四十五岁……孙子未本姓李,请与先生通昆弟好,许之。"按:"昆弟"即兄弟,比喻亲密友好。②

清康熙四十三年　甲申(1704)　四十八岁

四月,生母张孺人去世。

《带经堂集》卷八十六《敕封征侍郎翰林院检讨玉峰李先生墓志铭》云:"孺人后君仅六月,以四十三年四月十二日卒,年七十六。"③

清康熙四十四年　乙酉(1705)　四十九岁

元旦,作七言绝句诗《乙酉元旦》。

清康熙四十五年　丙戌(1706)　五十岁

夏,过河南开封仪封县,留宿周伯章家三日。

《仪封丙子科举人闇斋周君墓表》云:"丙戌夏,余访之于家,留宿其柏子庵者三日。"④按:周伯章,讳枈,号闇斋,晚年自号愚壑,仪封县人。

清康熙四十六年　丁亥(1707)　五十一岁

是年,过河南开封,与六十五岁章秀相唱和,章秀遂归孙勷为妾。

《王士禛全集》杂著《古夫于亭杂录》卷五云:"章秀,徐州人。家于汴,能小诗。初适市人负贩者,厌之,已而弃去,独居。孙检讨子未勷游梁,与相倡和,遂归之。时康熙丁亥,章年六十又五,而倡随甚相得也。常在中牟有和余三绝句云。"⑤

---

① 王士禛.带经堂集[M]//清代诗文集汇编:第134册.上海:上海古籍出版社,2010:849.
② 冯辰.李恕谷先生年谱[M]//续修四库全书:第554册.上海:上海古籍出版社,2002:496.
③ 王士禛.带经堂集[M]//清代诗文集汇编:第134册.上海:上海古籍出版社,2010:849.
④ 孙勷.鹤侣斋集(文稿卷二)[M].山东省图书馆藏清道光二十三年至咸丰元年延绿吟馆刻本.
⑤ 王士禛.王士禛全集[M].济南:齐鲁书社,2007:4924.

清康熙四十八年　　己丑（1709）　　五十三岁

二月，以检讨任贵州学政。

《茝山自叙笔记》云："年五十三，提督贵州学政。"①《圣祖仁皇帝实录》卷二百三十六云："二月……检讨孙勷提督贵州学政。"②

是年，选优秀士子，于黔阳书院亲自教导。

〔道光〕《济南府志》卷五十六云："己丑，督学贵州。择士之秀者，集黔阳书院亲教之。巡历各郡，扫除陋例，及代资斧不具，黔抚刘荫枢密疏荐之。"③按：孙勷为官有政绩，且爱惜有才能的人。宋弼《朝议大夫通政使司右参议茝山孙公遗事》云："己丑，督贵州学政，择士之秀者，聚黔阳书院亲教之。"④

清康熙四十九年　　庚寅（1710）　　五十四岁

疏请朝廷颁布御书千文榻本，以教导贵州士子。

〔乾隆〕《贵州通志》卷三十五《乡开广疏额》（刘荫枢）云："又学臣孙勷于康熙四十九年疏请御书千文榻本、《日讲四书》《易经》《书经》诸书颁发到黔，令各学士子熟加诵读，拔其尤者至阳明书院，日有课，月有程。"⑤

是年，曾托人给李塨寄书信。

《李恕谷先生年谱》卷四云："庚寅五十二岁……孙子未典学贵州，托一刘生寄书，候且有馈金。"⑥按：李塨，字刚主，号恕谷。师承颜元之学，时称"颜李学派"。

---

① 孙勷.鹤侣斋集（文稿卷四）[M].山东省图书馆藏清道光二十三年至咸丰元年延绿吟馆刻本.
② 圣祖仁皇帝实录[M]//清实录：第六册.北京：中华书局，1985：363.
③ 王赠芳、王镇修，成瓘、冷烜纂.〔道光〕济南府志[M]//中国地方志集成：山东府县志辑第三册.成都：巴蜀书社，2004：117.
④ 孙勷.鹤侣斋集（文稿卷一）[M].山东省图书馆藏清道光二十三年至咸丰元年延绿吟馆刻本.
⑤ 鄂尔泰等修，靖道谟、杜诠纂.〔乾隆〕贵州通志[M]//贵州府县志辑：第五册.成都：巴蜀书社，2016：101.
⑥ 冯辰.李恕谷先生年谱[M]//续修四库全书：第554册.上海：上海古籍出版社，2002：516.

清康熙五十一年　壬辰(1712)　五十六岁

六月二十一日,长子孙于盛去世。九月十九日,过乡里,得知长子去世。

《壬午科举人冢男于盛圹志》云:"壬午登贤书,又十年吾方使黔竣事,以九月十九日还过里门,而儿已前卒几三月矣。""卒于五十一年六月二十一日,是日吾行抵镇远族壁,见儿诗书名处有缺,画恶之。孰知儿之竟以是日终也。"①

清康熙五十二年　癸巳(1713)　五十七岁

升右春坊右赞善兼翰林院检讨。

《莪山自叙笔记》云:"年五十七,升右春坊右赞善兼翰林院检讨。"②

清康熙五十三年　甲午(1714)　五十八岁

升翰林院侍讲。同年,改授翰林院提督四译馆太常寺少卿。

《莪山自叙笔记》云:"年五十八,升翰林院侍讲。是年,改授翰林院提督四译馆太常寺少卿。"③

是年,为王步青《已山先生文集》作序。

《已山先生文集》卷二《张晓楼稿序》云:"甲午,莪山先生序其初集,更以晴川斯斯未有定也。"④

清康熙五十五年　丙申(1716)　六十岁

曾路过开封仪封县,并为周伯章题壁留言。

《仪封丙子科举人闿斋周君墓表》云:"丙申,复过之,则伯章他出,为留题其壁。至汴语方伯、李公言,伯章为人可师友也。"⑤

同年,曾孙孙开泰出生。

《壬午科举人冢男于盛圹志》云:"儿惟一子今兰,今已授室有孙,是孙

---

① 孙勷.鹤侣斋集(文稿卷三)[M].山东省图书馆藏清道光二十三年至咸丰元年延绿吟馆刻本.
② 孙勷.鹤侣斋集(文稿卷四)[M].山东省图书馆藏清道光二十三年至咸丰元年延绿吟馆刻本.
③ 孙勷.鹤侣斋集(文稿卷四)[M].山东省图书馆藏清道光二十三年至咸丰元年延绿吟馆刻本.
④ 王步青.已山先生文集[M]//四库全书存目丛书:集部第273册.济南:齐鲁书社,1997:734.
⑤ 孙勷.鹤侣斋集(文稿卷二)[M].山东省图书馆藏清道光二十三年至咸丰元年延绿吟馆刻本.

之生吾年六十,因字之曰甲。"①《莪山自叙笔记》云:"曾孙一人开泰。"②

清康熙五十六年　丁酉(1717)　六十一岁

妻子张恭人去世。

《莪山自叙笔记》云:"妻生四子三女,以丁酉年卒,赠恭人。"③

十二月十日,长子孙于盛入葬。

《壬午科举人冢男于盛圹志》云:"今于丁酉十二月十日葬,吾妻因以其柩从厝其侧。"④

清康熙五十七年　戊戌(1718)　六十二岁

冬,招人饮酒,梁锡珩前往饮酒作对。

《非水舟遗集》卷下《戊戌长至孙莪山先生招饮兼承赠句次韵奉答》云:"未妨清福是单贫(用香山句),吟烛杯筹主及宾。尝以烟霞供吐属,更看龙马似精神。西堂得句延诗客,东阁观梅对酒人。愧我才长无一线,太音欲向大儒论。"⑤按:梁锡珩,字楚白,号深山,介休人。"东阁观梅"为冬季,此时,孙勷精神健旺。

清康熙五十九年　庚子(1720)　六十四岁

升授大理寺少卿。同年,因保举人员过多,降二级调用。

《莪山自叙笔记》云:"年山六十四,升授大理寺少卿。是年,以保举白璜、阿锡鼐、陆经远、邹汝鲁、俞化鹏、杨名时、李馥、梁文科、申大成、汪份、彭维新、黎致远为总督、巡抚、学道、布政使,诸员缺也,又卓异知州李朝柱凡十三人,部议以所举人员过多,降二级调用。"⑥

---

① 孙勷.鹤侣斋集(文稿卷三)[M].山东省图书馆藏清道光二十三年至咸丰元年延绿吟馆刻本.
② 孙勷.鹤侣斋集(文稿卷四)[M].山东省图书馆藏清道光二十三年至咸丰元年延绿吟馆刻本.
③ 孙勷.鹤侣斋集(文稿卷四)[M].山东省图书馆藏清道光二十三年至咸丰元年延绿吟馆刻本.
④ 孙勷.鹤侣斋集(文稿卷三)[M].山东省图书馆藏清道光二十三年至咸丰元年延绿吟馆刻本.
⑤ 梁锡珩.非水舟遗集[M]//清代诗文集汇编:第255册.上海:上海古籍出版社,2010:37.
⑥ 孙勷.鹤侣斋集(文稿卷四)[M].山东省图书馆藏清道光二十三年至咸丰元年延绿吟馆刻本.

是年,作五言绝句诗《渔洋先生过谢公村赠方山比部次韵》、祭文《祭汪武曹先生文》。

〔道光〕《济南府志》卷七十云:"《渔洋先生过谢公村赠方山比部次韵》国朝大理寺少卿孙勷莪山"①《祭汪武曹先生文》云:"吾行年今已六十有四矣。"②

清康熙六十年　辛丑(1721)　六十五岁

陶煊、张灿编《诗的》六十卷刊行,孙勷为之作序。

《陶庐杂录》卷三《诗的六十卷》云:"长沙陶煊辑。同里张灿参订之。刻于康熙六十年,前有陈鹏年、孙勷、杜诏、程梦星、王棠、先著、周仪、许炳、费锡璜九序。"③

同年,孙勷作《金华府知府怡斋赵先生墓志铭》。

《金华府知府怡斋赵先生墓志铭》云:"先生生于康熙六年三月初八日,卒于康熙五十七年六月二十七日……先生以卒之年,十月二十八日葬德州南三十里,古黄河涯之浒墓有宿草,于今三年矣。"④

清康熙六十一年　壬寅(1722)　六十六岁

是年,德州饥荒,孙勷以官为贷,得米五百斗,用以赈灾。

〔道光〕《济南府志》卷五十六云:"壬寅,德州大饥,勷贷于官得米百余斛,以济族人戚友之无储者。"⑤宋弼《朝议大夫通政使司右参议莪山孙公遗事》云:"壬寅,大饥,斗米五百,公贷以官得百余斛以赈族人亲戚。众以是济,而家无余储。"⑥按:可知,孙勷心系百姓,大公无私。

---

① 王赠芳、王镇修,成瓘、冷烜纂.〔道光〕济南府志[M]//中国地方志集成:山东府县志辑第三册.成都:巴蜀书社,2004:572.
② 孙勷.鹤侣斋集(文稿卷四)[M].山东省图书馆藏清道光二十三年至咸丰元年延绿吟馆刻本.
③ 法式善撰,涂雨公点校.陶庐杂录[M].北京:中华书局,1959:77.
④ 孙勷.鹤侣斋集(文稿卷二)[M].山东省图书馆藏清道光二十三年至咸丰元年延绿吟馆刻本.
⑤ 王赠芳、王镇修,成瓘、冷烜纂.〔道光〕济南府志[M]//中国地方志集成:山东府县志辑第三册.成都:巴蜀书社,2004:117.
⑥ 孙勷.鹤侣斋集(文稿卷一)[M].山东省图书馆藏清道光二十三年至咸丰元年延绿吟馆刻本.

清雍正元年　癸卯(1723)　六十七岁

补授通政使司右参议,擢大理寺少卿。其中有刘荫枢推荐成分。

《茝山自叙笔记》云:"雍正元年,余年六十七。今皇上召见,补授通政使司右参议,受事又年余矣。"①〔道光〕《济南府志》卷五十六云:"癸卯,补通参,擢大理少卿,服官数十年,落落无所附。"②按:孙勷为官公正清廉,不在政治上站队。《望溪集》外文卷七《都察院副都御史巡抚贵州刘公墓表》云:"世宗宪皇帝御极召见,愀然曰:卿先帝大臣,朕欲大用,然汝年力实不能胜矣。公遂荐孙勷、王沛憻、陈时夏、王璋四人,乃赐御砚、朝珠、白金还乡,雍正元年九月终于家。"③(《国朝先正事略》卷十《刘乔南中丞事略》有相同记载)

同年,第五子孙于螯中举。

《茝山自叙笔记》云:"于螯癸卯正科举人,娶张氏。"④

〔道光〕《济南府志》卷五十六云:"于螯,雍正甲辰顺天举人。"此记载有误。

清雍正二年　甲辰(1724)　六十八岁

请更选教官,宣讲圣谕广训。作《请严师儒之选奏》。

《永宪录》卷三:"雍正二年岁在甲辰,继右参议孙勷更请遴选教官宣讲广训。"⑤按:"广训"为《圣谕广训》,雍正二年出版的官修典籍,清时期的国教。

是年,编写《茝山自叙笔记》,已有归乡之意。

《茝山自叙笔记》云:"右雍正二年所记,时年六十有八。少陵句不云

---

① 孙勷.鹤侣斋集(文稿卷四)[M].山东省图书馆藏清道光二十三年至咸丰元年延绿吟馆刻本.
② 王赠芳、王镇修,成瓘、冷烜纂.〔道光〕济南府志[M]//中国地方志集成:山东府县志辑第三册.成都:巴蜀书社,2004:117.
③ 方苞.望溪集[M].上海:上海古籍出版社,2010:364-365.
④ 孙勷.鹤侣斋集(文稿卷四)[M].山东省图书馆藏清道光二十三年至咸丰元年延绿吟馆刻本.
⑤ 萧奭撰,朱南铣点校.永宪录[M].北京:中华书局,1959:180.

乎,人生七十古来稀。是时也,余已有归志。"①

清雍正四年　丙午(1726)　七十岁

以老请归乡。

《顺德府修城记》云:"余以丙午之岁请老里居去。"②宋弼《朝议大夫通政使司右参议峩山孙公遗事》云:"丙午,请告归。独居一室者十五年,未尝至城市。教子弟、接士大夫、见乡人皆在其中,不以贵贱异。"③

是年,作《过平原南楼》。

〔道光〕《济南府志》卷七十云:"《过平原南楼》国朝通政司参议孙勷德州"④按:"平原"为德州平原县。应为归乡时所作。

清雍正五年　丁未(1727)　七十一岁

四月,第五子孙于盭中进士。

〔道光〕《济南府志》卷五十六云:于盭"丁未进士,幼颖异,年十一能文,安溪李文贞叹赏之,性孝友,以产让叔父劼"⑤。《丁未进士候选知县第七男慎夫墓志》云:"及丁未遂成进士,己酉部檄赴选。"⑥

清雍正七年　己酉(1729)　七十三岁

十月,自吴中还乡,作《翰林院编修昆山素岩先生王公墓志铭》。

《翰林院编修昆山素岩先生王公墓志铭》云:"雍正六年秋九月戊午,编修昆山素严先生王公考终里第。其明年三月,小子勷乃得闻讣于德州新鬲津河东柳村。""是年冬十有二月,从子于益还自吴中。言先生既葬矣,而怀

---

① 孙勷.鹤侣斋集(文稿卷四)[M].山东省图书馆藏清道光二十三年至咸丰元年延绿吟馆刻本.
② 孙勷.鹤侣斋集(文稿卷四)[M].山东省图书馆藏清道光二十三年至咸丰元年延绿吟馆刻本.
③ 孙勷.鹤侣斋集(文稿卷一)[M].山东省图书馆藏清道光二十三年至咸丰元年延绿吟馆刻本.
④ 王赠芳、王镇修,成瓘、冷烜纂.[道光]济南府志[M]//中国地方志集成:山东府县志辑第三册.成都:巴蜀书社,2004:579.
⑤ 王赠芳、王镇修,成瓘、冷烜纂.[道光]济南府志[M]//中国地方志集成:山东府县志辑第三册.成都:巴蜀书社,2004:117.
⑥ 孙勷.鹤侣斋集(文稿卷三)[M].山东省图书馆藏清道光二十三年至咸丰元年延绿吟馆刻本.

远君附书属为志词,将以他日纳之隧道。"①按:"昆山素岩先生"为王喆生。

清雍正八年　庚戌(1730)　七十四岁

八月,第五子孙于蓥卒。十月,孙于蓥入葬。

《丁未进士候选知县第七男慎夫墓志》云:"卒以雍正庚戌八月乙卯。""以是年十月初八日葬陵县城东之侯家庄。"②

清雍正十一年　癸丑(1733)　七十七岁

是年,作《二宋制艺稿弁言》。

《二宋制艺稿弁言》云:"时余以七十有七岁。"③

清雍正十三年　乙卯(1735)　七十九岁

儿子孙于茞、孙于盤中举。

〔道光〕《济南府志》卷五十六云:"于茞,雍正乙卯举人,邃于理学。""于盤亦乙卯举人,云南昭通府通判。"④按:二人皆为孙勷儿子。

清乾隆元年　丙辰(1736)　八十岁

儿子孙于蓥、孙于宣,孙子孙今兰皆中举。

〔道光〕《济南府志》卷五十六云:"于蓥,乾隆丙辰举人;于宣,亦丙辰举人,浙江武义县令。孙今兰亦丙辰举人"⑤

清乾隆三年　戊午(1738)　八十二岁

孙子孙今敬中举。

〔道光〕《济南府志》卷五十六云:"今敬,戊午举人,江南贵池令。"⑥

---

① 孙勷.鹤侣斋集(文稿卷二)[M].山东省图书馆藏清道光二十三年至咸丰元年延绿吟馆刻本.
② 孙勷.鹤侣斋集(文稿卷三)[M].山东省图书馆藏清道光二十三年至咸丰元年延绿吟馆刻本.
③ 孙勷.鹤侣斋集(文稿卷一)[M].山东省图书馆藏清道光二十三年至咸丰元年延绿吟馆刻本.
④ 王赠芳、王镇修,成瓘、冷烜纂.〔道光〕济南府志[M]//中国地方志集成:山东府县志辑第三册.成都:巴蜀书社,2004:117.
⑤ 王赠芳、王镇修,成瓘、冷烜纂.〔道光〕济南府志[M]//中国地方志集成:山东府县志辑第三册.成都:巴蜀书社,2004:117.
⑥ 王赠芳、王镇修,成瓘、冷烜纂.〔道光〕济南府志[M]//中国地方志集成:山东府县志辑第三册.成都:巴蜀书社,2004:117.

清乾隆四年　己未(1739)　八十三岁

是年,作《德州学官重修记》。

〔道光〕《济南府志》卷十七云:"雍正三年知州陈留武、乾隆四年督粮道赵城并修,州人通政司参议孙勷为记。"①

清乾隆五年　庚申(1740)　八十四岁

春,于家因病去世。

宋弼《朝议大夫通政使司右参议莪山孙公遗事》云:"庚申之春,公病。亟时朱定元为豫藩,其属多黔士,闻公贫甚,使使奉金数斤,比至,则公卒矣。""今精神往矣,自是遂病,病十余日而卒。"②

---

① 王赠芳、王镇修,成瓘、冷烜纂.〔道光〕济南府志[M]//中国地方志集成:山东府县志辑第一册.成都:巴蜀书社,2004:375.
② 孙勷.鹤侣斋集(文稿卷一)[M].山东省图书馆藏清道光二十三年至咸丰元年延绿吟馆刻本.

沈元沧年谱[①]

贾淳博[②]

摘 要：沈元沧是清康熙、雍正年间诗人，诗歌造诣深厚，与当时浙江海宁著名诗人查慎行常相唱和。曾入武英殿书局任事，与诸词臣齿。晚年受查嗣庭案牵累，安置宁夏。在宁夏，受到将军傅尔丹的赏识，傅尔丹留沈元沧于幕府，每日谈诗讲易。但边塞苦寒，沈元沧衰年肺病时作，雍正癸丑（1733）正月十七日卒于宁夏，享年六十有八。研究沈元沧具有重要的价值，现综合相关的史料和沈元沧的部分作品，对沈元沧的生平与行状进行梳理，为其编写年谱，描绘沈元沧一生的行迹。

关键词：沈元沧 生平 年谱

沈元沧（1666—1733），字麟洲，号东隅，浙江仁和（今杭州）人。本姓徐，考讳云龙，妣沈氏。出嗣于舅氏沈兆乾，遂承沈姓。沈，故吴兴望族，七世祖乡进士沈旭升，始迁杭之忠清里。继妣唐氏赠孺人。[③]沈元沧康熙四

[①] 基金项目：宁夏哲学社会科学规划项目"明清时期六盘山文学文献整理研究"（21NXBZW01）。
[②] 作者简介：贾淳博（1995— ），女，吉林四平人，宁夏师范学院文学院硕士研究生，主要从事明清文学研究。
[③] 沈元沧.滋兰堂集[M]//清代诗文集汇编：第218册.上海：上海古籍出版社，2010：525.

十四年、五十六年两举副贡生。早年文章为毛奇龄、万斯大所赏。舅父查升奉旨纂修《佩文韵府》，沈元沧为荟萃排比，进呈辄称旨，寻诏入武英殿书局任事。总裁奏请考试，上曰："沈元沧学问，朕素知，不必考试。"又尝诏廷臣曰："沈元沧书法赵、董，与其外舅正同。"沈元沧于武英殿书局任事期间，协修有《佩文韵府》《月令辑要》《物类辑古略》《韵府拾遗（清本）》等。出任广东文昌县知县，颇有政绩，后因谗言遭罢免。恰逢查嗣庭案发，沈元沧为查嗣庭同年，受其牵累，被召入京，旋归广东理文昌任内事。雍正九年（1731），沈元沧再次被召入京，理牵累事已白，吏议竟安置宁夏，其时已患肺病。遂于雍正十年壬子（1732）扶病西行赴宁夏。在宁夏，受到将军傅尔丹的赏识，傅尔丹留沈元沧于幕府，每日谈诗讲易。但边塞苦寒，沈元沧衰年肺病时作，雍正癸丑（1733）正月十七日卒于宁夏，享年六十有八。沈元沧博学多识，诗宗唐宋，造诣较深，与当时浙江海宁著名诗人查慎行常相唱和，具有重要的研究价值。著作较多，有《滋兰堂诗集》《滋兰堂文集》《礼记类编》《云旅词》《念旧词》《奇姓编》《充安斋杂集》《今雨轩诗话》《杜诗补注汇》《黎岐杂记》《平黎议》等。[①] 由于目前对沈元沧的研究尚不够系统、深入，有感于此，翻阅相关资料，作此年谱，以求教于诸位方家。

清圣祖康熙五年丙午（1666），一岁

四月初五，沈元沧生。据沈廷芳《皇清敕授文林郎广东琼州府文昌县知县显考东隅府君行述》："先君生于康熙丙午四月初五日，卒于雍正癸丑正月十七日，享年六十有八。"此文文末有"不孝孤子沈廷槐、沈心、沈廷芳稽颡谨述""赐进士及第礼部左侍郎桐城同学弟张廷璐再拜填讳""孙男世炜敬录"，由此可信度较高，本年谱多条沈元沧生平以此文为依据。[②] 沈德潜《皇清敕授文林郎广东琼州府文昌县知县诰赠朝议大夫山东布政司参议分

---

① 王锺翰点校.清史列传：第18册[M].北京：中华书局，1987：5818-5819.
② 沈元沧.滋兰堂集[M]//清代诗文集汇编：第218册.上海：上海古籍出版社，2010：528.

守登莱青道东隅兄墓志铭》："然竟以不胜寒而卒,时雍正癸丑正月十七日也,距生康熙丙午四月初五日年六十八。"①

康熙六年丁未(1667),二岁

十一月初十日,沈元沧妻子查氏生。据沈廷芳《诰赠淑人显妣查太君行状》："端坐而逝,实乾隆二十年九月十九日也。距生康熙六年十一月初十日,年八十有九。次年正月,合葬于高亭山先大夫之茔。"②

康熙二十六年丁卯(1687),二十二岁

本年,沈元沧赘居读书。据沈廷芳《诰赠淑人显妣查太君行状》："年二十一,先大夫赘居甥馆,焚膏继晷,书声与机声相和答,咸称有梁孟风。"③由生年可知,沈元沧长妻子查氏一岁,据记录此时查氏二十一岁,沈元沧二十二岁。

康熙二十七年戊辰(1688),二十三岁

查升中进士,选翰林院庶吉士,官京邸,沈元沧始代其理家政。沈廷芳《皇清敕授文林郎广东琼州府文昌县知县显考东隅府君行述》："康熙戊辰,少詹公官京邸,属先君理家政,杭距海宁百里,先君往来两地,事二亲无所失。"④沈廷芳《隐拙斋集》卷四十九《通奉大夫日讲官起居注詹事府少詹事兼翰林院侍讲学士加三级查公行状》："康熙二十六年举于乡,明年成进士,选庶吉士。"⑤

康熙二十八年己巳(1689),二十四岁

闰三月九日,沈元沧长子沈廷槐生。据沈廷芳《伯兄力行先生行略》："就枕而逝,实乾隆壬午八月二十日也。生于康熙己巳闰三月九日,年七

---

① 沈元沧.滋兰堂集[M]//清代诗文集汇编:第218册.上海:上海古籍出版社,2010:524.
② 沈廷芳.隐拙斋集[M]//四库全书存目丛书补编:第10册.济南:齐鲁书社,2001:576.
③ 沈廷芳.隐拙斋集[M]//四库全书存目丛书补编:第10册.济南:齐鲁书社,2001:575.
④ 沈元沧.滋兰堂集[M]//清代诗文集汇编:第218册.上海:上海古籍出版社,2010:525.
⑤ 沈元沧.滋兰堂集[M]//清代诗文集汇编:第218册.上海:上海古籍出版社,2010:567.

十四。"①

康熙三十年辛未(1691),二十六岁

冬杪,沈元沧邻家起火,延及其家,其父沈兆乾数十年所藏图书玩好,尽归灰烬。据《滋兰堂诗集》卷一《移居诗》诗序:"辛未冬杪,邻右不戒于火,延及敝庐,举家君数十年所藏图书玩好,尽归灰烬。"②沈廷芳《皇清敕授文林郎广东琼州府文昌县知县显考东隅府君行述》:"杭素患火,辛未春宅毁,图书典籍赠公朝夕摩挲适志者悉烬焉,先君捃摭补次,克复旧观,俾赠公忘郁攸之厄。"③

起康熙辛未正月,至康熙庚辰三月,沈元沧作《康瓠集·上》,含古今体诗五十八首。据《滋兰堂诗集总目》。《康瓠集》为沈元沧家居侍亲及为查氏赘婿时作,"据曰康瓠者,逾冠时奉养先祖雪堂公,及赘居宫詹查公,里居与依赐第时作也"④,此阶段,沈元沧受业于叔父沈佳。沈佳交游集会,时有创作,沈元沧不免受其影响,如沈佳与唐孙华、吕澄、吴景作浮香堂夜话诗,沈元沧即有奉和诗《唐实君吕山浏吴元朗三先生与家昭嗣叔有浮香堂夜话诗奉和二首》。此阶段,沈元沧与祝潜相唱和,有诗《赠祝兼山霓士》,祝兼山有《附和诗》回应。⑤

康熙三十六年丁丑(1697),三十二岁

立夏后一日,送陈松崖、查阶六北上。其时,作者已居龙山六七载,在此期间与陈松崖、查阶六交游密切。有诗《立夏后一日送陈松崖查阶六北上》,诗言:"我住龙山六七载,惟尔两人情最宜。"⑥

---

① 沈廷芳.隐拙斋集[M]//四库全书存目丛书补编:第10册.济南:齐鲁书社,2001:578.
② 沈元沧.滋兰堂集[M]//清代诗文集汇编:第218册.上海:上海古籍出版社,2010:449-450.
③ 沈元沧.滋兰堂集[M]//清代诗文集汇编:第218册.上海:上海古籍出版社,2010:525.
④ 沈元沧.滋兰堂集[M]//清代诗文集汇编:第218册.上海:上海古籍出版社,2010:398-399.
⑤ 沈元沧.滋兰堂集[M]//清代诗文集汇编:第218册.上海:上海古籍出版社,2010:446-447.
⑥ 沈元沧.滋兰堂集[M]//清代诗文集汇编:第218册.上海:上海古籍出版社,2010:448.

康熙三十七年戊寅(1698),三十三岁

三月二日,步至裕庵看梅,有诗《三月二日晴色甚佳步至裕庵看梅》。①

清明前一日,随岳丈查升与众文士游鹰窠顶。有《云岫纪游诗十首》并序。②

感怀辛未屋焚之事,作《移居诗》,有序:"辛未冬杪,邻右不戒于火,延及敝庐,举家君数十年所藏图书玩好,尽归灰烬。嗣是经营拮据,凡七易寒暑,始有宁宇,感岁月之不居,叹一枝之非易。爰成长律,以写况瘁情怀。"辛未冬末屋焚,"七易寒暑",推知诗或作于戊寅。③

康熙三十八年己卯(1699),三十四岁

夏,有诗作《热甚用前韵二首》。④

暮秋,前往江右。《滋兰堂集》卷三《江行即事四首》中有注"己卯秋杪往江右曾经此地,今已十五载矣"可知。⑤

岁暮,有诗《和东坡别岁诗》《题屈子诗外四首》及《消寒杂诗八首》并序。⑥

康熙三十九年庚辰(1700),三十五岁

除夕前后,有诗《门神和姜西溟唐实君查悔余诸先生二首》,诗中有"光华溢户自年年,鹓鹭行中两备员""纷纷谢灶请比邻,气象俄惊又一新"等句,推知为除夕前后所做。沈元沧与姜西溟、唐实君、查悔余等相唱和。⑦

清明后五日,沈元沧随陈卫藩、杨又如、陈松崖等游苏州华山、支硎山,有诗作《清明后五日陈卫藩杨又如招同止斋先生松崖余圃远亭恒昭游华山

---

① 沈元沧.滋兰堂集[M]//清代诗文集汇编:第218册.上海:上海古籍出版社,2010:448-449.
② 沈元沧.滋兰堂集[M]//清代诗文集汇编:第218册.上海:上海古籍出版社,2010:449.
③ 沈元沧.滋兰堂集[M]//清代诗文集汇编:第218册.上海:上海古籍出版社,2010:449-450.
④ 沈元沧.滋兰堂集[M]//清代诗文集汇编:第218册.上海:上海古籍出版社,2010:451.
⑤ 沈元沧.滋兰堂集[M]//清代诗文集汇编:第218册.上海:上海古籍出版社,2010:465.
⑥ 沈元沧.滋兰堂集[M]//清代诗文集汇编:第218册.上海:上海古籍出版社,2010:451-452.
⑦ 沈元沧.滋兰堂集[M]//清代诗文集汇编:第218册.上海:上海古籍出版社,2010:452.

支硎诸处得诗四首》。①

秋,有诗《舟中对雨》。诗有"正是橙香橘熟天,又摇孤艇去河边",推测为秋季作。②

起康熙庚辰四月,至康熙丁亥十二月,沈元沧作《康瓠集·下》,含古今体诗六十七首。据《滋兰堂诗集总目》。③

康熙四十年辛巳(1701),三十六岁

本年游韬光寺(杭州)。据《滋兰堂诗集》卷三,有诗序云:"秋日重游韬光庵,待马素村不至,山止上人留宿斋中,距辛巳前游忽已十载。"④

康熙四十一年壬午(1702),三十七岁

春,沈元沧父沈兆乾急病,沈元沧侍疾。据沈廷芳《诰赠淑人显妣查太君行状》:"壬午春,雪堂公病剧,淑人佐先大夫侍疾。"⑤

三月,沈兆乾卒。"壬午三月,赠公捐馆,先君柴毁骨立殡敛。"据沈廷芳《皇清敕授文林郎广东琼州府文昌县知县显考东隅府君行述》。⑥

八月,沈元沧三子沈廷芳生。据沈廷芳门生汪中的《述学》记载:"公子世炜,自云南主试归。上召见瀛台,从容问公年齿精力。于是知上之恩顾深矣!三十六年,与祝皇太后寿,恩加一级。明年二月甲申,考终于京师之椿树三条胡同。"⑦沈廷芳之子世炜自言其父乾隆三十七年(1772)二月卒于椿树三条胡同,享年七十一岁,据此推算沈廷芳生于康熙四十一年(1702)。沈廷芳掌教乐仪书院时,非常赏识汪中的才思,怜其酷贫,经常接济汪中。此后,汪中在《述学·别录·沈廷芳年七十一状》中详细记载沈廷芳的世系、

---

① 沈元沧.滋兰堂集[M]//清代诗文集汇编:第218册.上海:上海古籍出版社,2010:452.
② 沈元沧.滋兰堂集[M]//清代诗文集汇编:第218册.上海:上海古籍出版社,2010:454.
③ 沈元沧.滋兰堂集[M]//清代诗文集汇编:第218册.上海:上海古籍出版社,2010:398.
④ 沈元沧.滋兰堂集[M]//清代诗文集汇编:第218册.上海:上海古籍出版社,2010:464.
⑤ 沈廷芳.隐拙斋集[M]//四库全书存目丛书补编:第10册.济南:齐鲁社,2001:575.
⑥ 沈元沧.滋兰堂集[M]//清代诗文集汇编:第218册.上海:上海古籍出版社,2010:525.
⑦ 汪中著,李金松校笺.述学校笺(下)[M].北京:中华书局,2014:817-839.

生平,成为研究沈廷芳生平可信度最高的史料。①

康熙四十三年甲申(1704),三十九岁

四月,作《生日偶赋》。诗言"明年四十又平头",推知作于沈元沧三十九岁。②

春,朱珣叔招同人谦集虎邱梅花楼,沈元沧在座,同集者九人。沈元沧有《朱珣叔招同人谦集虎邱梅花楼》诗记此事。③ 沈元沧与好友游苏州灵岩山,有《游灵岩》。④

暮春,沈元沧挈眷北行。有诗作《北行书怀寄诸同学四首》:"征衫乍着向长安,花点飘红春渐阑。书卷一肩同作客,妻孥三口亦之官。"并注"时挈眷随外舅宫谕公舟"。⑤

康熙四十四年乙酉(1705),四十岁

九月,查升以《佩文韵府》九韵属沈元沧编次校雠。据《二十三日特旨领赐佩文韵府纪恩二首》注:"外舅宫詹查公分纂凡十五韵,乙酉九月以九韵属余编次校雠。"⑥

沈元沧至京一年,在京期间与陈云怡、谭邕庭、赵渔邨等相唱酬。秋有集会作《九秋诗》并序及《后九秋诗》《续九秋诗》。序云:"诗有时,秋其时乎;诗有侣,同志其侣乎。残暑既收,一叶初堕,适陈云怡、谭邕庭同日至寓,情话之余,时有酬唱,遂与赵渔邨举寓中耳目所及者,拈题分韵为九秋诗,三君子致师摩垒,出奇制胜,余亦悉索敝赋以从回忆。入都已一载有余,而拈毫摅写仅此一时。然则客居而有吟咏友朋之乐,其可多得哉!"⑦

---

① 韩莹.沈廷芳生平及其著述考略[J].闽西职业技术学院学报,2020(3).
② 沈元沧.滋兰堂集[M]//清代诗文集汇编:第218册.上海:上海古籍出版社,2010:454-455.
③ 沈元沧.滋兰堂集[M]//清代诗文集汇编:第218册.上海:上海古籍出版社,2010:455.
④ 沈元沧.滋兰堂集[M]//清代诗文集汇编:第218册.上海:上海古籍出版社,2010:455.
⑤ 沈元沧.滋兰堂集[M]//清代诗文集汇编:第218册.上海:上海古籍出版社,2010:455.
⑥ 沈元沧.滋兰堂集[M]//清代诗文集汇编:第218册.上海:上海古籍出版社,2010:471.
⑦ 沈元沧.滋兰堂集[M]//清代诗文集汇编:第218册.上海:上海古籍出版社,2010:456-458.

沈元沧行秋闱中乡试乙榜,座主东川汪公。沈元沧以母唐孺人年高不欲往京兆试,查升及唐孺人先后劝之,遂往。据沈廷芳《皇清敕授文林郎广东琼州府文昌县知县显考东隅府君行述》:"乙酉春,少詹公以先君屡踬场屋,命就京兆试,先君以唐孺人年高不欲往,孺人曰:'男子志四方,我虽老尚健,汝亟行,毋恋恋也。'先君重违慈训,遂行秋闱业中式,限于分经置乙榜,座主东川汪公每叹息之。"①查嗣庭中举,为沈元沧同年。据陈敬璋《查他山先生年谱》。②

康熙四十五年丙戌(1706),四十一岁

沈元沧本年考教习。沈廷芳《皇清敕授文林郎广东琼州府文昌县知县显考东隅府君行述》。③

查升承旨分纂《佩文韵府》,沈元沧协修,其文荟萃排比,甚称圣意。沈元沧得以受知于公卿,结交李振裕、汤右曾、查慎行、万经、黄百家、储大文、沈树本等人。④

《滋兰堂诗集》卷二《书怀七首》及其后《秋怀五首》应作于本年秋。《书怀七首》其二:"思我山中母,老持门户难。岂不念离别,在远心则安。"其三:"携家昔北首,轻舟度长淮。有子留侍养,不得与之偕。别来三度秋,时时萦我怀。"沈元沧于康熙四十三年暮春离家北上至京,至四十五年历经三秋,此二组诗多抒发思乡怀亲,客居他乡,孤苦寂寥之感。⑤

康熙四十六年丁亥(1707),四十二岁

八月甲辰,卢轩为沈元沧诗文集作序。《滋兰堂集·原序》:"沈子将镂

---

① 沈元沧.滋兰堂集[M]//清代诗文集汇编:第218册.上海:上海古籍出版社,2010:526.
② 陈敬璋.查他山先生年谱[M]//北京图书馆藏珍本年谱丛刊:第86册.北京:北京图书馆出版社,1999:340.
③ 沈元沧.滋兰堂集[M]//清代诗文集汇编:第218册.上海:上海古籍出版社,2010:526.
④ 沈元沧.滋兰堂集[M]//清代诗文集汇编:第218册.上海:上海古籍出版社,2010:526.
⑤ 沈元沧.滋兰堂集[M]//清代诗文集汇编:第218册.上海:上海古籍出版社,2010:458-460.

版以行,辄题其首,康熙丁亥八月甲辰,海宁弟卢轩序。"①

冬,沈元沧外舅查升卧病在床,沈元沧打理内外事宜。

十二月二十一日,查升卒,享年五十有八。沈元沧有《外舅少詹查公挽辞六首》。② 沈廷芳《隐拙斋集》卷四十九《通奉大夫日讲官起居注詹事府少詹事兼翰林院侍讲学士加三级查公行状》:"就床而卒,四十六年十二月二十一日也,距生顺治七年四月二日享年五十有八。"③

沈元沧南还,为查升扶棺归里。查升遗言,令子与沈元沧均分恒产,沈元沧固辞不获,受屋一区,田数亩,以志公之恩。据沈廷芳《皇清敕授文林郎广东琼州府文昌县知县显考东隅府君行述》:"丁亥冬,少詹公卧病,舅氏侍汤药,内外事悉关先君。公将易箦,口遗摺,叩首令先君誊写以奏,且令恒产子与婿均之,先君感涕受命,既护丧南还。舅氏奉遗命均其产,先君固辞不获,乃受屋一区,田数亩,以志公之恩。"④

本年,沈芷岸辞官归里,沈元沧有诗《送家芷岸编修叔南还》。⑤ 王廷灿《似斋诗存》有诗《送同年沈芷岸学士归里》,据其前诗《丁亥元旦》,推知沈芷岸于丁亥辞官归里,沈元沧诗作于本年。⑥

康熙四十七年戊子(1708),四十三岁

起康熙戊子正月,至康熙癸巳十二月,沈元沧作《灌畦集》,含古今体诗七十首。据《滋兰堂诗集总目》。⑦

本年初,沈元沧为查升扶棺归里,途中有诗《舟中感怀二首》《过秀州饮

---

① 沈元沧.滋兰堂集[M]//清代诗文集汇编:第218册.上海:上海古籍出版社,2010:394.
② 沈元沧.滋兰堂集[M]//清代诗文集汇编:第218册.上海:上海古籍出版社,2010:460.
③ 沈廷芳.隐拙斋集[M]//四库全书存目丛书补编:第10册.济南:齐鲁书社,2001:567.
④ 沈元沧.滋兰堂集[M]//清代诗文集汇编:第218册.上海:上海古籍出版社,2010:526.
⑤ 沈元沧.滋兰堂集[M]//清代诗文集汇编:第218册.上海:上海古籍出版社,2010:460.
⑥ 王廷灿.似斋诗存[M]//四库未收书辑刊:第7辑28册.北京:北京出版社,1997:519.
⑦ 沈元沧.滋兰堂集[M]//清代诗文集汇编:第218册.上海:上海古籍出版社,2010:398.

蒋子和斋》。①

康熙四十八年己丑(1709),四十四岁

三月,沈元沧母唐孺人卒,沈元沧处理合葬事宜。据沈廷芳《皇清敕授文林郎广东琼州府文昌县知县显考东隅府君行述》。②

七月,李振裕卒,后沈元沧作《大宗伯李醒斋夫子挽诗二首》。③ 许汝霖《德星堂文集》卷四《李大宗伯墓铭》:"公姓李氏,讳振裕……顺治十七年举于乡。康熙九年成进士……天胡不吊,人忽云亡,四十八年七月十七日,遘疾卒于宝应之侨寓,享年六十有八。"据此文,李振裕卒于"四十八年七月十七日",文中"四十八年"指康熙四十八年(1709),故沈元沧挽诗作于此后。④

秋,迁居海宁园花里。据《题宋大音携子望江图三首》并序,序中有言:"大音先籍姚江,侨寓海宁之园花里,宗土之思时萦梦寐,因绘图见意出示索诗,余自己丑之秋由会城来迁,与翁衡宇相望,已星霜四易,百年北坻时系寸心,展卷怃然,不禁越鸟南枝之感也。"⑤

康熙五十年辛卯(1711),四十六岁

秋,客武原,作《武原客舍杂感七首》。其一:"重来江郭早寒天,红叶吟成又一年。"推知作于秋季。⑥

康熙五十二年癸巳(1713),四十八岁

沈元沧舟行钱塘江上,作《渡燕子矶》《答叶芷江》《无锡道中》《吴门》《江行即事四首》《兰溪》《钓台》《登舟以来连日冬风戏占》《钱江歌》。⑦

---

① 沈元沧.滋兰堂集[M]//清代诗文集汇编:第218册.上海:上海古籍出版社,2010:461.
② 沈元沧.滋兰堂集[M]//清代诗文集汇编:第218册.上海:上海古籍出版社,2010:526.
③ 沈元沧.滋兰堂集[M]//清代诗文集汇编:第218册.上海:上海古籍出版社,2010:463.
④ 许汝霖.德星堂文集[M]//四库全书存目丛书:集部第253册.济南:齐鲁书社,1997:116-117.
⑤ 沈元沧.滋兰堂集[M]//清代诗文集汇编:第218册.上海:上海古籍出版社,2010:465.
⑥ 沈元沧.滋兰堂集[M]//清代诗文集汇编:第218册.上海:上海古籍出版社,2010:463.
⑦ 沈元沧.滋兰堂集[M]//清代诗文集汇编:第218册.上海:上海古籍出版社,2010:465-467.

《滋兰堂诗集》卷三《江行即事四首》中有注:"己卯秋杪往江右曾经此地,今已十五载矣。"推知诗或作于本年。① 又诸诗载于《灌畦集》集末,《灌畦集》所作止于康熙癸巳十二月。据《滋兰堂诗集总目》。② 沈元沧舟行钱塘江上,一路向东,途经玉山、兰溪等地。《钱江歌》:"我从江水发源处,扁舟日夜行向东。"③

与赵沈埙通信,作《简赵渔玉》诗,有注,赵沈埙"时为广信府钟灵书院山长"④。

访胡锡元于玉山,作《访家栽汀兄于玉山署中述怀留别得诗三首》,有注:"兄时在广信,闻予至,次夕即返玉山。"⑤

康熙五十三年甲午(1714),四十九岁

起康熙甲午正月,至康熙丙申十二月,沈元沧作《今雨集·上》,含古今体诗四十九首。据《滋兰堂诗集总目》。⑥

本年年初至立夏前,沈元沧一路北上,"以教习赴都,旋奉命直武英殿"⑦。渡过长江,过瓜州城(今扬州市邗江区),有诗《渡江》"谭家洲边又北向,江柳应笑人匆匆""瓜州城郭气郁葱,回头北固烟涛空"。过扬州有诗《扬州》,经淮水有诗《淮上》:"系揽依然水畔亭,廿年踪迹五曾经。"句后注:"东坡诗'好在长淮水,十年三往来',余二十年中凡五经淮水。"⑧

立夏日,沈元沧行永城道中,已入中州(河南)界。有诗《立夏日行永城道中已入中州界矣》。⑨

---

① 沈元沧.滋兰堂集[M]//清代诗文集汇编:第218册.上海:上海古籍出版社,2010:465.
② 沈元沧.滋兰堂集[M]//清代诗文集汇编:第218册.上海:上海古籍出版社,2010:398.
③ 沈元沧.滋兰堂集[M]//清代诗文集汇编:第218册.上海:上海古籍出版社,2010:467.
④ 沈元沧.滋兰堂集[M]//清代诗文集汇编:第218册.上海:上海古籍出版社,2010:466.
⑤ 沈元沧.滋兰堂集[M]//清代诗文集汇编:第218册.上海:上海古籍出版社,2010:466.
⑥ 沈元沧.滋兰堂集[M]//清代诗文集汇编:第218册.上海:上海古籍出版社,2010:398.
⑦ 沈廷芳.隐拙斋集[M]//四库全书存目丛书补编:第10册.济南:齐鲁书社,2001:575.
⑧ 沈元沧.滋兰堂集[M]//清代诗文集汇编:第218册.上海:上海古籍出版社,2010:468.
⑨ 沈元沧.滋兰堂集[M]//清代诗文集汇编:第218册.上海:上海古籍出版社,2010:468-469.

沈元沧有诗《上陈沧洲夫子二首》作予陈鹏年。① 冯景夏为沈元沧作山水小卷,沈元沧作赋谢之,冯景夏赴任长安,沈元沧为其送别。②

十二月二十四日,沈元沧进武英殿协修《月令辑要》,时总裁为吴廷桢。据《滋兰堂文集》卷四《〈韵府拾遗(清本)〉书后》。③

康熙五十四年乙未(1715),五十岁

元旦,沈元沧参加早朝。有诗《元旦早朝恭纪》。④

正月二十三日,因《佩文韵府》书成,得皇帝赏赐,有诗记之《二十三日特旨领赐佩文韵府纪恩二首》,有"百卷敢希千载遇,一灯难忘十年心",注"外舅宫詹查公分纂凡十五韵,乙酉九月以九韵属余编次校雠",推知此事应在本年。⑤

三月,沈元沧协修《月令辑要》书成,旋协修《物类辑古略》,总裁为原任编修汪灏、苏州知府陈鹏年。据《滋兰堂文集》卷四《〈韵府拾遗(清本)〉书后》。⑥

本年,沈元沧与查云标唱和,有诗《苦雨次查学庵舍人韵二首》。⑦ 楼俨赴任灵川知县,沈元沧为之送行,有诗《送楼敬思之任灵川二首》。⑧

康熙五十五年丙申(1716),五十一岁

四月,始协修《韵府拾遗(清本)》,初名《押韵渊海》。据《滋兰堂文集》卷四《〈韵府拾遗(清本)〉书后》。⑨

---

① 沈元沧.滋兰堂集[M]//清代诗文集汇编:第218册.上海:上海古籍出版社,2010:469.
② 沈元沧.滋兰堂集[M]//清代诗文集汇编:第218册.上海:上海古籍出版社,2010:471.
③ 沈元沧.滋兰堂集[M]//清代诗文集汇编:第218册.上海:上海古籍出版社,2010:440.
④ 沈元沧.滋兰堂集[M]//清代诗文集汇编:第218册.上海:上海古籍出版社,2010:471.
⑤ 沈元沧.滋兰堂集[M]//清代诗文集汇编:第218册.上海:上海古籍出版社,2010:471.
⑥ 沈元沧.滋兰堂集[M]//清代诗文集汇编:第218册.上海:上海古籍出版社,2010:440.
⑦ 沈元沧.滋兰堂集[M]//清代诗文集汇编:第218册.上海:上海古籍出版社,2010:471.
⑧ 沈元沧.滋兰堂集[M]//清代诗文集汇编:第218册.上海:上海古籍出版社,2010:472.
⑨ 沈元沧.滋兰堂集[M]//清代诗文集汇编:第218册.上海:上海古籍出版社,2010:440.

大寒,沈元沧作《陈沧洲先生湘中偶怀诗跋》。据此文末语"时丙申大寒"①。

康熙五十六年丁酉(1717),五十二岁

沈元沧秋闱复中乙榜。据沈廷芳《皇清敕授文林郎广东琼州府文昌县知县显考东隅府君行述》。②

起康熙丁酉正月,至康熙戊戌十二月,沈元沧作《今雨集·中》,含古今体诗六十九首。据《滋兰堂诗集总目》。③

本年沈元沧与陈鹏年相唱和,有诗《奉和沧洲夫子湘中偶怀次韵二十首》《沧洲夫子以直庐偶成十咏见示次韵》《秋日偶成次沧洲夫子韵三首》。夏季,洪涝灾害严重,沈元沧家乡受洪灾,《沧洲夫子以直庐偶成十咏见示次韵》其八:"去夏每忧潦,今夏恒苦晴。谁司燮理权,天灾肆流行。嗷嗷三辅间,直欲河汉倾。祈求勤百职,却见风日清。"其九:"乡书近苦灾,奔潮溢城下。更挟浃旬雨,翻江吁可诧。浙东几州邑,漂没书庐舍。"④

李中任叙州(四川宜宾),沈元沧有《送李牟山司马之任叙州三首》。⑤

秋,长子沈廷槐至京留一月,后沈元沧遣其归里。⑥

狄贻孙游万柳堂,沈元沧有《宗维游万柳堂新什依韵奉和》相唱和。⑦

康熙五十七年戊戌(1718),五十三岁

十一月,沈元沧协修《韵府拾遗(清本)》书成,凡编纂人员例得列名简端,而监造止择有势位数人列名,沈元沧未得列名。⑧

---

① 沈元沧.滋兰堂集[M]//清代诗文集汇编:第218册.上海:上海古籍出版社,2010:439.
② 沈元沧.滋兰堂集[M]//清代诗文集汇编:第218册.上海:上海古籍出版社,2010:526.
③ 沈元沧.滋兰堂集[M]//清代诗文集汇编:第218册.上海:上海古籍出版社,2010:398.
④ 沈元沧.滋兰堂集[M]//清代诗文集汇编:第218册.上海:上海古籍出版社,2010:476-479.
⑤ 沈元沧.滋兰堂集[M]//清代诗文集汇编:第218册.上海:上海古籍出版社,2010:479.
⑥ 沈元沧.滋兰堂集[M]//清代诗文集汇编:第218册.上海:上海古籍出版社,2010:480.
⑦ 沈元沧.滋兰堂集[M]//清代诗文集汇编:第218册.上海:上海古籍出版社,2010:481.
⑧ 沈元沧.滋兰堂集[M]//清代诗文集汇编:第218册.上海:上海古籍出版社,2010:440.

康熙五十八年己亥(1719),五十四岁

起康熙己亥正月,至康熙辛丑十二月,沈元沧作《今雨集·下》,含古今体诗六十七首。据《滋兰堂诗集总目》。①

闰中秋,沈元沧与编修周彝、征君张云章、编修张廷璐等集漱石斋赋诗。②

本年沈元沧仍于武英殿修书。

康熙五十九年庚子(1720),五十五岁

暮春,陈鹏年新筑书屋,沈元沧有诗《沧洲夫子新筑书屋取庄子语颜以虚舟赋诗四首谨次原韵》,有句:"最好风光春暮天,数椽小葺寓西偏。"③

秋分后二日,沈元沧作文《录石刻游石淙山诗书后》,据此文末"庚子秋分后二日"可知。④

本年初夏,沈元沧迁居外城,仲秋复移浙之会馆。⑤

康熙六十年辛丑(1721),五十六岁

起康熙辛丑十一月,至雍正丙午二月,沈元沧作《紫贝集》,含古今体诗四十九首。据《滋兰堂诗集总目》。⑥

本年,沈元沧授广东琼州府文昌县知县,嘉平(十二月),自京师出,南行赴任。此事于沈元沧诗中有据可考,《风雨途中百端交集抚时感事忆旧怀人得诗八首》有注:"辛丑嘉平,余捧檄南行,至清江浦,时公署总河事,留宿官舍度岁。"据诗中注"此首追怀陈恪勤公也",知此处"公"指陈鹏年。⑦ 除夕,寓清江浦,有诗《除夕寓清江浦》。⑧ 据《滋兰堂诗集》卷七《紫贝集》,自

---

① 沈元沧.滋兰堂集[M]//清代诗文集汇编:第218册.上海:上海古籍出版社,2010:398.
② 沈元沧.滋兰堂集[M]//清代诗文集汇编:第218册.上海:上海古籍出版社,2010:486.
③ 沈元沧.滋兰堂集[M]//清代诗文集汇编:第218册.上海:上海古籍出版社,2010:488.
④ 沈元沧.滋兰堂集[M]//清代诗文集汇编:第218册.上海:上海古籍出版社,2010:441.
⑤ 沈元沧.滋兰堂集[M]//清代诗文集汇编:第218册.上海:上海古籍出版社,2010:490-491.
⑥ 沈元沧.滋兰堂集[M]//清代诗文集汇编:第218册.上海:上海古籍出版社,2010:398.
⑦ 沈元沧.滋兰堂集[M]//清代诗文集汇编:第218册.上海:上海古籍出版社,2010:496-497.
⑧ 沈元沧.滋兰堂集[M]//清代诗文集汇编:第218册.上海:上海古籍出版社,2010:492-493.

本年起,沈元沧赴任路上有《出都门》《德州道中》《立春日道中作》《南康道中》《峡口》《羚羊峡》等作。由诗可推知作者行踪。出都城,走德州道(今山东德州),寓清江浦(今江苏淮安),经南康道(今江西赣州),过羚羊峡(今广东肇庆)。①

康熙六十一年壬寅(1722),五十七岁

壬寅嘉平十三日,陈鹏年六十寿,沈元沧潜人远祝。②

清世宗雍正元年癸卯(1723),五十八岁

正月初五,陈鹏年卒于卫辉官舍。其后沈元沧"闻讣哀痛哭不成声"为此有作。《滋兰堂诗集》卷七:"陈沧洲夫子总督河务,勤劳王事,于癸卯正月初五日卒于卫辉官舍。元沧受知最深,闻讣哀痛哭不成声。万里遐荒,未获凭棺一拜,谨滴泪书词用代楚苾,不自知其繁乱也。"③

八月二十三夜,自海康至遂溪沿海发生风灾,"人畜田庐淹没无算",其时沈元沧在雷州(今广东雷州),作《风灾行》并序:"癸卯八月二十三夜漏将书,雷州城外狂风陡作,海水为立顷刻迅扫,自海康至遂溪沿海百里间,人畜田庐淹没无算。"④

雍正三年乙巳(1725),六十岁

贺六十寿。同官素与沈元沧连者,向上官进逸言,遂遭免职。据《皇清敕授文林郎广东琼州府文昌县知县显考东隅府君行述》:"届六十寿,群走公堂,奉觞制衣以祝,而同官有素与先君连者,逸诸上官,上官新至未能察,遂劾免焉。去官时民遮道泣送。"⑤后作《书怀》十三首,并序,书写因逸言遭免职之感怀:"余承乏文昌,寒暄四易,事无旷阙,幸免素餐,乃以金壬谣诼荧

---

① 沈元沧.滋兰堂集[M]//清代诗文集汇编:第218册.上海:上海古籍出版社,2010:492-493.
② 沈元沧.滋兰堂集[M]//清代诗文集汇编:第218册.上海:上海古籍出版社,2010:493-494.
③ 沈元沧.滋兰堂集[M]//清代诗文集汇编:第218册.上海:上海古籍出版社,2010:493-494.
④ 沈元沧.滋兰堂集[M]//清代诗文集汇编:第218册.上海:上海古籍出版社,2010:494-495.
⑤ 沈元沧.滋兰堂集[M]//清代诗文集汇编:第218册.上海:上海古籍出版社,2010:527.

惑见闻,遽挂弹章,羁栖郡馆,陈诉无由,握管书怀,得诗十三首。"①

雍正四年丙午(1726),六十一岁

起雍正丙午三月,至雍正丁未五月,沈元沧作《劳薪集·上》,含古今体诗四十一首。据《滋兰堂诗集总目》。②

九月,查嗣庭案发。

沈元沧遭劾免后,"寻以他事急征赴部"③。因查嗣庭案发,沈元沧为查嗣庭同年,受牵累,急征至京。据沈德潜《皇清敕授文林郎广东琼州府文昌县知县诰赠朝议大夫山东布政司参议分守登莱青道东隅兄墓志铭》。④

十二月二十一日,沈元沧舟发广州,有诗《十二月二十一日发广州》。⑤

雍正五年丁未(1727),六十二岁

丙午十二月至本年六月前,沈元沧从广州出发,一路北上抵都,有诗《游清远峡飞来寺》《元日舟发大庙峡至大涨沙》《由英德经观音岩》《韶州怀古》《立春日发南雄雨作还旅舍》《梅岭》《过赣州》《舟行十八滩》《阻风鄱湖走笔》《望庐山》《晓过彭泽县》《小孤山》《望九华山》《登采石矶太白楼》《泊仪真郭外怀仲和弟》等。由诗可推知作者行踪。出广州,游清远峡飞来寺(广东清远),元日舟发大庙峡(广东清远),由英德经观音岩(广东英德),过韶州(广东韶关),立春日在南雄,过赣州(江西赣州),后至梅岭(江西南昌),阻风鄱湖(鄱阳湖),经南康城,过彭泽县,经小孤山(安徽安庆),望九华山(安徽池州),登采石矶太白楼(安徽马鞍山),泊仪真(江苏仪征)郭外。⑥

本年沈元沧于北行舟中选遗山诗,得古近体诗四百七十余首,及抵都,

---

① 沈元沧.滋兰堂集[M]//清代诗文集汇编:第218册.上海:上海古籍出版社,2010:498-499.
② 沈元沧.滋兰堂集[M]//清代诗文集汇编:第218册.上海:上海古籍出版社,2010:398.
③ 沈元沧.滋兰堂集[M]//清代诗文集汇编:第218册.上海:上海古籍出版社,2010:527.
④ 沈元沧.滋兰堂集[M]//清代诗文集汇编:第218册.上海:上海古籍出版社,2010:524.
⑤ 沈元沧.滋兰堂集[M]//清代诗文集汇编:第218册.上海:上海古籍出版社,2010:501.
⑥ 沈元沧.滋兰堂集[M]//清代诗文集汇编:第218册.上海:上海古籍出版社,2010:501-504.

以卷付其子沈廷芳。据《滋兰堂文集》卷三《书元遗山诗钞后》:"遗山诗,余于丁未北行舟中选得古近体诗四百七十余首,欲录出而未遑也。及抵都,儿子廷芳已从家先至,余将还岭表,即以此卷付之。"①

六月,沈元沧从京师出发还岭表。据《劳薪集·下》第一首为《出都门示儿廷芳二首》,《劳薪集·下》所收诗时间起丁未六月,故推测沈元沧六月出发。文《严光论》:"丁未七月,余从京师还岭表,舟行南赣道中,秋暑尚。"②至广州后,理文昌任内事。③

起雍正丁未六月,至雍正辛亥四月,沈元沧作《劳薪集·下》,含古今体诗六十首。据《滋兰堂诗集总目》。④

八月三十日,查慎行卒,年七十八,据沈廷芳《翰林院编修查先生行状》。⑤ 后沈元沧有诗《闻查初白先生讣》。⑥

雍正七年己酉(1729),六十四岁

二月,因准噶尔噶尔丹策零屡次犯边,雍正帝命大臣集合商议,雍正决意出兵西北,再次出师西征。⑦

雍正八年庚戌(1730),六十五岁

本年,沈元沧文昌事释。据沈德潜《皇清敕授文林郎广东琼州府文昌县知县诰赠朝议大夫山东布政司参议分守登莱青道东隅兄墓志铭》。⑧

端午,有诗《端午》:"节物天涯又泛蒲,趋庭有子慰羁孤。艾桃寂寞怜双鬓(吾乡此日多缀艾虎桃符于鬓髻间),士女嬉游忆两湖(西湖竞渡最盛)。益智不劳人饷粽,避兵聊学世传符(时西陲用兵余将有银州之行

---

① 沈元沧.滋兰堂集[M]//清代诗文集汇编:第218册.上海:上海古籍出版社,2010:434.
② 沈元沧.滋兰堂集[M]//清代诗文集汇编:第218册.上海:上海古籍出版社,2010:400.
③ 沈元沧.滋兰堂集[M]//清代诗文集汇编:第218册.上海:上海古籍出版社,2010:524.
④ 沈元沧.滋兰堂集[M]//清代诗文集汇编:第218册.上海:上海古籍出版社,2010:398.
⑤ 沈廷芳.隐拙斋集[M]//四库全书存目丛书补编:第10册.济南:齐鲁书社,2001:568-569.
⑥ 沈元沧.滋兰堂集[M]//清代诗文集汇编:第218册.上海:上海古籍出版社,2010:510.
⑦ 世宗宪皇帝实录二[M]//清实录:第8册.北京:中华书局,1985:21-22.
⑧ 沈元沧.滋兰堂集[M]//清代诗文集汇编:第218册.上海:上海古籍出版社,2010:524.

故云)。行将别却双榕去,回首南云隔海隅。"①此时沈元沧已知"将有银州之行"。

重九,舟行英德道中,有诗《重九舟行英德道中》:"万里轻装度三峡(自清远而上中宿香炉浈江为三峡),九秋佳节泛孤篷。神游峭壁危峰上,身在清澜碧浪中。白雁不来乡信杳,黄花何处酒杯空。杜陵枉为明年计,踪迹平生类转蓬。"②

沈元沧《故明督运户部郎中加光禄寺少卿沈公忠节碑记》一文或作于本年。据《滋兰堂文集》卷二此文文末沈廷芳语:"盖记作于雍正八年。"③

雍正九年辛亥(1731),六十六岁

本年,沈元沧复至京师,理牵累事已白,矣然吏议竟安置宁夏,是时已患肺病。据沈德潜《皇清敕授文林郎广东琼州府文昌县知县诰赠朝议大夫山东布政司参议分守登莱青道东隅兄墓志铭》。④ 自庚戌至本年,由广东出发至京师。明年启程赴宁夏。

除夕,有诗《辛亥除夕示廷槐廷芳》:"夙愧风人刺伐檀,两驱羸马入长安。圣恩宽许投荒裔,臣力艰同上急滩。万里尘沙增雪鬓,一家父子各椒盘。明年此夕应知处,山势横空是贺兰。"⑤

起雍正辛亥五月,至雍正癸丑正月,沈元沧作《西征集》,含古今体诗四十一首。据《滋兰堂诗集总目》。⑥

雍正十年壬子(1732),六十七岁

夏,沈元沧扶病西行赴宁夏。据《皇清敕授文林郎广东琼州府文昌县知

---

① 沈元沧.滋兰堂集[M]//清代诗文集汇编:第218册.上海:上海古籍出版社,2010:514.
② 沈元沧.滋兰堂集[M]//清代诗文集汇编:第218册.上海:上海古籍出版社,2010:514.
③ 沈元沧.滋兰堂集[M]//清代诗文集汇编:第218册.上海:上海古籍出版社,2010:415.
④ 沈元沧.滋兰堂集[M]//清代诗文集汇编:第218册.上海:上海古籍出版社,2010:524.
⑤ 沈元沧.滋兰堂集[M]//清代诗文集汇编:第218册.上海:上海古籍出版社,2010:517.
⑥ 沈元沧.滋兰堂集[M]//清代诗文集汇编:第218册.上海:上海古籍出版社,2010:398.

县显考东隅府君行述》:"安置宁夏,以壬子夏扶病西行,以不孝廷槐随侍,仍命不孝廷芳应京兆试。"①

又据《滋兰堂文集》卷三《北行南还志引》:"而余也坎壈失职,复有远行。自扶胥口以达桑干河,冬往秋还,计程万六千里。长途跋涉,触景感怀,每于行路之余,泚笔以识岁月。使他时有所考而已,敢与三者竞长乎哉。"②可知,沈元沧赴宁夏之行,自胥口(今苏州吴中区)出发。至桑干河流域,有此《北行南还志引》。途中另有其他诗作如《涿州》《井陉》《峪道山行》《灵州道中》《途间望贺兰山》《赠总戎傅公》,据诗中内容知沈元沧经涿州(河北保定),井陉(河北石家庄),走灵州道(宁夏灵武),过贺兰山,经青铜峡。③

《灵州道中》:"愁云四望低,风紧气凄凄。路僻稀人迹,沙深没马蹄。中兴功可述(谓唐肃宗),窃据事多迷(指元昊)。何处堪凭吊,荒原又向西。"④

《途间望贺兰山》:"淡淡眉痕扫一湾,贺兰空翠扑云间。自怜本是江南客,天遣来看塞上山。岂有声名动蛮貊,空劳词赋忆乡关。明朝更渡黄河去,书剑何时向此还。"⑤

《赠总戎傅公》:"锁钥边庭磐石安,上卿持节此登坛。河环九塞来青峡(黄河从峡口来,绕宁夏东南。峡口一名青铜峡),山郁千盘是贺兰。柳下披图传阵法,樽前长揖有儒冠。经文纬武公兼具,自合勋名续范韩。"⑥

五月十二日,作《书元遗山诗钞后》,据此文末语:"壬子五月十二日书。"⑦

---

① 沈元沧.滋兰堂集[M]//清代诗文集汇编:第218册.上海:上海古籍出版社,2010:528.
② 沈元沧.滋兰堂集[M]//清代诗文集汇编:第218册.上海:上海古籍出版社,2010:429.
③ 沈元沧.滋兰堂集[M]//清代诗文集汇编:第218册.上海:上海古籍出版社,2010:518-520.
④ 沈元沧.滋兰堂集[M]//清代诗文集汇编:第218册.上海:上海古籍出版社,2010:519.
⑤ 沈元沧.滋兰堂集[M]//清代诗文集汇编:第218册.上海:上海古籍出版社,2010:519.
⑥ 沈元沧.滋兰堂集[M]//清代诗文集汇编:第218册.上海:上海古籍出版社,2010:519-520.
⑦ 沈元沧.滋兰堂集[M]//清代诗文集汇编:第218册.上海:上海古籍出版社,2010:434.

芒种后三日,沈元沧于燕山寓斋作《樊川集抄序》。据《滋兰堂文集》卷三,此文末沈元沧言:"壬子芒种后三日书于燕山寓斋。"①

秋,至宁夏。据沈廷芳《皇清敕授文林郎广东琼州府文昌县知县显考东隅府君行述》。在宁夏,受到将军傅尔丹的赏识,傅尔丹留沈元沧于幕府,每日谈诗讲易。但边塞苦寒,沈元沧衰年肺病时作。②

长至日(冬至),沈元沧已病重,有诗《长至日》:"病余强起怯严寒,云物他乡倚杖看。郁郁残编聊自托,悠悠薄俗若为宽。一痕线影闲方觉,三匝鸟栖绕未安。且复呼儿具杯酌,故人相对暂盘桓。"③

雍正十一年癸丑(1733),六十八岁

正月十七日,沈元沧卒于宁夏,终年六十有八岁。此日作《绝笔吟四首》。④ 据沈廷芳《皇清敕授文林郎广东琼州府文昌县知县显考东隅府君行述》:"先君生于康熙丙午四月初五日,卒于雍正癸丑正月十七日,享年六十有八。"⑤沈彤《赠山东布政使司参议沈公墓表》:"广东文昌县知县赠山东布政使司参议分守登莱青道仁和沈公,以乾隆十六年十一月九日葬其县半山里之皋亭山。"⑥沈德潜《皇清敕授文林郎广东琼州府文昌县知县诰赠朝议大夫山东布政司参议分守登莱青道东隅兄墓志铭》:"雍正岁癸丑,琼州府文昌县知县东隅兄以疾卒于宁夏。越二十年,为今上壬申,择日将葬,其子登莱青道廷芳,偕其兄廷槐,心具行状,遣伻走三千里,乞余铭其墓中之石。""然竟以不胜寒而卒,时雍正癸丑正月十七日也,距生康熙丙午四月初五日年六十八。"⑦

---

① 沈元沧.滋兰堂集[M]//清代诗文集汇编:第218册.上海:上海古籍出版社,2010:429.
② 沈元沧.滋兰堂集[M]//清代诗文集汇编:第218册.上海:上海古籍出版社,2010:528.
③ 沈元沧.滋兰堂集[M]//清代诗文集汇编:第218册.上海:上海古籍出版社,2010:520.
④ 沈元沧.滋兰堂集[M]//清代诗文集汇编:第218册.上海:上海古籍出版社,2010:520.
⑤ 沈元沧.滋兰堂集[M]//清代诗文集汇编:第218册.上海:上海古籍出版社,2010:528.
⑥ 沈元沧.滋兰堂集[M]//清代诗文集汇编:第218册.上海:上海古籍出版社,2010:522.
⑦ 沈元沧.滋兰堂集[M]//清代诗文集汇编:第218册.上海:上海古籍出版社,2010:523-524.

附录：榆林调研材料

FULUYULINDIAOYANCAILIAO

赴陕西榆林探寻中华历史遗迹

曾 欢[①]

在中国共产党成立 100 周年之际,为深入学习习近平新时代中国特色社会主义思想,认识华夏文明的历史发展脉络,2021 年 5 月 28—31 日,宁夏师范学院固原历史文化研究中心组织研究团队赴陕西榆林开展考察活动。

此次考察的地点包括靖边统万城古城遗址、镇北台(长城烽火台)、红石峡摩崖石刻、陕北民歌博物馆、神木石峁遗址("华夏第一城")、高家堡古城、佳县白云山古建筑群、毛泽东转战陕北纪念地神泉堡、李自成行宫等。在考察的过程中,考察组深刻认识到,中华优秀传统文化基因是中华民族的"根"与"魂"。

一、历史沿革

榆林市位于陕西最北部,属于黄土高原与内蒙古高原的过渡区,在古代,它是众多政治实体博弈以及各民族迁徙与融合的重要区域。千百年间金戈铁马、商贾往来不断,成为见证中华文明发展的重要区域之一。

[①] 作者简介:曾欢(1995—),女,四川内江人,宁夏师范学院文学院硕士研究生,主要从事地方文化与中国现当代文学研究。

1. 靖边统万城遗址

5月28日下午,考察组一行到达靖边统万城遗址。统万城遗址位于白城子村北、无定河上游红柳河北岸的黄土台塬上,属于鄂尔多斯高原东南边缘和毛乌素沙地的南缘,黄土高原和北方草原的结合部。南部为一座东西走向的山脉——横山。

统万城是五胡十六国时期大夏国国主赫连勃勃所建,因此,夏国又称赫连夏。赫连勃勃是铁弗匈奴首领,原名刘勃勃。勃勃自称天王、大单于,是匈奴历史上最后一位大单于。东晋义熙九年(413),赫连勃勃取得今陕北地区后,来到统万城所在地区,以叱干阿利为将并作大匠,全面督责统万城的修筑,史载:"阿利性尤工巧,然残忍刻暴,乃蒸土筑城,锥入一寸,即杀作者而并筑之。"(《晋书·赫连勃勃载记》)"蒸土筑城"一说在学界历来争议颇多,目前,越来越多的学者逐渐接受并认为筑城土质中添加生石灰,生石灰遇水不断释放蒸气,遂有"蒸土筑城"之说。今所见统万城城墙色白,正是掺杂了大量石灰的结果。

东晋义熙十四年(418),统万城历时五年修筑而成,勃勃请时任大夏国秘书监的汉族文人胡义周作《统万城铭》,叙写了统万城地理位置之重要,自然环境之优越,宫殿之富丽堂皇。赫连勃勃为政残暴,不断与后秦、南凉发生战争,长期滥用民力和掠夺财富,严重削弱了大夏国的国力。赫连勃勃死后,其子赫连昌继位,大夏国王室内部随即陷入了激烈的争权夺利之中。北魏太武帝拓跋焘趁机攻陷了统万城。北宋时,随着西夏的兴起和宋夏之间战争不断,宋太宗为防止城高堑深的夏州城成为西夏进攻宋朝的前沿阵地,遂于淳化五年(994)毁废了统万城,并迁其民于绥、银二州。

数百年来,统万城始终作为陕北高原和鄂尔多斯高原的政治、经济、军事中心,是匈奴民族在世界范围内遗留下来的唯一可考的都城,同时它也是我国北方民族历史上一座重要的草原都城。

统万城遗址

2. 镇北台(长城烽火台)、红石峡摩崖石刻

5月29日上午,考察组一行抵达镇北台和红石峡摩崖石刻。镇北台位于榆林北约4公里的红山脚下,在款贡城西南角的沙峁上,是明长城中最为宏伟的建筑之一,有"万里长城第一台"的美誉。镇北台北墙与明长城墙体相连,城墙以北为丘陵沟壑,以南是沙漠、农田。台周坡度较缓,遍植杨树、松柏树、柠条等草本植物。

镇北台始建于明万历三十五年(1607),与山海关、嘉峪关、居庸关齐名并峙,号称"三关一台"。镇北台平面呈正方形,占地面积5 000多平方米,共四层,高30多米,外砌砖石,内夯黄土,体积逐层递减,各层四面围以女儿墙,设置垛口。第一层为外城,北长82米,南长76米,东西各长64米,内墙高5米,外墙高10.2米,东墙南侧置城门,东西内侧置砖铺马道。第二层周长128米,高11米,台南墙中开设券洞,置砖石踏步。第三层周长86米,高

4.1 米，由台东侧的台阶可到第四层。第四层周长 35.44 米，高 4.4 米。其上部居中原有一座哨棚，清末坍塌。

镇北台

红石峡位于历史文化名城榆林市北约 3 公里的红山，因山皆红石而得名，又因山势雄伟，两峡高耸，亦称"雄石峡"。据明碑记载，红石峡原为"宋元古刹"。峡分南北，北峡两壁中分，上有天然湖泊，下有飞流瀑布，水石相击，如狮吼雷鸣，滚波翻浪，雾锁云涌，蔚为壮观。南峡两壁对峙，鬼斧神工，榆柳荫映，石窟相连，曲径通幽，普渡桥飞架东西，水上桥，桥下水，势若长虹。崖壁飞檐层阁共计 44 处。红石峡以其天成雄秀闻名，更以其琳琅满目的摩崖石刻引人入胜。石刻有真、草、隶、篆，被誉为"塞上碑林"。

中国的文人墨客向来有题刻而抒发豪情壮志的喜好，红石峡也有幸由驻守的文人墨客甚至武将们留下题记，从而造就了红石峡成为中国书法艺

红石峡摩崖石刻

术大宝库的美誉。

3. 陕北民歌博物馆

5月29日下午,考察陕北民歌博物馆。陕北民歌博物馆于2018年5月23日正式开馆,建筑总面积11 800平方米。建筑主体以模拟"中国结"样式的红色矩形线条为装饰,突出中国传统艺术元素。楼体共三层,分主布展区、公共部分装修与配套功能展区两大部分。主布展区占地约5 680平方米,按陕北民歌发展的脉络设立"千年老根黄土里埋""山丹丹开花红艳艳""满天星星一颗颗明""信天游永世唱不完"四大主展区,另有博物馆序厅,以及陕北民间音乐艺术展区、陕北民歌研究专题展区、临时展区等四个副展区,共8个展区。公共部分装修与配套功能展区占地约6 120平方米,包括陕北民歌培训中心、陕北民歌体验中心、陕北民歌交流中心、陕北民歌录音制作中心、文创产品销售区、书吧咖啡休闲区、餐饮中心以及相关配套板块。除以上设施之外,博物馆另设有可容纳500人的剧场作为青少年校外活动中心及陕北民歌大舞台以供表演使用。这一设计有利于实现对陕北民歌的保护传承,实现普及、科研、教学、演出等多种功能的最大化运用。

陕北民歌博物馆的设立满足了传承保护陕北民歌事业的切实需要,作为中国最早被采集、储存量最丰富、影响力最大的民间歌种,陕北民歌能拥有一座属于自己的博物馆,有着不凡的意义。

陕北民歌博物馆

4. 神木石峁遗址("华夏第一城")

5月30日上午,继续考察神木石峁遗址等地。石峁遗址位于神木市高家堡镇,地处黄土高原北部的黄河西岸,毛乌素沙地南缘,在黄河一级支流——秃尾河北岸的黄土梁峁上。地表沟壑纵横,支离破碎,海拔高度在1 100米~1 300米之间。

石峁城址以皇城台为核心,以内、外两重石砌城垣的结构分布,城外还有数座线性分布的"哨所"类建筑遗迹,共同构成石峁外围的"预警"系统。据考古,石峁城址初建时代不晚于公元前2300年,于公元前1800年前后废弃,面积超过 400 万平方米。在龙山时代晚期至二里头早期阶段城址中,它的规模最大,被誉为"石破天惊"的考古发现之一。它的发现引起了学术界关于中国文明起源与形成过程多元性的再反思,对于探索中华文明的起源及早期国家形成具有重要启示意义。

神木石峁遗址

5. 毛泽东转战陕北纪念地神泉堡

5 月 30 日下午,考察组一行来到神泉堡。佳县神泉堡革命纪念馆(神泉堡中共中央驻地旧址)位于佳县城西 10 公里处,由上、中、下三院组成。上院是个封闭的四合院,是毛泽东、周恩来等领导人的旧居,中院和下院是中共中央办公厅旧址。纪念馆于 2001 年建成并正式对外开放,2003 年被陕西省人民政府公布为省级重点文保单位,2010 年被公布为全国第二批红色旅游景区,2016 年被纳入全国红色旅游景区经典名录。

神泉堡

纪念馆因村南山崖上日夜流淌的两股清泉而得名,也因党中央机关转战陕北在这里扭转乾坤而成为著名的革命圣地和红色旅游景区。1947年,毛泽东、周恩来、任弼时、陆定一等老一辈革命领导人率领党的中央机关转战陕北,在佳县生活、战斗过100个日日夜夜,其间仅在神泉堡就度过57天。期间,毛泽东起草并发表了《中国人民解放军宣言》《中国人民解放军总部关于重新颁布三大纪律八项主意的训令》《中国土地法大纲》等一系列重要革命文献,发出了"打倒蒋介石,解放全中国"的伟大号召。毛泽东、周恩来还进行了包括动员、讲话、指示、题词、视察等大量活动,留下了供后人学习、参观、瞻仰、研究的大量弥足珍贵的实物资料。

6. 李自成行宫

李自成行宫坐落在米脂县城北盘龙山南麓,始建于明崇祯十六年(1643),占地面积19 988平方米,是西北地区现存较完整的一组明清古建筑群。整个建筑依山造势,远处眺望犹如巨龙腾飞,庄重威严,雄伟壮观。主要由乐楼、梅花亭、捧圣楼、二天门、玉皇阁、启祥殿、兆庆宫七大部分组成。

李自成行宫

李自成领导的明末农民起义,被伟人毛泽东高度评点为"实为陕人的光荣"。李自成行宫现陈设李自成生平事迹展、东汉画像石精品展、米脂婆姨史迹展、李自成行宫廉政警示教育基地展览等。2006年5月25日被国务院公布为第六批全国重点文物保护单位,同时也是国家AAA级景区。

二、现实状况

文物承载灿烂文明,传承历史文化,维系民族精神,是老祖宗留给我们的宝贵遗产,是加强社会主义精神文明建设的丰厚资源。习近平总书记历来高度重视文物保护,并身体力行推动文物保护和抢救工作。尤其是党的十八大以来,习近平总书记多次就文物保护工作作出重要指示批示,对提升文物保护水平提出了更高要求。在此次考察调研过程中,我们对历史文化古迹的现状有了更为明晰的认识。

1. 相关遗址之间的整体性

镇北台、红石峡摩崖石刻、陕北民歌博物馆、榆林古城等都是具有较高历史价值的文化遗产,它们相距不远而且各具特色,构成了具有丰富的历史、文化、艺术内涵的文物遗址区。镇北台是中国古代防御体系的人造奇迹,也是世界上最伟大的建筑奇观之一,红石峡在秀丽自然风光中孕育了博大精深的书法艺术,陕北民歌博物馆又容纳了历史悠久且富有特色的民间艺术……正是这些文化遗产共同书写了中华民族的历史。

2. 历史遗迹与背景环境的整体性

任何历史文化遗产都不是孤立存在的,它产生于一定的时空,与自然和人文环境有着极为密切的关系,它的背景环境一旦遭到破坏,文化遗产的完整性和真实性将不复存在。正如2005年通过的《西安宣言》所指出的:"不同规模的古建筑、古遗址和历史区域(包括城市、陆地和海上自然景观、遗址线路以及考古遗址),其重要性和独特性在于它们在社会、精神、历史、艺术、审美、自然、科学等层面或其他文化层面存在的价值,也在于它们与物质的、视觉的、精神的以及其他文化层面的背景环境之间所产生的重要联系。"

千年之后,镇北台等历史遗迹的历史价值(比如军事防御功能)已消退,但却生成了独特的审美价值,它们的美主要是崇高美、雄壮美、苍凉美。构成这种审美特征的主要原因,是它自身的建筑美与背景环境的高度融合,与自然风景的唇齿相依。尽管时代更替,我们仍然能够感受到它们的独特风韵。

3. 历史遗迹与榆林市城市规划的整体性

文物古迹是历史文化名城的积淀。对历史文化遗产保护是历史文化名城规划中不可或缺的工作。榆林是一座年代久远的历史文化名城,榆林市及其周边地区文物古迹星罗棋布,有大大小小的古遗址、古城堡、古庙建筑共计100多处,呈现出奇特的边塞风貌和多样化的民俗风情。在城市发展规划中,旅游业是榆林的支柱产业之一,而镇北台、红石峡、神木石峁遗址、神泉堡等地,是城市空间格局中重要的一部分。同时,开放历史文化遗迹能有效地彰显榆林历史文化名城的深厚底蕴,促进当地旅游、餐饮、交通运输等服务业的发展,有效带动当地经济的发展。

三、启示与感想

中华文化历史悠久,每个城市都有自己的本土文化,著名的城市建筑、河流等作为景点,打造了每个城市的名片,如北京的天安门、上海的黄浦江、重庆的洪崖洞、长沙的橘子洲头等,榆林的名片则是镇北台、红石峡、神木石峁遗址、神泉堡等。当我们站在镇北台眺望四处的风景,当我们在红石峡的石路驻足,当我们在石峁遗址前遥想人类的童年,当我们在神泉堡触碰革命的痕迹之时,能由衷地体会到中华文明的源远流长、博大精深,这是世界其他国家无法比拟的。我国传统文化中的基本精神至今仍闪烁出光芒,如自珍自俭、自力更生、自强不息的奋斗意识;爱国爱民、忧国忧民、救国救民的使命感;民族团结、国家统一、全民富强的整体观念;天下兴亡,匹夫有责,先天下之忧而忧,后天下之乐而乐的责任感;抗击强暴、百折不挠、英勇不屈的民族气节等。实地考察,现场揣摩,我们也能真切地感受到个体在历史面前的渺小,认识到我们认识历史的有限性,历史的背后也还有许多的谜团等着我们去解答。

近年来,随着文化自觉意识的日益增强和逐步普及,地方文化建设的热情普遍高涨,整理、挖掘本土文化的工作又一次掀起热潮。地方文化的建设也促进旅游业的发展。如今,旅游业方兴未艾,有闲暇时间且逐步富裕起来的人们更愿意在旅游观光上投入精力。而历史遗址或者文化名人遗踪作为对前人经历的记录以及奋斗过程的见证,能够给人更多的机会接近历史。重游历史故地,重听历史故事,往往带给人无与伦比的文化享受。所以,挖掘文化资源,成为相关旅游景点的任务之一。当旅游与文化相融合时,旅游质量能得到提升,地方的经济也能得到相应的发展。

值得注意的是,当历史文化遗产与旅游业融合时,如何更好地保护文化遗迹成为亟待解决的问题。当历史文化遗迹作为景点开放时,我们看到镇北台的城砖上被游客刻下了字迹,这对古遗迹来说无疑是一种破坏和损失。而红石峡特殊的地理环境以及陕北地区干旱的气候,造成了目前摩崖石刻风化严重。所以,保护文物功在当代、利在千秋,采取行之有效的保护措施成为当务之急。

认识中华文明历史脉络,探寻历史文化遗迹,也能够让我们跨出"小传统"的壁垒,走进"大传统"的广阔天地。经史典籍、书本知识结合民间活态文化,对学术研究具有一定的推动作用。对统万城遗址、镇北台、红石峡、神木石峁遗址、神泉堡等地的调研,我们深深地震撼于历史的魅力,调研的经历也将是终生难忘的人生阅历,让我们获得了超出书本和课堂之外的收获。

参观之余,我们不禁感叹:物质贫困固然可怕,但精神贫困更可怕。一个民族要有精神支柱,一个国家要有主体意识,一个人更要有精神支撑。我们的民族、国家、人民历经五千多年的文明演化,生生不息,繁衍至今,优秀的文化就像一根红线贯穿始终。所以,一个国家、一个民族如果没有现代科学,没有先进技术,一打就垮;而如果没有优秀历史传统,没有民族人文精神,不打自垮。在高速发展的当下,各种短视频和"快餐式"的文化占据了人们的生活,如何充实人们的精神世界成为应当思考的问题。因此,作为新时代的青年,我们更应该丰富我们的精神生活,主动学习历史,继承和发展中国优秀的传统文化,立足于新时代的桥头,回望过去,展望未来。

探寻华夏历史遗迹，传承中华传统文化

——陕西榆林市考察学习见闻

胡得义[①]

为传承和弘扬中华传统文化，学习党史汲取力量，宁夏师范学院固原历史文化中心组织校内外研究人员和学校党外知识分子于2021年5月28日前往陕西榆林市学习考察。本次调研考察共四天，5月31日返回。

此次考察了靖边统万城遗址、镇北台（长城烽火台）、红石峡摩崖石刻、榆林古城、神木石峁古城遗址、高家堡古城、佳县白云山古建筑群、毛泽东转战陕北纪念地神泉堡、米脂县盘龙山古建筑群等地。本次学习收获甚丰，获益匪浅。

一

中华文化历史悠久，其中统万城遗址和神木石峁古城遗址作为中华文化的历史见证，历经时间长河的洗涤，不仅没有失去其光辉，反而成为一种文化象征与精神力量，伴随着中华民族屹立于世界民族之林。

---

① 作者简介：胡得义（1997—　），男，河南信阳人，宁夏师范学院文学院硕士研究生，主要从事地方文化与中国古代文学研究。

统万城作为赫连夏的都城,始建于公元413年。统万城分为外廓城、东城、西城三部分,外廓城面积比东西两城面积略大。东西两城略呈长方形。西城四面各有城门,其中西门瓮城宛然尚存。该城坚可砺刃,虽经人为破坏和风雨侵蚀,历时1600多年,残垣断壁仍神韵犹存,清晰可辨,实属罕见。据《晋书》中由大夏秘书监胡义周撰《统万城铭》的碑文记载,城内雕梁画栋,亭台轩榭,街巷整齐,四季如春。当时石刻颂文把此城喻为周之洛阳、秦之咸阳,足见其恢弘豪华。原城有四门:南曰"朝宋",北称"平朔",东名"招魏",西谓"服凉"。

统万城用"统万"之名有75年。宋朝廷颁布"废夏州旧城诏"之后,夏州(统万城)并未废弃,而是成为西夏国的勃兴之地。元朝时统万城称为察罕脑儿城,到明朝才成为长城外的废城。这座匈奴古都前后分别称为统万城、统万镇、夏州城、察罕脑儿城。统万城遗址的文化内涵非常丰富,近年来,从该遗址中出土汉至宋代的珍贵文物有"驸马都尉"和"西部尉印"铜印、铜佛像、铜镜、箭、簇、铜币、石碑、瓷器、陶器、砖、瓦当、壁画残片等。

统万城是我国古代北方少数民族及其游牧文化与中原汉族及其农耕文化交融的例证,也是一个消逝了的民族遗留的历史见证。统万城作为沙漠中的一处古城遗址,在饱经千年的人为破坏与风侵雨蚀后,仍然保留了其部分原始风貌,这在全世界屈指可数。古城城墙边的沙蒿、沙柳等植物随风摇曳。远远望去,城墙内外沙土中片片绿草、树木相间,这是多年来毛乌素沙漠治沙造林种草的结果。

统万城遗址是我国古代匈奴族留在人类历史长河中唯一的都城遗址,有着不可替代的历史地位,对于研究我国古代北方少数民族历史文化、政治经济、草原民族建筑艺术以及生态环境变迁等方面具有重要价值。

石峁遗址位于陕西省神木市高家堡镇,西距榆林市区80公里,北距神木60公里,距离省会西安650公里。从空中俯瞰,这一带是黄河支流——秃尾河北岸的梁峁台塬地形，这样的地形，在黄土高原上比比皆是。然而，就是这个普通的梁峁上，掩埋着一个面积超过400万平方米的人类遗址。它是中国北方地区龙山时代晚期至夏代的超大型中心聚落，是目前中国乃至东亚地区最大的史前城址。其规模远远大于同一时期的陶寺遗址、良渚遗址。

石峁遗址由皇城台、内城、外城组成。皇城台是石峁遗址的核心。其层层设防、众星拱月般的结构奠定了中国古代以宫城为核心的都城布局。大型夯土高台建筑基址、气势磅礴的石砌护墙、设计精巧的城防设施、藏玉于石、杀戮祭祀等特殊迹象，以及石雕、陶鹰、卜骨、陶瓦、玉器等珍贵文物，暗示着作为石峁城址核心区域的皇城台，当已具备早期"宫城"性质，或可称为"王的居所"，是目前东亚地区保存最好的早期宫城。

时光压抑不住文明的光芒。石峁，从山峁沟壑走向了世界，一座再普通不过的北方小山村，成为追寻中国早期文明的圣地。让干涸的泉眼恢复喷涌，让被人忘却的东西为人记起，让历史的长河川流不息。石峁考古人惊叹于比肩金字塔的巍巍黄城台，领略着4 000年前的极致辉煌，感触着国家起源的文明脉搏。

二

在考察中国古代历史遗迹之外，考察组一行前往毛泽东转战陕北纪念地神泉堡进行学习。神泉堡革命纪念馆位于陕西省佳县佳芦镇神泉村，是在神泉堡中共中央驻地旧址基础上经陕西省文物局批准设立的，是进行爱国主义和革命传统教育的重要基地，也是榆林市党的群众路线教育实践基地和党风廉政教育基地以及延安干部学院现场体验教学点。

1947年，毛泽东、周恩来、任弼时、陆定一等老一辈革命领导人率领党的中央机关转战陕北，在佳县生活、战斗过100个日日夜夜，其间在神泉堡度过57天。驻地旧址建在半山腰,是大地主高继荣家的老宅,由上、中、下三院组成,上院是当时陕北地区高等级的"明五暗二六厢房"式窑洞落,下院为中共中央办公厅旧址。

1947年9月23日,毛泽东、周恩来、任弼时等率领的中央机关转战陕北来到佳县神泉堡,在此居住期间,毛泽东为中国人民解放军总部起草了《中国人民解放军宣言》《中国人民解放军总部关于重新颁布三大纪律八项注意的训令》和《中国人民解放军训令》等重要文件。党中央批准了《中国人民解放军口号》《中国土地法大纲》和《中共中央关于公布中国土地法大纲的决议》等。

"三大纪律八项注意"是中国人民解放军的优良传统和行动准则,体现了人民军队的本质和宗旨。1947年10月10日,毛泽东在佳县神泉堡起草了《中国人民解放军总部关于重新颁布三大纪律八项注意的训令》。三大纪律八项注意言简意赅,包含了丰富而深刻的思想内容,体现了中国人民解放军全心全意为人民服务的宗旨和军民一致的原则。三大纪律八项注意是贯彻党的路线、方针、政策和完成各项任务的重要保证,是军队战斗力的重要因素。它对于加强军队建设,密切军民关系,增强官兵团结,夺取革命战争的胜利,起了重大的作用。人民解放军官兵来自人民,具有高度的革命事业心,自觉地把三大纪律八项注意作为行为规范严格遵照执行,从而获得了全国人民的真诚拥护和欢迎。

在馆内,考察组依次参观了中共中央驻地旧址、中共中央办公厅旧址和"中共中央在佳县"等展览,看着一张张历史的老照片,真实地体验到革命战争年代的艰难苦困,历史的气息扑面而来。

红色文化是中国共产党领导中国人民在革命、建设和改革的伟大实践中创造、积累的先进文化。在建党100周年之际,考察调研了红色文化纪念地之一的神泉堡,有助于我们汲取力量,传承革命精神。在新时代,只有大力传承革命精神,弘扬红色文化,才会成为实现中华民族伟大复兴的中国梦提供精神动力。

此次固原历史文化研究中心组织的考察调研活动,紧紧依托"历史""文化",在历史中感受中华文化的博大精深,在文化中感受中国历史的源远流长。我们一步一个脚印,完成了本次考察任务。身体上的锻炼与精神的洗涤都是本次考察活动不可多得的财富。

征 稿 启 事

宁夏师范学院固原历史文化研究中心是宁夏回族自治区人文社科重点研究基地,中心以"追踪固原历史文化,服务地方文化建设"为宗旨,立足区域文化开展学术研究。《固原历史文化研究》是基地的学术成果之一,目前已经出版了九辑,《固原历史文化研究》第十辑(2023年度)面向学界和社会各界人士征稿,敬请专家、学者不吝赐稿。

一、栏目设置

《固原历史文化研究》的常设栏目有"政治军事""社会经济""历史地理""文物考古""语言民俗""非物质文化遗产研究""区域文学研究""环境生态""丝路研究""区域文化""文化产业"等。研究内容不局限于固原和宁夏,西北地区乃至全国的相关区域研究成果都欢迎投稿。

二、论文格式规范要求

根据书刊编辑规范化、标准化及现代化的需求,《固原历史文化研究》编辑部对作者稿件的结构、格式和体例等问题作如下说明:

(一)来稿应具有一定的学术水平。选题新颖、观点鲜明、材料翔实、论述严谨、语言规范、文字简练,切近固原历史文化的相关研究领域。

（二）来稿须结构齐全。按顺序包括下列内容：

1. 题名。概括文章的要旨，应简明、具体、准确，可加副标题。

2. 作者及工作单位。作者宜署真名；多个作者中间空一个汉字格；工作单位署单位全称，统一放置到论文最后（加括号，多个作者用"；"隔开）。

3. 摘要。摘要内容应具有独立性和自含性，不用报道语式，不用序号，不分段。字数在300字左右。

4. 关键词。选取最能反映文章主要内容的名词性术语作关键词，以3—5个为宜，关键词之间空一个汉字格。

5. 基金项目。若有基金资助产出的文章，可以注明基金项目的名称和编号。

6. 作者简介，包括姓名（出生年—）、性别、民族、籍贯、职称、学位、研究方向或简历。

7. 正文。文内标题应简洁、明确，层次一般不超过5级，层次序号采用"一、(一)、1、(1)、1)……"顺序标示，不宜用①，以与注释号区别。

8. 注释。注释是对论文某一特定内容的解释或补充说明，按顺序放在当页脚注（序号设置为：每页重新编号）。注释用带圆圈的阿拉伯数字标注，如①，且用上标。在页脚写清楚文献来源。如：

① 薛正昌.固原历史地理与文化[M].兰州：甘肃文化出版社，1998：11.

② 范晔.后汉书[M].北京：中华书局，1965：1565.

③ 戴伟华.论岑参边塞诗独特风格形成的原因[J].文学遗产，1997(4).

（三）来稿一律用Word文档，校对无误后，发到征稿电子邮箱。为便于联系，请作者提供联系电话。发送邮件时主题一栏请注明作者及论文题目。

来稿应为原创性论文，即从未在正式刊物或网上发表过的研究成果。《固原历史文化研究》编辑部有权对采用稿件进行文字处理，做适当删改，如作者不同意,敬请注明。同时敬请各位作者遵守国家有关版权和著作权的各项法律、法规;切忌一稿多投;严禁抄袭、剽窃,否则作者自负其责。

三、注意事项

《固原历史文化研究》长期征稿,每年的 5 月底完成当年一辑的组稿工作。

其他未尽事宜,敬请来电垂询。

通信地址:宁夏固原市原州区学院路宁夏师范学院固原历史文化研究中心(756000)

投稿电子信箱:nsgylswhyjzx@163.com

工作联系电话:0954-2079586(办);15809546308(王老师);15349548533(黑老师)

固原历史文化研究中心

2022 年 11 月 15 日